◎赖建诚 著

梁启超的经济面向

ZHEJIANG UNIVERSITY PRESS
浙江大学出版社

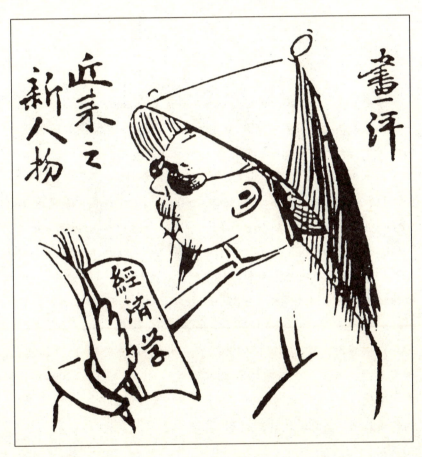

图片来源:《时报》,1908 年 8 月 18 日。

作者介绍

赖建诚（lai@mx.nthu.edu.tw, www.econ.nthu.edu.tw），1952年生，巴黎高等社会科学研究院博士（1982），哈佛大学燕京学社访问学者（1992—1993）。台湾清华大学经济系教授，专攻经济史、经济思想史。学术著作：《近代中国的合作经济运动：1912—1949》（1990）、*Adam Smith across Nations*: *Translations and Receptions of* The Wealth of Nations（2000, Oxford UP, 主编）、《亚当·斯密与严复：〈国富论〉与中国》（2002）、*Braudel's Historiography Reconsidered*（2004）、《梁启超的经济面向》（2006）、《边镇粮饷：明代中后期的边防经费与国家财政危机，1531—1602》（2008）。半学术性的文集：《重商主义的窘境》（1992）、《年鉴学派管窥》（译著，1996，2003）、《绿野仙踪与中国》（1998）、《西洋经济史的趣味》（2008）。译有雷蒙·阿隆：《入戏的观众》（1987，1992，2000，2006），西蒙·波伏娃：《波伏娃的告别：与沙特的对话》（2002，2006）、《波伏娃的告别：再见，沙特!》（2002，2006）。

致　　谢

　　此书的写作，承台科会 3 年（1999—2002）研究经费协助，特此致谢。第 1 章的前两节与第 12 章合刊在《新史学》2001 年 3 月号（12 卷 1 期）。第 2 章刊在《新史学》2000 年 3 月号（11 卷 1 期）。第 3 章刊在《清华学报》2001 年 3 月号（31 卷 1、2 期）。第 4 章刊在《清华学报》2003 年 12 月号（33 卷 2 期）。第 5.2 节刊在《历史月刊》1999 年 12 月号。第 6 章刊在《中山人文社会科学期刊》2004 年 6 月号（12 卷 1 期）。第 7 章刊在《大陆杂志》2000 年 11 月号（101 卷 5 期）。第 8 章刊在《当代》2002 年 6 月、7 月号（178、179 期）。第 9 章刊在《清华学报》2004 年 6 月号（34 卷 1 期）。第 10 章刊在《新史学》2003 年 12 月号（13 卷 4 期）。第 11.1 节刊在《近代中国史研究通讯》2002 年 9 月号（34 期，同期刊载黄克武对此文的回应）；第 11.2 节刊在《大陆杂志》2000 年 8 月号（101 卷 2 期）。

　　第 9、10 两章是和李怡严教授（台湾清华大学物理系退休）合写的：第 9 章的所有注释以及相关见解，都是他的贡献；第 10 章的关键论点与主体析述，也都是他的洞见。李教授有非常丰富的古代史知识，时常能提供准确的证据，我非常感谢他的扶持与建议。1999—2001 年，我在自然科学与生命科学知识上的增长，也是承惠于他的开启。

　　以上诸篇在投稿送审期间，承多位审查者提供许多有帮助的修改意见：有面向性的，有论点性的，也有细节性的。这些经验让我深切地感受到，评审制度对学术产品的绝对重要性。

　　2004 年 1 月至 6 月的休假期间，我在台湾"中央研究院"近代史研究所访问，主要的工作是修订此书。前一本拙著《亚当·斯密与严复》（浙江大学出版社，2009），承近代史研究所黄克武与潘光哲先生校改；这次又承他们协助，更正了不少文字与内容，再度感谢。台湾清华大学历史研究所博士班许松源同学提供了许多修正意见，亦相当有帮助。

台湾清华大学经济系　赖建诚

目　　录

1
综观概述

梁启超的著述非常多，所涵盖的题材也相当宽广；研究梁氏的相关著作，从20世纪10年代到现在一直没断过，但有一个面向是至今尚未充分探索的，那就是他的经济论述。原因很简单：文史学界的研究者，对这个面向有专业上的隔阂，而经济学家投入思想史研究的人很少，就算是中国经济思想史学界，对这个题材的研究也还不够深入。本章第1.1节析述梁（本书为了方便叙述，以下将"梁启超"简称为"梁"；其他人名作相同处理——编注）所发表过的经济论述，我用两个表格来呈现：表1.1是依这67篇文章发表的时间顺序排列，说明它们在《饮冰室合集》内的位置，以及各篇的主旨概要；表1.2把这些文章依题材分成7类主题，用以彰显梁对这7个题材的注重程度。第1.2节解说与梁启超研究相关的文献，以及目前学界对梁的经济论述，有哪些研究成果可以参阅。第1.3节说明本书的写作方法，并摘述各章的主要结构与内容。

1.1 论述表析

北京中华书局在1989年重印《饮冰室合集》（以下简称《合集》——编注），内分文集（5册，文集1—45）和专集（7册，专集1—104）；文集以单篇文章为主，专集以小册子、小著、专题研究为主。这套《合集》原先是由林志钧在 1932 年编辑的，并没有包括梁的所有著作，例如广东省中山图书馆特藏部在 1983 年出版的《馆藏康有为、梁启超数据目录》（页 124—127）中的一些文章就未收到《合集》内；李国俊编的《梁启超著述系年》也指出了这个现象（尤以页 14—17 的说明最详细）。大体而言，这套《合集》已收录梁的主要经济论述和观点。

在这套《合集》重印 10 年之后，北京出版社以此为底本，由张品兴主编重新编排为 10 册，内有 21 卷共 6 303 页，称为《梁启超全集》（1999，以下简称《全集》——编注）。依据"编辑说明"，这套《全集》是以"文章（著作）为主，按年代为序，重新编辑而成"。新增加的部分，"还搜集了梁启超的大量书信，分编为社交书信、家书两卷，补入本书。但梁氏书信数量浩大，遗漏仍在所难免"。此外，"本书将原文的句读，一律改为现在通行的新式标点"。从读者的观点来看，各卷的目次编排有个优点，就是把梁的长篇幅文章和书本型的著作，都标出章节的目次与页码，可一目了然其内容与相对应的位置。

但目录的排版有三个缺点：（1）体例不一，除了页 12、13、18、23 之外，都未标明各篇发表的年代，若有年代就方便明确多了。（2）各篇文章和各本专著之间，在目次上没有明显的区隔；其实只要空一行或用粗体字区别，就可以避免此项困扰。（3）编排上也未必都以年代为准，例如第 11 卷是"墨子学案"，其中的《子墨子学说》是 1904年所作，《墨经校释》是 1920 年，两者间隔甚久，却放在同一卷内。此外，有好几篇文章的年代错误，或前后年序颠倒编排。笔者另有一项建议：梁各篇文章的原发表刊物，学界大致已查明，若能在目录或在文章的首页注明，对读者也是一大服务。

夏晓虹的《十年一剑：〈饮冰室合集集外文〉序》（2004），详细说明她如何以 10 年时间搜集《饮冰室合集》所遗漏的文章。《饮冰室合集集外文》（2005）约 40 万字，由北京大学出版社出版。

2003 年 10 月 13 日至 16 日，在天津召开纪念梁启超诞辰 130 周年"梁启超与近代中国社会文化国际学术研讨会"。天津古籍出版社在会议时，发布出版《梁启超全集》（以下简称新《全集》——编注）的计划。依照新闻稿的内容，这套新《全集》预计有30卷，共约1 400万字，涵盖的内容分9大类：政论、学术著作、演讲谈话、函电、小说、诗词、译文、序跋、未刊稿。新闻发布会的主要目的之一，是向海内外广泛征集散失的稿件、文本、信札、照片；至于新《全集》的出版时间则尚未确定，有人说三五年之后，也有人说约需10年。

我对梁的经济论述研究，远在《全集》出版之前，所以本书中引用的页码也都以《合集》为据——这个版本虽然较旧，但还是大多数人最熟悉的、也最被广泛引用的底本。

我把《合集》内和经济相关的文献整理成表1.1和表1.2。表1.1列举这些文章的出处、页码和概要，但没指出各篇原载刊物的名称与卷别，一方面是因为这么做的必要性不高，另一方面是有此需要的人，在李国俊编的《梁启超著述系年》内，都可以依年序查索到相关的信息。

从表1.1可以看到，梁第一篇论经济问题的文章是在1896年（24岁）发表的，最后一篇是1926年（54岁，逝前3年）。这67篇文章发表的时间，较集中的是在1904年（32岁）和1915年（43岁，卸任币制局总裁后翌年）之间。在一年当中写最多篇的是1910年（38岁），共计30篇（表1.1的16—45项）。从另一个角度来看，他对哪些题材最关切？从表1.2可以看出前三者是币制改革问题（19篇）、财税与预算问题（17篇）、内外债问题（12篇）。这两个表内有几项细节需要说明：

（1）第24、55两篇未收入《合集》，是因为它们的主要内容已经在其他文章中表达过了，所以表1.1和表1.2内的统计，都以67篇来计算。第6、10两篇不是收在文集内，而是印在专集内，可以算成单独的两篇。同样地，第12、13两篇也未收入文集内，但因为内容未在其他文章内重复过，所以也就算成两篇单独的文章。

（2）这67篇经济论述有长有短，有大论说文也有应酬式的讲演稿（如52—54，66—68），各篇的重要性不一。所以表1.2虽以篇数来表达，但须先理解这一点。

（3）有一篇长文《杂答某报》并未收入《合集》内。此文原刊在《新民丛报》第84—86号（1906年8—9月）3期连载，内容分5节，其中与经济问题相干的只有第5节"社会革命果为今日中国所必要乎？"，内容是反对孙文和《民报》的社会主义经济路线。李国俊（1986：15）也证实这篇重要的文章在《合集》内漏收了。笔者在表1.1内很难替这篇文章找到一个适当的位置，所以只好暂时舍去，而在此另外说明。

（4）同样地，《新民丛报》第90—92号有一篇长文《再驳某报之土地国有论》，此文的前两节已收入文集18：1—55（见表1.1的第14项），但第3节却漏收了。

（5）梁屡次提到他写了一本百万言的书稿《财政原论》，但查遍各项文献都未能确知此稿下落，所以在表1.1内就无法列举。

（6）从表1.1的第三项说明可以看到，梁的经济论述除了6篇之外，都已收在文集内。我征引这些文章的方式，除非另有说明，否则都是文集的页码，例如"2：34"表示可以在文集2的第34页找到所引用的文字。若原文未收入《合集》内（如上述的《杂答某报》），在引述此文时就会指明这是从《新民丛报》第几号第几页引述来的。

表1.1未列入三项与经济论述较间接相关的著作：《王荆公》（1908）、《管子传》（1909）、《先秦政治思想史》（1922）。前两者后来辑入《中国六大政治家》，《先秦政治思想史》曾以不同形式的单行本发行过许多次。梁有不少涉及古代中国经济史方面的议论，在这三本书内都有相当的发挥。这三本未列入表1.1的原因很简单：（1）都是专著型的长篇论述，而非报刊类的短论。（2）这些经济论述，基本上是夹在具有更宽广意义的政治论述里，而表1.1内的文章，大都是对应着某个具体的经济议题（如货币或财政）。（3）表1.1所列举的，都与清末民初的经济问题相关，而这三本则以先秦、宋代为主，在性质上需要分开来处理。

表 1.1　梁启超的经济论述（依出版年排序）

序号	文集/页码	文章名称（出版年份）	内容与性质
1	1：103—104（2）	论加税（1896）	晚清各项赔款甚重，列强议将海关税率由5%改为10%，此文讥讽清廷竟以关税自主权让与外国
2	1：83—89（7）	论金银涨落（1897）	此文是《变法通议》内的一节。19世纪80年代列强改采金本位后，因中国仍采银本位，受金贵银贱之影响甚巨。此文论中国采银本位未必全然无利
3	2：59—61（3）	续译《列国岁计政要》叙（1897）	欧美诸国皆有预算制，可由此书对比诸国政经状况，建议中国亦应采此预算制度
4	2：35—46（12）	《史记·货殖列传》今义（1897）	晚清西方商业凌入，而《货殖列传》内含前哲精意，千年湮没可惜，作今义以提醒国人重商
5	12：1—61（61）	生计学学说沿革小史（1902），附论：进出正负差之原理及其关于中国国计之影响（1904）	据英国人英格拉姆（Ingram）、意大利人科萨（Cossa）、日本人井上辰九郎的经济思想史著作整理摘述。附论以统计表格析述近年中国贸易的顺逆差状况
6	《饮冰室专辑》4：80—96（17）	论生利分利（1902）	这是《新民说》内的第14节，分析一国之内有哪些阶层是生利者，哪些是分利者，并估算中国人口内有多少分利者与生利者
7	14：33—61（29）	廿世纪之巨灵托辣斯*（1903）	介绍托拉斯（企业集团）的意义、沿革、利弊、与帝国主义之关系，建议中国工商业仿此建立大型工商大集团，才能在世界上竞争
8	16：98—124（27）	中国货币问题（1904）	1904年美国教授精琪（Jenks）提议中国采虚金本位，本文摘述此项提议的大纲，并评述其中各项议题之优劣与可行性

序号	文集/页码	文章名称 （出版年份）	内容与性质
9	16：61—98（38）	外资输入问题（1904）	析述列强资金输入中国的性质、业务别、影响，以及中国可试行之对策
10	《饮冰室专辑》25：1—40（40）	中国国债史（1904）	1904 年 12 月出版的小册子，上海广智书局出版。析述中国在 1878—1902 年的各项外债状况，并提出未来偿还的计划与本息数额
11	19：68—76（9）	关税权问题（1906）	清政府宣布将各海关的华洋人员统归户部和外务部管理。梁以此事未先商议，突然宣布，必引反弹。后果然如此
12	《新民丛报》第85号：35—49（15）	中日改约问题与最惠国条款（1906）	《马关和约》十年后，中日双方可提议改约，梁建议从最惠国条款着手较易有成效
13	《新民丛报》第86号：73—79（7）	中日改约问题与协议税率（1906）	反对清政府派使与日本就税率问题重议，以其成功机会小且易反遭日方嘲讥
14	18：1—55（55）	再驳某报之土地国有论（1907）	从财政与经济两角度，驳《民报》主张的土地国有论之可行性
15	8：1—59（59）	中国改革财政私案（1902，但手稿署为 1909 年）	提议改革财政结构之方案，内分十项正文和两项附录，从田赋到公债到财务行政诸项
16	20：81—84（4）	论各国干涉中国财政之动机（1910）	中国因各项赔款未偿，列强拟于海牙会议商拟派员监督中国财政，而作此文
17	21：54—57（4）	地方财政先决问题（1910）	倡议地方政府应注重财政收支与自主权限
18	25 上：26—35（10）	读农工商部筹借劝业富签公债折书后（1910）	批评此项公债办法之不当，两个月之后果然奉谕旨缓办

序号	文集/页码	文章名称 （出版年份）	内容与性质
19	21：106—110（5）	论币制颁定之迟速系国家之存亡（1910）	论说中国币制紊乱的状况与不便，促政府速颁统一币制，以免经济崩溃
20	21：110—113（4）	格里森货币原则说略（1910）	介绍格里森法则（Gresham's Law，现在译为"格雷欣法则"，即劣币驱逐良币），意指各省滥铸铜元的后果，正是此法则的体现
21	21：57—60（4）	论地方税与国税之关系（1910）	政府议行地方自治，此文论地方税与国税之间的权责与依存关系
22	21：60—70（11）	国民筹还国债问题（1910）	宣统二年（1910）有筹还国债会之议，此文析述此举之弊以及为何终必不可行
23	21：13—23（11）	各省滥铸铜元小史（1910）	清末国际银价下跌，铜元升值，各省竞铸谋利，造成铜元泛滥、物价高涨。本文析述此事之因果与各省情况的严重性
24	《国风报》5：15—19（5）；6：9—23（15）	改盐法议（1910）	此文未收入文集内，因为概要已收入上述第15项《中国改革财政私案》内的第2节"整顿盐课之法"，但仍有一些段落（数页）未收入
25	21：10—13（4）	论国民宜亟求财政常识（1910）	清末财政问题严重，此文呼吁全国上下注意财政概念，建立财政行政体系
26	20：58—72（15）	中国古代币材考（1910）	从币材演化的观点，认为中国货币从贝类进步到珠玉到铜银，现在应进入以金为币材的金本位，才能符合世界潮流
27	21：70—78（9）	再论筹还国债（1910）	续论筹还国债这一主题，提供进一步统计数字，确切论及技术细节

序号	文集/页码	文章名称 （出版年份）	内容与性质
28	22：1—29（29）	币制条议（1910）	论中国何以应当速颁统一币制；论采银本位时，各式银币之重量以何者为适；论中国应采虚金本位，说明其施行办法
29	25 上：67—70（4）	读度支部奏报各省财政折书后（1910）	列表解说各省岁入岁出数额，惊其币制之错乱，并预言国库即将破产
30	25 上：70—74（5）	读度支部奏定试办豫算大概情形折及册式书后（1910）	肯定编列此预算册之功能，提出不同的建议（此文未完稿）
31	21：23—40（18）	论中国国民生计之危机（1910）	列举多项统计数字，激论中国经济的诸项结构性问题
32	21：93—106（14）	论直隶湖北安徽之地方公债（1910）	析论此三地募行公债的经过、成绩、条件和失败原因，详论何以此举将使百姓更困苦
33	25 上：93—97（5）	米禁危言（1910）	各省禁米出境，此文析述此事之因果与利弊，并建议解禁
34	21：40—54（15）	公债政策之先决问题（1910）	政府屡募国内公债皆败，本文析述筹借公债应具备之条件与配合机构
35	25 上：97—106（10）	读币制则例及度支部筹办诸折书后（1910）	略述此则例内容，讨论其中各项问题，分析如何处理旧钱币
36	22：29—40（12）	节省政费问题（1910）	倡议以"必要政费"为基准，节省各级政府的各项行政费用
37	22：41—94（54）	外债平议（1910）	析论外债之性质与功用、各项技术问题，以及何以中国不宜举外债

序号	文集/页码	文章名称 （出版年份）	内容与性质
38	25 上：140—143 （4）	中国最近市面恐慌之原因（1910）	从资本不足、企业不健全、银行制度未行、币制紊乱、官吏不法等角度分析其原因
39	21：113—122 （10）	敬告国中之谈实业者（1910）	论中国欲发展实业，必先发展股份公司。然而中国之相关法律、民众之责任心、相关的财政金融机构皆尚不健全
40	25 上：153—157 （5）	评一万万圆之新外债（1910）	从政治、法律、外交等角度，批评向美国贷此款之不恰当性［《时事杂感》（1911），27：58—63 内有一页再评此事］
41	25 上：158—161 （4）	亘古未闻之豫算案（1910）	批评资政院审查通过的预算案为"四不像"，最多只能算是决算案，因为连最简单的收支平衡形式都未具备
42	21：1—10（10）	发行公债整理官钞推行国币说帖（1910）	中国币制混乱币值不稳，不利工商经济发展，且缺金融体系，故有此议（共有九项要点并附十项详细说明）
43	21：78—93（16）	偿还国债意见书（1910）	再提供详细偿还本息的统计数字，说明各项款源与支付项目
44	25 上：177—179 （3）	银价之将来（1910）	预测银价将续跌，中国应采虚金本位以应对。此文是《将来百论》内的第3节
45	25 上：189—190 （2）	新外债之未来（1910）	续评"一万万圆外债"将来可能的发展，此文是《将来百论》内的第10节
46	25 下：28—31 （4）	为筹制宣统四年**预算案事敬告部臣及疆吏（1911）	批评此预算书"内容卤莽灭裂"，提出五项建言，以免"贻薄海内外以笑柄"

序号	文集/页码	文章名称 （出版年份）	内容与性质
47	25下：31—34 （4）	论政府违法借债之罪（原题《论政府违法借债诿过君上之罪》，1911）	批评清廷未经正当程序，私自向外举债
48	27：71—77（7）	国民破产之噩兆（1911）	表列近五年来各地发生的经济危机，析述原因与救济方法
49	27：77—80（4）	利用外资与消费外资之辨（1911）	政府在数旬间骤借"两万万外款"，恐此款不旋踵而烬，故强调利用外资与消费外资之区别
50	28：3—12（10）	吾党对于不换纸币之意见（1912）	不兑换纸币信用不佳，只能作为救急之策，在中国尚难实行。若强欲施行，弊且立见
51	29：51—82（32）	治标财政策（1912）	从岁出岁入两方面，以统计数字析述民国的中央政府机构、外交、内务、教育、国防等诸费用的结构
52	29：30—32（3）	莅北京公民会八旗生计会联合欢迎会演说辞（1912）	民国建立后，八旗满人对前途不安，知梁对满人同情，邀其演说
53	29：25—30（6）	莅北京商会欢迎会演说辞（1912）	从日本返国后，商界感于梁对工商业之重视，特邀作此讲演，内容属于泛论性质
54	29：34—38（5）	莅山西票商欢迎会演讲辞（1912）	强调金融业对国家经济发展的重要性，勉票商因应时势改革金融体系
55	《民国经世文编》财政（一）：31—54（25）	财政问题商榷书（1912）	综述他对银行、货币、外债、内债诸问题的见解，内容已多另外发表在相关的文章内。因多重复，故未收入文集内

序号	文集/页码	文章名称（出版年份）	内容与性质
56	30：5—7（3）	军费问题答客难（1913）	回答各界对上文内军费问题的质疑
57	29：109—119（11）	政府大政方针宣言书（1913）	入熊希龄内阁任司法总长时，所代拟的施政方向，内涉财政经济的细节颇多
58	32：1—8（8）	币制条例理由书（1914）	任币制局总裁后，从向外借款、银本位问题、新币的成色、铸币费、新旧币并行等角度，向外界解说此条例的用意（李犹龙笔述）
59	32：12—26（15）	整理滥发纸币与利用公债（1914）	各省滥发纸币，币值大跌。此文提议发行公债以整理纸币
60	32：8—12（5）	银行制度之建设（1914）	说明银行制度与币制改革成功的关系，尤其着重于解说中央银行的功能
61	32：26—31（5）	拟发行国币汇兑券说帖。附：草案、施行细则、运用规则（1914）	在币制局总裁任内，拟议发行国币汇兑券一万万圆，希能拯救当前财政之艰危，又可树将来币制之基础
62	31：14—17（4）	上总统书：财政问题（1914）	司法总长任内向袁世凯建议发行公债
63	32：37—66（30）	余之币制金融政策（1915）	卸任币制局总裁后，以详细表格和曲线图，析述中国币制的结构性缺陷
64	33：90—94（5）	论中国财政学不发达之原因及古代财政学说之一斑（1915）	以六项理由析述不发达之因，之后简述中国历代的财政学说，谓自秦汉以后，斯学中绝，唯《盐铁论》而已
65	34：19—24（5）	扩充滇富银行以救国利商议（1916）	此银行创立数载，信用佳、官股足、成立较易，他日政府规复全国领土后，可易名改组。这是在反袁世凯运动时的议论

序号	文集/页码	文章名称 （出版年份）	内容与性质
66	37：28—34（7）	市民与银行 （1921）	在天津南开大学的演讲，谈中（央）交（通）两银行挤兑的问题
67	37：34—41（8）	续论市民与银行 （1921）	续同一题材，在北京朝阳大学经济研究会讲演
68	43：87—103（17）	国产之保护及奖励（1925）	讲演稿，综论国民经济与产业的诸项问题，并提出对策建议
69	43：11—17（7）	民国初年之币制改革（1926）	在清华大学经济系讲演（孙碧奇笔记），回顾在民国 3 年与 6 年两次入阁推动币制改革的经验

说明：

● 所据的版本是北京中华书局（1989）重印的《饮冰室合集》，内收文集 5 册（1—45）（以下简称"文集"）和专集 7 册（1—104）（以下简称"专集"）。

● "文集/页码"栏内的"1：83—89（7）"表示此文收在"文集 1"的第 83—89 页，括号内的数字"（7）"表示此文共有 7 页。

● 本表第 6、10、12、13、24、55 等 6 篇未收在"文集"内，详见表内和第 1.1 节的说明。

＊本书中引用文字均按原文，下同。——编注

＊＊"宣统四年"为史料引用，下同。——编注

表 1.2 依问题性质分类（共 67 篇）

本书章别	问题分类	在表 1.1 内的序号
2，9	币制改革（19 篇）	2，8，19，23，26，28，35，42，44，50，58，59，60，61，63，65，66，67，69
3	财税与预算（17 篇）	1，3，11，12，13，15，16，17，21，25，29，30，36，41，46，51，56
4	外债与内债（12 篇）	10，18，22，27，32，34，37，40，43，45，47，62
5	工商实业（5 篇）	4，7，39，53，54
6	社会主义与土地国有论（1 篇）	14
7	国家经济（10 篇）	6，9，31，33，38，48，49，52，57，66
11	经济学说史（3 篇）	5，20，64

1.2　研 究 文 献

几乎每项研究梁启超的文献，都会提到几本重要的书，以英文书为例，Levenson（1970）、Chang（1971）、Huang（1972）、Tang（1996）；在中文书方面，有张朋园（1964、1978）、黄克武（1994），等等，这些著作以及一些在大陆出版的梁启超传记，在各图书馆都很容易找到［例如李喜所、元青的《梁启超传》（1993），以及罗检秋《新会梁氏》（1999）所附的相关书目］。日本学者对梁启超的研究，请参见狭间直树编著的文集（1999）：内有 13 篇论文和两项附录，索引做得很好，各篇论文内所引用的相关文献也相当完整。一方面这些书大家都已熟知，在此不拟赘述；另一方面，这些著作所处理的题材，和经济问题相交集的部分很少，笔者再思之后，还是觉得没有必要评述或说明相关性。

若要详查梁的著作，有两项较完整的文献辑录可以交互参照。一是广东省中山图书馆特藏部在 1983 年出版的《馆藏康有为、梁启超数据目录》。在梁的部分有：（1）编年著作细目，包括原文刊在何处，之后收入何书；（2）与他相关的传记著作；（3）对他的评论：他的生平、哲学、史学、经济思想等共 8 项；（4）他所办过的报刊，起讫年份、地点，等等；（5）依书名和篇名排序的索引。这项目录虽然有缺漏错误之处，但大体而言，1983 年之前在大陆出版的相关研究，大抵已都网罗。

另一本是由李国俊编辑，上海复旦大学出版社出版的《梁启超著述系年》（1986）。李国俊编的这本目录有几项优点：（1）各篇文章的年月日考证清楚，（2）标示各篇原刊载的刊物名称、卷期次与页码，（3）对较特殊的文章都附有背景解说。整体而言，这本《梁启超著述系年》比《馆藏康有为、梁启超数据目录》完整，考证得更详细，是相当有用的工具书。此外，此书的前言和编辑凡例，把梁启超著作集的各种版本，都对比得清晰易懂，也把其中复杂的变动交代得相当明白。这本《梁启超著述系年》也有个缺点：虽依年月排序但没有索引，若只知篇名而不知年月，就很难查索；马场将三的

《〈梁启超著述系年〉索引》（1997）依音序排列，解决了这个问题。周维亮的《梁启超治学系年》（1999），是他 86 岁时的著作，但并未参照李国俊编的《梁启超著述系年》。

还有两项数据库可查询。一是由北京大学未名文化公司 1998 年 1 月制作发行的《梁启超专集》光盘，内容是"梁启超著述及研究文献全文光盘"，属于"二十世纪中国文化史·著名学者光盘数据库"的系列之一；内含 2 679 笔可检索的文章，有梁自己的著作，也有研究梁的二手文献。依其所附的说明："该套光盘共收录梁启超先生一生著述、书信、演讲及各时期研究文献 3 000 余篇，3 000 多万字，及各时期照片文献。同时配备完善的检索系统，对所有文章可进行全文检索。读者还可通过篇名、文章任意词、关键词、著者、涉及者、分类、文献出处、出版者等十几个方面，快速检索到每篇文章，并随时下载、打印。"这项光盘内共有 6 笔研究梁启超经济思想的文献（有全文可供打印）：姜春明《试论辛亥革命前梁启超的经济思想》（1963），叶世昌《梁启超的经济思想》（1980），曾桂蝉《梁启超金融学说简介》（1983），钟珍维、万发云《论梁启超的经济思想》（1984），胡太昌《梁启超外资外债思想评述》（1986），郭汉民《梁启超利用外资思想述论》（1989）。

第二项数据库，是《中国期刊网：文史哲专辑》（1994 年起）。进入"中国期刊网"之后，选用"高级检索"，然后选"关键词"。用"梁启超"和"经济"或"梁启超"和"外债"、"财政"等项目搜寻。以 2004 年 5 月底为例，有些得到三四篇文献，有些更少。整体而言，目前的搜寻成果还有限，但日后会随着时间而改善。

在台湾地区只有李宇平的《试论梁启超的反通货膨胀言论》（1991）。日文方面的相关著作也很少，目前只有两篇：森时彦《清末知识界对西欧经济学说的接纳：梁启超的经济思想》（1998），森时彦《生计学和经济学之间：梁启超的 Political Economy》（2001）。

暂且不谈这些作者所采取的不同分析角度，以及所着重的面向和论点，我们只要看表 1.1 的丰富内容，就知道梁的复杂经济论述，必然还有待较全面性的析论。从另一个角度来说，上述的几篇专题性论文，在选材的格局与范围上都比较窄，尚未能触及梁氏经济论述的几项重要题材。例如，从表 1.2 可以看出，梁对币制改革、财政与预算制度、社会主义经济路线和土地国有论都写过相当多文章，这些是他非常在意，而且和当时知识界与政界有过激烈争辩的议题，但目前都尚未见到相关的析述。

还有一种形式是在近代经济思想通史的书内，有一章或一节以梁的经济论述为分析对象。这类著作也不多，暂举两项显例：一是胡寄窗《中国近代经济思想史大纲》（1982）的第 13 章"梁启超的经济思想"（页 286—313）。二是侯厚吉与吴其敬《中国近代经济思想史稿》（1984）第 3 册第 3 章第 2 节"梁启超的经济思想"（页 277—356）。胡的篇幅较短，手法较轻快，是全面性的概观。相对地，侯与吴的分析既有全面性的观照，也针对几项主题作了比较深入的分析与对比，值得稍加评述。以下试述他们所着重的题材与论点，以及他们是从哪些角度来理解梁的经济观点。

侯与吴分七小节处理这个大问题。首先是把梁的历史地位界定为"资产阶级改良派宣传家、西方资产阶级文化学术思想的传播者梁启超"。这是第 1 小节（页 277—288）的名称，主要内容是介绍梁的生平，以及思想取向的基本态度。这当然是梁的诸多复杂面之一，但若从表 1.2 来看，梁有一个重要的面向是他们未彰显出来的：梁对货币政策与税制改良的深度关切，都是从中国经济政策的角度，来析述各种学说与不同政策的优劣，这应该和"宣传家"的帽子无涉。我们只要看梁曾短暂出任币制局总裁（民国 3 年，1914）以及财政总长（民国 6 年，1917），以及他在表 1.1 与表 1.2 内所写的相关币制财经文章，就可以知道他对实际的经济问题有深刻理解，也有与众不同的主张。

在议题方面，他们析述了六项主张：振兴工商的思想（页 288—299），生利分利论（页 299—309），发展大资本企业的思想（页 309—317），反对土地国有的思想（页 317—322），货币思想（页 322—339），国债论（页 339—356）。若以这六项来和表 1.2 相对照，就可以看出有几项重要的题材漏失了，试举两例：（1）梁对孙文和《民报》派人士之间，对经济社会主义这个问题有过重要的争辩，这是一项重要议题，但侯与吴只处理了这个问题的另一个面向（土地国有论），对梁反对社会主义这个题材却少有议论，甚至是避开了。（2）表1.2内的第6项"国家经济"内有10篇相关文章，而他们在第3小节"生利分利论"内，只析论了最不重要的第5篇（见表1.1），其实梁论国家经济的重要文章还不少，但却大都被遗漏了。

整体而言，暂且不说他们对各个子题的观点、各项论点与分析手法，单是从选材的度来看就有两大缺点。第一，读者不易明白各小节的题材之间有何关联：如表1.1所列举的，梁的经济论述这么庞杂，他们应该示知为何挑选这几项来析述？第二，从表1.2来看，在"财税与预算"项内就有17篇文章，而且梁曾任财政总长，但他们竟然漏失了这个重要面向。退一步来说，以上这些内容只是他们三册书内的一节，自然不能过度要求，但他们应该先把分析的手法与选材标准说清楚。若要全面性地析述表1.2内梁的诸多经济面向，那是一本专书的题材。

本书所分析的经济背景，是清末民初中国的诸项财经问题。论述此时期经济问题的中外文相关著作甚多，若想快速地掌握那个时代的经济概况，费维恺较全面性也较概观性的长文（Feuerwerker, 1980: 1—69）值得推介，此文有助于理解梁所处的时代，中国经济面临了哪些结构性的问题，以及具有哪些特性。另一项有用的参考数据，是李允俊主编的《晚清经济史事编年》（1840—1911年，共1 264页，2000）。此书有五项优点：（1）所引录的事件都有资料来源说明；（2）有阴阳历的日期对照；（3）索引非常有用，可依题材的分类查索（页1183—1244）；（4）有中外人名和主要外资企业的中外名称对照表；（5）依书名笔画排序的参考书目。但也有排校上的失误：以页1244所载的"梁启超"为例，相关条文记为1868年6月，但梁是1873年才出生，所以此项索引的年代必误；正确的年月是1898年6月28日（见页732）。此外，梁的名字在页1244的索引内只出现一次，感觉上略少。

1.3 综述与摘要

本书共分12章，除了首章是导论以及末章是讨论与省思之外，主要的议题有 10 项。虽然各章的主题参差，但在处理手法上我尽量遵守三项基本要点：（1）用现代语言简化、条理地解说梁的论点；（2）从现代经济学的观点，以及现代对那个时代的研究，来判断、评论梁的观点和主张；（3）对比不同人士对同一题材的不同见解，以币制改革问题为例：当时议论此事者相当多，后人评论研究此题材者也不少，更有许多新发现的档案，若能整理出全盘性的或一系列的观点，来和梁的见解相对照，就比较能理解梁对某项议题的见解。前两点较易做到，第（3）点的困难较大，因为表 1.1 表 1.2 内所触及的诸项题材，几乎已构成一整部中国近代经济史，各个题材都已有好几部专书和许多论文在探讨，若要综述这些见解再来和梁的说法相辩驳，本书的篇幅恐怕会扩张到无法掌握的程度。所以我还是以梁本人的论点为主轴，他人的见解为辅。

首先，梁在写这些文章时，多少也提到了他所反对的见解（例如第 6 章所分析的社会主义经济路线和土地国有论），所以在析述梁的论点时，也已经对比到另一些人士的见解了。其次，梁对某些题材的论述不够体系，例如第 5 章的工商实业、第 11 章的经济学说史，梁对这些问题的论述较少，精彩可论之处也不多，所以上述的第（3）点，比较能落实在第 2、3、4、6 章内。由于梁对各个主题的关照程度不同，在分析时的体例上也就难求一致，所以我在写作时遵循三项准则：（1）只要论点确切，篇幅应浓缩；（2）把梁自己的见解维持在主轴性的位置，不要被其他意见冲淡；（3）引述参照性的观点和见解，让它们发挥辅助之功而无夺主之嫌。

以下概述诸章的结构、内容、论点。第 2 章论梁对币制改革的主张与作为。他对这个题材下过相当的工夫，也写过许多文章（见表 1.1 与表 1.2）。本章讨论三项主题：（1）梁一直主张中国应采虚金本位制，他对这件事有哪些独特的见解？虚金本位制对中国经济长期而言真的是利多于弊？（2）他一直批评中国无国币，所以积极鼓吹推行国币，他有过哪些高见与建议？这些建言的可行性有多少？（3）民国成立后他两次入阁，一次是 1914 年（民国 3 年）任币制局总裁，一次是 1917 年（民国 6 年）任财政总长，负责财政和金融改革的事。这两次主政的时间都很短（10 个月、4 个月），为什么他的主张都未能成功？

第3章处理财政和预算这个一体两面的题材。梁对清末的财政制度很有意见，曾经提出一篇《改革私案》的长文，论述改革中国财政的方法与预期的成果。他对税务制度也有很多建议，包括各项税源、关税、税率的改革。他最批评的是中国政府无预算制度，东挖西补，各部门之间严重缺乏协调性。除了解说他对这些复杂问题的诸多见解外，也举统计数字来对比他的说法。最后说明他在1917年任财政总长时，所遭遇到的主要障碍与困难。

外债与内债是第4章的主题。中国的外债问题，因赔款、国库匮乏、战乱等因素而愈来愈严重。若向列强借款，虽然可以稍为缓解窘状，但列强会伺机掌握中国财经的命脉。另一项困扰是列强皆采金本位而中国仍采银本位，在国际银价长期下跌的情势下，中国不但要偿还沉重的本金，还要多付出因银价贬值而产生的汇兑差额（称为"镑亏"）。梁对外债问题的研究相当深入，剖析得也很清楚透彻；他在文章内所表现的，一方面是激情跃然纸上，但另一方面也很能展现出理性冷静的推论和政策建议。整体而言，他对外债问题的析述相当有说服力。相对地，他对内债问题的态度，则多采批评性的立场，攻击各省的公债行政措施不当。他对公债的见解，相当受到日本经验的影响，屡有仿效日制公债措施之建言，甚至在入阁后都还有此主张。然而，以现代的眼光来看，梁对在中国推行公债的预期成果过度乐观，他的政策建议可行性甚低。

第5章的主题是工商实业，梁对这方面的论述不多，可深论争辩之处亦少。较有趣的一项，是他对美国大企业集团（托拉斯）的介绍与分析。他的目的很简单，但也相当天真：希望中国的工商业界能够联合起来，成立各行各业的托拉斯，才能在国际市场上竞争，不再受列强工商业强势的欺凌。他甚至替托拉斯的弊端过度辩护，说中国若行此制，则这些弊端"亦不必深虑也"、"若是不足以诟病也"。

第6章分析两项火药味相当浓厚的题材：中国日后是否应采社会主义的经济路线？土地国有制是否适合中国的国情？这两条路线是孙文派人士和《民报》的主张，梁对这两项主张态度是："不必行"、"不可行"、"不能行"。这是一场激烈精彩的辩论，这章对比双方在理论上与实行上的不同见解，并用现代经济知识来评论双方的相关论点，从综观的角度来看清末这两大报（《新民丛报》和《民报》）、两大政治派系之间的争执，在问题的性质上、论点的方向上、诉求的手法上，有哪些类似与差别。

有五个与清末经济相关的小子题，不易纳入前述各章的主题内，因而并在第 7 章分述。（1）从宏观性的角度来看，当时在各地发生过哪些经济恐慌现象？他认为中国经济的根本性问题有哪些？（2）中国的资金枯竭，对外资应采怎样的态度？（3）全国人口结构中有哪些阶层是属于无生产能力的？（4）他写过几篇谈论银行的文章，也讲演过几次这方面的题材，在此略述梁对银行制度的见解。（5）他对中国关税权相关的问题有过哪些议论？梁有四篇论关税权的时事评论短文，但他对这项题材的关注点，却是国际政治的角度远多于财政税收的关怀。这五项主题在结构上并无明确的关联性，梁写这些文章时也无预设的架构，而是依时事或依各别主题发挥，因此不易据以提出系统性的评判，但这又是理解梁氏经济观点的必要工作之一。

在文集中，梁谈论经济事务时，以清末民初的议题为主，这是以上六章的范围。但在《合集》里，梁偶尔也会提到古代的经济事务，例如《中国古代币材考》（1910，文集 20：58—72）。他对古代经济问题的论述，基本上集中在《王荆公》（1908）、《管子传》（1909）、《先秦政治思想史》（1922）这三本书内，收录在他的专集内（专集 27、28、50）。我从上述文献整理出下列四章的题材，析述梁对中国古代经济的诸项论点。

梁在 1909 年以“旬有六日成”《管子传》，“述之得六万余言”，旨在评述《管子》的政治、法治、经济、外交、军事，希望“爱国之士，或有取焉”。第 8 章分析此书的第 11 章“管子之经济政策”，着重在两个议题上：第一个重点放在梁本人的基本立场与见解，看他如何受到德国和日本“国民经济学派”的影响，因为这个学派和《管子》有个共同的理念，就是要把国家的经济资源和调控权集中在政府手里；第二个重点，是析述他如何诠释《管子》内的各项经济政策。将近一个世纪之后，以经济思想史的观点重读此书，得到三个观感：文笔方面情绪高涨，内容方面动人听闻，手法方面自我矛盾。

这章的附论析述《王荆公》（1908），说明梁对王安石的财经作为与思想有哪些洞见与偏见？他如何理解王安石的财经改革理念与政治上的阻碍？《王荆公》全书 22 章共 208 页，与财经政策直接相关的是第 10 章"荆公之政术（二）：民政及财政"。整体而言，梁对王安石的财经作为，并没有在具体问题上作深入分析，也没有提出财经政策上的新洞见；相对地，由于梁的主要诉求是替王安石洗冤辩诬，所以立场鲜明偏颇，在格局上还是没跳脱出"党争"式的论述。从财经分析的角度来看，梁在《王荆公》里的贡献有限，在深度上和广度上，都远比不上他在翌年（1909）写的《管子传》里，对整套国家财经政策（如轻重术）运作概念的良好理解，以及视野宽广的评述。

梁对中国改采金本位的议题极为热衷，1910 年时写了好几篇相关的长文力挺此制，并极力抨击张之洞等反金制者。他有一项独特的论点：从演化的观点来看，中国的币材从上古的贝币到龟币，到皮币，到珠玉，到铜银，他认为这是一系列历史进化的过程；到了 20 世纪，中国必当用金以为主币，才符合历史进化的潮流。梁论证货币有四种职务（交易之媒介、价值之尺度、支应之标准、价格之贮藏），欲完此四种职务者当具八德，金则八德咸备。第 9 章的主题是在论证：梁所说的龟"币"并未存在过；帛布"币"的币字，原意是指布、帛，根本不作货币解；皮币也无货币的功能；禽畜则完全不是货币；珠玉从古至今都一样，以"宝物"的意义为主，丝毫没有交易性的货币功能。梁写《中国古代币材考》（1910）来支持金本位制，基本上是引喻失当，因为中国若有足够的黄金，何必主张用银？若黄金不足，主金奈何？梁这种独特的币材进化论，在"内证"上有明显的逻辑失误，在"史实"上也有严重的疏漏与错误，在"外证"上（中国应否随列强改采金本位），更有硬上弓的霸气。

梁对先秦田制的见解，集中在《先秦政治思想史》（1922），包括五项题材：（1）贡，（2）助，（3）彻，（4）初税亩与用田赋，（5）孟子的井田制。第 10 章析述梁对这些题材的说法，提出不同的见解来相对比，并对这些议题作较深入的解说与论证。井田之说源于《孟子》，本章最重要的论点，是在阐明孟子当初的重点——要替滕国规划"井地"，而非倡议"井田"制。后儒误解了这点，而导致不必要的"井田有无"之纠葛;梁因袭前说,也没能跳出这个陷阱。其实"井字田"和"井田制"是两回事:把土地划成"井"字形,目的是要"正经界";井字形的耕地,和传说中的井田制(一种政治、社会、经济之间的复合关系),是不相干的。

最后一个题材属于经济学说史的范围。梁写过一篇介绍性的长文《生计学学说沿革小史》(1902)。第11.1节:(1)分析这篇文章的内容;(2)评论他对这些学说的理解与误解;(3)他受到这些学说的启发之后,提过一些政策性的建议,若用现代的眼光来看,会有哪些缺失?梁对墨学下过深入的工夫(《墨子学案》《子墨子学说》《墨经校释》),第11.2节的着重点是在说明:(1)他如何以"七个公例(原则)"来解说《墨子》的经济见解,(2)他的诠释有哪些特点与缺失。虽然经济议题只是墨学的一环,但从梁的内在逻辑和不时出现的过度阐释,我无法赞同黄克武的结论,说:"梁启超论墨之作表现出他个人的学术风格,以及思想的一贯性,在二十世纪人类历史上,他绝对算得上一个既博学又敏锐的思想家。"(黄克武,1996:90)

最后一章讨论梁的经济知识大概受到哪些著作、哪些学派、哪些路线的影响。从他的经济论述中,大致可以归纳出他对哪些问题特别关注?为何会有乐观或悲观的态度?他对哪些经济政策作过哪些特殊的主张?这是综合讨论的部分。另一项主题是对全书的反思:在将近一个世纪之后重读梁的经济论述,整体上会有怎样的感受?梁对清末民初的知识界产生过相当的影响,若从近代中国经济思想史的角度来看,为什么他的经济论述,现在看来反而比不上严复译案的《原富》来得深刻?从命题的趣味度、世界性的对话度、具体技术问题的挑战度来看,梁的经济论述会让后世的分析者,感觉到这是一个智识兴味度高、值得深探的题材吗?

全书诸章的安排,是依据下列的逻辑顺序。为什么最先谈币制改革(第2章)?从表1.2可以看到,梁对这个问题发表过19篇文章,是此表中最多的项目。这是他最早、也是最后关心的经济问题:表1.1的第2篇是《论金银涨落》(1897),第69篇是《民国初年之币制改革》(1926)。此外,梁写过一篇短文,介绍"劣币驱逐良币"

的原理，因为题材上的近似性，就当作此章的附录。同样地，这几项理由也适用在本书第 3 章"财税与预算"。外债与内债问题和财税预算有密切关联，所以就接着放在第 4 章。梁论工商业问题的文章发表得很早（在表 1.1 内排第 4 篇，1897），所以接下来作为第 5 章。第 6 章论社会主义与土地国有化的问题，这是在辩论日后新中国的经济路线；虽然梁只写了一篇长文，但因此问题重要性与独特性，所以单独成一章。表 1.1 内有 10 篇文章不属于上述的 5 个题材，可称为梁对中国经济问题的 5 项散论（见表 1.2），列为第 7 章。

第 2—7 章都是清末民初的经济议题，第 8—11 章则属于古代经济的问题。第 8 章论管子与王安石的国家经济观，在时代上明显晚于古代币材与井田问题，但为何先谈论？梁在析论管子与王安石的见解时，其实心中所怀抱指涉的是清末经济问题，只是借这两位古人的语言与作为，来抒发自己的见解与理想。所以就把此章放在与清末经济问题相衔接的第 8 章。第 9 章谈古代币材与第 10 章的井田说，则是依时代的顺序排列。第 11 章是经济学说史，与上述诸章无密切相关，所以放在最后。

2
币 制 改 革

　　梁氏对币制改革问题下过相当的工夫，与这些题材相关的文章，在他的经济论述中占了相当的分量。就行政经验来说，1914 年 2 月熊希龄内阁任命他为币制局总裁，有意借重他在这方面的深入见解。可惜积痼过深、政局多变，同年 12 月梁辞此职，币制局亦被裁撤。1917 年 7 月段祺瑞内阁任梁为财政总长，在业务方面也牵涉到金融改革，但他四个月不到就辞职了。本章从三项主题，来析论梁在货币改革方面的论述与作为。梁一向主张中国应采虚金本位：第 2.1 节评论他对此事的诸项见解与主张；第 2.2 节分析他对各种币制改革的评议；第 2.3 节讨论梁两次入阁时在货币政策上的作为，以及他晚年对币制改革的回顾；第 2.4 节综述本章的主要见解并作出结论。

　　析述清末民初币制改革的著作相当多，但以梁氏的币改言论与建议，以及他在两次阁员期间的政策与作为，当作论述主题者似尚未见。论述清末民初币制改革所牵涉的问题非常庞杂，有国际金融问题（国际银价长贬、起伏），有国内政治问题（辛亥革命、军阀割据），有社会问题（城乡等不同部门和士农工商各业对币改的反应不一），有行政上的困扰（各省对中央决策的服从度不一）。在篇幅的限制下，本章只能处理国内货币和国际金融的面向。其他的相关著作略说如下，当可与本章的内容相对照，或补充本章所未处理到的面向。

　　王业键（1981）有一本精简但相当全面性的著作，该书对中国的银铜复本位、多元本位的问题，有趋势性与结构变化性的解说，是很值得参考的综论。有两套文献集内容相当丰富，主题涵盖面也很广阔：《中国近代货币史资料·第一辑清政府统治时期（1840—1911）》（以下简称《中国近代货币史资料》），这是到晚清为止的资料；另一本是《中华民国货币史资料·第一辑（1912—1927）》（以下简称《中华民国货币史资料》），这是从辛亥革命到北伐时期的资料。这两套文献集对理解梁的币改建议与政策作为，以及各方的正反面意见，都很有帮助。李宇平（1987）对比1902—1914年，各派人士对币制改革的各种言论，这项研究有助于理解，在清末民初对币制改革的纷杂论述当中，梁的见解是属于哪类。此外，有几本近代中国货币史的综述性著作，也很可以参考：张家骧（1925）、魏建猷（1955）、彭信威（1958）、卓遵宏（1986）。

2.1 虚金本位

2.1.1 银价长贬

从19世纪70年代起，以英国为首的列强逐渐改采金本位制，蔚为世界性的风潮。黄金既成为国际间的金属货币，需求和价格自然高涨。白银本来和黄金都是金银复本位制的主角，19世纪70年代起改行金本位之后，白银失去国际货币的功能，需求和价格大跌。[1]中国境内流通的货币，基本上是以铜银为主要币材，对外贸易与债务的清偿，过去都用白银；现在国际银价大跌，等于是中国货币的汇率大贬，这对一个外债、赔款、入超额都庞大的国家，是一项重大的打击。

梁对金贵银贱的问题写过两篇短文，一篇是《论金银涨落》（1897，1：89），这是他最早期论经济问题的文章之一，是他在戊戌变法前一年所著《变法通议》内的一节。还有一篇是《银价之将来》

---

[1] 1833—1926年的伦敦银价，见卡恩（Kann，1927：220）所列的年度最高、最低、平均价格。国际银价长贬造成中国银贱铜贵的状况，以及因而引发的诸项影响，参见何汉威（1993）的详细分析。

（1910，25 上：177—179），这是一篇长文《将来百论》内的一节。

《论金银涨落》是梁赴日之前的作品，当时他尚未接触现代的经济学著作，全文尚无概念性的语言，也无明确的主轴和主张。引发这篇短文的议题，是有位通政使司参议杨宜治建议：现今银价大贬，中国可以用白银铸成英国先令样式，在国际流通中使用。梁反驳说：这需视此币铸成之后，外国是否肯一律通用而定。他举当时法、比、意、瑞四国的协定，说四国所铸的金银钱"彼此国库皆准抵用，而收付银钱则以一百佛郎为限"（1：83）。就算中国能铸银币，且能流通于欧洲诸国，但有此额度之限，所以中国所铸之先令，在购兵械或还外债时，最多只能当巨款之尾数，于事无补。况且列强已行金本位，视白银为辅币，中国若铸银先令，成效必然有限。

这项驳斥是此文的破题，也是此文的概要点。梁论过此点之后，泛论各国的金银币政策、世界金银价的潮流、中国可采之对策等等，但梁对这些问题并无明确的主张或提议。若单读梁的这篇《论金银涨落》，会让人觉得这位杨通政未免过于无知。张家骧（1925，第3篇页6）和《中国近代货币史资料》（页653—654），都录载通政使司参议杨宜治在八月初一（1897）所写的这篇奏文。现在重读此文，觉得杨的建议虽然忽略了基本条件，但在政策步骤上的推论还算合理，反而是梁的文章只批评到杨的部分建议，而且也过度驳斥了杨的主张，分述如下：

第一，杨的主旨是在"奏请仿造金银钱：镑价愈涨，则中国征收所入，使费所出，无不加倍吃亏，借款一项，吃亏尤巨而久。中国国家商民交困，其患俱在有形，独此镑价递昂，耗物力于无形之中"。第二，他的政策建议是首先要统一国内币制："欲挽积弊、弭大亏，非率宇内之权量，整齐而划一之。定准圜法，以与各邦平均往来不可。"第三，他说明英镑是当时国际性的领导货币，以及中国吃"镑亏"的情形："各国金钱轻重稍别，而悉以英金镑为准。……同治年间，每镑合中国规银三两三钱三分；光绪十三年春，每镑合规银四两一钱六分五厘；今则一镑合规银八两有奇。燃眉之急，莫切于此。"最后，他的具体建议，也是梁最误解他的地方是："拟请谕旨，准予变通。先按先令分两成色式样铸造银钱，务令京师直省一律通

25

行。……并请一面饬下各直省将军督抚速采金矿，聘匠开挖，将来再仿英镑式样，铸造金钱。……银钱既铸，金钱续成，由是可仿英式制造钞票。金银钱存储国库、直省库，视存钱之多寡为准，则钞票辗转流通，无用之金钱将同土壤矣。"

这项铸币提议的要点是：（1）铸造全国统一成色的银币，令京师直省一律通行；此银币的特色是"按先令分两成色式样铸造"，这一点造成理解上的困扰。第一，这句话不够具体，未说明按何种分两成色样式；第二，英镑是金本位货币，与黄金价格同步起伏，若依杨的提议在1897年铸银币与先令等价，但日后银价若再贬落，金银比价会产生变动，这就失去了要与英镑保持同步价值的初意。（2）先铸好银币之后，速采金矿以造英镑式的中国金币。也就是说：上述仿先令铸造的银币只是过渡性的，最终目的是要铸成金币，进入金本位体制，成为"黄金俱乐部"的一员。（3）再下一步是发行可兑换纸币，和英国一样，民间持纸币可以随时向国家兑换金银。杨说到了这个阶段，"则钞票辗转流通，无用之金钱将同土壤矣。一转移间，不加赋，不事捐输，不求人加税，立即挽回利权三倍。富国救贫之策，无捷于此"。那是过度推论，不必计较。

杨的提议避开了一项主要的困难：中国根本没有那么多的金银存底，可用来铸造供全国通用的标准银币，至于铸金币和发行可兑换纸钞就更不必提了[2]。梁的批评应该放在这一点，而他却把论点集中在铸银币的阶段，强调这种银币在国际清算上会碰到的困难。杨的提议在视野上较广，是要一步步地从银铜混杂货币体制，转入统一的银币制，再转入金币制，最后成为英式的可兑换纸钞制。梁写此文时才25岁，尚未赴日，对现代的货币问题认知有限，不必苛责。

《银价之将来》（1910）是两页不到的短文，有三项要点：（1）综述自康熙二十七年（1688）至宣统二年（1910）之间，国际银价大幅变动的概况。（2）银价长期下跌的两大因素：国际上采金本位制，以及银产量日增而用途却日窄。（3）在此情势下，"我国苟不速行虚

---

[2] 户部认为"殊难悬断"，但总理衙门以为"总权利害，似属当行，惟尚有宜防之弊一端"。（《中国近代货币史资料》，页654—656）

金本位制，则全球之银块将悉以我为尾闾；银等于瓦砾，而米薪则等于珠桂矣！可不惧欤?"（25 上：179）梁的这两篇短文（1897，1910）传达了两项信息：（1）国际银价大跌，对中国已衰败的经济犹如火上添油；（2）中国既无实力改采金本位，梁认为根本的解决方式，是采用其他发展中国家已实施的虚金本位制。

以下先补充说明虚金本位制的意义，何以在中国会有改采此制之议，以及各方对此制的不同反应。有了这些背景，才更能体会梁对此制的诸项论点与作为。中国自鸦片战争后，所累积的外债、赔款和入超额，到了 20 世纪初已相当庞大。以赔款为例，当初签约时以银两为单位，但金本位制通行之后，因为国际银价大跌，列强实际收到的款项，若用黄金来衡量，确实缩水不少，所以就要求中国偿补这段因银价贬值所带来的损失。

当时的国际领导货币是英镑，在国际上与黄金有同步起伏的关系，中国因为银价贬落而额外支付的汇兑差额，因而称为"镑亏"。白银续贬，镑亏的压力就愈大。而中国的外汇存底有限，又不产金，没有实力加入"黄金俱乐部"，因此有国内外人士提议中国采虚金本位（gold-exchange standard）：对内仍行银铜币制，但对外的贸易与债务则行金本位。好处是得以免除"镑亏"，中国政府只需准备较少量的黄金，用来应付贸易与外债等国际支付即可；对国内的货币体制不必和金本位国家一样，需有黄金作为发行货币的准备，仍可保留原有的银铜币制。这种虚金本位制又称为金汇兑本位制，只在和外国有汇兑关系时才用黄金结算，这对许多发展中国家（如印度、菲律宾等）而言，是一种巧妙的设计。[3] 在殖民地母国的支持下，虚金制在这些经济体内运作得不错，所以中国有意仿行。

---

[3] 博尔多和基德兰德（Bordo，Kydland，1995）对第二次世界大战之前世界各国施行金本位与虚金本位的历史，作了很好的回顾与评比。此文的表 2 把实施过（虚）金本位的 21 个国家分成 7 组（核心国家、英国辖地、拉丁美洲、南欧、北欧、西欧、日本），详细对比它们采取、终止此制的年份以及原因。在参考书目内也引述了许多各国实施此制的文献，对发展中国家施行虚金制有兴趣的读者而言，这是相当简洁的综论。

2.1.2 倡议改制

晚清民初提议更改币制的方案很多，可以说是五花八门，这些议案的背景与概要，在近代货币史的著作内已都提及[4]，在此不拟重复。这些提案中，有些是建议先铸银币之后，逐步改铸金币（如前述杨宜治的主张），也有人主张暂时并用银本位制及金汇兑本位制（如驻英公使汪大燮在1907年的提议），曹汝霖在1918年也提议过使用金券，但这些都不是梁心目中真正的虚金本位制，而只是金本位制的中国特殊版本。[5]梁所主张的虚金制特点，是对外以黄金结算，对内仍行原有的（银铜混杂）货币体制。符合这项定义的提议，在1931年世界性的金本位废止之前，在中国一共有过四次，都是国际人士向中国政府正式建议的。

这四次提议都失败的原因各自不同，正反双方的意见也相当杂乱，但有三项因素是共通的：（1）国际银价起伏不定，大跌时积极建议采虚金制的声浪很大，但银价回升时却又觉得利不见得大于弊。（2）货币改革成本过高：中国的币制混乱，中央政府的权力鞭长莫及，各地习于旧制不愿改革。同时，中国政府财政困难，币制改革所费甚多，非困窘的财政能力所及；殖民地因有母国在经济与行政上的支持，所以障碍较小。（3）国际金本位制，在第一次世界大战期间（1914—1918）受到严重的考验，之后屡有停止之议，中国也因而对采虚金本位的长期效益感到迟疑。

第一次是英人赫德在1903年4月提出，第二次是美国政府派康乃尔大学教授精琪在1903年10月提出（梁所评论的对象就是此次），

---

[4] 中文部分见张家骧（1925）第3篇第1、2章，彭信威（1958：911—924），卓遵宏（1986）第2、3章，李宇平（1987）第4章第1节。英文部分详见卡恩（1927：356—395）。卡恩研究的优点是综述（虚）金本位在各国施行的历史与概况，更重要的是摘述各国对中国提议虚金制的提案原文，例如赫德1903年4月的提案摘录在页368—369，1903年12月精琪提案的要点摘录在页377—384，1912年卫斯林的提案摘述在页386—391。

[5] 晚清关于金本位的建议，《中国近代货币史资料》（页1222—1249）有详细的文献辑录。

第三次是荷兰人卫斯林在 1912 年提出，第四次是美国普林斯顿大学教授甘末尔（Edwin Kemmerer）在 1929 年 11 月提出的。这四项提议中的后两项，在时间上因为与梁的见解无关，所以在此不论。[6]"赫德案"在时间上与"精琪案"相近，还牵涉英美两国竞争中国币制改革主导权的问题，所以必须相提并论。梁在立场上支持精琪案，但张之洞却强烈反对，因而梁对张有激烈的批评。这些辩驳会在下面两小节内析论，以下简述赫德案与精琪案的基本方向与政治意涵。

1903 年 2 月至 1904 年 9 月间，总税务司赫德向外务部建议"改虚金本位制，定立银钱准价"。他的办法是先厘定新币的价值："凡新币八两，常等英金一镑"（1 镑有 20 先令，每先令有 12 便士），也就是要把中国币 1 两的价值，规定等于 30 便士。这样的单位换算在国际汇兑上较简明，因为中国各省银两所含的纯银量不一，在国际贸易与清算的作业上难有简明的依据。另一项优点是：这等于是向国际宣称中国的币值今后钉住英镑，汇率是 1 两等于 30 便士，只要英镑起伏，中国币值就跟着波动。赫德的提议内，还有不少技术细节以及行政上的配套措施，这些在《中国近代货币史资料》（页 1097—1110）所录载的文献内可以查到，不赘。

在此要强调的是为何它会失败，这有几项原因：（1）新币既然钉住英镑，万一中国币贬值，英国自然要干预。也就是说，英国借着要替中国设计新的货币体系，进而掌控中国的货币管理权，甚至进而要掌控财政权。英国久掌中国海关税入，列强早已不满，中国更引为耻，如今趁机要更深入掌握命脉，反对之声必高。（2）中国的货币体制庞杂混乱，另立新币制所费甚高，除了高昂的行政费用之外，各省政府未必愿意配合，阻力甚大。（3）英政府不愿意贷款给中国政府进行币改。在评估利弊得失之后，清廷对赫德提议的态度冷淡，民间也因而无多大反应。朝廷的态度一方面是恐英人趁机深入，另一方面是怨英人不愿提供贷款，而不是中国对虚金制没兴趣。美国见此机

[6] 卫斯林（1912）和甘末尔（1929）的提议内容，在注[4]的文献内可查到；特雷斯科特（Trescott, 1995）对甘末尔的中国之旅，有相当详细的分析，所提供的文献也很完整。

会难得，愿意协助中国币改，也愿意提供资助，所以才有 1904 年的精琪提议。

1902 年国际银价大跌时，中国和墨西哥政府联合向美国求援，希望能协调各国共同稳定银价。美国正想扩张在远东的势力范围，希望银价稳定能有助于和中国之间的贸易。美国国会在 1903 年指派三人委员会负责此事，精琪是其中的一员，负责研拟中国货币改革方案。他在 1904 年 1 月抵华，调查实况之后发表了《中国新货币体系备忘录》（*Memoranda on a New Monetary System for China*）[7]。其中最重要的一项，是定出中国银币与黄金的价格比例为 32：1（32 两白银换 1 两黄金）。这项比例一旦固定，就算日后白银价格浮动起落，仍维持 32：1 的比例。换句话说，对世界各国而言，中国的币值从此就和黄金有了固定的比值，就算银价下跌，在国际汇兑的计算上仍是 32：1。这样设计的目的，是要使中国免于银价下跌的心理恐慌。但从另一个角度来看，若日后银价上涨（成为 30：1），而国内银金比例仍维持 32：1 的话，中国币就吃亏了（被低估了）；反之亦然。精琪提案的始末，两国往来函电，中国大臣，驻外使节对此事的各种意见，此案的具体内容，各方的评议，精琪返美后的演说，在《中国近代货币史资料》（页 1110—1203）有非常丰富的记载，从下列张之洞的驳斥中，也可略见双方歧见的旨要。

2.1.3 反对意见

当时反对精琪者甚多，持议甚杂，以鄂督张之洞的意见最具代表性。精琪抵华后，积极与张约见，二月中旬双方会谈，但观点不合："精琪来华，将议定金银价值。约期晤谈，所言不合情势，驳之。"（《张文襄公年谱》，页 181）同年八月十六日张写了一长篇《虚定金价改用金币不合情势折》（《张文襄公全集·奏议》，63，页 6—15），此文经《上海时报》转载后传诵一时，而朝廷对此折的回应却只有

---

[7] 这项备忘录的原文见：Hanna，H.，C. Conant and J. Jenks（1904：75—112）。这项备忘录因饱受批评与误解，精琪在 1904 年又发表 *Considerations on a New Monetary System for China*，来补充说明之前的见解，此文见：Hanna，H.，C. Conant and J. Jenks（1904：113—176）。

淡淡一句："朱批该衙门知道，钦此。"（页 15）

张所言甚厉："臣二月间由京回鄂，精琪久已在汉口相候，约期晤谈，必欲一见。嗣经接晤两次，该洋员一切议论，诸多支离，臣层层驳诘，该洋员亦不能分条辨析，切实答复。……今臣阅其开送中国圜法条议及条议诠解、续送条议各篇，种种虚妄、种种患害，不禁为之寒心，敢敬为我皇太后、皇上披沥陈之。"张的论点明确，其说甚辩，以下摘要并略加评述：

第一是货币改革主导权的问题。"今查精琪条议为第一条言：中国设立圜法，其措置以赔款国之多数能满意为准。……第十七条：正司泉官及各国代表人，准为中国政府提举整顿财政之事。迹其所云，直欲举中华全国之财政，尽归其所谓正司泉洋员一手把持，不复稍留余地。而又恐各国之议其后，故一则曰使赔款国之多数能满意，再则曰赔款国之代表人可以查看账目，三则曰各国代表人准有提举整顿中国财政之事，几视中国为各国公共之贸易场，而不复问主权之何属。其见好各国，蔑视中国，悍然不顾，乃至此极，实出情理之外。"此点颇能引起国人共鸣。

第二是银金比价的问题。精琪提议 32:1，其用意与功能已在上文略述，但张未必明白虚金制的精神，对 32:1 之说甚异。"强定为准三十二换之金价，侈然谓铸头出息，可获二分厚之重利，冀以歆动中国。"如前所述，32:1 的设计用意，不是要替中国政府谋铸钱之厚利，而是日后国际银价若有起伏，中国银币的国际报价都维持在 32:1 的汇率。目的在使中国对国际银价的波动，免于产生预期心理，并协助各界对中国币值具有信心；另一项目的，是定出中国币的国际标准价格。1904 年时的国际银金比价为 35.7:1，张看到国际行情为 35.7:1，就想到若能依 32:1 来偿付各国的赔款与债务，中国必然可省下大笔支出（每两黄金的债务可省下 3.7 两的白银），所以他说："夫使所定三十二换之金价中外可以通行，中国即可以此价折算，兑付各国赔款，诚属两得其平之计。"

张明白没有这等美事："乃精琪所定此项三十二换之银币，其限制只能在中国通行；而在外国卖票购金，则其价值须由正司泉官临时定夺。"所谓的临时定夺，就是依当时的国际汇率行事，而非 32:1。

张明白 32∶1 只是虚设，真正支付国际债务时 32∶1 根本没用。他把真正的利弊分析得很清楚："至其续送条议，则明言此银币在本国支付款项，即作三十二换销用，若用银元付外国款项，则须按生银价销用，即四十换之谱等语。是其法不过使中国商民，以值市价四十换之金一两纳诸政府，勒令抵银三十二两。而外国持银三十二两，一入中国即可得金一两之用。及以中国之银抵付外国之金，则仍须以银四十两抵金一两。"简言之，32∶1 的设定对洋人百利，对国人未见一利："无论求利太贪，立法太横，民必不遵，法必不行。即使强迫行之，亦惟罔内地商民之资财，以入之政府。而又括中国政府之利益，以倾泻于外洋而已。"

第三是新币制对国内可能产生的影响："勒令民间以新币还旧债一节，尤为横暴无理。夫按新币硬抬之高价以还新债，恐虚头太多，势难持久。已患不能通行，况勒还旧债乎。此令一行，必致中国各省商民借贷绝路，追账倒账，抢夺斗争。各行商贾概行歇业，贫民固穷，富民亦穷，大乱立见。是不惟无二分之利，且恐有十分之害矣。"张的主张是不要采取空假的虚金本位，只要能确切地把银本位做好就很够了："果能全国皆用银币出纳，一律开办，前廿年内铸数既多，余利亦成巨款。此乃国家权力应有之利，明白无欺之事，切实和平之办法，并不须用外人主持，亦不须行以罔民病民之政。"

他认为虚金本位根本不适合国情："中国则不然，民贫物贱，工役获利微，四民食用俭。故日用率以钱计，其贫民每人一日口食仅止一二十文，中人一日口食仅止六七十文。其沿海沿江通商大埠，尚参用生银银元，而内地土货无论巨细买卖，皆用铜钱积算。……合计中国全国仍是银铜并用，而用铜之地十倍于用银之地。……故论目前中国情形，若欲行用金币，不但无金可铸，即有金可铸，亦非所宜。况精琪之议，并不自铸金币，徒虚悬一金价以抬新铸之银币。……盖无实之币，无实之票，必然壅滞不行，跌价私售。……国家必受大累，一旦立形不支，实属万分危险，尤不可轻于尝试。"张的具体建议是："窃谓此时惟有先从银铜二币入手，求划一畅行之策，然后酌定银钱相准之价，每银一两限定值钱若干。……俟通国币制统归一律，银铜二币悉遵定价，生银之用渐废，服用糜金之禁渐行。……彼时体察情形，果需参用金币，再行斟酌试办，亦未为迟。"一个世纪之后重读此奏折，还能深切地感受到张对民间实情的了解，颇能洞察虚金制对国际收支和国内经济的利弊，要点俱在，甚有见地。

以上是张从货币与经济的角度，来看虚金制对中国的弊害。列强提议此制当然也有政治上的考虑，张对这个面向的见解是："若精琪之议，哆我以虚无铸头之利，而夺我实在财政之权，其计至毒、其害至显。"他对虚金制的可行性相当果决："惟外人图揽中国财政者正复不一其人，即中国震于外国用金之说，剿袭附和，妄思尝试以徼大利者，故恐亦复不少。臣之此奏不仅为精琪一人，并不仅为金币一事，此后傥再有以行空票作金币之说进者，或外饵我以重利，实图揽我利权、绝我利源者，拟请敕下外务部、财政处、户部，开诚布公，正言驳拒，勿受其愚。"

当时和张同样持反对意见者不少，试举两例。一是总办江南商务局的刘世珩，他在精琪案提出时（二月）就发表了《银价驳议》，分成两部分：一是《中国圜法条议》，对精琪所提的十七条逐条驳斥；二是《中国新圜法条议批注》，对精琪所论的十章内容逐章批驳；最后还写了一项附录《通商进出相差与创设支兑金货为平准圜法之关系论》，用意在解说国际汇兑的基本原理。这两篇长文收录在《中国近代货币史资料》（页 1160—1188）。他的写法是逐条、逐章的批评，论点详细明确。此文的知名度比不上张之洞奏折所引发的回响，原因有三：（1）张的名气大，奏折文刊登在报章上，读者人数较多；（2）张的文笔简洁有力，要点俱在，很可能是把刘的论点消化纳入（张的奏折是八月呈的），把文章写得简要高超；（3）二月时精琪刚发表 17 条圜法，国内各界尚未作出响应，半年之后各方意见俱出，张的奏折以集大成的方式，代表了反对方的综合见解，引起相当的共鸣，也因而盖过刘的析论。其实刘的论点确切，唯稍冗长以致力道略弱。

在刘、张两文之间，还有苏松太道袁树勋所呈的《上海钱业商业对于精琪银价条议的意见》。此文发表在《南洋官报》（1904 年 6 月），现收入《中国近代货币史资料》（页 1194—1195）。这项短折的用意，是要表达上海钱业与商业对此案的反对意见，所诉求的立场和刘、张的宏观官方见解不同："该董等老于商务，会计颇精，所陈各情，是否有当，理合具禀声覆。"袁的论点和张类似，但说法不同。第一，改用金币之害是："至于豪家积赀，商贾转运，向皆用银，一旦骤然改用金币，金价更昂，银价必贱，受亏更为不浅。……若改用金币，诚于泰西各国淘称利便，于中国难免更受其亏，非但毫无裨益，反恐祸乱丛生。"第二，对中国的汇兑收支未必有利："若绳以日本因改用金币遂见富强之说，似非确论。闻日本改用金币，暗亏非细，印度受亏尤巨。……中国不比泰西各国，将来作伪多端，高低不一，其害更有不堪设想者，于国于民于商皆无益有弊耳，不如不改之为良也。"第三，中国的货币与银行体系尚无行虚金制的实力："国家若概用金币，必先整顿各省银价铜价相辅而行。……为今之计，改用金币，非先设国家银行不可，欲设国家银行，非有外洋伦敦、纽约、商埠之分行，与各国交通汇兑不可。"

2.1.4 赞成意见

赞成虚金本位者有两项共同的特征，一是从"镑亏"的角度来陈述银本位之害：国际银价长贬，中国在国际收支、赔款、外债上所受的亏损过巨。二是这些人较具国际视野，或是驻外使节，或是办理洋务，或是关心国际世局对中国的影响者。前述赫德、精琪等人的提议，是在列强授意之下的作为，但在中国也有不少人向朝廷建议改采金本位，这些建议与朝廷的答复，收录在《中国近代货币史资料》（页 1222—1249），举三例如下：

出使俄国大臣胡惟德在 1903 年 9 月 26 日"请改币制"（页 1222—1229），朝廷对此项长奏议的朱批（10 月 26 日）是："财政处、户部知道。片并发。钦此。"户部在 1904 年（无月日）由尚书鹿传霖对此议简要响应，但只说明状况而无执行方案。1906 年 12 月 15 日出使英国的大臣汪大燮上一折奏行用金币（页 1229—1234），朝廷在 1907 年 3 月 1 日对这篇长折的回应是："度支部议奏。钦此。"度支部的响应相当用心，在 1907 年 3 月 28 日写了相当长的复议文（页 1234—1241）；同年 7 月内阁各部院折也会议此案，建议"有必应照办者三，有难于照办者二，有宜详慎酌办者一"（页 1241—1243）。到了宣统三年（1911）三月五日，出使美、墨、秘、古的大臣张荫棠，再度建议行用金本位制（页1243—1249），他的主要四项建议是：首定金银本位、确定金银比例价格、略定补助货（币）之限制、妥筹本位金之预备；此外他还拟了"新币制一览表"，详列主币、辅币、金银比价等具体规范。此时已是清朝最后一年，遂无下文。

综观上述几项主张行（虚）金本位制的建议，在出发点与具体建议上可以说是大同小异，但都无法落实的原因，除了第2.1.3节反对者所说的诸项意见外，还有一项根本性的原因：中国没有足够数量的黄金来改行虚金制。解决此障碍之道，是向列强借款改革币制，这种借款称为"币制借款"。记载币制借款的相关文献不少，可在《中国近代货币史资料》（页1204—1221）内见到一些原始文献。向外借款来改革币制之议，到了民国6年（1917）梁启超任财政总长时，也曾打算向日本求援，但未果，此事会在第2.3.3小节内详述。

赞成虚金制的提议，到了民国之后还是没放弃。民国元年（未具月日）财政总长陈锦涛，向大总统"条陈整顿币制本位计划并检呈币制纲要六条"（《中华民国货币史资料》，页1—6），其中的第一条明示："中华民国币制用汇兑本位制"（即虚金本位制）。同年秋间，财政部设置币制委员会研究此事，发表一项报告书（全文另见同书页67—71），分两部分：一论银本位之利弊，二论虚金本位实施之问题。此项报告的立场是倾向于采虚金制，在结论中所陈述的理由是："要而言之，我国改革币制，与其用银本位或金本位，不如用金汇兑本位（即虚金制）。至金汇兑本位之主要问题，则以轻值银币代表金单位，似比银行兑换券较易实行。金准备之数目，须足以应付汇兑并偿还外债及国际清算之负差，方为稳固而无意外之虞。金银比例，则须伪造与熔化双方兼顾。银价抬高，既不宜太大，亦不宜太小。此讨论之大略也。"

这项结论虽然主张采虚金制，但所表达出来的诸多困难与迟疑语气，让人觉得此事不易落实。这是一项报告书，而非政策性的宣示。翌年春再议此事，主要有三说：一主精琪之金汇兑本位，一主金本位与银本位暂时并用，一主沿用银本位（即张之洞派的意见）。结果是："秋间委员会撤，移其议于国务院会议，卒定纯银本位之制，此即民国三年二月八日所颁之《国币条例》及施行细则是也。"
（页 55）

从 1903—1904 年赫德与精琪的虚金制提议起，经过 10 年在多方的争议下，终于在 1913 年决定中国要采银本位制，放弃虚金制的提议，张之洞派的主张最后获胜。看过对此事的正反意见后，现在回来看梁的立场、主张与政策。

2.1.5 梁的立场

梁先后写了两篇长文拥护虚金本位制，第一篇是《中国货币问题》（1904，16：98—124）。他写第一篇文章的基本立场是：（1）中国货币体制不得不改革，若要改革则当以虚金制为尚，"所争者，改革之权在我与在人耳"（16：99）。（2）他主要的驳斥对象，是以张之洞为代表的见解："又顷见《上海时报》载有鄂督张氏驳斥精琪案一折。其论权限问题，吾固表同情，若其论原案之缺点，则未达生计学学理，一派门外汉语。……读者试两勘之，勿徒为谰言所蔽也。"（16：124）又："文中多引张文襄说而折驳之，非好揭文襄之短，但借其言以反示真理而已。盖文襄之言，实代表国中大多数人之意见，至今犹然。而此等谬想不除，则良法恐无实行之日。吾非好辩，不得已也。"（22：29）

梁写《中国货币问题》的动机，是因为"精琪氏至北京，为中国货币问题有所策画，草定条议十七则，附以解说数万言。[8]……顾其所根据之学理颇深邃，非研究斯学者骤读竟难索解。虽有汉译本，然诘鞠为病，伪谬至多，读之更坠五里雾矣。乃撮译其大意，附以鄙见，旁参近世生计学者所发明之原理，博引各国改革货币之故实，以证其立案之所由。……幸勿以其艰深辽远而置之"（16：98—99）。若连梁都觉得译本难读、学理颇深邃，恐怕中国境内能充分掌握者亦不多。梁的这篇长文，兼具解说与辩驳，对非专业读者应有相当的帮助与说服力，但他的论点也有可驳辩者。

---

[8] 精琪（1903）的汉译本可参见《中国近代货币史资料》（页 1128—1159）：
精琪所著之《中国新圜法条议》和《中国新圜法案诠解》。

此文分 3 章，第 1 章析述问题之起因与精琪原案之内容，第 2 章对此案作补充说明，这两章各占三四页，是背景与解说性的文字。全文要点在第 3 章，是对原案的批评，内又分 5 节细论本案的重要议题。在此不拟摘引背景与说明性的文字（即前两章），而把要点放在梁个人的论点上（即第 3 章的 5 节的内容）。唯第 1 章内有一项明显的错误应指出。此章的内容是梁"照原文直译"精琪草拟的圜法条议 17 条，梁的第 6 条译文是："中国应亟铸银币若干圆，通流本国。该银币应有相当之模范，其大小约照墨西哥洋圆，其与彼单位货币之比价定为三十二，设法维持。"（16：100）墨西哥洋圆亦是银币，中国银币无与之维持 32：1 之理，这是明显的误译，正确的说法是如第 2 章内第 6 条所说的："政府当设法维持金银定价，使常为金一银三十二之比例。"（16：103）

梁赞成中国采虚金本位的基本论点相当奇特，是从币材的进化观来立论。"历览数千年来货币史之变迁，大率由铁本位进为铜本位，复进为银铜复本位，复进为银本位，复进为金银本位，而归宿于金本位，此其大较也。"（16：105）这种观点是从金属价值的排序（金、银、铜、铁）来看，但却违反了几项基本事实。第一，历史上虽有铁钱，但出现的时期比铜钱晚，存在期也比铜钱短，并不是如梁所说的"由铁本位进为铜本位"。第二，人类币制的变化，也不是如梁所说的，由铜本位进为银铜复本位，复进为银本位，再进为金银复本位。要采哪种本位，端视何种贵重金属的可获得量而定，世界上有多少文明的币制，是沿着梁所说的路线来演变？梁的要点其实很简单，他要说服国人：金本位是比较文明的币制，中国现有的银铜本位已经落伍了。他借用生物学上的演化论来支持他的金本位论："自齐太公迄今垂三千年，犹濡滞于铜本位时代而不能自拔。嗟夫！吾羞言之。"（16：106）

而中国若要采虚金本位，最基本的困难是如何取得所需的黄金：巧妇难为无米之炊。德国当初要改行金本位时，所靠的是普法战争后的法国赔款；日本也是在甲午战争后，靠中国赔款之助才得以改行金本位。若这两国尚需外援，中国何以能独力而成？第二项困难，是"内地细民每日庸率不过铜钱数十，易铜而银犹惧不适，而况于金"

（16：107）。张之洞主张在此时期应先确立中国为银本位（在此之前银铜杂用，币制混乱，无本位制可言），但梁的反驳亦有理："今日币制问题之动机，本以银价低落迭受亏累为之原，改制而仍用银，则奚救焉。"（16：107）

用银本位的好处是：银价既贬，外人用金来买国货则廉，有利出口。缺点在进口成本会因贬值而增加，此其一；较严重的问题是如梁所指出的："以金银比价涨落无定之故，故致从事国际贸易者，皆有所惮而裹足不前，……两害相形取其轻，用银之利不足以偿其害明矣。"（16：107）若金银皆不可单独用为本位，是否可采金银复本位制？世界潮流已弃此复本位而采金本位，中国有何条件逆行？再说，中国已穷敝，何处得金来行金银复本位？此议不可行明矣。银本位、金本位、复本位既然皆不可行，精琪为中国所拟的币制有何新意？显然，梁在1904年撰此文解说虚金制的特点时，对此制的精要并不够理解。

2.1.6　理解不足

"精琪氏此案，则亦金本位、亦银本位、亦复本位，非金本位、非银本位、非复本位，一奇形怪状不可思议之币制也。……金银双存，以法律之力，强定金一银三十二之比价，故曰亦复本位。虽双存而不并行，绝无受格里森原则之影响，致正货流出国外之患，故曰非复本位。准是以谈，则精琪氏此案，所以斟酌于三种本位之间，可谓良工心苦。"（16：108—109）梁这段解说，不但没说清楚虚金本位的本质与特点，反而展现了两项认知上的不足。

首先，虚金本位制的特性，是在于对外行金本位，对内仍行原有的货币体制（不论是贝壳或是铜银），定义很明确，不是梁所说的"一奇形怪状不可思议之币制也"。其次，中国境内金银币值之比，精琪建议定为32：1（1904年时的国际市场行情是35.7：1），目的是在定为32：1之后，不论银价涨跌，金价和中国银币的价值一律以32：1折算。这项比例是否恰当是另一回事，但这是一个换算上的关系，不能因而称之为本位制，所以梁所谓的"以法律之力，强定金一银三十二之比价，故曰亦复本位"，是误解了。

再回来谈 32：1 比例的问题。梁因为理解不足，而在之后的几页间（例如 16：113），反复讨论一个问题：如果银价再跌，跌到 40：1，既然法律规定 32：1，所以民众可持一两黄金到市场换 40 两白银，然后拿 32 两去向政府换 1 两黄金，岂不大赚？政府怎堪赔累？正确的解说仍是：虚金本位制在中国的情况，是对外用金对内用银，两者之间的法定比价是 32：1。这是用黄金来计算中国银币价值的方法，是一个虚悬的标准，政府无义务像实行金本位或银本位的国家一样，在金银之间有相互兑换的义务。梁的疑虑是只看到字面而误解实意所致，这项误解耗掉梁好几页的篇幅。接着来看 32：1 是否恰当的问题。国际银价在 20 世纪初的十年变动很大，精琪在 1904 年定此比例是依当时的行情，梁的文章中也说"日本现行之制，亦为一与三十二之比例，精氏从之，庶为近矣"（16：114）。所以这基本上是在反映国际行情，可争议之处不多。

虚金制的基本原理并不复杂，只是梁初见此制，又无内行者为他解说，所以难免误解。他花了相当的篇幅，向读者解说其中的主要概念，以及国际汇兑的往来原理，而他也不隐瞒他在某些理解上的困惑，在态度上是诚实的。他对精琪的提案，虽然有理解上的失误，但基本立场是主张中国采此新币制。他最主要的保留，是执行此制的主导权问题："其司泉官所以必用外国人者，……则以此事于赔款问题有关涉，不可不求诸国之同意也。……综观五端，则其职权之重大何如，是不啻举户部及各省藩司之权而握其半也。……就此点观之，谓精琪之造此案与各国之赞成此案，非有野心存乎其间焉？吾所不能信也。"（16：121—123）

2.1.7 极力主张

梁在这篇文章的结尾提出三项结论：第一，"中国不改革币制，则生计界永无发达之期。……蚤一日得一日之益，迟一日则受一日之敝"。第二，"中国不改革币制则已，苟改革，则其大体势必采用精氏原案。……而其争辩者乃在虚定金价之一着。此着则印度行之、荷兰行之、日本行之，皆无所窒碍，而岂其中国而独异是？故精氏案之必可行，吾保证之"（16：123）。第三项谈主权问题，在此不引。第一项是原则问题，应无人反对。要点在第二项：首先，梁在此文内并未确切说明"势必采用精氏原案"的理由，而突然下此结论，说服力不强。其次，何以印度、荷兰、日本可行（其实只有印度行虚金本位，荷、日所行的是金本位）？印度有大英帝国支撑，而中国币制混乱，改革困难，不知梁根据哪些条件，保证精琪的提案在中国可行？

中国是否要采虚金本位制，正反意见都有，相持不下。此时国际银价回升，伦敦每盎司白银在 1903 年时是 24.75 便士，1904 年涨到 26.38 便士，1905 年 27.81 便士，1906 年 30.88 便士，1907 年 30.19 便士。过去是因为银价下跌才有采虚金制之议，现在危险暂时解除，清廷决议不采精琪的提案。1907 年 9 月，光绪帝下谕令："……中国财政紊淆，币制亟宜厘定。欲以实金为本，则巨本难筹；若定虚金为本位，则危险可虑。自应先将银币整齐画一，然后稳慎筹措，徐图进步，将来行用金币，可望妥实无弊。"（引自卓遵宏，1987：69—70）这项谕令等于宣布中国要采银本位，而这正是梁所最反对的。

1908 年起，银价又开始大跌到每盎司 24.38 便士，1909 年 23.69 便士，1910 年 24.63 便士，过去的危机又重现了。梁在 1910 年写了另一篇长文《币制条议》（22：1—29），主张应急颁新币制。他先用 10 页的篇幅（22：1—10）说明这项理由，内容相当杂琐。其实更重要的信息，是他用了 20 页的篇幅（22：10—29），重申他的虚金制主张，论点和 6 年前的《中国货币问题》相仿，主要的差别是在 1910 年的这篇文章中，梁确切深入地说明了他极力主张虚金制的两项主要理由：

第一，"夫国于今日之世界，万不能复行银本位制，至易见也。……吾所主张者，实为度支部前此所拟定之虚金本位制。……凡行虚金本位制之国，其国际汇兑虽以金计算，而国内所行用，仍以银代金。……且欲行虚金本位制，仍必须于施行前之数年，先立银本位以为之基础。"（22：4—5）梁对虚金本位制的基本观念，在几年之后终于有正确的认知了。既要先行银本位（因为中国对外虽号称行银本位，其实仍是银铜币混杂，且无全国通用的统一标准币值），就要先确定银币每枚的重量。梁对此事着墨甚多（22：4—10），因与虚金制本身的关系较间接，不细论。

第二，中国不能采银本位的原因："银价日落，其购买力日减，物价缘而日腾，……况加以各种外债总额凡十余万万皆以金计，年年须輂巨万以偿本息。银价益落，'镑亏'岁增，其博祸又为人所共见者。"（22：11）至于行金本位，困难有三：第一，百姓生活程度尚低下，无法用金；第二，由铜银币跃而用金，有调适上的困难；第三，中国的金存量不足以行金本位。"故行虚金本位之国，必以本位银币为其中坚。此无他，以彼国中本绝少金币，而惟有多量之本位银币故耳。……吾所主张者，一方面为虚金本位之预备，一方面确立银本位。盖金本位为其目的，银本位则为达此目的之一手段。……泰西生计学家常言，虚金本位制者，贫弱国之续命汤也。何以故？以其不必蓄多金而能收用金之利故。"（22：14）这是漂亮的解说，他终于把问题弄清楚了，而且说得简洁有力。

说清楚虚金制的特点之后，梁用相当长的篇幅（22：15—29）再度驳斥张之洞的反对意见。篇幅长的原因，是梁过度详细地解说各项国际汇兑的基本原理。梁反驳的论点主要有两项：

第一，"昔精琪初建议时，张文襄公尝上疏力诋之。大指谓金银涨落，时价自有行情，人人共知，政府何能强为定价。……一时耳食之辈咸附和之，以至此议久梗。……今不避词费，次第说明之"（22：15）。其实张之洞的怀疑既合情又合理：当初有虚金制之议，纯是国际银价下跌，精琪设32：1之比，在实务上尚称合理，但若日后银价再大跌，则势必要调整。所以32：1并非不能更动的铁价，而只是初拟时的比例。1904年起银价回升，虚金之议自然中止，32：1或40：1的问题已不存在。

第二，"国中人士明其性质者绝少，即现在度支部及币制调查局中人员，恐亦什九未能了解，以故或生异议而沮其成，……所以迁延不办之故，当由于此"（22：15）。梁抓住张之洞等人对32：1定价的质疑，反复解说争辩，好似中国未能采虚金制是一大遗憾，而此憾中最大的干扰，是张之洞等人对国际汇兑的性质不理解，"生异议而沮其成"。其实1904年精琪的议案在中国不能行，除了国际银价回升暂时缓解了外在的危机，另有一项要点是梁在两篇文章内都未提到的：中国境内币制混乱，单是银币的种类就不下数十种，各地的银两重量不一；在铜币方面更是如此，尤其清末各省滥铸铜元，货币市场更是混乱。要把全国货币统一起来，所需的行政费用不知几何；要把地方的抗拒力摆平，也不知要耗用多少心力。要先统一币制之后才能确立银本位，才能以此作为对内行银本位，对外行金本位的虚金本位制。改革币制和统一货币的困扰，比32∶1是否恰当之争既大且烦，梁若要支持虚金制，应当先说明如何解决这项大问题。

整体而言，梁在1904年主张采虚金制时，对此制的本质认识不足，论点集中在中国因长期的"镑亏"压力太大，但因实力不足而无法行金本位，所以只好退而求其次行虚金制。1905年起银价回升，危机解除，虚金之议止；1910年起银价又回跌，梁重议虚金制之可行与必行性，此次他对虚金制的本质理解甚对，但在批评反对者之论时，只集中在32∶1的法定兑换率上，而忽略了国内币制改革的诸多困难，未免见小遗大。梁在1910年时主张"金汇兑本位制（即虚金制）其为我国所必当采，殆无疑义"（22∶25），然而若银价在几年内像1904—1907年间一样地回升，是否仍"必当采"？

梁对虚金制的见解，在1914年3—12月担任币制局总裁时，因为需要作实务上的决策而有了相当的转变。"鄙人畴昔固主张行金汇兑本位，而于极短之期间内以银本位为过渡者也。及民国初建，政府有借外债六千万镑之议，吾在海外不知实情，以为可成，乃主张遂行完全之金本位。……及此项借款不成，吾已不敢复持斯说，则还归于数年前所主张而已。（就任币制局总裁）一年以来，颇闻国中人士或相责备，谓何故不主张用金，而徇俗用银为苟且之计。……此种苟且一时之银本位制，今尚成为纸上政策，……我国今日非有莫大之金借款，则从何处得金者？……今我财政状况若此，而曰咄嗟得成金本位，鄙人不敏，不得不惊怖其言以为河汉无极也。"（32∶38—40）

梁的这番改变，是在1914年任币制局时因亲见实际的困难而退缩了。其实行虚金制的最大困难，就是"非有莫大之金借款，则从何处得金者"，这是张之洞一开始就看清楚的事情，而梁要等到执政时才能真正体会。然而，到了1917年，机会又来了：段祺瑞内阁任命他为财政总长，负责币制改革和财政金融的决策。当时正值第一次世界大战，国际金价大跌，梁认为这是大笔购入黄金改行虚金本位的好机会。但当时军阀们正需钱孔急，把这笔款项提取他用，"这个千载一时的机会便失之交臂"（43∶17）。

2.1.8 后见之明

大体而言，梁过度强调虚金制之利，忽略了改革币制的内在昂贵成本；此外，还有两项大问题是他当时所未能预见的。首先，1918年第一次世界大战之后，国际金本位制开始动摇，英国曾一度脱离金本位，到了 1925 年才在争议中返回金本位。如果中国在 1917 年梁任财政总长时，以九牛二虎之力行虚金制，三年之后，在 20 世纪 20 年代初期国际金本位开始动摇，中国行虚金制的好处已不多，而可见的缺点与成本却不少，此时又应如何？是坚持下去或速返回银本位？这个观点可以从另一个角度来看：1912 年起国际银价大涨，从每盎司28.03 便士（1912）涨到 61.50 便士（1920），不知当时尚健在的梁（时年 48 岁），是否仍坚持中国应采虚金制？

其次，1929 年 10 月发生了世界经济大萧条（梁于同年 1 月病故，时年 56 岁）。何以有此次的世界性萧条？原因之一是列强皆采金本位制，货币价值皆钉住黄金价格。当时美国的经济实力已足以影响国际金融，这只大象得了重病，在跌倒的同时也把英法德诸强一并拖倒，原因何在？列强同采金本位，犹如共同穿一条金裤子，或被一条金脚镣铐绑在一起，其中一人出状况，其他"黄金俱乐部"的成员必皆受波及。中国在 1929年时若已行虚金制，受列强波及的程度或许会比采金本位轻，但对外部门所受的打击仍然会相当直接。有些经济史学者认为，中国在 1929 年世界经济大萧条中之所以能未应声而倒，原因之一是未加入"黄金俱乐部"。也就是说，银本位发挥了防火墙的功能，此说亦不无道理。[9]

所以中国在 1931 年之前是否应采虚金制，须视三概要件：一是

---

[9] 弗里德曼和施瓦茨（Friedman，Schwartz，1963：134）说中国因为"是采银本位，所以几乎完全避免了世界性大萧条头两年的恶果"。他们说："中国因为是银本位而非金本位，所以相对于金本位国家（等于是采固定汇率），中国等于是采浮动汇率。……所得到的效果是把中国的内部经济，隔绝于世界性的萧条之外。"（页 361—362）艾肯格林（Eichengreen，1992：xi）对金本位制的缺点也有类似的见解："20 世纪 20 年代的金本位制，替 20 世纪 30 年代的大恐慌布下了舞台，因为金本位制把国际金融体系弄得脆弱了。美国经济的不稳定，通过金本位的传递机制，把这股冲击传到了世界各地。金本位制也扩大了当初不稳定的冲击效果。"这种见解表示，中国采银本位反而是一种免于（或降缓）世界经济大萧条冲击的一道防火墙。

国际银价的起伏是否真的对中国不利，二是国际金本位制的稳定性是否可靠，三是国内币制改革的高昂成本是否有能力应付。后者是可预见的大困难，前两者是无人能预料之事，这三概要件中国都无法满足或应付。梁大力主张虚金制，事后观之，幸未成。

2.2 推行国币

清末民初币制混乱，改革之议杂多，各式金融体系与机构此起彼落。这些复杂的情事，在关于中国近代货币史的著作内已有许多分析，较综合性的史料汇集有两项：一是《中国近代货币史资料》，二是《中华民国货币史资料》。梁所论及的国币改革，只是这段纷杂历史的片断。他在 1910—1915 年，写过八篇关于如何整理官钞和推行国币的文章，其中有三篇是 1914 年任币制局总裁期间写的，一篇是在 1915 年卸任之后写的回顾性评述。这些文章中常有大篇幅细辨诸项技术问题，本节的主旨是评论梁的基本动机、政策方向与执行措施，以问题的特性为主轴而略其技术性细节。

2.2.1 铜元泛滥

梁写《各省滥铸铜元小史》（1910，21：13—23）的用意，是要显示中国民间货币体制的混乱现象。这是一篇历史背景与现状解说性的文章，涵盖的时段以光绪的最后十年间为主。晚清银贱钱荒与铜元泛滥的诸种问题，魏建猷（1955）有简明的概观性综述，何汉威（1993）也有相当详细的解说。相形之下，以现在的观点来看，梁的这篇小史只触及了全盘问题的一小部分。

问题的大背景和第 2.1 节的虚金本位制一样，都是 19 世纪 70 年代列强改采金本位之后，由于国际银价长期大幅下跌，银子既廉且丰。过去饱受缺银之苦的中国各省，开始大量铸造银币[10]，使得银

---

[10] 张家骧（1925，第 2 篇页 9—17）表列解说各省在光绪、宣统年间所铸银元的各种重量与成色，由此可以看到各地所铸的银币，不论在外观上、重量上、含银量上都有相当大的差异。更复杂的是还有外国银元混杂其中，可见晚清银币的严重混乱情形。

两和铜钱之间的比价下跌，铜币的价值相对于白银就急速上涨，市面的良质铜币因价值高、民间惜用而日少。各省见鼓铸铜币有利可图，纷纷设局铸造，追求铸币之利润；竞铸的结果造成铜币成色不一，同时也因过度鼓铸而价值贬跌。铜钱是民间生活的基本货币，铜币既贬，各省又滥铸，成色益劣，正如梁在此文开头所说的："近数年来，以各省滥发铜元之故，致物价腾贵，民生凋敝，实为全国人民切肤之痛。朝野识者亦渐知之，而亟亟谋补救矣。"（21：14）

梁先分析百文铜钱的重量，在乾隆至光绪期间，从每百文重12.19 盎司*跌到每百文重 6.80 盎司，将近轻了一半。最大的原因是："战乱频仍，帑藏竭蹶，政府始借铸钱为筹款之一法门。质日劣，量日轻，私铸日多，而钱价日落。……任各督抚之自营其私，安有画一之理。……而行政机关不整，又无术以坊之，以故恶钱日滋，……凡良币在势必为恶币所驱逐。……币制之糜烂，自是不可收拾矣。"（21：15—16）除了解说这些大背景之外，梁的文章有两条主轴，所用的资料相当详细，解说也很清晰。

首先，表列同治九年（1870）至光绪三十年（1904），海关银一两兑换制钱的文数；以及上海银一两在历年间可兑换的制钱文数，两者显示都是长期下跌：白银贬，制钱贵（21：16—18）。其次，梁解说铜元之滥铸始于光绪二十八年（1902），时袁世凯任直隶总督，天津市因银根紧而起恐慌；袁谓此由钱荒所致，于是始铸铜元（铜元与制钱铜币在外观上的主要差别，在于铜元中央无孔）。袁在三个月内铸出千万枚，获利百数十万，于是各省竞仿，广设铜元局。光绪三十一年为全盛时期，12 省 15 局的铸钱机共达 846 具。若全数开工，每年可制出铜元 164 亿多枚，中国 4 亿人口平均每年每人可分得 40 多枚，安能不大贬？

光绪三十年到三十四年，实际铸出的铜元超过 124 亿枚，在 5 年之间每人平均得 30 多枚［21：21，何汉威（1993：419 注 147）对这些数字有不同的意见］。光绪三十一年十二月由商业会议所上书于领

---

* 盎司（ounce），英制计量单位，1 盎司为 28.350 克。——编注

事团，再转各国公使团。[11]清政府初犹漠然置之，几经交涉，于翌年五月命各省铜元局悉行闭止。但两月之后，命广东等五局复开，欲将前此铸币之公利攫归中央，但此时铜元价值已大贬［光绪二十八年到二十九年，80 铜元可换银 1 元，宣统元年（1909）底已跌至 180 铜元一换］，政府所能牟之利有限（21：21—22）。[12]

梁在同年另有一篇短文《论币制颁定之迟速系国家之存亡》（1910，21：106—110），再论滥铸铜元之害。他新提出的要点，是货币学上的格里森法则：劣币驱逐良币。这个现象在上一篇论滥铸铜元时已稍点出，但未用到此概念来解说货币现象：成色佳、含铜量高的铜元，民间会因质佳而惜用；在市面上流通的铜元因竞铸逐利，结果是愈铸愈劣，劣钱一多，好钱就更少（被窖藏或熔化以重铸更多的钱）。这是劣币驱良币的原理，梁以两页多的篇幅用实例解说此原则（21：106—108）。这是铜币的部分。

另一项祸端是各省大量印行纸钞。1909 年 6 月估算，三年内各省已发纸钞 3 000 万两（21：108），虽然号称这些纸钞可以随时兑换现钱，但却少实现。梁写此短文的目的，是指出铜元与钞币在中国已过度浮滥，若不再节制或整理币制，则国中所资为交易之媒者，皆为碎铜废纸，终必导致"民冻馁离散而国随以亡。……则马哥里所谓百年暴君专制之害，不如一次恶货币之甚者，岂不信哉！故吾以为，今日中国应办之事不一端，而莫急于颁定币制"（21：109）[13]。梁这两篇论铜元的文字，是属于时事议论的文体，类似的见解在当时人的论述以及近代中国货币史的著作内已多论及，特殊之点不多。

2.2.2　币改评议

梁有两篇评论币制改革的文章，其一是《读币制则例及度支部

---

[11] 洋商对铜元问题的异议，在《中国近代货币史资料》（页 1094—1095）有当时在报章上刊载的文字。

[12] 光绪二十六年李鸿章仿铸英仙士铜钱开始，以致各省竞铸的经过，这许多触目惊心的细节，在张家骧（1925，第 2 编页 22—34）内有详细记载。《中国近代货币史资料》内也有非常丰富的文献录载（页 872—985）。

[13] 魏建犹（1955：158—173）对此事有详细的说明，详列了光绪三十一年到宣统三年各地银行所发行的纸币数，以及各地银钱行号发行纸币的情况表，对梁的这篇短论是很好的补充。

筹办诸折书后》（1910，25 上：97—106），这是他在日本时对清末币改的评议，是属于时事评论性的文字。宣统二年四月，度支部奏厘定币制，有则例 24 条，附则 13 条，目的是要重新制定国币的单位、成色、发行机构、监督单位等等，这些条文与背景在《中国近代货币史资料》（页 784—789）有详录。梁对这项时事有三项评论：国币的成色与价格单位，辅币铸造与行用之限制，旧币暂照市价行用之问题。他所评论的内容，大都是具体执行上的不同见解，属于国币推行技术方面的问题，甚少有政策方向、体制理念方面的辩说，可论之处有限。

民国元年（1912）6 月，"中华帝国宪政会"改名为"国民党"（这和由同盟会等改组而成的国民党不同），康有为与梁两人任会长（《年谱长编》，页 386），梁写了一篇《吾党对于不换纸币之意见》（1912，28：3—12）。所谓的不换纸币，就是现代所谓的不兑换纸币：在兑换纸币制度下，例如在 1973 年之前的美国，任何人持 35 美元就可以向联邦银行换取 1 盎司黄金，所以当时称之为美金；在不兑换纸币制度下，民众没有以纸币兑取金银之权利，政府亦无偿付纸币之义务。在政府财力足够时，兑换制最能稳定币值；现代大多数国家采用不兑换制，所以在发行额度与准备金方面，须受民间和国际金融机构的监督。

民国元年时的问题不同："比缘财政困难，外债决裂，于是'国民捐'议与'不换纸币'议，交兴于国中。……若不换纸币者，则各国当危急存亡之际，皆以此为一种救急之良法，……虽然，吾党细按国中情实，觉不换纸币骤难实施，强欲施行，弊且立见。"（28：3）国家在这种状态下行不兑换币制，确是高空走索。梁的反对理由是："今中国发行不换纸币，其所代表者为何物乎？市面上之生银及各种辅币、外币、旧钞币既已凌乱不堪，……今益以不换纸币，徒使市面上添一种比价以扰人脑耳。……不换纸币则本身有何价值乎？……若纸币与硬币之间，忽生出变动无常之比价，则纸币之基础全崩坏矣！然在我国今日而发不换纸币，在势固不得不听其与市面上之生银及各种旧币、外币随时互为比价者。不换纸币所最忌之原则，而我先犯之。……吾见其以不换纸币杀人已耳。"（28：4—5）

这些都是行家皆知之论，梁消极反对，于事何补？何不积极建议如何可拯救中国脱此困境？梁现今反对不兑换纸币，犹如明知山有虎，却无良策以对。他所能做的，也只有一再叮咛行不兑换制应注意之事，此文的建设性不高。

2.2.3 发行公债

若要整理官钞推行国币，必须先有确实的发行准备金、有统一发行钞币的机关，才能建立兑换纸币制度。梁的基本构想，是要大清银行担任中央银行和推行国币的机构，集发行货币与银行的管辖权于一身。[14] 而发行纸币所需的资金，梁建议由大清银行承募公债 5 000 万元，以此款收回各省官钱局所发行的旧钞。

这项构想表现在两篇文章内：《发行公债整理官钞推行国币说帖》（1910，21：1—10），这是在日本居留时写的；《整理滥发纸币与利用公债》（1914，32：12—26），这是担任币制局总裁时写的。在 1910 年的文章内，他提出 9 项办法，附 10 项理由详细说明各项要点。在办法方面，只有简单的条文，列举公债的金额、票面、利率、目的、偿还方式与年限，等等。因为这是建言书，所以比较有趣的是梁所列的 10 项理由说明。

（1）何以实施新币制必须发行可兑换纸币。工商业发达与人口众多之国，不能徒恃硬币，尤其中国在新旧币制青黄不接之顷，尤需赖可兑换纸币来衔接。他以日本 5 000 万人口在明治四十二年（1909）时，全国流通的硬币纸币共 5 亿多元为例，估计平均每人约需有 10 元国币。中国人口约 4 亿，应需 40 亿元才够。就算只发行一半，若全都靠金属硬币，则非国库能力所及。现若欲整理币制，则应以采纸币为枢纽；若要人民对新币具信心，则须采可兑换制，由大清银行的发行准备金，来保证纸钞可以兑换成等值的贵重金属。一旦兑换纸钞通行，政府即禁止人民用旧币、外币、生银，同时也禁止外国

---

[14] 大清银行是依光绪三十四年（1908）由度支部所奏定的 24 条则例成立的。有关此银行的设立经过，以及这些条则例的内容，参阅张家骧（1925，第 2 篇页 106—116）。

的钞票与银币流通。

（2）推行纸币必须先立保证准备额。这是中央银行发钞的基本条件，一般是以发钞额的五成为准备金，可用黄金、白银和有价证券充任。问题是大清银行如何能筹到发行 20 亿所需的准备金（10 亿）？梁认为此数既不可得，最低亦不应低于 3 亿。但这 3 亿要从何处来？他并未说明。

（3）保证准备必赖发行公债。梁的算盘是：既然大清银行有 3 亿元的保证发行能力（但从何处来？），则可用其六分之一的力量发行公债 5 000 万元，将来办有成效，可续办第二次公债及自治团体之地方公债。然而，这是鸡生蛋、蛋生鸡的问题：大清银行若有 3 亿准备金，何必发行 5 000 万元的公债，用以收回各省旧钞？若这 3 亿的来源不定，何人敢买此项公债？

之后所列的 7 项理由，都是发行技术上的说明，例如（4）发行公债宜委诸大清银行之理由，（8）公债所以定 6 厘息率之理由，这些都不是推行国币政策的要点，在此不细论。综观这项提议，可行性并不高，也未见当时有人应和。梁有这项倡议，是因为他看到当时欧美日各国发行公债的制度，帮助各国政府解决了财政上的困境，所以想推介给国人。清末国人对公债之事，有过"息借商款"（1894）和"昭信股票"（1898）等几次的惨痛经验，自然对梁这种"异想天开"的构思反应冷淡。中国既无发行公债的观念，又无相配合的金融体系，梁这篇文章是属于概念性的开导，并无实施的可能性。

过了 4 年，他初任币制局总裁时，再度倡议利用公债整理市面上流通的浮滥纸币。当时的问题是："今日财政之困横不一端，而纸币价格之坠落，其最可怖也。各省受滥纸币之病者，情形各各不同，……今之言整理纸币者，略有四法。第一法：迅筹的款，着手兑现。第二法：改换票样，定期兑现。第三法：广铸铜元，易银纸币为铜纸币，以铜元兑现。第四法：募集公债，吸收现款，次第兑现。"（32：12）梁认为第一法最正当，但非国力所许，必须仰给外债。若欲求外债，则须忍受种种苛酷条件，金融权恐亦将旁落。第二法最省事，但各地政府能力恐无法达成。第三法已有湖北等一两省试行，但此铜元政策为各省之独立政策，甲乙两省之铜元票互不相流通，已无国币之实可言。梁认为此时可行者唯第四法：利用公债来整理纸币。

他的方法是"将纸币之一部分变为公债，前此国家应负随时兑现之义务者，今则改为负定期偿还之义务。……此法之美善人所共知"（32：14）。问题是：人民对纸币已无信心，为何现在强以公债替代就能唤回信心？如此而得的公债又如何确保其价值？此外，当时中国尚无能配合发行公债所需的金融体系来执行此项政策。梁以币制局总裁之尊而出此议，只诉求目标而未能明示具体办法，就可预知推行国币成功的几率了。

2.2.4 国币汇兑券

1914 年初梁就任币制局总裁后，因"欧祸蔓延，影响波及，关税骤绌，磅价骤腾，商务既已滞停，借款且复断绝。……今者硬币既极糅纷，纸币尤苦充斥，……各省收入折阅余半，不亟改弦，惟有坐毙。……此尤启超职守所在，忧骇皇汗而不能一刻安者也。……求万死一生之计，惟有发行国币汇兑券一万万余元，既可以拯目前财政之艰危，又可以树将来币制之基础"（32：26—27）。

当时尚无全国统一的国币，梁初就任一时间也无法立即推出国币，所以提议发行国币汇兑券。此券的性质介于银行汇兑券与不兑换纸币之间，这种汇兑券的特色是：本身并不是兑换性货币（不可持之向政府银行要求等值金银），但在全国各地之间的价值相同（如同国币）。也就是说，它既有国币所具备的"全国同价"性质，但却又是梁一向反对的"不兑换纸币"。梁的用意是发行此券当作国币之前身，借以吸收生银和旧币。

这是一篇说帖，目的在征求政界、商业与民间的支持，所以梁列了 12 条草案、7 条施行细则和 6 条资金运用规则。在此暂且不看这些条文，先来考虑实施此新制的诸项外在条件，以及各界的可能反应。此时国际战争正热，国内也是兵刀水火，这些结构上的问题在短期内若无法改变，而只在币制上亟思改革又有何意义？就算可能有意义，梁所提的汇兑券新意何在？主要的障碍有几点。第一，此券既非国币，又非可兑换纸币，不易看出吸引力何在。第二，既无根本上之新意，推出新币制也只徒增行政费用，在市面上多一项干扰性的货币而已。第三，虽是不兑换制，但总不能完全无发行准备金，也不能无行政费用，而在财政困难之下，这些经费从何处来？简言之，徒见此议之弊而未见其显利。

以梁之才思和历年研讨中国币制的心得，何以就任币制局总裁之后竟出此下策？若他当时在野，或此策出于他人，不知梁会有哪些议论？梁在此项说帖末段，道出他的心境与期望："今各省纸币既水深火热，断不容更为坐视。绕室旁皇，思索累日，觉拯救之计，舍此末由。……则可以不借一钱而成改革币制之大业，且经此战乱，而财政基础不为动摇，一举而数善备，斯之谓矣。一得之见，是否有当，伏祈钧裁。"（32：28）这是诚实恳切的衷心之言，但上述的三项主要困难仍梗然。对梁的这项乐观说帖，若吾人有赞一词之席，虽同情梁之彷徨忧骇，但亦唯有"缓议"一语以对。

51

2.3 英雄试剑

2.3.1 两次入阁

1913 年 9 月熊希龄内阁成立，梁任司法总长。翌年 2 月 12 日熊辞职后，梁数次请辞，袁世凯大总统慰留。2 月 18 日梁再坚辞，袁于次日先令梁为新设的币制局总裁，20 日准梁辞司法总长。梁辞司法总长的原因复杂，他在《申报》上说："我国司法因上年进行太速，致生出无限之阻力，近来各省几至全然办不动。"（《年谱长编》，页 429）币制局于 1914 年 3 月 10 日开设，梁同日就职，与财政总长共拟币制局简章 7 条，呈奉大总统批准公布。

就职之后的状况，依同年 10 月 30 日《申报》的刊载："梁任公前在司法总长任内，已任币制局总裁之命令下，不数日而辞司法之职，遂专任币制之事。当时中外属望，以此事非任公莫能办，任公亦自以研究有素，任之不辞。不料欧战以来，币制借款之事，暂时既无可谈判之余地，任公所研究之政策及其设施之次第，又为时势所迫不能实行，于是此局遂同虚设。任公不欲虚应故事，故数日以来数辞总裁之职，奈经总统再三慰留，不允所请。"12 月 27 日梁的辞职始准，当日袁氏的命令是："币制局总裁梁启超迭请辞职，情辞恳切，出于至诚。梁启超准免本职，此令。"（《年谱长编》，页440—441）

梁在10个月不到的总裁任内，积极拟议过下列事项："（1）六月：币制条例。[15]（2）七月：拟参采国民银行制度以整顿商票维持金融办法。（3）七月：拟整理东三省纸币办法大纲。（4）八月：拟铸造镍币办法。（5）八月：拟处分旧币施行新币办法。（6）九月：拟推行国币简易办法。[16]（7）十月：整理造币厂计划纲要。（8）十月：拟发行国币汇兑券说帖（附国币汇兑条例）。以上各项计划和办法有经总统批准者，有尚未批准命交财政部审议者。"[17]（《年谱长编》，页442）

他对这次短暂的任期，有下列的反省。1915年1月，中华书局创办《大中华》杂志，邀梁为主任撰述。梁在第1卷3—4期写一篇《余之币制金融政策》（32：37—66），在"附言"内说"吾著此论，时为（民国）四年一月十日，距辞职后半月也"（32：66）。他对币制局之职位有如下的解说："未几承乏币局，颇奋然思有所以自效。……窃自谓所孜孜规画，尚不谬于学理，不远于情实。虽然，吾竟一无所设施，以至自劾而去，而局亦随之而撤，吾之政策适成为纸上政策而已。若问曷为不能设施，则吾良不知所对，吾惟知吾才力之不逮已耳。"（32：38）

民国6年（1917）7月段祺瑞内阁成立，任梁为财政总长，主掌财政与货币改革。在货币改革方面，他最想做的是利用缓付的赔款和币制借款，来彻底改革币制。梁在财政总长任内，对币制改革和财政金融屡思有所作为。但4个月之后，政府因在川、湘军事失利，且有

[15] 此事会在第2.3.2小节内详述。

[16] 这是梁任币制局总裁时呈给大总统的一项计划书：《胪陈铸币计划》。他想在两年内将币制改革完毕，主币的部分他在《国币条例理由书》内已细说（见第2.3.2小节的解说），此处他要析述的是辅币部分。他拟了一项说帖，分四项要点：新辅币铸数及其种类之分配，新主币铸数及兑换券之比例，新币铸本与旧币改铸费，筹措铸本之办法。这项说帖的全文辑录在《中华民国货币史资料》（页111—115）。

[17] 这些事项中，目前的数据只知道其中第（1）和（6）项的内容（如注[15]和注[16]），其余事项可能要在当时的币制局档案中找寻。

秘密向日本军械借款的传说，舆论对段内阁不满。段与内阁全体于11 月 15 日连带请辞，均经总统慰留。但梁辞意已决，于 18 日第二次辞职："查中央财政各种困难皆臻极端，启超受任以来，竭智尽力以谋挽救，虽规画略具，而实行维艰。现在军事方殷，非得有军界尊宿或与军事关系之人管领度支，未易收指臂之效。启超再三考察，实无余力足以负荷。除将财政详细内容另行密呈外，理合具呈恳请准予即日免去财政总长本职，以省愆尤，而免贻误，不胜迫切待命之至。谨呈大总统。"（《年谱长编》，页 539—540）[18]

梁在四个月的任期中提议过一项币制大纲，说明他的币改可分成三个步骤：一是划一银币，二是整理纸币，三是采用金汇兑本位（即虚金制）。他同时另拟"现拟着手之事"十项，都是行政上的事情，例如：（2）造币厂聘外国总技师 1 人，（5）稽查炉房，等等，这些都可在张家骧（1925，第 3 编页 69—70）的文章内查索。梁两次入阁，任币制局总裁九个多月，任财政总长四个月不到，在币制改革方面虽有诸多理想，但皆壮志未酬。其中留下最多记录、也最值得一提的，是以下两小节的主题：一是在币制局总裁任内的国币条例，二是在财政总长任内的币制借款问题。

2.3.2 国币条例

熊希龄内阁在 1913 年 9 月执政后，主张沿用银本位制来改革币制："希龄等虽认金本位为合于世界大势，将悬为最后之鹄，然目前不易办到，故暂沿旧习惯，用银本位以谋统一。"（《中华民国货币史资料》，页 85—86）梁既为此内阁的一员，在政策上也只好暂时按住虚金制的主张。翌年 1 月 17 日国务院讨论"国币及施行条例与理由"，此事自然引起国际银行团的注意，各方因而与熊希龄交换各种的见解（往来文件收录在上述史料辑的页 86—88）。在各方交换意见之后，于 2 月 8 日公布《国币条例》13 条及施行细则 11 条，此外还附了 7 项"理由书"来解说制定这些条例的背景与诸项考虑（页 88—97）。

[18] 梁两次入阁的经过，参见李喜所、元青（1993：230—234、428—436）的解说。

梁此时在内阁的职务是司法总长，所以这些条例、细则、理由书不是以他的名义发表，目前只能猜测熊应该知道梁对币制的研究与主张，也应该会征询他对此事的意见。这些条例与细则不是此处的要点，我们要看的是那 7 项理由，以及梁在 3 月 10 日任币制局总裁之后，对这 7 项理由的补充说明。

这 7 项理由书的内容是：用银本位之理由，用 6 钱 4 分 8 厘为价格单位之理由，各辅币重量成色减轻之理由，主币准自由铸造且收铸费之理由，从前官局所铸 1 元银币暂准作国币之理由，旧辅币暂以市价通用之理由，施行地域分次第之理由。梁任币制局总裁之后，知道各界对国币条例仍有疑虑，所以在上任后发表了《币制条例理由书》。这篇文字未曾在刊物发表过，现在收入《饮冰室文集》（32：1—8），是由梁口述，李犹龙笔记。这篇短文的性质是在补充说明 2 月中公布的 7 项理由书，共有 6 项要点，析述如下：

第一项是改革币制无需巨款。晚清拟币改之议时，有举外债 1 亿元专办此事之说，而后币改未行，外债机失。十余年后的现在又倡币改，梁此处的用意，是在纠正币改需巨款的观念。过去议改为虚金本位时，确实需要巨款作为准备金，但 1 亿元应仍不足；现今已倾向暂用银本位，何以仍需此巨款？因为论者认为，若要行银本位则必先铸足够之新银币，一部分供市场流通，一部分贮于库内准备紧急之需，所以无巨款则不敢语币改。

梁不同意这种想法的理由有二：一是以中国人口之众，市场需钱量之巨，若要有此巨款的发行准备才能币改，则永无改革之日。二是今日市面上各种货币已多，若要再铸大量银币流入市场则会有两项恶果：当时国际银价已大跌，若中国采银本位，各国必将多余的白银倾倒入中国；中国政府因确定采银本位，必铸大量银币，流入市场后必增白银流通量，银币将因而更贬值，原已混乱的货币市场将更滋扰乱。梁的政策是实行"国币兑换券"，用以"吸收市面之生金银及废币，随时改铸，故费可省而功易集也。……明夫此义，则知改革币制亦绝非如世人所拟议之必须尔许巨款矣"（32：2）。梁乐观地认为，这项国币汇兑券计划只要有 1 000 万元即可着手，有 3 000 万则绰绰有余，"故吾决言改革币制无须过巨之款也"（32：2）。执行这项计划汇兑券的诸项困难，在第 2.2.4 小节内已析述，梁在此处的论点说服力有限：历史上从未听闻过币改的费用可以如此低廉，尤其在当时的经济社会环境里，民间信心的低落与抵制性才是更大的阻碍。梁以总裁之尊，不知为何立此单纯之论。

梁的第二项诉求是主张行银本位制，他对此议只有半页一段的简要论说：银本位已是落后的币制，复本位在各国已证明失败，而中国的黄金存量尚不足以行金本位或虚金本位，所以暂以银本位为过渡时期的币制。梁说明此事的用意，是在解说他执政期间的目标："暂以银本位为入手整理之法，故国币法及银行条例，皆本此意以施行之也。"（32：3）也就是说，他要暂时放弃过去极力主张的虚金制，顺应潮流采取张之洞派所主张的银本位制。第三至第六项理由，是对下列四项具体问题解说，并无政策方向上的问题，在此不论：国币的单位；辅币的重量与成色；主币准许自由铸造，收铸费 6 厘；旧铸 1 元银币暂许作国币，旧辅币暂许以市价通用。

2.3.3 币制借款

币制借款的基本用意，是向列强贷款来改革中国币制，是专款专用的性质，和铁路借款相近。列强愿意贷款的动机很明显：第一，主导中国的币制改革，进而深一层地掌握经济与财政命脉；第二，中国的币值不稳，会影响列强与中国各项经济往来的不确定性。1903—1904 年赫德与精琪的虚金制提议，就是以这两项目的为出发点。而中国也有意愿的原因很明显：一是币制上的，国币确实需要统一明确化，以便利国内外的经济交易；二是财政上的，若得列强币制借款，可稍纾缓财政上的窘困。晚清的币改借款，以英、法、德、美为主，称为"四国银行团"。张之洞等人的反对，主要是看清了列强的侵入性动机，同时也认为就算中国的币制需要改革，并非必采列强的虚金制不可，只要走好适合国情的银本位就够了。相对地，主张采虚金制者，除了强调此制的国际性经济优点之外，也理解这种贷款可以有效地协助币制改革。梁是属于这条路线的主要人物之一。

1914 年 3 月梁掌币制局后，就有币制借款的构想，可是当时欧战爆发（第一次世界大战，1914—1918），此事因而无法进行。梁于同年 10 月去职，币制局裁撤。欧洲列强知道中国仍有币制借款的意愿，但被大战牵扯而无心全力进行，此时日本趁机进入角逐这块大饼。1916 年秋，寺内组阁以对华经济发展为一大政纲，这可从当时外相本野的声明中看出："帝国希望在华发展，故希望与中国亲善，中国为发达其将来而图改革，帝国不惜予以援助，帝国政府为使中国信任帝国，当讲最善之方法。"（《中华民国货币史资料》，页 373。以下所引页码除另声明外，皆同）

著名的西原借款案[19]，和中国改采金本位也有密切的关系："具体地说：在满洲、山东以及其他地方敷设铁路，在全中国装置电信设备，以谋其交通的现代化；开发吉林和黑龙江的丰富的森林；采掘黄金，以所获得的黄金为基础，来改革极端紊乱的中国币制，确立金本位制度。中国实施金本位制，其最快的道路首先是在铁路方面的收支使用金本位。所以铁路网之敷设、交通银行之整理，这些都是沿着在中国确立金本位制度的建设意图。六七笔借款决不是孤立的、彼此无关的，而是在这个统一目的下签订的。"（页 373—374）日本对华的经济动机，以及和改采金本位制的关系，在此充分展现。

以上是梁在 1917 年 7 月任财政总长之前的日方策略，寺内内阁的财政大臣胜田主计，在 1918 年对梁的币制借款作为有如下的评论："去年（民国 6 年）夏间，梁启超氏为财政总长时，希望改革中国币制，欲从各国借款二万万元，并示此意于日本。同时梁财政总长，附加中国币制改革案文本，亦暗中通告于各国。梁氏此提案，大体能得各国之赞成，……日本以外之各国，因在大战之际，不能确定，故实行币制借款时，最初以借一万万圆为必要，在北京之各国代表，对于梁氏之改革方法，认为无误时，始得决定此借款。然在各代表之研究中途，梁氏去职，于是币制改革之议，亦受一顿挫矣。但各国希望中国从速改革币制，而中国方面希望实行改革其币制之意，均依然存在

---

[19] 有关西原借款的背景、经过、详细内容与诸项条款，见刘秉麟（1964，第 2 编第 5 章）的整体性分析；另见斐长洪的长文（1988，尤其是页 117—123、141—148）分析。

也。"（页384）

这是梁任内与币制借款相关案的概要，以下进一步说明几项主要的经过。何以梁既打算向日本借款，而又"暗中通知于各国"？原因很明白：要从各国的角力中得取有利的借款条件。此事源于1911年英、美、法、德四国曾与清廷签订币制借款，这就是卫斯林在1912年来华推行虚金制的背后动力。但如前所述，中国在翌年确定为银本位，虚金制遂止议。虽然此事已定，但列强在借款条约到期时，照例向中国政府要求延期，中国政府也大都同意，基本的原因是国际金银价格还在波动，不知银价何时再贬，若有改采虚金制必要时，仍需靠列强的借款来进行币改。另一项原因，还是想通过此项借款，来缓和国家财政上的窘困。

梁在1917年7月上任后，欧战已打了三年。"当时世界金价大跌，……确是整理外债及改换金本位的好机会，……本人确有野心来整理财政，所以去干财政总长。中国既加入参战，德、奥二国赔款立即取消，对于其他各国赔款均展限五年。"（43：16）梁见时机大好，可以翻案实行他计议已久的虚金制，所以积极向外借款币改。日本未受欧战影响，对此事相当积极；英、法、德诸国虽受欧战牵连，但对此事则通过所共组的银行团来与日本角力。以下先看梁与日方的接触，再看欧美银行团的反应。

1917年8月7日，梁与日本公使林权助谈1 000万镑币借款的问题。日方打算以中国的田赋收入作为借款担保，梁出示的计划内容有八项（页386—387），其中的第七项说明反对此事者多，以田赋担保之事目下绝不可能。另一要点是梁打算聘日人阪谷男爵为顾问，任"币制改革局会办"，但须经四国银团同意，此事争议较小。过了一星期（8月14日），梁向日方表示1 000万镑数目太少，打算改为2 000万镑，其中1 500万镑用来币改，其余用来归还各项借款等诸项用途。梁为了促成此事，在8月23日给犬养毅的信内表示："币制改革可以增进贸易，刷新财政，为启超夙昔所怀抱。以为此策而行，不独日本目前资金可以输出，而国际贸易获益尤大，故此次有币制借款之提议。现贵国朝野方对于此事加以考虑，倘荷赞同，使此举得以实现，岂独敝国蒙麻，而于亲善之义尤有大益也。"（《年谱长编》，页529）

9 月初，梁拟了一项币制改革办法大纲（页 392），对改采金汇兑本位（即虚金制）的目标加了一项附注："俟欧战终了后再定。"他同时拟了十项"现拟着手之事"，其中的第十项是："以海外金准备为担保，发行国内公债，充整理各省滥发纸币之用。"前总理熊希龄于 9 月 12 日致函梁，表达对此事的忧虑："公虽热心币制，欲乘此时机达其屡年筹划金汇兑之目的。无如金价低落，借款虽成，损失太巨。即使设法留存外国银行，而本国苟无能现银铸造法货，则币制亦难实行。何况目前英法等国正值战争之际，必难发行债票，势必均于日本招募。幸而成功，以如此金价日落之势，其利害损益，亦当熟思而审计也。"（《年谱长编》，页 530）

英国对此事的态度也不乐观："九月十三日四国银团代表开会，……英国代表认为中国发行内债，收回各省纸币，当然可以。但为此而想提出如此巨额之金币借款，其意何在，殊难理解。……即使中国银行此番由于这笔借款，得到准备金的补充，但难保将来必要时又要发出无准备金的银行纸币。总之，财政总长的提案是不切实际的。"（页 393）相对地，日本对梁的大纲"完全表示赞同"（页 394）。外相本野在 21 日发密电指示日本驻英大使珍田，说日本政府"认为应接受中国政府所提之要求，进行借款谈判"，并指示大使"迅即向英国当局交涉，……促使本借款谈判的进展"（页 395）。

美国也积极介入了此事。美驻华公使芮恩施在 8 月 6 日致国务卿的电文中说："日本现在控制着国际银团。美国进入银团较其他任何行动都更能恢复均势，并为中国的真正独立作出贡献。……再者，由于大部分需要的资金最终都要来自美国，因此美国最好在这件事上插一手。"（页 396）他的用意在 9 月 16 日的另一项电文说得很清楚："……参加这次贷款的价值，在于抵消日本在银团中的优势，因为日本正在极力剥夺中国财政上的独立自主。……如果美国政府有任何垫款的话，都必取得这样一些谅解，……和保证美国在中国领土上有同等的经济和商业机会。"（页 398）

币改借款的事至此胶着。1917 年 11 月 22 日冯国璋迫使段祺瑞下台，30 日冯任命王士珍为国务总理，梁同日辞职，由王克敏继任。王在此之前任中国银行总裁，时常参与梁的策划。王任财政总长之后，继续与日本交涉借款（页 423—425）。此事仍有复杂的后续情事，因与梁无干，不拟续论。[20]

2.3.4 回顾检讨

1926 年梁 53 岁，12 月以病体渐痊，再度恢复忙碌生活，并常为学术讲演。其中有一场是在清华大学经济系讲《民国初年之币制改革》（43：11—17），由孙碧奇笔记，刊于《清华周刊》第 394 期（12 月 17 日）。他说："讲起中国的币制改革，这也是一段伤心怄气之事。我个人从前关于币制的工作甚多，但现在几乎破坏无遗了。……我要讲的是我个人两次的经历：第一是民二上半年在国务院币制委员会中，及民二下半年以后在币制总裁任内所作事（案：币制总裁是在民国 3 年而非 2 年）。第二是民六在财政总长任内所作事。此中共有大小问题十余项，现在分两类来说。第一类为根本的、全部的问题：第一是改正单位重量，第二是采用金本位或虚金本位，第三是统一纸币发行权。第二类为临时的、局部的问题，其中包含甚广。"（43：11）讲演的时间是在梁逝前三年，内容是回顾他的货币改革政策与成果。从下列的四项反思，甚可见政治与军事因素对币制改革的干扰。

（1）废两改元（即取消规元改用国币）不能彻底办到。中国历来流通的货币大都是有孔的铜钱，此外也用银子，但因未铸成法定形式，只依重量计算，结果生出许多弊病。币改的第一步是铸造国币，废除银元，全国通用国币。废两改元的历史背景与各界的不同见解，在魏建猷（1955：174—178）和《中华民国货币史资料》（页 104—105、713—717）都有详细析述，因为梁是主要的当事者之一，他的说法很有代表性："自从《国币条例》颁发之后，政府各项预算均按国币估计，各机关衙门收入支出一律改用银元，市场社会亦然。今日除上海、天津诸地仍有一部袭用银两外（上海用规元，天津用行化），全国贸易几已尽改国币。何以废两改元不能彻底办到呢？此事从表面上看来，总说

---

[20]《中华民国货币史资料》（页 425—464）还有许多相关的数据，记载此事的细节与后续发展，并参见许毅（1996：606—626）与宓汝成（1996）的详细解说。

商民习惯一时不易改革，其实最重要的原因，乃是海关不愿取消。……关税（是）财政上的大宗收入，……他既不愿废两改元，困难于是就多了。关税的存放，本在汇丰（英）、汇理（法）、德华（德）、正金（日）、道胜（俄）五行，五银行团因恐改元后不能再以银两操纵金融，所以连结海关及外交界的要人来反抗我们的政策。我们受了帝国主义的压迫，以致不能完全达到改元废两之目的。"（43：12）

（2）整理铜元另创十进辅币。清末各省自铸的银币与辅币种类繁多，成色不一，银辅币与大银元之间并无明确的比价，其实在光绪末就屡有十进化之议，但皆未行。与此事相关的文献，辑录在《中华民国货币史资料》（页310—321）内。梁也是主要当事者之一，他的观感是："……市面铜元充斥，物价腾贵，小民生计日感困难。因之，我们要想法处分铜元，并且另创十进的辅币。……因当时中央政府尚有权力，滥铸之弊可以禁止。不料洪宪以后，事遂中止。民六回到财部，因为任期很短，未能整理，而当时币制局的人员又是一种性质，与前不同。从前币制局人少事多，非常辛苦。后来各处铸造货币来局呈报时，局中只要一笔报效便不深究，所以币制局的事遂成一个肥缺，而办事精神完全松懈，以致今天铜元充斥的状况比从前更甚。我们从前一年多的乐观，都云散烟消了。"（43：13）

（3）集中造币厂。此事属于币制行政方面的问题，而非货币性的政策。张家骧（1925，第4编页3—112）详述各地造币机构与造币厂的沿革概要，资料相当详细，梁的反省很能说明整件事情的始末与性质。"民国二、三年的时候，全国的造币厂大小共有十六个，……所以集中造币厂也是我的政策之一。我把造币厂集中在三个沿海的口岸，一是天津，一是上海，一是广州，其余一律裁撤。……可是在裁厂的时候，因为与别人的饭碗问题有关，所以麻烦极了。外面造谣的也有，恫吓的也有，……但到了后来，各地军阀要筹款，便找造币厂，将造币厂当作他们的摇钱树。因此造币厂愈开愈多，今天已不知增加了多少。从前集中的功夫又算白费了。"（43：13—14）

（4）采用金本位或虚金本位。虚金制的背景、正反意见以及梁的立场，已在第2.1节内详述，现在来看梁晚年对财政总长时期议改虚金制事件的回顾。"采用金本位是我多年的怀抱，但是筹备之先须买许多金子。当时国家财政困苦，不易举办。后来……欧战，当时世界金价大跌，……确是整理外债及改换金本位的好机会。……当时我做得有很详细的计划书和统计表，预计三年之中外债可清，金本位也可从容不迫的立稳了。当时我便下令给总税务司，叫他将应付未付之赔款提出，汇往外国购买金子。但是此时军阀们正无钱用，见有此存蓄都想染指，所以百计破坏，将镑盈提用，这个千载一时的机会便失之交臂。"（43：16—17）

这四项是梁两次入阁时期较重要的作为，前三项是属于体制内的改革或行政上的措施，在那个变乱的时代状况下，他所遭遇的障碍很能理解。真正重要的是他想把银本位改为虚金本位，此事的影响是全面性的。但如第 2.1 节末的结论所说，梁历次主张改采虚金制虽未能成功，到了晚年也屡以为恨，但以现在的眼光重新理解此事，反而要庆幸他的主张没能成功。

2.4 结　论

清末民初的货币问题错综复杂，有国际性的因素，例如国际银价长贬、外债、战争赔款等。有国内币制的问题，例如各地银两、铜元的成色不一，对币改的抗拒心随地而异。也有政治上的干扰，例如辛亥革命前后政局的动荡，以及各省对中央货币政策的服从度不一，等等。还有社会方面的因素，例如乡村（传统）和城市（现代）两部门，对改革币制的反应不一，士农工商各业也各自有不同的立场与心声。在这些庞杂的诸多问题与面向中，本章只考虑国际金融与国内货币制度这两项因素，政治与社会性的面向无法在此详述。

本章以梁历年来对币制改革的言论，和担任两次阁员时的行政决策为主轴，佐以相关的史实和论点，作为旁证性的解说。在虚金本位问题方面（第 2.1 节），先解说国际银价长贬对中国的冲击，梁对此事的意见，以及各界所提出的各种对策。梁从赴日之前到 1917 年任财政总长时，一直都主张虚金制是中国对抗国际银价长贬的良策，但各界对此制也有不同的意见，反对阵营中以张之洞最具代表性，而梁是属于极力赞同派内的要角。第 2.1 节除了对比正反双方的意见之外，也解说了梁对虚金制的认知在 1904 年时并不够正确，有些违背学理之处，到了 1910 年时他才对虚金制有正确的理解。

本节的另一项重点是：虽然梁在 1917 年时，念念不忘要把中国的币制改为虚金制，但从现代的眼光来看，若中国当时真的改成虚金制，恐怕在 1929 年的世界经济大恐慌中，会被金本位国家（英、法、美、德）拖下水，产生"金脚镣的溺毙效果"。再说，英国在 1931 年脱离金本位之后，国际金本位制度随即崩垮，中国若在 1917 年费了九牛二虎之力加入"黄金俱乐部"，在十多年后又如何应变？所以中国不采梁所主张的虚金制，而停留在原来的银本位制，事后看来并非错事。梁当时的主张与见解都不错，只是日后国际金融局势的变化，是他当时所未能预见的。

第 2.2 节的内容与国际金融无涉，纯是国内币制改革的钱钞与银行问题。梁对晚清铜元泛滥、币制混乱的弊害甚感痛心，写了好几篇议论性的文章，都甚有见地。他受到日本运用公债来整理币制成功的启发，提议中国仿行；但鉴于清末几次公债失败的例子，民间对梁的提议并无热烈回应。他在 1914 年就任币制局总裁时，也提议过要发行国币汇兑券，但此议在新义上、行政费用上、可行性上都有很大的困难。这些子题在第 2.2 节内都已详述，结论是：梁对推行国币改革的诸项提议，主意虽佳但都难以落实。

梁在 1914 年和 1917 年两次入阁，先任币制局总裁，后任财政总长，但任期都很短。两次担任阁员期间，他力图有所作为，例如制定国币条例，积极向列强贷款以进行币制改革，要把中国带上虚金制的轨道上。此外，他也积极地做了一些改革性的工作，例如废两改元、整理铜元、创十进辅币、集中管理造币厂，等等，但这些努力后来都没能成功。他晚年回顾这些改革失败的原因，认为在国际政治方面，主要是列强不愿配合，干涉币改政策；在国内政治方面，主要是政局动荡，人事更迭，行政人员不够积极任事；在军事方面，民国初年的军阀割据，把造币厂当作摇钱树，破坏了货币发行的管理制度。

整体而言，梁在清末民初对中国币改的问题下过许多功夫，有过不少政策性的提议；在两次阁员任内也极思振作，但被国内外政治和军事因素的干扰，这些努力都没能成功。

2.5 附论： 格里森法则

梁在《格里森货币原则说略》（1910，21：110—113）中所谈的，是现代货币银行学的基本原理之一：劣币驱逐良币（bad money drives out good）。这是英国商人、官员格里森（Sir Thomas Gresham, 1519—1579）所提出的见解，梁一开始就把它的意义界定得很好："凡有两种或两种以上之货币并行于市场，其法价同而实价异者，则良币必为恶币所驱逐而渐灭以尽。"他举了六个中国的例子来说明这个道理，第一例最简明，抄录如下，但其他五例亦值得参照，才能展现此法则的多面向性："昔康熙通宝、乾隆通宝等制钱，分两凝重、肉好完整，且所含铜质亦极纯良。及咸丰、同治等钱出，一切不如彼，而每枚法价彼此相等，故康、乾等良币为咸、同等恶币所驱逐，渐绝其迹。此格里森原则之作用也。唐、宋以来之钱币，有所谓短陌者，皆由于此。"（21：110）

梁写此文的目的，是清末屡有改革币制之议，他要提醒国人说："我国前此及现行之币制，其犯此原则而导其作用者不一而足。"导致"圜法旋立旋坏，终无持久之效"，"数千年来币则所以纠纷而不可理者，皆不明此原则之作用使然"。其实在中国货币史里，很早就明白这个现象（梁所举的六例是众所周知的事），但未曾赋予固定名称，也未析述其中的运作原理。梁的优势是参考日文的货币银行学著作，依西洋经济分析的手法，先界定此法则的意义，然后举六个中国实例，之后再依货币学书籍，举出八项会触犯此法则的禁忌，以及此法则运作之后的四项祸害。以下各举一例说明梁所谓的禁忌与祸害。禁忌三："国家既定某种金属若干重量，为本位货币一枚之定量，而后此铸币时，或官吏舞弊或国家欲借此为筹款之一手段，而续铸之币有减低其成色者，则此原则之作用必起。"祸害三："良币日流出国外，金融紊乱，国家遂渐成中干。"

这三页多的短文，简要地说，是把当时货币银行学教科书内的基本道理，以生动条列的方式，提醒倡议改革货币者要注意古今中外都存在的现象。梁用六个例子、八大禁忌、四项祸害的写作方式，清楚明白，简洁有力。然而梁在此处以及其他文章中，举例说明此法则时，都犯了一项基本认知上的错误。以《论币制颁定之迟速系国家之存亡》（21：106—110）为例，他说各省滥铸铜元，会产生格里森法则即恶币驱逐良币的现象，使得市面上的铜元成色愈来愈差，终致只有劣钱流通，民间大受其害。这个例子是正确的，但他进而推论说，劣质铜元会进而把银金等"良币"也驱逐出境，"不及数年，而格里森原则之作用起，全国之富力销溢于外，国民悉为饿殍"（21：107）。梁显然过度推论了。金银会外流，主要是国际收支逆差造成的，不是被劣质铜元逐出去的。若硬要拉上关系也可以，但较曲折：铜元泛滥造成中国币值不稳，国币贬值会造成进口成本增高，但也会帮助出口成长。若进口值超过出口值，就会产生逆差，金银外流，但这已不是格里森法则的原意了。

3
财税与预算

　　进入主题之前，先谈一本相关的著作。梁在1910年曾说过要写一本百余万言的《财政原论》："两年以来，废百业以著成一编，名曰《财政原论》，百余万言，以卷帙太繁，……杀青问世，尚当期数月以后，将撷其要节先刊布之，冀以为浸灌常识之一助焉。"（21：13）他在论《公债政策之先决问题》（1910）的附言里，也说"但限于篇幅，犹苦言未能尽，别于拙著《财政原论》中更详之也"。（21：54）据《年谱长编》（页296—297）的记载："是年（1909）先生以意态萧索，生活困窘，专以读书著述为业。三月成《管子传》一书，四月着《财政原论》。……据该书目次，知全书共分五编十八章，先生在例言中自谓'所论皆归宿于我国，博征过去之历史，详写现在之情形，以示将来之方策。……所拟组织租税系统私案诸种，租税法私案及公债政策论、地方财政论，皆数年来所怀抱，几经研索，呕心而成。自若见施行，可以起宗邦于久衰，拯民生于涂炭'。可见先生年来对于财政学用功之深，怀抱之大，惜全书迄未完成。"

　　1910年2月梁写信给徐佛苏时，曾提及此书："若旧稿则惟《财政博议》稿存有三十余万言，但其体裁不适于登报，且弟稍筹得款，便当付印，恐不足以应公之需。"（《年谱长编》，页311）翌年4月14日，商务印书馆张元济写信给梁说："《财政原论》既为公数年心血所寄，若能印行，必于国民大有裨益。数日前接到是书目录一册，展阅一过，实为今日救亡拯急之书，既年内可脱稿，鄙意可不必分次出版，全书字数现恐尚难预计，至少总有五十万，就敝处营业情形而论，最好用租赁版权办法，附去本利预算清单暨章程各一纸，伏祈察核。如尊意以为不便，则全然让与，亦无不可，即祈核示价值，以便商办。至欲取回若干部数馈赠朋好，亦乞拟定见示。总之公所委托，苟力所能及，断不敢稍有推诿也。"（《年谱长编》，页334）

对此书既然有过这些明确的讨论，但何以日后却无下文？在梁的"残稿存目"内，也未见此书之存稿目次，这30余万或50万言的稿件下落何处？现在较可知的是，他在1927年发表的《中国改革财政私案》（8：1—59，以下简称《私案》——编注），大概是取材自此稿。佐证之一是梁在此文末的后记说："门人徐良得此稿于冷摊中，……顾不能记为何年作。大抵清廷派五大臣赴欧美考察宪政时，有过横滨而问政者，辄拉杂以告之耶？此稿未经印行，他日当录副存之。"（8：59）前述的引文说他在1909年4月著此书分5编18章，所以大致可推论《私案》是1908—1909年之间写的，原本打算作为《财政原论》的部分，但后因此书未能出版，所以1927年才以《私案》的形式刊出一部分。至于此书稿内的18章，是否曾分别另以单篇的形式刊出，则尚难确认。另一项佐证是李国俊《梁启超著述系年》（1986：109）说，《私案》此文"手稿1909年"。所以《私案》（59页，约4万字），大概就是《财政原论》稿（30余万言或50万言）中的一部分。

3.1 晚清状况

在论述梁的财政改革之前，先大略解说晚清财政的状况与运作方式。[21]清朝末期的财政衰败众所皆知，尤其是在光绪（1875—1908）和宣统（1909—1911）两朝。宣统期短，是强弩之末，可论之处不多。其实在光绪朝的前20年（1875—1894，即甲午之前），虽然财政已现窘状，但尚能应付。甲午战败赔款2亿两给日本（此时向外国举债3亿多两），之后国力大损，进而外债不断。1900年义和拳之

---

[21] 晚清财政的状况与运作方式，详见周育民（2000）的系统解说。

后的庚子赔款更高达 4.5 亿两，从此中国财政一蹶不振。罗玉东（1932）对光绪朝的财政结构变迁，以及诸多相关问题和补救方策，做了很深入的研究（83 页的长文）。他认为光绪朝的财政趋势，可以分成三期：甲午（1894）之前以节流为对策；甲午至庚子（1895—1900）之间的特征是"出入平衡的长期破坏"，开源与节流并重；庚子之后（1900—1909）情况严重，以重敛为补救之方策。梁所批评的财政状况以及他在这方面的建议与作为，基本上是甲午到民初（1894—1917）之间，属于罗玉东所研究的第二、三期，以及梁在民国 6 年任财政总长的期间。

甲午之后的国家财政窘状，可以从御史熙麟在 1899 年的奏折中，看出造成困境的主要因素："甲午以后，每年陡增息债偿款两千余万，……而每年出入相权，实仍亏短至一千数百余万。……伏查近今之大费有三：曰军饷，曰洋务，曰息债。……统此三项已七千余万矣。此外国用经常，则京饷、旗兵饷需及内务府经费，……又各省地方经费，……边防及黄河、运河、海塘各工经费，……统此常经，亦几三千万。"（转引自罗玉东，1932：230）

这项结构性的问题，要用较长期的统计数字才看得更清楚。晚清的国家财政收支，可参阅《光绪会计录》（1896）和《光绪会计表》（1901）内的详细数字（1885—1894），但这两项史料内的项目复杂，需另有专文或专书作详细的分析。表 3.1 是一项简明的替代统计，这是罗玉东在《中国厘金史》（1936）内整理出来的总支出结构变动（1874—1903）；最后一栏以银两表示，其他诸栏内的数字，则是占此金额的百分比数。此表简明易读，只需指出一点：军需在历年的比例都占一半以上；而甲午（1894）之后军费比例的降低，是因为归还外债（与赔款）的比例大升而下拉；也就是说，受到甲午之后赔款与外债比例的大幅上升，使得表 3.1 内其他项目的比例都被拉低了。

除了财务上的困境，财政系统也相当紊乱。清代延用明制，各省置总督巡抚（督抚），"综治军民，统辖文武，考核官吏，修饬封疆"，权力既大且广。而各省内又设布政使（即藩司），掌管民政与财政。在制度未变质以前，各省民政由朝廷的吏部主管，财政则由户部辖管[22]，督抚居于督率地位无得干预。太平天国后，督抚既是一省最高长官，又有军权在握，各省的布政使司在权力上已无法与督抚对抗，或甚至沦落为督抚的幕僚；各省的财政大权已不在布政使司手中，而在督抚掌中。太平天国时期，布政使司大致只能管到传统的税项（地丁钱粮与杂税），许多新设立的税项，如厘金、劝捐、土药，等等，各自有主管机构，督抚总揽于上；太平军被镇压后，这个形态就确定下来了。

表3.1　11省国用款占总支出之百分比（1874—1903，单位：%）

年份	解户部款	皇室费用	归还外债	协款	军费	其他费用	合计	总计银（两）
1874	6.77	3.81	0.61	12.87	73.73	2.22	100.00	11 700 645
1875	8.56	3.70	—	9.76	75.41	2.56	100.00	11 173 564
1877	4.87	8.33	2.14	13.08	69.12	2.46	100.00	10 584 671
1878	5.24	8.62	1.70	14.07	67.62	2.76	100.00	10 331 785
1883	12.56	1.74	1.71	11.67	68.56	3.75	100.00	10 303 916
1884	8.66	1.45	1.64	10.19	77.63	0.42	100.00	10 708 494
1891	17.25	2.21	—	3.33	74.23	2.98	100.00	11 595 633
1892	16.56	3.27	—	3.37	74.93	1.87	100.00	11 632 645
1894	14.57	7.69	0.53	2.94	71.96	2.31	100.00	11 276 378
1895	13.54	2.80	2.26	2.63	76.50	2.27	100.00	12 416 133
1897	13.97	3.18	8.92	3.42	68.67	1.84	100.00	12 307 364
1898	10.99	1.55	17.99	2.52	65.10	1.84	100.00	12 081 533
1901	8.61	1.02	33.20	1.67	54.18	1.32	100.00	12 639 019
1902	5.97	1.55	32.85	2.20	53.03	4.40	100.00	13 767 565
1903	5.72	0.89	34.89	2.57	52.17	3.77	100.00	12 820 524

资料来源：罗玉东《中国厘金史》（1936：483—484）。

此外，各省练兵的军需，也由督抚主持，朝廷因仰靠各省分摊巨额的外债与赔款，所以更纵容各省督抚；结果是各省的财政逐渐独立化，户部的掌控力衰微。度支部（由户部在1906年9月改制）在1908年底的奏折中，沉痛地指出失控情况："乃近年各省关涉财政之件，……常有巨款出纳，日久竟不报部，莫可究诘，……并不咨商，径行其奏，……迨阅邸抄，而臣部始知有其事。"（转引自彭雨新，1947：88）

晚清中央与各省财政关系错综复杂，需要稍加解说。太平天国期

---

[22] 清代户部的职掌与功能，尤其在19世纪的这个阶段，详见任以都长文（Sun，1962—1963）的解析说明。

间，因各地练兵筹饷之需，而导致各省财政实权逐渐自主化；中央政府无力承担沉重的财政压力，更需仰靠各省筹款解缴，后来因各省推诿，变成中央责成各省分摊诸项财政负担，形成"摊派"的局面，这是咸丰三年（1853）前后的事。财政收入由各省自行运用的部分，称为"存留"；缴交中央的部分，称为"起运"（也称为"解饷"或"解款"），这是沿用明朝的制度。若中央指示某省拨付某些款项，到某邻省或某地做特定用途，称为"协款"（或协饷）；所以各省与中央的财政关系，合起来可以用"解款、协款制度"来描述。

这种制度的主旨，是在调剂各省收支的盈亏，统筹分配各地的税收。各省的财政状况分成三类：仅敷（不解不协）、不足（由邻省协济）、有余（协济邻省，余款解京）。在这种制度下，各省的存留额基本上虽有"定数"，但"起运"额则依中央的指示而异，所以各省无法自行量入为出或量出为入，对各年度的岁入也无从预估，甚是烦扰。各省的布政使司，每年要求下属的机构造"草册"呈送，然后核造该省的总册，内分起运、存留、拨用、剩余，送该省督抚复核，然后呈户部。户部在驳查审议后，才奏给朝廷核定各省的财政收支额。[23]

这种方式运作已久，但甲午之后财政的危机［详见周育民（2000）的解说］，导致有改革中央与各省财政关系之议。1908 年 5 月御史赵炳麟奏议统一财政权，其中有五项原则性的要点，来规范中央与各省的财权关系。（1）各省财政事宜，由各省藩司随报该管督抚，径行报户部，严行考核。（2）财政事件非先行咨部筹商，概不准行。（3）奏销按时造送，有任意逾限以至预算、决算[24]无从准备者，由部参奏。（4）各省官银号无论旧设新设，将开设年月及资本实数，现发出纸票若干，准备金若干等事项，限六个月内列表送部稽核。（5）外债借还归度支部经理，以前各省所借之外债，应于国地

---

[23] 何烈（1981）对咸丰、同治年间的财政问题有详细解说。

[24] 预算（即"豫算"，为当时用词——编注）是指预先编下年度各项财政收支的计划书；决算是指会计年度结束后，对预算执行所作的会计报告，用以审查上年度预算的执行情况。

税划分之前由该督抚筹还。[25]

这项建议经会政务处讨论后，认为度支部未必明了各省的财政状况，所订的划分标准恐窒碍难行，建议俟各省财政清理告一段落后，方宜厘定国家与地方税的项目。以各省在自然资源与产物状况差异之大，各地的税目必然复杂奇零，若硬要全国统一划分出国家税与地方税的精确项目，必有诸多困难之处。以宣统初年的《河南财政说明书》为例，所列应属地方税的有56项，甘肃省更有66项之多，可见各地的分歧复杂状况（"性杂款繁"），以及全国划一上的困难（"万难卒定"）。

再来看财政组织上的变更。光绪末期各省财政逐渐独立化，筹饷练兵之权也逐一地方化，而这两项权力几乎都集中在督抚手中。清廷在军权方面开始加强中央集权化，在财政权方面也作了制度上的变革。最上层的改革，是1906年9月把户部改为度支部。主要原因是甲午之后赔款与外债大幅增加，户部一方面在筹款上的压力大增，另一方面是掌管了许多新事务（新创立的银行、造币厂，等等），更重要的是户部本身权威不足，无权稽核各省财政。

再说，朝廷的各项支用不足时（如建造颐和园的经费），就向户部索取；此外，海军与练兵之饷费，大都直接奏行，不经户部拟议；还有，朝廷又另设财政处与税务处，各由王大臣主事。其实财政与税务都是户部体制内的一支业务，现又另立机构，造成相互冲突牵制的状况。[26] 为了统合各路的财政业务，户部在1906年改为度支部，把财政处并入；原先依十四行省分司（即依行政区）管辖的制度，现改为依职掌区分为十司：田赋、漕仓、税课、筦榷、通阜、库藏、廉俸、军饷、制用、会计。这十司各自掌管全国的各项财经业务，目的是要把强大的地方财政权收回中央主管化。

从1906年起，各省的财政机构组织都有不同的调整，但仍无统

---

[25] 赵炳麟的奏折载于《东华续录》（卷216页12），详见罗玉东的引文（1932：259），以及彭雨新的综述（1947：105）。

[26] 此事的背后用意之一，在于切断总税务司赫德和外交机构的干预，目的是要以税务处取代原本由外交机构所管辖的海关，要把海关的管辖权转为由中国主导。

一的体制可循。例如吉林在 1907 年改省后，把原先的户司改为度支司，其下设税务处，把原先的饷捐局、山海税局、烟酒木税局、粮饷处等都裁撤，并归于税务处。奉天在 1905 年就设立财政局，山西在 1906 年改设财政局综管全省财务，陕西在 1908 年才把原有的善后、厘税、粮务三局并为财务局。四年后（1910），朝廷下令统一各省的财政机构，但效果不佳。

依《各省财政说明书》所示，各地在改并财政机构之后，体系仍然不一，兹举广东与江西为例。广东省在宣统二年（1910），把原有的厘务局、清佃局、税契局、善后局次第裁撤，设财政公所，分内总务、赋税、会计、编制、饷需等五科，下设十五股。江西省在同年裁并税务、赈捐、田赋、税契诸局，成立布政公所，设总务、诠叙、田赋、税务、制用、会计等六科。单从这两省的例子，就可推知其他省的状况如何歧异；其余情况，可参阅彭雨新（1947：104）所列举的各省裁并财政机构状况表。

最后来看清末如何增加税源。各省的内外负担这么沉重，只好在省内自行筹款，增加税源的方法可谓各显神通，除了各种杂税，较重要且具共通性的有四项。

第一，盐税加价。甲午之前各省已有借盐斤加价来筹款之事，但基本上还是要由户部奏准，一律征收，或由各省督抚奏准，由该省单独征收。盐税是历代重要税项，但 1908 年度支部通令，各省的盐税一半留省支用，一半解部作练兵经费。因为有一半可留省支用，各省常以筹款为借口，税率轻重不一，民情因而苦乐不均。以江西为例，就有六种盐税：淮盐加价（6 次合计每斤共 16 文）、零盐加价（内容不详）、浙盐加价（4 文）、粤盐加价（4 文）、浙商认缴津贴（每年 1 万 2 千两）、粤盐口捐（内容不详）。单是江西一省的盐税就这么繁杂，可见一斑；其余情况另详见彭雨新（1947：93）对广东等十省状况的表列说明。

第二，厘金创办于咸丰三年（1853），在同治、光绪年间逐渐在各省推行，是一种内地货物税。内容错综复杂，大致可分为三类：通过地厘金、销售地厘金、出产地厘金。原先各省的厘税约 1%—2%，有些地方后来高到 20% 以上；通行的法定税率约在 4%—10% 之间，但实际的征收额都较高。厘金的课税对象既细又广，以广西为例，就分 29 类税，内含 1 942 项货品。此外，重复课税（在原料、成品、销售时都课征）是另一项困商病民的缺点。若要有效课征，就必须在各地广设关卡，以 1904 年为例，内地 12 省共计有总局 23 处，主要分局 790 处，附属分局有 1 446 处，相关税务人员至少 2.5 万人。在这种"流刺网"型的税制下，可想见民间商家所受的骚扰、各地商品税源所受的侵蚀。厘金可以说是各省壮大自身财源的重要税制，此制度的复杂内容，详见罗玉东（1936）的专书分析（此书第 3 章有诸多图表解析，简明扼要）。

第三，鸦片税。国产鸦片称为"土药"（课厘税，基本上属地方），进口者为"洋药"（课海关税，属中央）。1905—1906 年，土药每年的产销量约 14 万担，各省的税率不一（江西每百斤课 43 两，广西每百斤课 12 两）；税项也不同（福建与陕西按亩征税）；此外，各省又征落地税（出产税）、过境税、贩运税，时而出现争执的局面。1908 年协调土药税银拨还各省，各省所分得的具体数额，状况复杂，难以一一解说。开办一年后，中央政府从 930 万两的土药税中，取得其中的三成左右。

第四，截留国税。各省的财政收入，额定支出后的余款应缴解中央，若不缴解此项余额，或是各省自行动用有特定用途的国税（例如关税），称为各省的"截留"款。但从 1906 年起各省逐渐自行截留，朝廷严禁："……倘不俟部覆擅自动解，除将所动之款照数提还外，仍由臣部指名严参，以重库储。"但两广总督提出异议，朝廷也无力约束。到了 1909 年，度支部还奏谕电知各省："各省应解款项……关系紧要，无论何项用款不得挪移，嗣后凡动拨款项，应统由度支部奏咨核定。"（转引自彭雨新，1947：96—97）从这里可以看出各省截留的严重性，这种状况延续到民国初期还都未能解决。

近年来研究晚清中央与各省财政关系的文章渐多，其中以何汉威（2001）的百页长文最完整深入。他认为甲午战争后到清亡前夕：

（1）清政府与各省之间，借着硬性摊派措施，还是能从各省抽提到为数不菲的收入；摊派的运作有赖列强的支持，因为大多数的解款被指定用作偿付洋债和赔款；中央对各省因而仍能维持若干程度的掌控。

（2）列强也帮助清政府掌控省财政，例如1898年英德续借款，议定以江苏等五省部分区域的盐、货厘为海关接管，江苏等五省因失去为数可观的财源而陷于困窘。

（3）拨解省份因而尽先解送财税到中央，边远而税入不足的省份如广西、云南、贵州、甘肃及新疆等，遂遭受打击，破坏了"区域间补偿"及"超区域整合"的原则。

（4）过去在分析中央和各省财政关系时，大多强调在督抚主导下新生财政机构所出现的脱序，而对各方所作的整合努力则甚忽略。事实上，在宣统元年之前，不单中央对省的财政机构有所整合，类似的情况也见于省政府与州县的互动，但因主客观条件不同而成绩高下有别。

（5）清政府既无能力，也无勇气对税制（特别是田赋）整顿，省当局只好采取阻力较少的方式，诸如盐斤加价、成色低下银铜币的滥铸，杂税中酒税和契税的课征，以至鸦片稽征来开辟税源。但因种种因素的掣肘，仿如强弩之末难以为继。

（6）清末中央和各省的财政关系错综复杂：省当局既无能力也无意愿专擅自主，并没有独立于中央政府之外，然而也未受中央有效的行政掌控；督抚也大大失去监督管理省财政的能力，财权大受其属吏所制约。[以上六点引自何汉威（2001）长文的摘要]

3.2 财政改革

有了上述的历史背景，现在来看梁所提的改革方案。《中国改革财政私案》（8：1—59）内分10节，纵论10大改革方向与目标：改正田赋，整顿盐课，应增之新税目，应裁之旧税目，租税以外的国家收入，改革后岁入预算之大概，举办公债之法，货币政策，银行政策，改革财务行政。此外有两项附录：地方财政，八旗生计问题。综观此长文，梁所论的事项大体能掌握要点，也可以感受到他对各项题材的弊端有清晰地理解，但对改革的效果过度乐观。若真的要落实这些方间案，必然会遇到许多阻碍。以下析述梁的改革方案要点，以及他所议论事项的特性。

3.2.1 改正田赋

田赋是中国财政最大宗的税入来源，历代所产生的问题很多，梁的用意是要"如何乘预备立宪之始，为一劳永逸之计乎"。他对田赋问题的特质说得很好："改正田赋，其事最繁难，且办理稍有失宜，动招人民怨谤，此诚今日所未易轻言者也。……且负担太不公平，其病农亦甚。故为国家财政起见，为国民生计起见，无论迟早总需经一次之大改革。"（8：2）这种改革田赋的主张，让人联想到明代张居正时期的清丈田亩。历代隐报田亩面积逃税是众所共知的事，根据何炳棣（1995：125—127）的研究："清代开国主要战役结束之后，即以万历末丈量前的额田为原额。……乾隆（1753）到咸丰（1851）这百年间的土地数字完全不能反映国史上空前的人口爆炸、长期的超省际的移民和大量的开山垦荒。"所以在概念上梁是对的："然苟能综核而厘析之，则不必增加赋率，而所入可数倍于今日。"（8：2）

梁所建议的新办法，是日本的"土地台账法"："先调查全国之土地，推算各地一亩所获之米麦等能得若干，复合以数年来米麦平均之价所得银若干，然后在此数内除去牛种、肥料及人工之费若干，以其余为土地所出之利益，而征其百分之若干。其立法最详密周备者，莫如普鲁士国。我国若欲实行，可译取以为模范。"他举日本在台湾省实施此制度的成效为例："查日本初得台湾时，其田赋不过八十六万余圆。后经一次调查，制成台账。其各地税率，视前此我国所收有增有减，然什九皆仍其旧，而所收之税，已增至二百九十余万元，盖缘前此匿税之地实过半也。"（8：3）

梁的信息很清楚：（1）清丈土地和重订税率，是改正田赋的基本方法。（2）日本的土地台账法可仿行，且在台湾省已有成效。中国历史上一向不缺乏改革田赋的建议，但几乎都是因为地方势力的阻挡而失败。以张居正当国时的威势，尚且遇到强力抵抗，新立宪国政府若能扫除此项障碍，梁的改正田赋之议才有意义。日本在台湾省施行有成效，原因之一，是因为日本对殖民地有武力上的优势，但这一点在清末的中国却不同：中央政府的权威不足以掌控各地，地方的割据性强，再好的建议恐怕也无法免除"每丈必反"的噩梦。后来国民政府的土地改革，也只能在江苏等少数省份短暂施行，基本的困难从明朝到民国大致类同。

梁也知道中国在这方面的积弊，他的解决方式是："人民向来耕种之田以多报少者，前事悉不追究，仍归旧业主掌管；惟将前此匿税之部分，令其从新印契。"（8：5）梁推算田赋改正的结果："苟办理得宜，……则全国田赋每年收入当在三万万两以上"（8：5—6），而"考现在全国田赋，……实收银又不过二千八百余万两"（8：2）。若推行梁的新法成功，中国田赋可增十倍以上："以我国之地大物博，得此巨额殊不为奇。"（8：6）

若果真有此神效，则先从调查全国土地（即清丈）开始。日本调查台湾省土地，约费 500 万圆，梁估算中国 18 省面积约 20 倍于台湾（其实应不止），约需费 1 亿两。以晚清赔款和外债的压力，如何筹此巨款？梁说放心，"即印契税一项所入，已偿此数而有余乎。况充公地之卖价，且数倍于此也。而此后年年国库之增加，又无论矣"（8：6）。以晚清财源之枯竭，诸项税收已无所不用其极，怎会有如此肥沃的税源而尚未榨取？梁对调查土地所需之巨款，若不能详细说明来源，必难说服此事的可行性。就算可得巨款进行此事，以历史上每丈必反的经验看来，除非中央的行政实力坚强，可以扫除各地障碍，否则梁的建议恐怕仍是画饼。

3.2.2 整顿盐课

1910 年 3 月，梁在《国风报》第 1 年第 5、6 两号连载《改盐法议》。这篇文章的内容，有一大半和《改革财政私案》的第 2 节"整顿盐课之法"（8：7—15）相同（第 5 号页 17—19，第 6 号页 9—20），所以此文未再重复收入文集内是对的。以下讨论此问题时，也把《国风报》那篇文章的内容一并析述。

盐税在历史上一直都是岁入的一大宗，从西汉的盐铁会议（桓宽整理记录成《盐铁论》）就可见一斑。梁提议整顿盐法的目的，是要"能使民间盐价视今日不加腾，而国帑所入视今日且数倍。……欲奏此效，必须将现在制度改弦而更张之"（8：7）。他说中国各省的盐税总和一年不出 2 000 万两[27]，以中国人口之众，盐税的收入竟然只和德法意诸国相差不多。这样的对比其实并无多大意义：一因各国物价水平不同；二因中国盐贵（相对于一般民生必需品），私盐泛滥，税收不实；三因各国的食盐税率不同。

中国盐税总收入应该有多少才恰当？梁说意大利每百斤税 17 元，法国税 3 元，日本税 1.5 元，德国最轻，每千斤税 4 元。（8：8）"我国若折其中，每百斤约税一两五钱，最为适当。若依此推算，每年盐税可至八千四百余万两。"（8：8）我们可以从几点来评论上列的叙述：首先，西欧诸国的盐税真的差异这么大？梁的数据可靠吗？币值的换算正确吗？到底各国的盐税率多高？为何不以百分比直接表明？中国若百斤税一两五钱，是抽百分之多少的税？为何最为恰当？这种模糊的诸国相对比较，并无明确的经济意义。其次，各省长官都知道盐税甚肥，一再压榨也只抽到 2 000 万两，梁何以有把握可得 8 400 余万两？

他认为这 6 000 万两的落差，"皆为私盐所蚀，尽人知之"（8：8）。有三项因素造成私盐过盛：（1）税率太高，苛捐太多，以致官盐成本太重。（2）行盐地各分疆界，助私盐流行之势。（3）盐商垄断权，贩盐不能普。梁对这三大弊端提出八项改革要点，主要的精神在第一项（要把全国的盐收归政府专卖），其余七项都是业务性的说明。（8：10—11）盐专卖后，全国制盐者皆有执照，贩卖权全归国家。这项原则是好，但不知何以清政府不如此做？新国家建设之后，如何才能从盐商手中收回贩卖权，以及如何打破根深蒂固的诸多旧制？这几项要点梁都未触及。

国家专卖的观点简单明确，不需细谈，梁另有一项搭配性的建议。过去盐商以现金作保证来向官赊盐，梁希望将来能发行公债以丰富国家财政，但恐民间不应，他因而提议：盐商若以公债作为保证金者，可赊同值的盐三个月或半年，届期才缴现金。如此，盐商一方面可以有半年的周转期，另一方面也可以从公债得到利息收入；对政府而言，这也是推销公债的好管道。此计听来甚妙，从前行盐权在民间

---

[27] 据张謇和周庆云《盐法通志》的估算，1910 年前后的盐税总收入约 4 745 万两，梁的估算少了一半以上。

时，此策或许有激励之用，现在若要改收为国家专卖，盐商的利润空间有限，还有谁愿意出大资本投入此行业？盐若为国家专卖，一般杂货店就可批售，何需通过大盐商？大盐商若获利空间小，谁去花大钱买公债？梁既想消灭大盐商，又希望盐商大笔购买公债，这是要马儿好又要马儿不吃草的构想。

3.2.3 应增删之税目

梁认为国税有十项即足，其中田赋、盐税、海关税三项早已有之，另加的七项是：酒税、烟税、糖税、登录税、印花税、遗产税、通行税。此外，所得税虽是财政学家公认的良税，但在当时的环境下尚办不到，故不论。另有两种税也应增，但属于地方性的财源，不在国税内论：家产税、营业税。至于应裁撤的税项则有：厘金、常关税［"其性质在海关税与厘金之间，……实与厘卡无异，所异者其税率有轻重耳"（8：20）］、茶税、赌博税[28]、其他诸杂税。梁认为若能废除这些恶税，在良税上虽征稍重，而民犹安之。此外，国家还有其他的岁入来源：国有土地、国有森林、邮政电报、官办铁路。

这些名目和梁的相关说明，都有浓厚的日本味道，大概是根据日文的财政学著作整理出来的。较有意思的，是看他如何估算增删各项税目之后，将来国家可能的岁入情形。根据他的对照表（8：25—26），当时全国岁入约1.3亿两，改革后的收入额可达7亿两："骤闻之似觉夸张失实。然按诸实际，则殊不然。……则所谓七万万两者，全系从最少之数立案，若实行之后，只有增多，断无减少。……十年以后，中国之富强，可甲于天下也。"（8：26—27）

3.2.4 八旗公债

在此要评论的是他的另一项建议：发行八旗生计公债，以解决八旗满人的生计问题。这个题材虽以公债为名，但具有浓厚的财政色彩，所以在此析论。

---

[28] 以清末的广东为例，赌税超过400万两（1911），在全省税收中占第三位。详见何汉威（1995，1996）的深入探讨。

这是一项巧妙的提议，基本的构想来自日本。明治之前，日本的藩侯各有封地，其藩士各有常禄。明治维新之后废藩，但藩侯与藩士的权利已有数百年，一旦强夺恐生大乱，而政府又无财力供养这些冗员。应对之策是在明治初年，发行秩禄公债券1.7亿元。当时日本政府基础未固，信用甚薄，人民不知公债为何物，政府的策略是：公布法令准许人民设立银行，得以秩禄公债券为发行钞票之准备金，所发行的钞票总值与所抵押的公债券值相同。也就是说，在政府的保证下，秩禄公债在法律上与各银行所发行的钞票等值。于是人民争购此公债券，银行所发行的钞票在市场上也逐渐被接受，这是一石二鸟的良策。

梁得此案例之启发，屡次建议中国也发行公债，作为中央银行发行钞票之准备金，现在他又想把公债作为改善八旗生计的基金。这项建议是仿照秩禄公债给养藩侯、藩士的做法，梁提议"先办八旗生计公债五千万圆，同时颁布银行条例，凡以公债抵押于政府者，许出钞票。一面运动旗人之受此债券者，组织一有限公司以开银行，以此券抵押出钞票，政府立许可之。一面又运动旗人以外之人，组织一公司向旗人购买此债券抵之于政府，以求开银行出钞票，而政府又立许可之。此两银行必获大利，于是人人向风争欲效之，而购买诸债券者必日多矣。……此项八旗生计债券，其价必逐日飞涨，可断言也"（8：30）。

日本的秩禄公债并不如梁所说的那么成功，其过程、细节与诸项障碍梁皆未提及；明治维新之后日本国力大增，才能解决藩侯与藩士问题。[29] 相对地，旗人问题复杂，中国国力正在衰退，甲午之战又败

---

[29] 梁只说了故事的光明面，困难处与阴暗面则讳而不谈。明治初年发给藩主及武士的秩禄，1871年时占政府岁出的38%，1876年仍有29%。在支付方面，1874年以秩禄公债（年利7%）的形式，大量发给约40万家的藩主及武士。因发行量过大，利息相对较低，这些公债就犹如20世纪50年代初期，台湾地区实行土地改革而发给台湾地主的农林工矿股票一样，每一易手就大幅贬值。

1878年的秩禄公债额高达1.74亿元，日本政府同年修改银行条例，准以此公债作为发行钞票的准备金（高达8成）。1876—1880年，日本的银行数目因而从4家剧增至148家，通货发行额从1878年的1.5亿元激增至1879年的164.4亿元。这对民间物价与政府财政的压力可想而知。到了1881年10月，松方正义任大藏相（财政部长），施行4年的紧缩措施，才把局面稳下来。以上的说明，承某位博学热心的审阅者提供，谨此致谢。

于日本，内忧外患急迫，外债赔款沉重，政府债信财力薄弱，向强盛者所引借的富裕之策，未必能有效地施用于衰弱者身上。

现在来看八旗问题的性质："八旗生计问题起于康熙中叶，相沿二百余年未能解决。直至今日，时势变迁，国家不藉旗兵以为用，徒岁糜巨饷以养痼惰之民，财政愈加竭蹶。而旗人亦以久隶兵籍之故，不能独立营生，穷无所告，公私交困。加以近年革命邪说蔓延国内，非消融旗汉之名目，使天下一体，不足以靖民心而固国本。"（8：53）他建议的事项有：（1）调查各级将官兵丁人数，以及所领之俸饷。（2）仿日本给予蕃士秩禄公债之法，按照各人应领俸饷之总额发以公债券，每80两给1百元之债券1张。（3）仿日本模式，政府同意银行可以用此公债作为发行钞票的准备金，持公债者可用这些公债投资银行生息；再如日本之例，也可持此公债投资铁道开发，获利应当丰盛。（4）银行、铁路两者交相为用，则旗民得此债券应有长远利益；况且开发铁路需要大量各种人员，旗民既可投资又可就业，一举解决就业与生计问题。"故解决八旗生计问题，无更善于此者矣。"（8：54—57）

若从国家财政负担的角度来看，原先每年支付八旗的饷额约在1 000万两；依梁的算法，国家发行八旗公债虽需支付利息，但裁旗之后可省去巨额俸饷，又可以把旗人的田庄收回国有，旗民还可取得免费公债，用以投资或另寻生计，这是一举数得之策。

当时朝野也有"募债裁旗"和"改债为饷"之议，在理念上和梁的建议相通。但问题在于：国家财政早已困窘，如何筹出所需之资金来发行这5 000万元的公债？况且当时民众对公债素无概念，旗人是否乐于接受这些公债亦难预测。若要举外债来发行公债，则要支付沉重的利息给外国贷款者和国内公债购买者，政府有此实力否？梁说发行此项公债可助银行业务发达，铁路也可因而广为建设，"此策一利国家，二利旗人，三利全体国民，所谓一举而三善备也"（8：59）。此文原作于1909年，但在1927年才刊登，所以旗人未必在1909年时就知晓此议。1927年发表此文时，民国早已成立，时空环境已转换到北伐问题。此时已无旗人生计的政策问题，也未闻梁对八旗公债之议有进一步的论说。

此外，在 1912 年的《莅北京公民会八旗生计会联合欢迎会演说辞》（1912，29：30—32）中，他并未提到这项八旗公债的事。这篇演说辞全文一页不到，但有特殊意义。梁于民国元年 9 月归国后，各方热烈迎接，"以至一日四度演说"（《年谱长编》，页 411），这篇讲辞应是同年 11 月 30 日所作。梁曾经批评兴中会是"排满家"团体，以种族革命为号召，主张驱逐满人。他对满人所持的立场，以及八旗生计会何以会邀他演说，在此篇讲辞的编者前言内解说得很清晰："梁任公为建设之政治家，主张国中人民对政治上之权利义务一切平等。旗人宿为军人，一切自由尽被束缚，此次革命后还我自由。去年革命以来，旗人死于锋镝冻饿者当复不少，此即我旗人所出之共和代价也。先生爱国爱民，八旗生计问题之解决，先生当必苰谋伟画，此所以欢迎今后之梁任公也云云。"（29：31）为何八旗人士对梁有这么高的期许？除了不主张排满，梁替旗人生计筹划之事也早为人所周知。故民国成立梁归国之后，当时虽尚未任要职，而旗人已把希望寄托在他身上。因为当时"一日四度演说"，所以这篇讲辞几乎是形式意义大于实质内容，梁对八旗生计的主张，还是应以 1909 年那篇《私案》为主。

民国成立后不久，发生二次革命、复辟、军阀等政治上的动乱，经济局势不稳，内外债激增，梁的这项构想当然无法实现。然而八旗俸饷是一件急迫的问题，在有限的财力下政府如何因应？目前对这个问题的整体认知与解决方法所知有限，只能列举下列数字当作参考：民国 5 年度的中央财政费的经常费是 36 220 618 元，其中有"八旗俸饷" 6 378 676 元（占 17%）；以及"八旗米折" 2 866 819 元（占 7.9%），合计占了 25% 左右。[参见贾士毅（1917，第 3 编页 190—191）] 同年的蒙藏费是 987 230 元（另外编列，见表 3.3），只有上述八旗两项经费总额的 10.68%，可见八旗生计在民初中央经费的负担程度。

3.2.5 其他建议

《私案》的第 8、9 两节论货币政策与银行政策，主要的内容与精神大抵在本书第 2 章论币制改革时已析述过，不赘。梁所论的这两项议题，精神上和前述的公债政策类似：甚受日本经验之启发，拟议仿效；过度乐观预期施行之后的成效，忽略现实环境的诸多障碍，甚至略而不谈。

另一项议题是财政行政上的具体问题。梁批评中国无预算制度，各部会的经费未相互协调，各拥资源互不支持，且互争盐税、争厘金，国家财政既穷且乱。此外，晚清税务行政紊乱，多采包征包解制，拙劣多弊。梁对这类具体的问题提出一些意见（8：47—53），但这类弊端是人所共见，梁并无新创见。

3.3 预 算 论 衡

中国历史上并无现代的政府预算观念，基本上是以量入为出为原则。虽然中央可知各级政府、各地军队、各项固定开支的大略数字，但因天灾人祸等变量难以掌控，再加上皇帝个人英明与否、是否节用爱民等因素，所以实在不容易有现代意义的预算制度。历代岁入岁出确实都有大略的估算，这在郭道扬《中国会计史稿》（1982—1988）内已有详细解说；赖建诚大致解说宋、明、清三个朝代会计录的大体内容，并析述《万历会计录》（1994）各卷的内容与旨要。以明代为例，在两百多年间只编了三次会计录（洪武、弘治、万历年间），每次间隔半世纪或一世纪以上；清朝也只知道有《光绪会计录》流传，可见中国历史上并没有现代西方意义的常年政府预算。清末民初的政府预算制度，贾士毅（1917，第 5 篇第 3 章页 10—33）有简要的综述。

3.3.1 简史

从雍正三年（1725）起，规定每年冬季各省督抚预估下年度应支俸饷，造册送户部，称为"冬估"；中央批准后，每年在春秋两季拨款给各省运用，称为"春秋拨"。为了更能掌握全国的财政收支状况，盛宣怀在 1899 年 10 月奏请预定一年的国家收支会计，请户部将来年实在进出的各款项额预先筹议，"开缮清单，并刊行各省，使人民周知财政公开，苟有所取，必见谅于民"[11 月 11 日朱批户部折，转引自罗玉东（1932：231 注 123）〕。这是在建议国家试行预算制度，户部于是拟出两张 1900 年的预算表。一是部库出入款数，内分：中央入款（有 6 项），总计 1 876.5 万两；各省入款（内有 5 项），总计 7 950 万两；全国合计约 9 826.5 万两。二是出款部分，内分：中央出款（6 项），2 303.62 万两；各省出款（6 项），9 200 万两；全国合计 11 503.62 万两〔细项请见罗玉东（1932：216 表6）〕。两者相抵，赤字约 1 670 余万两。但这项预算的内容，因户部未作具体说明而引起许多质疑，尤其在入款项方面有高估的倾向。

这个预算表除了不够精确外，户部的态度更为可议。其实户部并未尽心筹划，反而显示了勉强的态度："近时泰西各国，每年由该国度支大臣预将来岁用款开示议政院，以为赋税准则，说者谓其量入为出，颇得《周官·王制》遗意。而实则泰西之法，量出以为入，与中国古先圣王之所谓量入为出者相似，仍属相反。中西政体不能强同，类如是也。"〔1899 年 11 月 11 日朱批户部折，转引自罗玉东（1932：232）〕以这种抗拒心态所编制的出入款预算表，完全无法应对盛宣怀的初旨。但反过来说，当时各地的财政状况，中央并无法得知，甚至连户部内的可动用款项也未必能切实掌握。在承平时期所编列的预算尚且有许多可议之处[30]，我们怎能对衰亡之际所制作预算表寄予期望？

光绪三十二年（1906）十二月，御史赵炳麟奏请制定预算、决算，以整财政而端治本（全文见《光绪政要》卷 32 末）。此奏奉旨交度支部函告各省，两年内各省皆未置复，在反应不佳的情况下，清理各省财政之议又起。1908 年 12 月，度支部奏拟"清理财政"35 条，建议调查全国出入确数为预算、决算之预备。各出入款在 1907 年底止视为"旧案"，1908—1910 年底止为"现行案"，宣统三年（1911）起作为"新案"，同年二月试办全国预算："……本年正月十四日，已由臣部将暂行章程奏明在案，查各省出入款目，悉于预算报告册内胪列。自本年起各省办理春秋拨册，应行奏明停止，以省文

---

[30] 试想现代的预算制度仍有不少问题，或《万历会计录》里所表现的诸多严重缺失。〔详见赖建诚（1994）〕

牍。"〔度支部奏稿，引自彭雨新（1947：84 注 2）〕

然而真正执行时，又遇到权责不明的老问题，资政院预算股长刘泽熙说："一切重要政务并非中央政府直接执行，而执行者实为各省督抚。……故言司法经费，法部不能估定之，……资政院审查预算既无商榷督抚之必要，而督抚特派员又无到会发言之时机，……督抚既能确定经费而不能与闻预算，且不须执行职务，故可置之不理，内外隔阂如此其极。……于编制预算时，视为某税应增若干，某税应减若干，一一电督抚，督抚以为可则加之，以为不可减则减之，……或竟无回复明文，而于预算内悬而未决。……至于拨补厘金等款，更属纸上空谈，全部预算必致为此等款项动摇。" 〔转引自彭雨新（1947：109）〕由此可见宣统初年的清理财政和办理预算，仍是一纸空谈，但也不是全无收获：（1）这是中国财政管理观念上的突破；（2）各省清理册的内容虽然素质不一，但总算弄出个基本的面貌。

3.3.2 预算评议

用梁的话来说，西方"各国之制预算案也，各部大臣先将其部所属事各一年应需之费列为一表，移交度支部。乃按本岁入之总数而分配之，在各部无不各欲得多款，……其权固经内阁会决定后，向度支部大臣执行之，各部不能自专也。我国不然，部与部不相联属，彼部此部各自请旨拨款，但得俞允，即据为己有。别法能筹得进项者，尤视若私产。……故有十部则不啻成为十国。……今我国无所谓中央财政也，恃各省分其余沥以润中央之涸辙而已"（8：47—48）。"今世诸立宪国，……皆以编制预算案为第一大事，政府与议院之激争恒于是，……实我国大多数人所不了解也。使如我国现在编制中之预算案，仅将本年出入之项目照样腾写一通。"（22：37）

从上述两段简要的解说，大概可以知晓清末政府预算的运作方式。梁对此问题写了四篇简短的评论：《续译列国岁计政要叙》（1897，2：59—61）；《亘古未闻之豫算案》（1910，25 上：158—161），《读度支部奏定试办豫算大概情形折及册式书后》（1910，25上：70—74），《为筹制宣统四年预算案事敬告部臣及疆吏》（1911，25 下：28—31）。以下析述这四篇的要义。

1873 年（癸酉）制造局译《列国岁计政要》[31]，梁说此书出后"齐州之士宝焉"（2：59）。此后 20 年间未有类似的书出版，直到 1897 年 5 月，"知新报馆乃始得取去岁所著录者，译成中文附印于报末，乞叙"（2：59）。那时梁才 25 岁，尚未出国，他写的这篇短序，基本上是在解说书中所列各国各部门（民部、学部、兵部、海部、户部、商部）的预算额，说明从此书可知各国财政的强弱状况，以及各部门所分配到的经费比例。从经费增长的角度来看，"区区之日本，昔之文部省岁费不过十三万余圆者，今且增至二百五十三万八千余圆"（2：60）。从列国对各部门预算编列额的变动，梁指出一项事实："户口之表，中国等恒居一，疆域之表，中国等居四，国用、商务、工艺、轮船、铁路、兵力诸表，中国等恒居十五以下，或乃至无足比数焉。"（2：61）他的用意很清楚：读者可以从此书知晓各国的兴衰状况，以及各地和平或战争可能性之大小（看军费预算即可知）。简言之，这是一篇介绍性的文字。

政府预算既为世界潮流，1910 年清政府规定各省试办，由度支部编订例式。此项册式大抵根据日本的模式，内有预算例言 22 条，之后分成下列项目：（1）总则，（2）在京各衙门预算，（3）各省预算，（4）编订预算方法，（5）附则三项。之下有"各省试办预算报告总册"，内分：（1）岁入经常门，（2）岁入临时门，（3）岁出经常门，（4）岁出临时门，（5）地方行政经费经常门，（6）地方行政经费临时门。此 6 门之下各分若干类，每类之下又分若干款，每款复分若干项，再分若干目（25 上：70）。因为这是试办性质，所以广征各方意见以备修改。[32]

梁写此文的目的，是要对这项册式的内容提出修正意见。大体而言，此文的内容都是具体技术问题的讨论，时过境迁无须评引。此文的意义，在于显示梁对清末的政府预算行政改革，在此时怀有相当的期望：同一年中央政府向资政院提出预算案，资政院审查修正后即将

84

---

[31] 梁在《读书分月课程》（1892）的"西学书"内列了 7 本西书，其中包括这本书；他把此书列在"读书次第表"的第 6 月读书进度中。

[32] 周育民（2000：415—422）对宣统三年、四年间的财政预算案，有简要的说明。

付诸议决。就形式看来，此事俨然有立宪国的做法，但梁细看此项预算案后大感失望："而其最奇怪不可思议者，则收支之不适合是也。……据其所知者，则入不敷出之额约五千万两。……此可谓之决算案耳，不能谓之豫算案。此可谓之岁费概算书耳，不能谓之豫算案。此可谓之财政报告书耳。……若在他国有此等四不像之预算案出现于议场，……断不肯无益费精神以为之讨议。"（25 上：159—160）

梁对 1910 年预算案的评语是："内容卤莽灭裂，贻薄海内外以笑柄。且各部臣、疆臣视同无物，纷纷请变弃。"去年的事情既已无法追补，梁建议下列诸项原则，供筹制宣统四年预算案时参考。（1）收支宜必求均衡，（2）编制之事宜由行政官担任，（3）编制权宜集中于度支部，（4）编制宜以春间着手，（5）体例格式宜厘定（25 下：28—30）。这几项原则当然都没有实现，因为宣统三年十月清廷被推翻，民国成立了。[33] 梁对预算问题有这么好的认知，但他在 1917 年任财政总长时，却没有编列预算的作为，或许是因为任职期过短（4个月）而未能一酬壮志。

3.3.3　试拟预算

1912 年五六月间，梁在日本写了一篇长稿《治标财政策》，分上下篇，析述中国岁出、岁入的诸项内容与经费额度，手法上几乎是在编列、解说中国政府的年度预算，此文到了该年年底才发表（29：51—82）。梁在此文刊布时写了一小段附语，说他的目的是在提出一个大纲，作为他日政府编列预算、整理岁计的基础。这是一篇纲要性的文字，他希望读者不必拘泥于具体的数字，而应在整体精神上体会他的用意。

为何取名《治标财政策》？大概是因为当时已推翻清朝，所以梁积极提出国家的预算大纲供读者讨论："吾昔常言，处今日中国而言理财，非补苴罅漏所能有功，必须立一根本的大计划焉。……一面估算本年可得之岁入实数几何，当以何法征收之；一面估算本年万不可

---

[33] 宣统二年到民国 4 年的预算沿革，以及其中的诸项困难，贾士毅（1917，第 5 篇第 3 章页 11—33）有详细的剖析。

缺之岁出实数几何，当以何法撙节之。……然后中国财政竭蹶之程度若何？……原因安在？乃可得而察也。"这是原则性的宣称，应无人反对。他真正的用意，是针对当时的国务总理："唐氏绍仪报告本年财政现状，比附前清宣统三年预算案，更任意虚构……而国民亦熟视无睹。……夫我国过去、现在之财政状况，无确实统计可供参考，……以吾研究，则岂惟无所谓岁计不足云尔，实及适得其反，而赢余可至二万万元内外。……固已足以支持危局以待将来之进取焉矣。吾故名之曰治标的财政政策也。"（29：52）

此文分上下篇，上篇论岁出，篇幅较长（29：53—77）；下篇论岁入，较短（29：77—82）。梁把重点放在上篇的原因是："我国财政竭蹶之原因，其缘岁入觳薄而生者不过十之二三，其缘岁出冒滥而生者实居十之七八。"（29：53）梁先析述目前各项岁出入的项目与经费额度，然后批评其中的弊端，之后依自己的见解，来估算合理的项目与额度，最后评比两者在性质上的差异，以及额度上的差距。在岁出方面，梁分中央政费与各省政费两层来解说，但在岁入方面则只有中央级的说明，没有省级的分析。在中央岁出方面，梁分十项析述：（1）中央公署费，（2）外交费，（3）内务费，（4）财务行政费，（5）教育费，（6）国防费，（7）司法费，（8）实业费，（9）交通费，（10）拓殖费。在这十项当中，梁对（1）中央公署费（29：53—58）和（6）国防费（29：61—64）着墨最多，对（5）教育费（29：60—61，共3行）、（8）实业费（29：65，共两行）和（10）拓殖费（29：66，一行半）着墨最少。以下举（1）和（8）为例。

中央公署费需要长篇幅讨论的原因，是由于前清的旧衙门因政体变更，他认为可以废撤者有34处，例如军机处、翰林院、宗人府等等。此外，他也主张裁并海军部，把理藩部裁并内务部，因为梁认为其中的政费浮滥，冗缺冗员过多："据言庚子以后外务部，其真办事之司员不及十人，余皆伴食耳。而此十人者，每日办事又不过二小时。……外务素称繁部犹且如此，他部可知。"（29：60）他所罗列的各署人员编制和经费预算，到底应各为多少才是合理，其实难有定论，他心中所订的标准是"请比附日本以为标准可乎"（29：55）。依照这项标准，他拟议的中央公署内，每部所需的员数是76人（从总长到额外司员），经费 11.4 万元。地大物博的中国，一个中央级部会的编制这么小，未免过俭。依梁的盘算："总统府费、国务院各部费、国会两院费、审计费、平政院费合计约需六百余万元。今以优待前清皇室费四百万元，实共需一千万元。"（29：58）这样的预算相当有趣：掌管全国主要行政的总统府、国务院等等诸多大型的业务机构，其经费总额竟然只比已无功能的前清皇室优待费多两百万元！梁对此事的本末轻重竟有如此判断，让人意外。[34]

在实业费方面，梁只有两行说明："宣统预算案报农工商部经费一百一十万一千五百九十两有奇。除部员领薪水外，不知所办何事。今除部费外，一时实无他种特别职务可指，暂可全撤，或置十万元为预备费可耳。"（29：65）梁对掌管全国实业（工商）的最高主管机构有这种见解，用这种草率的态度来处理，让人怀疑他对此部的理解有限，读者对这样的预算议案怎么会有信心？此文刊出后，各方的评论颇多，梁写了一篇《军费问题答客难》（30：5—7），辩解其中的"国防费"部分。梁原先的论点是：全国陆军的编制以二十师为适，他也计划把海军部并于陆军："以上海陆军经费……合计约共需四千二百余万，视宣统预算案约可节省一万四千余万元。"（29：64）当时舆论对此项军费预算的说法有许多评论，梁不得不出面解说。他一方面承认自己"于军事上之智识缺乏殊甚"，但也质疑"现在国中号称军队者六七十师，其足以对外者有几？恐虽军事当局亦无以为对也"。他认为二十师已足够的基本理由是："夫既名之曰国防费，而其实泰半不足以供国防之用，……斯等于滥费耳。……吾以为今日理财之要义，莫急于节减行政费，综核名实，汰除冒滥，此实死中求活之唯一法门。"（30：6—7）

从上述的例子可以看出，梁编制此预算书的基本精神，是往裁撤冗员与节省经费的方向着手；在基本人数与额度方面，又以日本的现行状况为基准。梁的新估算结果相当惊人："今兹所拟，以较度支部案，所裁过半；现以较资政院案，所裁亦将及半矣。"（29：72）这

---

[34] 从这段分析中，大概可以知道并非梁所写的数字排印错误，而是他的判断过于急躁随意，这种文字对他的声誉只有负面影响。

种所裁过半的预算，一方面反映前清预算编列之浮滥，大笔裁删固然令人痛快；但另一方面也有引人忧惧者：（1）过去根深蒂固之体系，现在虽然有新政权替代，是否能无阻碍地一铲而除？梁对各部、各地、各级行政体系的反弹力量完全未估算到。（2）新兴国家之建设，需另有大刀阔斧之处，今删裁过半，节俭有余，但是否足够开拓必要的新建设？

以上的例子与评论，是针对梁的"中央政费"一节而发。他另有长篇幅解说"各省政费"与"全国岁入"，在手法与精神上大体类似，差异点多是在项目与业务性质方面的解说，在此不拟细述。此处的要点，还是回到梁对国家预算的基本认知："使吾此文所计算不甚谬，则虽不借一文外债，……用以维持现状，且略从事于进取建设，犹绰绰有余。夫何至举国大惊小怪，坐愁行叹，……绝望如今日耶。"（29：81）这是梁个人的自信，对错与否一试便知。可惜梁在1917年任财政总长时，因任期太短、政治环境恶劣，所以无从判断。以今日的理解来推断，梁所编列的这份预算书，恐怕有过度乐观与简化事实的倾向。

3.4 实际状况

前两节的主要内容，是梁对财政改革和预算制度的诸多批评，以及他所提出的各项改革方案。其实财政收支和预算是相关联的面向（视收入之多少才能做各项支出的预算），所以本节一方面把财政和预算这两个面向结合起来，另一方面列举清末民初的实际状况（用统计数字来表达），来和梁的改革方案相对比，以显示梁的财政方案与所试拟的预算，有哪些可议之处。

3.4.1 岁入岁出

中国真正有现代形式的年度预算，始于宣统三年（1911），这项预算表有岁入与岁出两项，收录在贾士毅（1917：25—31）。这项有用的数据，照理应和表3.2、表3.3并列合观，但不能这么做的原因是：（1）所列举的项目名称不一，表3.2内有11项岁入名称，但宣统三年的岁入预算只有 9 项，也无较细分的项目可知其具体内容。
（2）相对地，宣统三年的岁出相当详尽，而表 3.3 的数字则显得简要。（3）宣统三年的预算表有另一项特色，就是分为"原案"和"修正案"两栏，大概是因为：第一，此年的政治与经济情势变动甚大，所以需要大幅调整；第二，资政院对预算有删汰权。以岁入来说，修正后的数额比原案多出 400 多万元；在岁出方面，修正后要减少 8 300 多万元。若从岁入岁出相抵的角度来看，在原案内岁出超过岁入 8 400 多万元，在修正案内则相反，岁入要比岁出多 350 多万元。

表 3.2 历年岁入预算表（1912—1916，单位：元）

款　　目	民国元年	民国 2 年	民国 3 年	民国 5 年
（1）收益税	82 244 981 （23.45%）	87 505 247 （15.71%）	83 786 532 （21.9%）	134 061 678 （28.4%）
a. 田赋	78 953 862	82 403 612	79 227 809	120 437 191
b. 牙税	957 128	621 003	946 039	9 435 485
c. 当税	1 125 617	696 394	620 619	768 900
d. 烟牌照税		2 175 000	1 927 400	2 012 852
e. 矿税	1 208 374	1 609 238	1 064 665	1 407 250
（2）行为税	15 267 264 （4.35%）	18 379 659 （3.30%）	35 785 035 （9.36%）	23 921 734 （5.07%）
a. 契税	15 174 077	12 223 184	16 213 435	15 315 034
b. 验契费		5 446 475	15 905 000	2 935 300
c. 印花税	93 187	710 000	3 666 600	5 671 400
（3）所得税		2 175 000 （0.39%）	990 000 （0.26%）	2 835 000 （0.6%）
（4）消费税	83 535 816 （23.81%）	88 927 072 （15.96%）	101 669 102 （26.58%）	123 732 305 （26.2%）
a. 盐税	71 363 229	77 565 534	84 879 873	84 771 365
b. 茶税	1 313 031	666 229	1 754 174	2 107 424
c. 烟酒税	9 040 405	10 449 648	13 719 897	25 831 328
d. 糖税	431 234	214 194	702 057	759 716
e. 牲畜及屠宰税	1 387 917	31 467	613 101	10 262 472
（5）货物税	36 584 005 （10.43%）	36 882 877 （6.62%）	34 186 047 （8.94%）	46 400 084 （9.83%）
（6）关税	67 120 582 （19.13%）	68 224 283 （12.25%）	79 403 057 （20.76%）	72 346 314 （15.32%）

款　目	民国元年	民国 2 年	民国 3 年	民国 5 年
a. 海关税	56 747 607	57 468 604	67 354 462	59 171 219
b. 常关税	10 372 975	10 755 679	12 048 595	13 175 095
（7）杂税	6 093 681 （1.73%）	2 603 287 （0.47%）	1 298 307 （0.34%）	3 744 097 （0.79%）
（8）杂捐	6 377 841 （1.81%）	2 856 942 （0.51%）	3 137 751 （0.82%）	15 132 602 （3.2%）
（9）官有产业	20 916 046 （6%）	8 483 741 （1.52%）	4 427 504 （1.16%）	19 689 772 （4.17%）
a. 官业收入	20 916 046	8 483 741	4 427 504	2 637 964
b. 官产收入				17 051 808
（10）杂收入	32 637 186 （9.3%）	17 623 128 （3.16%）	12 735 455 （3.33%）	10 261 109 （2.17%）
（11）国债		223 370 000 （40.1%）	25 082 398 （6.56%）	20 000 000 （4.24%）
a. 内债		15 000 000	24 000 000	20 000 000
b. 外债		208 370 000	1 082 398	
总计	350 777 402	557 031 236	382 501 188	472 124 695

资料来源：贾士毅《民国财政史》（1917，第 2 编页 618—621）。

表 3.3　历年岁出预算总表（1911—1916，单位：元）

款　目	民国元年	民国 2 年	民国 3 年	民国 5 年
（1）宪法费	15 790 459 （4.43%）	12 823 201 （2%）	8 388 441 （2.35%）	7 180 528 （1.52%）
元首费	15 370 461	9 823 201	7 381 041	6 506 128
议会费	419 998	3 000 000	1 007 400	674 400
（2）行政费	161 796 226 （45.4%）	250 323 082 （39%）	197 619 922 （55.35%）	241 697 792 （51.26%）
a. 外交费	4 344 685	4 306 338	4 229 529	4 102 818
b. 内务费	6 306 003	43 882 009	42 672 290	51 759 846
c. 国防费	120 691 324	172 747 907	135 970 643	159 457 250
陆军费	102 402 180	163 775 012	131 158 083	142 252 713
海军费	18 289 144	8 972 895	4 812 560	17 204 537
d. 司法费	10 468 535	15 042 137	7 258 459	7 711 344
e. 教育费	7 406 620	6 908 850	3 276 904	12 837 307
f. 经济行政费	12 579 059	7 435 841	4 212 097	5 829 227
农商费	7 915 524	6 043 121	2 276 537	4 139 036
交通费	4 663 535	1 392 720	1 935 560	1 690 191

款　　目	民国元年	民国 2 年	民国 3 年	民国 5 年
（3）财政费	178 774 922 （50.26%）	379 090 593 （59%）	151 015 667 （42.3%）	222 641 116 （47.22%）
a. 财政费	103 743 509	76 979 174	51 385 530	83 970 359
b. 国债费	73 135 881	300 738 407	98 564 793	137 683 527
c. 蒙藏费	1 895 532	1 373 012	1 065 344	987 230
总　　计	356 361 607	642 236 876	357 024 030	471 519 436

资料来源：贾士毅《民国财政史》（1917，第 2 编页 207—209）。

　　各国政府的预算会有估计上的误差，原本是可以理解的事，但清末民初的情况另有特点：中央政府与地方政府的收入，并无明确的权利与义务划分。各地政府有相当的财政自主性，中央政府从各省所能取得的资源，端视主政者是否足够强势而异。若地方不据实上报，中央就难以掌握可运用的财源；或是上报，但不按时全额缴纳，则中央空编预算也无执行的可能。这项特质是理解诸表的重要前提。

　　表 3.2 和表 3.3 是民国元年和民国 2、3、5 年的岁入岁出预算数据。先看岁入的部分。民国元年时，国内税收中的（1）收益税（23.45%）和（4）消费税（23.81%）占了将近一半（47.26%）。这两项税源内，分别以田赋和盐税为最大宗。其次是关税（19.13%）、货物税（10.43%）和杂税（9.3%），其余的税源比重较低。民国元年和其他三个年份的岁入有一项大差别：没有国债，原因是此年正值辛亥革命后，在政权交替时外国政府不肯借债是正常的；而新政府尚未底定，没能发行内债也合常理。

　　相对地，民国 2 年的国债占岁入比例甚高（40.1%），其中又以外债为主（高达内债的 14 倍）。原因是新政府刚成立，可借得的内债有限，只好大举外债来挹注。这项国债所占的比例，在民国 3 年（6.56%）和 5 年（4.24%）都大幅下跌；另一项特征是外债额锐减，在民国 5 年时甚至没有这项预算。整体而言，国债在清末民初的几年间，占政府预算的比重大幅起落，不能当作可靠的财源。最可靠的财源还是稳定的老项目：收益税内的田赋和矿税、消费税内的盐税、关税。其余项目则各年起伏甚大，例如印花税、所得税等^[35]。也就是说，愈陈老的税项愈稳，愈新式的税项愈不可靠。

再来看表 3.3 岁出的部分。民国元年的行政费（45.4%）和财政费（50.26%）就超过了 95%。其中超过 1 亿的有国防费和财政费两项，国防费中以陆军费的耗费最大，而财政费的细项则未明。其次以国债费最高，达 7 300 万。民国成立后，元首费的总额大幅减少而且逐年递减，那是因为清政府的元首预算费内，有一项大开支是此后民国政府所没有的：清皇室费（约 1 500 万），民国之后此项目改称为"清室优待费及东西陵费"，额度分别是 8 035 073 元（民国 2 年）、5 034 032 元（民国 3 年）、4 240 626 元（民国 5 年）。有关这项元首费的细部资料，可参见贾士毅（1917）第 3 编页 4 的表，我们也可以从此处看到，梁在民国元年（1912）所试拟的"优待前清皇室费四百万元"（29：58），其实要比上述的皇室费少多了。在岁出项内大幅增加的是议会费，这是从皇朝转为内阁议会制的特点。另一项大幅支出是国债费，民国 2 年时几乎是民国元年的 4 倍。

表 3.2 和表 3.3 是个概观性的预算结构，每个项目都还可以再分细项讨论，但这不是此处的要点。这些年的岁入足够岁出吗？稍为对比表 3.2 和表 3.3 就可以看出：民国元年的预算赤字约 600 万，民国 2 年的赤字约 8 500 万（有大额国债时尚如此），但民国 3 年则有盈余 2 500 万（正好是国债的约额），民国 5 年有 600 多万盈余（但有国债 2 000 万）。所以若无国债支撑，民国初年的岁入仍不敷岁出。如果这项统计可靠的话，那么这项差额对新政府而言并不严重。一般人对清末经济有残败的看法，对民初的政局也有不稳的印象，何以表 3.2 和表 3.3 却提供一个差强人意的数字？如果这两个表可靠，为何梁在 1917 年的财政总长任期撑不到 4 个月？为何在短短的 15 年间（从 1912 年民国成立到 1927 年北伐），总共更换了 23 位财政总长？这些疑问会在第 3.5 节析述。

---

[35] 表 3.2 中的（3）所得税只占 0.26%—0.6%。民国 3 年 1 月周学熙任财政总长时，仿日本所得税法颁布《所得税条例》27 条，又于民国 4 年 8 月颁布施行细则 16 条，但都未能付诸实施。详见林美莉（2001：301—307）的分析，印花税的部分见同文页 287—292。

3.4.2 税收与预算

第 3.2 节析述梁的财政改革私案，第 3.3 节综述他所试拟的政府预算，现在要做的是：根据表 3.2 和表 3.3 以及相关的财政史研究，用清末民初的"实际状况"，来对比梁的"理想状态"。以下所要探讨的项目，顺序上和梁在《财政改革私案》中的提议事项（见第 3.2节）相同，以便在数字上相互查对比较。

3.4.2.1 改正田赋

依照梁的新办法，"苟办理得宜，……则全国田赋每年收入当在三万万两（即 3 亿两——笔者注）以上"，中国的田赋岁入可增十倍，"以我国之地大物博，得此巨款殊不为奇"（8：5—6）。这是梁在 1909 年的构想。从表 3.2 可以看到，在 1912—1914 年（民国元年到民国 3 年）的田赋收入都只在 8 000 万元上下，距离梁的预期相当远。为什么会有这么大的差距？根本原因还是梁所说的：田亩实际面积清丈不实，这可以从贾士毅（1917，第 2 编）的叙述得到证实："民国以来，时事多故，各省田赋报销，大率未能遵行。欲考全国田额之确数，苦无册报可据。"（页 6）不仅田亩数依旧，田赋税率亦同："民国以来，各省田赋税率，仍沿前清原定科则。"（页16）民国 5 年之前各省的赋税亩数与岁赋额，在贾士毅的研究中（1917：1—100，第 2 编第 1 节"田赋"）有详细的记载，很值得参阅。

问题的关键仍在清丈田亩。前面说过梁建议仿行日本的土地台账法，他的用意虽佳，但浅视了中国有每丈必反的社会背景。再来看贾士毅的见解："康、乾之际，虽屡有清丈之议，迄未实行。即行矣，亦未遍举。各县赋额沿袭已久，渐失其真。官则视此为考成，未敢议增，尤未便议减。……民国以还，朝野人士咸以清丈为切要之图，……三年十二月奉令设经界局，……"（1917，第 2 编页 90—91）清丈田亩所需的人力物力极巨，更重要的是政局稳定与领导者的意志坚强。民国初年的清丈之议并无良果，原因很清楚：北洋政府更迭不稳，各地军阀割据对峙，中央财源不足，军费支出过巨，无法做这种长时期才会见到效果的基础性清查工作。

英人赫德曾主管中国海关总税务司，对中国财政问题有重要的介入，曾于 1904 年 1 月提议中国改正田赋，以增国家税收并练兵自强，这是清廷很听得入耳的建议。他的提议可用来和梁的构想相对比。赫德的论点是："……盖中国土地……面积约 1 600 万方里，每方里约计 540 亩，……应得 80 亿亩，每亩地租赋课铜钱 200 文，以 1 000 文作银一两，则 80 亿亩应得税银 8 亿两。[36]……然犹曰年有丰凶，地有肥瘠，……以半数计算，亦应得 4 亿两。一日有此土地，即一日有此税额，较之他项岁入，其确实永久，可不言而喻矣。"〔转引自罗玉东（1932：254）〕这是原则性的政策方向，具体的做法大略有三点：（1）以县为单位，1 年内推至 1 省；1 年改正 1 省，2 年 6 省，3 年完成内地 18 省。（2）人民往县署登记田证，确定所有权，每年 10 月携纳税告知书缴税。（3）一切田地每亩课税 200 文，此外不得苛索。

清廷接此提议后，令各省督抚议奏此案的可行性，目前仅知有两江总督魏光焘、湖广总督张之洞的负面评价，直隶总督袁世凯亦另有奏文回复。魏的要点较简明，简述即可；张的论点强硬务实，可稍多说明。魏认为赫德对中国的田亩数，比户部所载各省的田地 742 万余顷高出 5 倍以上[37]；就算民间匿赋不纳，升科不报，也无如此大的差异。双方对中国耕地面积的估算有这么大差异，这是个重要的大问题。但何炳棣（1995，第 5 章）提醒我们一点：户部所说的耕地面积，在性质上属于"纳税亩"，而非实际的耕地面积，赫德所说的正好相反，双方的基本差异应该出在这里。20 世纪 80 年代利用卫星遥感照片推算，中国的耕地面积在 22 亿亩左右（何炳棣，1995：138），所以赫德说有 80 亿亩，就算他在 1904 年所用的单位亩面积稍小，也还是明显高估了；而魏据户部的数据，把纳税亩当作耕地亩，低估了实际的耕地总面积。此外，魏认为赫德不分田土丰瘠，一律每亩课 200 文，会使"上田科薄赋，瘠壤予重惩"；这种齐头式的平等，固然方便政府的纳税行政作业，但对民间并不公平。

[36] 若每亩课 200 文，1 000 文作一两，则 5 亩可课得 1 两。若全国有 80 亿亩，则应可课得 16 亿两，而非"应得税银 8 亿两"。
[37] 上引赫德计算中国田亩之数为 80 亿亩，若 1 顷为百亩，则 80 亿亩应为 8 000 万顷，是 742 万余顷的 10 倍以上，而非 5 倍。

张在半年多之后（1904 年 8 月 16 日）才回复赫德的提议，全文
见《张之洞全集》（卷 63 奏议 63，页 1625—1629）之《核议赫德条
陈筹饷节略碍难行折》。魏的批评张也大都提到，但措辞更严厉：
"无如该总税务司系按呆板地图开方计里，但凭虚空鸟道计算，……
历朝屡次清查丈量，岂有隐匿之数转十倍于清丈之数，……一县之地
非一两年不能竣事，……劳费无穷，……益少费多，得不偿失，而使
举国骚动。……乃该总税务司之意，方欲尽罢通国之关税、盐课，纵
令百姓贸易自由，其为中国之民计乎？抑为外国来华之商计乎？如其
所议，则举每年国家四万万两之用款，尽取诸服田力穑之农，而一切
工商反不须纳丝毫之税，事之不平，莫此为甚。……从古至今，持论
未有如此之颠倒怪谬者也。……殆欲将中国田赋，尽归其一手把持而
后已，抑何设词之巧而计之工也。……至赫德此议，以外恐远方之人
窥我理财方亟，创为不根之论，设为动听之策，以冀揽我利权，误我
国计者，正复不少。……"

张的奏文厉言赫德之策"虚诞太甚"，"伏望圣明遇事详审，拒
之勿听，天下幸甚"。他并附言说直隶总督袁世凯已另行具奏（在此
不具引），此事在三位大臣的极力反对下，恐怕无法试行。合观梁与
赫德的提议，再对照魏与张的反驳论点，应可明白清末议行改正田
赋，应是如张所说的："得不偿失，而使举国骚动，人人有不安其生
之意，……伏念国家当多故之秋，尤以固结民心为要义。"

3.4.2.2 整顿盐课

光绪朝的盐斤加价可分为旧案（1884—1894，甲午之前），与新
案（甲午之后）两阶段。在旧案阶段，每年的盐斤加价收银约 50 万
两，甲午之后大约增加 3 倍，约 156 万两。3 年后（1898）清廷因编
练新军，要求户部再筹盐斤加价，但官盐价若高，私盐必起，反而减
少官盐的税收。结果总共只有 5 处奏准加价，但仅知川盐每年约得
50 万两，其中 12 万两留用，可见盐斤加价的空间已到顶端，成效有
限。（罗玉东，1932：227）

从表 3.2 可以看到，民初几年间的盐税额和田赋额相当接近，在
8 000 万元上下，民国 3 年的盐税收入甚至还超过田赋，这对一个农
业国家而言是项警讯：农业税已成为次要的税源。梁却还认为中国各

省的盐税总额此时一年不出 2 000 万（银）两（8：7—8），这是认知上的错误。盐税如此肥沃，自然是各方势力争夺的要点。贾士毅（1917，第 2 编页 268—311）详述民初各盐区的状况、税率则表、盐款状况、各区水陆缉私机关及其配备，这是相当详尽的叙述性史料。民初盐税的问题，不仅如梁所说的私盐侵蚀税源，更严重的是因为政局不稳所带来的祸害：各地军阀不按中央规定的税率征收，还任意截留盐税，1925 年时被各省截留的盐税，高达总税额 9 885 万元的45.5%。（参见孙翊刚、董庆铮，1987：326）

然而所截留的盐税仍不够各地军阀支出，所以又开征各种盐的附加税：中央附加、外债附加、地方附加（教育费、筑路费等等），名目繁多。这些附加费在民国初年还不到正税的 0.7%，但到了 1926 年时就增到 3% 左右。（详见孙翊刚、董庆铮，1987：327 表 10.3）一直增收附加税的结果，是官盐价日高，这就给了私盐更多的活动空间（私盐无需缴附加税）。这么一来又掉入梁先前所说的恶性循环：官盐价高，国家的盐税收入被私盐侵蚀。整顿盐课和改正田赋这类赋税改革的措施，前提条件都是政治稳定和公权力伸张，梁的改革方案是在清末所提出的构想，他没想到民国之后的政治局面，反而比清末更混乱。

3.4.2.3　增删之税目

梁认为国税有十项即足（参见本章第 3.2.3 小节），他说国家还可以有其他四项岁入：（11）国有土地，（12）国有森林，（13）邮政电报，（14）官办铁路。以这十四项岁入来源和表 3.2 对比，可以看出只有（9）遗产税是梁所主张而当时所无者，此项数额的大小以及占总税额的比例，目前难以猜测。梁主张应废除的税有：（1）厘金［不知表 3.2 内的（5）货物税是否属于此项，暂且假定是］；（2）常关税［见表 3.2（6）关税内的 b 项］；（3）茶税［表 3.2（4）消费税内的 b 项］；（4）赌博税（表 3.2 无此项）；（5）其他杂诸税［表 3.2 第（10）项］。

我们对比表 3.2 和表 3.3，知道岁入已不足岁出，若依梁的建议再删除上述五项，那当不赤字得更严重？梁的建议若要成功需有两项前提：田赋和盐税须依他的计划各自增收十倍和三倍以上。而我们也看到，民国之后的情况是事与愿违。其实中国税收中最关键的就是田赋和盐税，如果这两项能做好，从征收的行政效率来看，其他税收的执行成果也应该不错；再从税入的角度来看，如果田赋和盐税收入能达到预期的额度，基本国用也就能大致稳定，梁所建议增删的五项税目，就显得次要了。

3.4.2.4 实际预算

第 3.2 节析述梁所试拟的政府预算，分岁入与岁出篇。他所列举的各种项目与额度，其实只要和表 3.2、表 3.3 相对照，就可以知道理想与实际的差距。产生这些误差的原因大致有两项：(1) 梁的乐观态度与对各项经费的主观认知（例如陆军之编制大小与总经费）；(2) 民初的政治军事情势，反而要比清末动荡；梁所试拟的预算是给承平建设时期用的，自然会和民初（表 3.2、表 3.3）的实际状况很有差距。单是这第（2）项原因，就足以否决梁在 1912 年所试拟的预算。

3.5 财 政 总 长

梁对中国的财政问题素来用心，对诸项弊端也有众多批评，对国家各级业务之预算亦曾亲手试编。以他在政治上之号召力，在社会上的影响力和对财政问题的深入理解，段祺瑞内阁在 1917 年 7 月邀他担任财政总长确实是一步好棋。以下的数据可以显示梁任此职时，在财政问题方面所遇到的实际困难；由此也可稍知梁在主政后，对自己从前所写的诸项财政评议，应有深刻的感触。

1917 年 11 月上旬，梁为请示财政支绌办法呈总统、总揆文："窃数月以来，军费骤增，财政深受影响，上月本部提议中央十个月概算，勉强支配，收支尚能适合。近则支出日有增加，中央开支已属不敷，乃各省复以军队增加之故，非请截留解部款，即请中央拨款接济，……若再将中央款项截留不解，则财政何由整理，中央何以支持？……国家财力只有此数，各省截留之款愈多，则中央收入之款愈少。目前缓付赔款，既未成议，交还关余，亦难如期，而工赈之款浩繁，短期外债应付均尚丝毫无着，不求救济之方，将有难支之。仰屋兴嗟，旁皇无策，谨将各省截留中央款项及请中央拨给之款，并各省增加军费数目分别开单，呈请鉴核，应如何办理之处，伏候钧裁。"

11 月中旬密呈总统、总理:"谨密呈陈者:启超以军事未已,财政益困,任重才轻,深惧贻误,业已具呈大总统请予辞职。兹将财政困难情形,为我大总统、总理沥陈之。窃启超遭逢时会,备位阁员,忝掌财政。就职之时,适值复辟政变之后,举凡军队之收束,金融之整顿,以及其他庶政之善后,在在需款。加以各省解款,或早透支,或久亏短,而请款者方兴未已,中央军政费出入相抵所短甚巨。启超怵焉忧之,以为目前财政之患,在于入不敷出,救济之术,即在量入为出。……困难亦实达极点,……以启超私意言之,将来欲筹有救济之方,惟有以军界尊宿,或与军界密切能指挥之人掌理财政,取其能洞悉军事用费内容,令出法随,庶可以收指臂之效。为补牢之计,舍此殆无他途希望,启超则自非引辞不可。……即请迅简贤能,尽日内接替,俾免贻误大局,于国于私,两蒙厚赐。谨披沥上陈,伏乞鉴察。"(以上两段出自《年谱长编》,页 534—537)

从这两段恳切沉痛的表白,可以知道梁的最大困扰来自军方:各地军费扩增过大,无余款可上缴中央,而梁与军界的渊源不深,深感无力扭转劣势而请辞。民国初年的财政,承续清末的脆弱底子,再加上各地军阀割据、相互争战,财政状况必然困窘。以下用两项统计数字来说明此事:(1)民初中央与各省之间争夺财源的状况,(2)历年军事开支所占的比例。看了表 3.4 和表 3.5 之后,就更能体会梁的困难与处境。

表 3.4　1913—1921 年各省派款及解拨情况

年份	派款省数	派款数额（千元*）	解款数额（千元）	占派款的百分数	拨款数额（千元）	占派款的百分数
1913	不详	32 419	5 600	17%	不详	—
1914	不详	29 737	14 000	47%	不详	—
1915	12	21 680	11 791	54%	7 227	33%
1916	14	26 040	5 455	21%	13 420	52%
1917	16	28 017	969	3%	13 636	49%
1918	12	12 520	0	0	6 043	48%
1919	3	6 563	0	0	6 554	100%
1920	3	3 850	0	0	4 917	128%
1921	2	3 660	0	0	2 959	81%

*采用原始资料的单位,下同。

资料来源:杨荫溥《民国财政史》(1985:10)。

表 3.5 1913—1925 年军事费和债务费（占岁出总额的百分比）

年份	岁出总额 （百万元）	军事费 （百万元）	债务费 （百万元）	其他 （百万元）
1913	642.2	172.7（27%）	300.7（46%）	168.8（27%）
1914	357.0	142.4（40%）	98.6（28%）	116.0（32%）
1916	472.8	175.5（37%）	137.7（29%）	159.6（34%）
1919	495.8	217.2（44%）	128.0（26%）	150.6（30%）
1925	634.4	297.7（47%）	166.5（26%）	170.2（27%）
平均	520.4	201.1（39%）	166.3（32%）	153.0（29%）

资料来源：杨荫溥《民国财政史》（1985：13）。

清末中央政府的财源有限，主要是靠地方政府缴款给中央，民国成立后的初期，各省形同独立，应给中央的解款中断。袁世凯主政后，中央势力集中，各省解款稍复，但中央的财源仍捉襟见肘。1916年各地军阀对峙，中央的权力衰退，各省的解款意愿又出现顽抗。从表 3.4 可以清晰地看出，中央政府能派款的省数最多是 16 省（1917），1919—1921 年更是只能控制两三个省份。再来看各省真正的解款额：最高的是 1915 年，12 省总共上解了 54% 的派款额；1918—1921 年这项解款已完全停顿（为 0）。另一项反映中央权力递减的指标，是各省的派款额逐年递减：1913 年有 32 419 千元，到了1921 年几乎只剩十分之一：3 660 千元。

表 3.4 中的"拨款数额"，其实是各省应向中央缴解，但并未执行而存留在各地运用的款项，这种变相的截留，美其名为"中央拨款"。这项拨款额逐年提升，正可突显出解款额的执行成果逐年低落。梁在这种状态下任财政总长，当然困难重重。再来看军费支出的比重。1912—1922 年各地军阀的争战不下百次，表 3.5 显示：1917年梁任财政总长时，军费支出在 37%—44%。单从这项数字就可以理解梁所说的："惟有以军界尊宿，或与军界密切能指挥之人掌理财政，取其能洞悉军事费用内容，……舍此殆无他途希望，……"

以梁的才干和他在政治圈的影响力，都还有这么严重的挫折感，这应当是环境结构性的困难，而非个人因素。这一点可以从贾士毅（1967：47—54）的说法得到佐证，也可以从他的书了解到当时环境的复杂性：1912—1927 年总共更换过 33 位财政总长。梁的任期虽然只有 4 个月，但还不是最短的——张勋复辟时的张镇芳，以及黎元洪总统时期的罗文干，都仅任职十多天；黄郛摄政时期的王正廷在职23 天。[38]

3.6　局限与评价

从实际政治作为的角度来看，梁也有他的局限。根据惠隐的观察："任公莅部，即命设一财政讨论会，部中高级员司，均为会员；并于部外聘请对于财政研究有素者数人参加。一似今日大权在握，可施展其抱负然！不料到任多时，一筹莫展。直不如一泛泛理财家，用熟识之情形按部就班。任公则挟书生之见，动辄乖舛；新法既窒碍难行，旧例又诸多未习，登台以来，毫无成绩可言。乃知空论与实行，截然为二。……前任财长与京师金融界素有联络，商借零星小款，尚可以聊应急需，勉强度日。任公本是一介书生，与金融家格格不相入。财部权力所及，只有一中国银行；虽到任后将陈锦涛所用之中国银行总裁徐恩元、副总裁俞凤韶撤职，另易亲信。孰知该行金库，亦空空如也。所发行之钞票，久不兑现，市面上仅以六折使用，诚自救之不暇，乌有余款，以资湮注。……妙手空空，而日坐此针毡，非任公所堪，不及半年废然求退，宜也。"（夏晓虹，1997：255—257）

再来看周善培的评语："任公有极热烈的政治思想、极纵横的政治理论，却没有一点政治办法，尤其没有政治家的魄力。他在司法总长任内，没有作过一件受舆论称颂的事；在财政总长任内，却有一件小事可以证明他既无办法、又无魄力。……任公财政部下台之后，我常常举出以上这段谈话问他：'你讲了一生政治，你有几天是愉快的？'他只有长叹一声来答复我。'……如果做一趟官，留不下一件事使人回忆，这只能叫做官，不能叫做事，更说不上政治家。'他愤然地答复我：'你难道不晓得今天不能办事吗？'我笑着答道：'你难道早不知道今天不能办事吗？'他最后也只有拿长叹一声来答复我

---

[38] 梁在段祺瑞内阁时期的处境与作为，张朋园（1978：105—125）以及李喜所、元青（1993：428—436）都作了清晰简要的评述，请对照参考。

了。袁死后，我劝他莫问政治，他冷静不下来；财政部下台后，不待我劝他，他就自然地冷静下来，讲起学来了。"（夏晓虹，1997：159—161）[39]

综观梁对中国财政制度改革的诸项建言，以及他对清末预算制度的诸多批评，很可以看出他对这两项主题（其实是一体的两面）的深切关注。从他的论述里，我们看到他时常有过度乐观的倾向，也有不少可说是不切实际的估算与计划。他对清末的财政行政效率，以及预算编列方面的缺失，一直有相当严厉的批评。然而，民国6年担任财政总长时，才切身体会财政制度的缺失以及预算编列上的困难，甚至比清末的情况还更复杂棘手。

梁对清末财政与预算的批评，属于海外政评性的文章，是个人意见的发挥，不应视之为深入研究之后，所提出的整体配套性政策建议；所以有时会出现顾东不顾西，内在逻辑不完整或甚至相冲突的状况。再说，他所提议的各项方案也无多少学理基础，甚至可以说是"随意"性的。对后世的研究者而言，很难把这种政论式的财经言论，纳入一个学理性的架构，分析成首尾相连贯的深度性文章，反而常常会因为材料的特殊性质，而被限制在"解说"性的层次上。更一般性地说，梁的经济论述大都有此特性，研究者不易深入探研，也不易条理化或概念化或学说化，但又不能忽略梁个人的重要性，以及他的议论所产生的影响。这是一项两难，也是一项困扰。

3.7　附论：中国的财政学

1915年12月号的《大中华》杂志，刊载《论中国财政学不发达之因及古代财政学说之一斑》（1915，33：90—94）这篇四页不到的短文，原因是："仆即将赴美，无以应《大中华》阅者诸君之求，良用歉然，爰取旧作若干，付大中华社刊之。"这大概是取自他的未刊书稿《财政原论》（1910，见本章首页的解说），文分三节：（1）"财政学所以发达极迟之故"，梁用一页一整段分六点说明其原因；

[39] 同书另有贾士毅的文章（页249—254），记载梁任财政部长时的事迹。

（2）"中国古代之财政学说"，以两整页的篇幅说明先秦诸子的财政观与课税论；（3）"秦汉以后之财政学说"，以一整段半页的篇幅论说秦汉以后除了《盐铁论》外，谈论"关于财政者虽不少，要不足以成为学说"。以下略述他的论点。

财政学影响社会全体之厉害，而"我国则至今尚无一人'列为学官'焉"，原因是：（1）"古代学者侈谈道义而耻言功利，故凡属以货财为主体之学问，不喜治之……"；（2）"古代历史争乱相续，人民罕得安堵以从事生产，……其间无复秩序规则足资披讨……"；（3）"民业简单专务农本，……故国家之取诸民者亦专注此一途，无甚奥衍繁赜之学理，……"；（4）"币制未确立，……国家财政无从得正确之会计，缘此而所研究之对象无所附丽……"；（5）"国家之观念未能确定……在此等国家之下，财政实无研究之价值……"；（6）"交通之利未开，故国家之职务不繁，……财政之大问题无自发生，斯学之所以不昌，……"

在两页篇幅内所综述的先秦财政学说，梁对比了下列事项：（1）墨子以"节用为理财之不二法门"；（2）"许行之徒……而误以君主之财用与国家之财用并为一谈者也"；（3）儒家孟子、荀子主张单税论（土地税）；（4）法家持干涉论，"以盐铁归国家专卖，而尽蠲一切租税，专恃此为供给政费之一大财源"。（33：92—93）他的结论是："自秦汉以后，斯学中绝，惟《盐铁论》一书十余万言，其争辩财政政策之得失甚悉。……自兹以往愈式微，……然皆撷拾小节，不足以成学理也。……自余历代章奏及私家著述，其片辞单义关于财政者虽不少，要不足以成为学说，虽谓我国财政学说自秦汉后而中绝可也。其所以中绝之故，虽不敢具为武断，大率不出于前所举六因者近是也。"

在这简要的四页内，梁非常有效率地综述了先秦财政学说的特色，以及秦汉以后财政学说中绝之因。以今日中国财政思想史的知识看来，他的论断基本上成立，而且也抓住了大多数的特质，是一针见血之作。

4

外债与内债

4.1 背景与结构

近年来研究中国近代外债史的文献非常多，有些是重建源文件，例如：（1）徐义生编《中国近代外债史统计资料，1853—1927》（1962），（2）许毅编《清代外债史资料》（1988），（3）《中国清代外债史资料（1853—1911）》［1991，参见陈争平在《中国经济史研究》（1993 年第 4 期页 145—147）上的评论］。研究性的专著，有刘秉麟《近代中国外债史稿》（1962）、许毅等著《清代外债史论》（1996）；此外还有许多相关的文献，在吴景平《关于近代中国外债史研究对象的若干思考》（1997）内，有全盘性的综述与评估。

相对地，研究公债（内债）的文献较少，例如千家驹编的《旧中国公债史资料，1895—1949》（1984）。贾士毅（1917，第 4 编分 7 章）论晚清民初的各种内外债，内容详尽，统计表格完备，这是理解内外债结构和各项偿还计划的基本史料。这些文献和研究，对内外债问题的理解已比梁在写这些文章时深入许多。所以本章一方面查对梁所述及的各项统计数字（因为现在已有更新更好的经济统计可用），但主要的重点仍放在梁对内外债问题的见解上，来看他是在怎样的环境下，作出具有哪些特色的建议与作为。本章以梁的见解为主轴，借用其他学者的研究成果，作为辅助性的解说与对照性的论点。

在探究梁的外债论点之前，我们先借用现代学者的研究成果，来理解晚清外债的背景与结构。根据许毅（1996：5、40—42、653—667、672）的详细列表统计，清廷在1853—1911年间总共向外举借208笔外债，债务总额1 305 888 297两（13亿多库平两）。依据他的分类，这些外债的用途可分成五项：（1）镇压起义和革命的外债（35笔，占总额的1%）；（2）赔款借款或赔款转化为外债（6笔，占总额的61%）；（3）海防、塞防与抵御外侮借款（23笔，占总额的6%）；（4）各种实业借款（85笔，占总额的29%）；（5）行政经费借款（59笔，占总额的3%）。这208笔外债中，用来发展经济的是上述的第（4）项，其内容是：铁路（37笔，占总额的24.46%）、矿业（26笔，占总额的2.7%）、交通邮电（15笔，占总额的1.01%）、其他（7笔，占总额的0.64%）。

这里所谓的外债是广义的，包括清中央政府的举债、各种欠款、借款、赔款，以及地方政府或个人名义向外举借的总额。虽然借款者的名义不同，举借的内容不一，但若有偿还困难时，最终的债务人仍是国家，所以宽松地说，这些向外借款都是属于清政府的外债。结构性地说，清廷的外债可以用1895年的甲午赔款为分界，分为两个阶段。1894之前的外债共有69笔，债额约960万两，主要的内容是：（1）广东商行在商业上的"行欠"，（2）各地方政府向外国购买洋枪炮、洋船舰的费用，（3）各地海防、塞防的建设，（4）中法战争过程中的诸项借款，等等。1895年之后是大规模举外债的阶段，共有139笔，总额超过12亿两，主要的用途是：（1）甲午赔款（2亿两），（2）庚子赔款（4.5亿两），（3）大规模筑铁路，（4）开矿热潮。

主要的债权国有哪些？甲午之前英国借款大约占总借款额的85%，最重要的来源是汇丰银行（占62%）。德、美、法、俄四国借款占12%，其他国家借款占3%。甲午之后情势逆转，英国只占28%，德国（22%）、俄罗斯（17%）、法国（13%）、日本（7%）、比利时（5%）、美国（5%）、其他（3%）。

从外债的成本来看，除了偿还本金之外，还有（1）回扣，（2）利息，（3）镑亏的负担。每次借款都有折扣，清政府实际入手的大约是

80%—85%；此外还要付出诸项费用，要以各种关税（海关、厘金）、铁路、矿山抵押。在利息方面，当时国际行情年息约 4%—5%，而清政府所付最低的年息是 5%，最高的接近 10%。这些借款原先都是以白银计算，但从 19 世纪 80 年代起列强改采金本位，白银的世界价格大跌，清政府在偿款时，列强只肯收等值的黄金，所以中国还要补足金银的差价；因为当时的英镑钉住黄金，又是世界性的领导货币，所以称这笔金银差价为镑亏。由于金银差价月月不同，不易估算这些外债的镑亏总额，但若把上述的回扣、利息、镑亏加在本金之上，则清政府的总负担，至少多出 30%。[参见吴景平（1997：64—67）对这些问题的综述与解说]

俞建国（1988：48 表 2）提供理解清末外债结构的另一种观察角度：依中央政府和地方政府的外债来区分。清代中央与地方的财政并无严格的界限，因为清代基本上实行国家税，中央和省共享相同的税源，没有中央税和地方税的区隔；基本上是中央委托省来经理税收，在各省所征得的税款，须依中央指示上缴（解款）。在甲午到辛亥（1911）年间，中央政府共有 76 笔外债，总金额是 1 166 094 208 库平两，包含三个要项：（1）财政借款 9 笔，占总额的 67.1%；（2）实业借款 61 笔，占总额的 29.3%；（3）军事借款 6 笔，占总额的 0.5%。地方政府的借款共 36 笔，总额是 37 731 245 两，只占 1895—1911 年间全国外债总额的 3.1%。主要的两项财政打击，是甲午（1895）的巨额赔款（2 亿两），5 年之后（1900）又有更大的庚子赔款（4.5 亿两）。清廷无力承担，大量动用（或超用）各省的解款。以福建为例，1900 年起岁入不过 220 万两左右，但解款额却达到 250 万两。

在这种过度解款的情况下，各省财政陷入困境，官民两穷，只好靠外债来缓解。清末各省的外债，大部分经过中央同意，但也有少数是自行决定。1895—1911 年，至少有湖北、广东、福建、奉天（东三省）、直隶、江苏、新疆、云南等 8 省向国外举债，因各省的外债数额、条件、用途不一，内容庞杂，在此仅就几项基本特点解说。以湖北为例，在 1900—1911 年共向英、日、俄及四国银行团借了 625 万两（共 9 笔），年息平均为 8%，期限为 5—10 年。这些钱用在"借款充饷"、购军火、建炮兵营、弥补亏空，可说全是军政用途，而非生产性的投资。广东在甲午之前已有 6 次举外债的经验，在 1900—1911 年有 4 笔外债（约 538 万两），但用途与各项细节尚不明白，因为在名义上都是"两广总督借款"、"两广汇丰借款"、"广东善后借款"这类含糊性的统称，基本来源是英德两国。同一时期福建有 7 笔外债，总额约 170 万两，年利在 6.5%—10.8%；其中有 6 笔是由日本的台湾银行放款，另一笔是英国的汇丰银行。［详见许毅（1996：563—584）的解说］

整体而言，清末各省的外债，主要是因为国家巨额的战争赔款，把各省的财源过度挤压到中央，所造成的地方性财政困窘，而不得不各自向外国举债挹注。此外也有各种水旱、天灾、兵乱，尤其是各省练兵购械的军需费用，更是外债用途的要项。举债的各省，多以本身的税源（如厘金）或矿产或各项收益性的产业为抵押。从各省的立场来看，既要应付中央的过度摊派，又要应付省内捉襟见肘的诸多财政需求，举外债度日又要承担沉重的利息，基本上是一种难以消解的恶性循环。

4.2　外债平议

"门前债主雁行立，屋里醉人鱼贯眠"，这是梁在《中国国债史》（上海：广智书局，1904）这本小册子内自序的首句。他写这本小书的目的，是要综观析述近 20 多年的国债问题，希望能唤醒睡梦中的国人。这个问题自鸦片战争后，一连串的战争、赔款、国际银价长贬、内乱、天灾，使得这个问题沉重到了临界点。梁在这本小册子后面附了一篇《埃及国债史》，用以对比这两个文明古国的共同苦难。这篇附录是从日本柴四郎所著《埃及近世史》第 12 章译写过来的。这本小册子也可以视为一篇 40 页的长文，另一篇更长的文章是《外债平议》（1910，22：41—94，共 55 页），这两篇长文构成了理解梁对外债问题认知的基架：《中国国债史》偏向具体史实、各项统计数字、偿还计划表；《外债平议》着重原理性的解说，分析外债之利弊得失，适合与不适举借债之项目，等等。梁还有六篇论外债的短文，其中的三篇析论如何筹还国债，另三篇批评政府的外债政策。以下分四个子题来析述梁对外债的诸项观点。

4.2.1 血泪痛史

为什么清廷要向外借巨款？"政府所必需之款既骤增于前，而无术以取给，势不得不加赋税，赋税骤加则民惊扰，……有外债以调剂之，则可以摊年筹偿，易整数为畸零，易直接为间接，……故民遂与之相忘，而怨扰不至太甚。甲午以还，今政府所以得尚延残喘以逮今日者，皆恃此也。"（25：1）梁作了一个统计表（25：1—2），列举光绪四年到光绪二十八年间的 11 项借款、军费、赔款、赎辽东半岛费用，本息共计约 250 兆两（即 25 亿两）左右（25：3）。这笔天文数字如何筹偿尚且不知，但紧接而来的问题，是列强争着要贷款给中国偿债。清政府原先欲派总税务司英人赫德专理偿款事项，但俄、法抗议不许，美国各大银行也组织一个公司，遣人来华承揽此事。之后英、德公使介入，列强之间竟以贷款给中国之事相持不下，相互掣肘。[40]中国既受列强的实质侵扰，赔款时又惹起诸多的外交争纷，更糟的是当时国际银价大贬，中国对外行银本位，在偿付诸项借款与赔款时，还要支付一大笔镑亏。以上是梁对中国欠款、列强互争、国际金融局势对中国不利的解说概要。

梁的第 2 个表（25：9—12）做得很仔细，他把戊戌之前的诸项外债列成一表，分析这些旧债从光绪二十五年（1899）到 1943 年（共 45 年），逐年应摊还的本息。这是个一目了然的好表格，也是个触目惊心的统计表，显示这个贫弱的政府，要在那么长的期间内，每年需要偿付那么高的数额。这是戊戌之前的旧债部分，后来发生了义和团事件，按《辛丑和约》应赔列强 45 兆两（即 4.5 亿两）。梁以相当的篇幅（25：13—25），详细解说这笔巨款在 1902—1940 年（共 39 年）：（1）每年应摊还多少本息才够，（2）各国所分配到的赔款各自有多少，（3）19 省分担义和团事件的偿金额度。从这些项目看来，中国实在难以承受。雪上加霜的是镑亏问题：梁列了一个表（25：26—27），说明光绪三十年各省与各海关分担的镑亏额，总数

---

[40] 英、法、日、德、俄诸国争夺贷款给中国的相关文献相当丰富，参见《中国清代外债史资料（1853—1911）》（页 169—222）。

达 1 080 万两 ［见本章表4.1第（3）项］。[41]

各省本已困窘，如今要再分承镑亏与赔款，只好新辟财源，或成立铜元局铸币谋利，或开设彩票、米捐、烟捐、盐斤加价，省省不同，县县不同，名目不下百数十。更严重的是，外债原本是中央政府与外国之间的借贷关系，如今事态恶化，已有好几个省份自行向外举债。例如光绪十三、十四年间，山东巡抚张曜因垫发欠饷，向上海德商泰来洋行借银 20 万两，又借上海德华银行 40 万两；光绪二十七年，张之洞以湖广总督名义向汇丰银行借 50 万两。此例一开，各省竞相效尤。从此可见各省在竞相借款，以解决眼前的财政困扰，同时也显示全国的财政行政已各行其是，无统一规范可言[42]。

以上是外力性的因素，虽无奈亦无良法。梁另有两点不满，是属于内政性的。一是在此穷困之际，颐和园的续修工程每年耗费 300 万两；皇太后的吉地工程和七旬万寿庆典，也耗掉数千万两。（25：36）二是向外所借之款，除了偿债之外，余款的去向交代不清，梁不断地强烈表达："愿我国民要求政府予我以决算之报告，不得勿休也。"（25：9、25、36、39）他的主要诉求是："不得财政监督权，不纳公债额派之本息。"（25：39）

析述这些严重的病征之后，梁提出了哪些具体的对策？他在自己的表 2 和表 3 所分述的，是这些外债若要在几十年内偿还，则各年所需分担的本利总额个别有多少，至于如何筹出以及从哪些地方筹来，他则没有说明，也没有具体的提议。如果说他有所建议的话，那是他在文中分述各国发行公债的状况，以及公债制度的优点（25：31—35）。他另在表 7 列举法、英、俄、奥等 19 国在 1713、1870、1901年的公债发行额，然后对比各国平均每个国民的公债负担额，借以说明中国目前每个国民的公债平均负担额不过 2 两，是此表内 19 国中最低者，所以应该还有扩大发展的空间。

---

[41] 清廷曾为镑亏的事向外借款，称为"镑亏借款"，《中国清代外债史资料（1853—1911）》（页772—775）录载相关的官方文件，以及1895—1914年海关两对外汇价变动的情况，由此可看出镑亏问题的严重情形与变动趋势。

[42] 地方各省军政借款，以及清政府各部的借款，在《中国清代外债史资料（1853—1911）》（页657—790）有非常丰富的细部文献可参阅。

他举澳大利亚的维多利亚省为例，说明发行公债可用来筑铁路、兴水利、开工业，可以这些生利事业的收入来支付公债利息，"虽重而毫不苦其重也"（25：33）。之后他根据日本田尻稻次郎《公债论》的第1章，列举七项国家应募集公债的原因，强调中国应该发行公债来应付当前的窘境。读者见到梁在此之前所列的外债负担数额表、各省分派数额表、各省力榨的诸项税源表，然后见到这项提议时，或许会反问：欧美各国政府发行公债时，都有各种实物或税入来担保，现今中国外债压身、镑亏严重、政局不稳、民间信心不足，公债之说如何才能具体落实？梁对公债之议有诊断、有药方而无药材，神医亦难为无药之疗也。梁在此是建议举内债（即公债）来偿外债，这项议题在第4.3节另有细论，目前还是先回到外债问题上。

《中国国债史》有两项特色。第一是统计数字庞杂：历年诸项外债之金额、债主、用途、摊还期限与本息金额、各省分摊额、镑亏额与分摊额，都有简明的数字。第二是梁的解说清晰，论证有力：政府何以陷入此泥淖，如何周旋于列强的压力之间，如何摊派诸项外债给各省，各省如何应付（增新税、向外人借款），清廷如何浪费外债，国民应如何监督外债的运用状况，都有让人印象深刻的解说。这本小册子的写作方式，是属于总体宏观式的陈述：列举历年来的各项外债类别与数目，以及在哪些年限内要偿还哪些国家多少金额？这些要偿付的款项分别出自哪些地区与哪些税源？这些相关的问题，现代经济史的研究已有较完整的统计，对相关的各项子题也有更好的理解。我们可以用这些新资料，来对照梁所提出的数据是否正确，论点是否合理，所提的方案是否可行。梁所谈的问题是1904年之前的状况，我们可以用《中国清代外债史资料（1853—1911）》（1991）内的资料，来查证梁的论点。

以历年的各项外债为例，上述资料在页136—140详列1853—1888年，各项外债的借款者、贷款人、外债额、币别、利息、期限、折合库平银的两数等资料；页315列举1896—1900年的外债统计；页842—849列举1900—1911年的各项外债统计与细部条件。这些数据都比梁当时所能见到的更完整也更可靠，此处不需重述这些细项，只需看晚清50年间几项宏观性的统计数据即可。

表 4.1 晚清外债的类别与分摊状况 (1853—1911)

(1) 用途分类统计

用途	全额	
镇压内乱用的外债	22 874 906 两	(1.71%)
中法战争的外债	21 935 786 两	(1.64%)
其他军政费外债	12 381 292 两	(0.93%)
甲午中日战争的外债	380 775 866 两	(28.48%)
铁路外债	348 010 118 两	(26.03%)
工矿外债	33 552 561 两	(2.51%)
实业外债	7 435 858 两	(0.56%)
各省督府借债	37 677 604 两	(2.82%)
清政府各部借债	22 158 384 两	(1.66%)
庚子赔款外债	450 000 000 两	(33.66%)

总计 1 336 802 375 两

(2) 各省每年应上解赔款和债款数额

东三省	31 250 两	(0.07%)	湖南	1 407 400 两	(3.00%)
直隶	1 841 000 两	(3.92%)	四川	3 928 000 两	(8.36%)
江苏	7 931 250 两	(16.88%)	广东	7 319 000 两	(15.58%)
安徽	2 531 500 两	(5.39%)	广西	647 500 两	(1.38%)
山东	1 505 500 两	(3.20%)	云南	417 000 两	(0.89%)
山西	1 618 500 两	(3.44%)	贵州	206 000 两	(0.44%)
河南	1 999 600 两	(4.26%)	福建	2 250 000 两	(4.79%)
陕西	999 000 两	(2.13%)	浙江	4 047 000 两	(8.61%)
甘肃	350 000 两	(0.74%)	江西	3 443 000 两	(7.33%)
新疆	460 000 两	(0.98%)	湖北	4 059 000 两	(8.64%)

总计 46 991 500 两

(3) 光绪三十年补还镑亏分摊款额

直隶	500 000 两	(4.63%)	湖南	600 000 两	(5.56%)
江宁	800 000 两	(7.41%)	福建	500 000 两	(4.63%)
江苏	800 000 两	(7.41%)	广东	700 000 两	(6.48%)
安徽	500 000 两	(4.63%)	江海关	500 000 两	(4.63%)
江西	800 000 两	(7.41%)	津海关	200 000 两	(1.85%)
山东	600 000 两	(5.56%)	江汉关	200 000 两	(1.85%)
山西	600 000 两	(5.56%)	芜湖关	100 000 两	(0.93%)
河南	500 000 两	(4.63%)	闽海关	200 000 两	(1.85%)
四川	700 000 两	(6.48%)	东海关	100 000 两	(0.93%)
浙江	700 000 两	(6.48%)	粤海关	300 000 两	(2.78%)
湖北	900 000 两	(8.33%)			

合计 10 800 000 两

资料来源:《中国清代外债史资料 (1853—1911)》(页 1015—1032)。本表第 (3) 项的数字源自梁 (25:27) 的表 6。

表 4.1 内有三项统计，分别显示这段期间（1853—1911），外债的
（1）总额与各项用途的比例；（2）各省每年应负担的数额；（3）举例
说明光绪三十年时各省分摊的镑亏数额。表 4.1 的第（1）项综述
1853—1911 年的 10 类外债、其数额、所占的百分比。这 10 类外债的
内容（共计 208 笔），以及相关事件的发展过程与解决方式，都可在许
毅（1996）等著的《清代外债史论》内找到很详尽的解说。[43] 表 4.1
第（1）项内的第 2 栏是"中法战争的外债"，这和第 4 栏的"甲午
中日战争的外债"，以及第 10 栏的"庚子赔款外债"，有一点基本的
差异。甲午与庚子都是战败的赔款，而中法战争之后所签订的中法
《天津条约》，并无赔款的条文。这笔两千多万两的外债，其实是
1883 年 9 月至 1885 年 5 月中法战争期间，为了加强海防和充实军需
而向外举借的债务，计有神机营借款、广东海防借款（4 次）、福建
海防借款，等等。许毅的《中法战争与外债》（1996：309—352），
对这些借款的内容与过程有详细解说，同时也可参阅汤象龙（1935：
664—672）和罗玉东（1932：197—202）对中法战争期间借款的细
项说明。

1895 年 4 月签订的中日《马关条约》，要求赔偿日本军费 2 亿两
库平银，这个数额是清政府两年半的财政收入，是日本政府四年半的
财政收入。中国无力偿此巨款，先后向俄、法、英、德举了三次大借
款，总额达 3 亿两。甲午赔款的复杂过程，以及诸多国际交涉经过，
学界已有很充分的析述，也可详见许毅（1996：353—452）以百页
篇幅所作的析述。庚子赔款的总额，以及各国的要求额及其各占的百
分比数，详见许毅（1996：459 表 9、453—471）的综合性叙述。若
依用途来看，表 4.1 的总额项内，以对外战争性的负担最大：中法、
甲午、庚子三项合计达 63.78％；其次是实业性的外债：铁路、工

---

[43] 这本文集（内含 26 篇文章）是在许毅编的《清代外债史数据》（1988）基
础上，所做的延伸性与个案深入性探讨，可说是这个领域的代表性著作。
此书的三项附录非常有用：（1）依债项名称、起债时间、债权者、款额、
利率 5 项，表列 208 笔外债债项；（2）依不同的外债用途，分类表列上述
208 笔的不同用途属性；（3）逐年列举银元、库平两、海关两、英镑、日
元、美元、法郎等外币之间的兑换比例。可另见《中国社会经济史研究》
（1997 年第 3 期页 95—97）中欧阳宗书对此书的评论。

矿、实业三项合计 29.1%；行政与军费性的债务比例反而不高：镇压暴乱、军政费、各省督府借债、清廷各部借债合计 7.12%。

若以表 4.1 的第（1）项来和梁的表 1（25：1—2）相对照，会有几点对比上的困难。首先，梁的表格只列光绪四年到光绪二十八年（1878—1902）的资料，而表 4.1 的时段较长（1853—1911），这是后人在资料上的充分，不能据以指责梁的解说不完整。其次，梁的统计项目未必完整，他只列出 11 项外债的数额，表 4.1 虽然未详细列举各项外债的细节，但如前面所引述的细部数据来源显示，表 4.1 的统计范围、完整性与精确性，应该都比梁的数字可靠。再次，梁引用的单位复杂，有马克、有英镑、有中国银两，而表 4.1 的数额概用中国两（但未说明是否为海关两或关平两）；在货币单位不一的状况下，不知梁如何算出"以上统计，偿款并利息共计二百十一兆两有奇"（25：3）？在表 4.1 内看到的外债总额是 13 亿多银两，梁所引用的数字，在表达上会引起现代读者的一些疑问。

梁在他的表 1 内，所用的币值单位不一，不知他如何换算出戊戌前旧债总额约"四千九百万（英）镑"（25：9）。在这项数字的基础上，他在表 2 内推算这笔总额要在光绪二十五年后的 45 年内摊还完毕。他是根据表 1 内的各项外债额，以及不同外债项目的不同折扣，和不同利率基础来计算的，他虽然没有详细说明是如何计算的，但他的表 2 主旨是要传达一项信息：戊戌之前的外债，以当前的偿债条件来看，要半世纪左右才能偿清。至于何以每年的清偿额都不同，那是因为各项外债的数额、年限、利率都不一，最高的年份是光绪二十七年（将近两千五百万两白银），最低的是 45 年还款期的最后一年（十万两白银）。这项统计尚未包括 4.5 亿两的庚子赔款在内。

这些巨额的外债，当然超过朝廷的偿付能力，所以各省也都被摊派负担额。本章表 4.1 的第（2）项虽未注明是哪些年份间的事，但大体上可以看出江苏（16.88%）、广东（15.58%）、四川（8.36%）三省的分摊额最沉重。表 4.1 的第（3）项内，各省分摊的镑亏额比例，和表 4.1 的第（2）项不同，例如江苏在此处就只分担 7.4%；此外，有好几个河海关也分摊了镑亏额（共约 15%）。

清廷要求各省分摊外债的文献，在《中国清代外债史资料

（1853—1911）》（页 222—246、947—1013）内有非常丰富的记载，在此只需举出 1895 年 5 月 26 日户部的一项奏折，就可以看出问题的本质："中国常年进项，地丁之外，以厘金、洋税为大宗。此次偿还本息，并举专指洋税一项，恐尚不足以供；又况通商口岸加增机器改造土货，内地厘金必致减色，是出款所增甚巨，而进款所损愈多。臣等仰屋纡筹，点金乏术，目前之补苴非易，将来之筹措更难。……臣等筹思至再，实乏良图，惟有请旨饬下大学士、六部九卿，暨各直省将军、督抚通盘筹划，如有可兴之利，可裁之费，于国有益，于民无损，勿畏繁难，勿避嫌怨，勿拘成法，勿狃近功，务令各抒所见，详晰奏闻，伏候圣明采择，以资集思广益之助，俾臣部异日筹款有所折中。"（页 223）这是甲午赔款之后一个月时的窘境，后来又有了 4.5 亿两的庚子赔款，各省的分摊必然会更加严重。梁（25：29）略举各省的新财源中，包括了彩票、盐斤加价、赌税在内[44]，真是做到了"勿避嫌怨、勿拘成法"的程度。

　　表 4.1 的第（2）、（3）两项，涉及两项清代财政制度的特点，一是解款，二是摊款，须稍加解说。从雍正三年（1725）起实行的"解款协款"制度，到了光绪朝时因中央已无法掌控各省的收支，所以原先由中央调控的"春秋拨"和"解协款"就无法推行，改采"摊款"方式：不问各省实际的收支盈余，而视各省的大略财政能力，指派各省以"定额"的方式解款给中央，或协款给邻省；即由原先的"估"与"拨"，改为硬性的"摊"派（"改拨为摊"）。摊款额一经中央指定，各省即应照额缴纳，若地方财力不逮，则设法自筹。

　　彭雨新（1947：91）有一个统计表，对比甲午前后各省派定解款额的差异。甲午之前（未说明共几年之间），各省摊派的解款总额是 1 017 万两，主要的内容以京饷（638 万）、边防经费（154 万）、筹备饷需（114 万）为主；各关口的摊派额是 359 万两，内容的比重

[44] 1902 年 3 月浙江巡抚任道镕报告该省的加税项目：（1）粮捐（每两加收钱500 文），（2）盐斤加价（每斤加钱 4 文），（3）盐引加课（每引加银 4钱），（4）房捐（值百抽十），（5）膏捐（售银一两收钱 20 文），（6）酒捐（各式）。见罗玉东（1932：247 表 10）说明诸省加税的状况。

顺序如上所述。在甲午到庚子赔款的六年（1895—1901），各省的摊派总额高达 5 098 万两（增了五倍），其中最大的一项是庚子赔款的摊款（1 880 万两），其次是甲午赔款与各项债款；也就是说，各省在这六年之间，光为了甲午、庚子、债款这三项就被摊派了 3 600 万两的重担。同时期各关口卡的摊派额是 871 万两，主要是负担各项外债（包括用作甲午赔款者），但却未承担庚子赔款的部分。反过来说，若没有这种硬性强迫各省承担的摊派制度，清廷的财政早已破产，所以摊派是不得已之下的救命制度。

以上所说是甲午前后的对比，平均各省的摊派额多出了 6 倍；但就各省而言，又有高低之差。山东、山西诸省较少，只多出三四倍；高者如广东（8 倍）、直隶（10 倍）。有些较贫瘠的省份，如广西、云南、贵州、新疆，在甲午之前并未被摊派，但之后就都难以避免了。在清朝最后的几年（宣统年间），江苏被摊派的解缴款高达 870 余万两，广东有 700 多万两，黑龙江最少，只在宣统元年摊解海军经费 1 万元（详见彭雨新，1947：92）。

以甲午赔款为例，来说明这类事情的运作方式。为了偿付对日赔款（2 亿两），清廷向外举借 3.8 亿两，"首以俄法、英德两项借款为大宗，……应还本息二者岁共需银一千两百万两上下。……将何以应之？此非各省机关与臣部（即户部）分任其难不可"。从罗玉东（1932：221）的详细表格可以看出，户部、15 省、15 关在 1896 年时，对俄法、德英借款的摊还数额。（1）俄法款方面：户部拨 100 万两，15 省地丁、盐课等税项拨 205 万两，江海等 15 关从各项关税之下拨 202 万两；三者合计年拨 507 万两。（2）英法款方面：户部拨 109 万两，15 省拨 295 万两，15 关拨 295 万两，合计 699 万两。单是这两项借款，在一年度内就要由中央、15 省、15 关共同分摊 1 206 万两的本息。所幸在 1898 年就清偿了对日的 2 亿两赔款，但除此之外还有多项外债与随之而来的镑亏，也大都靠这种硬性摊派的模式来清偿。

再来看摊派庚款的方式。庚子拳乱后一年（1901），与列强议定赔款 4.5 亿两，前九年（1902—1910）每年摊还 18 829 500 两；另需再付利息，本息合计 21 829 500 两；以后每年递增，数额在 2 000 万—

3 000 万两。甲午赔款的债权国只有日本，所以可向列强借款偿还；庚子赔款的债权者为八国列强，所以中国告贷无门，必须自己筹还。清廷无力自偿，只好又硬摊给各省。以 1902 年的款额为例，21 829 500两内的 300 万两，由户部从各项中央入款内拨，其余 1 880 万两由 19省摊负：江苏最高（250 万两），安徽第 7 高（100 万两），贵州最低（20 万两），合计 1 880 万两。[45]

此外还有练军筹饷的摊派。甲午与庚子巨额赔款的各省摊派法既然行之有效，紧接着在 1903 年有练兵之议时就拟仿此法。时袁世凯任直隶总督，抽收烟酒税岁入 80 余万两，所以朝廷在 1903 年 11 月下令 18 省以烟酒税为名，共同摊派练饷费 562 万两：直隶与奉天最高，各 80 万两；甘肃与新疆最低，各 6 万两。当时国际银价低落，白银的购买力下跌，从烟酒税得来的 562 万两并不够用，所以清廷在同年同月另有一谕，命 16 省再以丁漕田房税契项，共摊派 320 万两：江苏与广东最高（各 35 万两），山西、陕西、云南、广西、福建五省最低（各 10 万两）。这两项练兵款总额每年 882 万两，但因性质非为赔款，急迫性较低，各省筹解的状况并不踊跃。（详见罗玉东，1932：249—250 表 11—12）

4.2.2 外债原理

有了上述较宽广的背景，现在转回来看梁对外债的论点。这么强大的外债压力，当然会引起朝野的各种反应。某些人士视外债如蛇蝎，排外债论者"意气横决，欲以暴力排异论"；另有一派人视外债为救命丹，屡倡借款论。梁写《外债平议》（1910，22：41—94）这篇长文用意，是要析其衷以作平议，明其学理，解说史实，辩明外债之利与弊。这是一篇说理性的文字，在架构上和学理解说上都很稳当，大概是梁根据日本财政学的相关著作，综述财政学理诸说，佐以中外史实，再加上他个人的观点而成。将近一个世纪之后重读，仍可感受到此文的体系精密，是外债学理与问题综述的佳作；此外也旁及

[45] 罗玉东（1932：243 表 9、243—249）详细说明户部与各省如何裁减军费、官员俸饷、增收税项来筹摊此巨款。

这篇 55 页的长文分 13 节，前两节论公债的作用与用途。在一篇论外债的文章内先谈公债，对当时的读者而言似乎唐突，但现在回顾梁的论述，可以看出有两项原因。一是他在 1910 年前后，大力提倡中国应仿日本与欧美诸国发行公债，以减缓内外债的压力，这篇《外债平议》正好是在那时写的，所以把论公债的事放在首两节是可以理解的。二是，如前所述，他在 1904 年写《中国国债史》时，提到公债之利以及中国公债制度仍不够发达，但那时只是顺便一提，到了 1910 年再论外债时，他旧话重提，把公债之说放在论外债文章的头两节，用以彰显他提倡发行公债来缓解外债的论点。这两节论公债的内容浅明，多重复《中国国债史》内已说过的道理，只是文字更有条理，语气更平缓，但也几乎无新论点可言。梁亦自知此弊，所以在第二节末加了一句附言："以上两段本在本题范围以外，徒以吾国人于财政上常识多未具备，并此至浅近之原则而犹不解者甚多，故不惮词费，述之以为立论之基础。"（22：46）

第 3 节论外债的性质与功用，在这 3 页之内可述的要点不多，其实应视之为此文之导论，因为上两节是论公债，与本章的主旨不直接相干，所以正文的导论实始于此节。第 4 节分述欧美日诸国举外债之利弊，以及造成各种利弊的因素。第 5 节从财政与国计民生这两个角度，分析中国宜借外债的原因。第 6 节从同样角度但不同的观点，论中国不宜借外债的理由。第 7 节列举 16 项要借外债必须先解决的问题。第 8 节是最具体的建议，解说当今中国可以利用，以及不宜利用外债的项目。第 9 至 13 节是较技术性的解说：应如何选择债权者，应如何拟定募集的条件，旧债与新债之间应如何衔接，国债与地方债和公司债三种应各持哪些原则办理，等等。在这些庞杂的主题内，较有论证力量的是第 4 至 6 节以及第 8 节，因为第 7 节论举外债应先具备的 16 项要点，是各国皆适用的通则，很可能是梁从日文专著内摘要出来的，但全文内他都未提及所参考的著作或相关的作者。同样地，第 9 到 11 节所谈的，也都是各国都适用的普遍性原则，而非他的独特见解，在此可以不论。梁并非专业财经学者，在短期间内能写出这么具有完整性与笼罩性的观点，大概需要根据他人的研究成果与体系性的论著才有可能。以下把焦点放在第 4、5、6、8、12 等五节上，来看他对外债问题的独特意见。

第 4 节论各国利用外债的利弊状况与原因。在 9 页（22：49—57）的篇幅里，梁的论点可以分成两条对立性的主轴。第一是欧、美、俄与日本等先进国家，一般说来甚受外债之助："若意人（意大利）则谓之纯食外债之赐焉可也，盖彼以外债之故，将全国铁路开通，国中增设无数之工艺厂，又改良土壤使农业大进于昔，……苟非藉外债之力，……决无术能致也。"（22：50）实情或许如此，但以经济史的常识看来，这未免过于神奇，意大利在 19 世纪中叶受外债之助的真正效果，需另参考专业性的研究才能作公允的判断。梁对俄、日两国受外债之助，也有很正面的看法："然使非藉外债，则俄国各种政治机关、生计机关安得有今日之整备，……故俄国之外债，利余于弊，不可诬也。……则日本受赐于外债，抑已多矣。"（22：51—52）

第二条主轴，是论开发中国家未受外债之利反受其大害。"埃（及）民生计能力缺乏，其所借外债悉以供挥霍，而不能为社会殖分毫之利，……挥霍既罄而偿还无着，埃及国命自兹遂绝。……使全国土地什九归欧人手，前后仅二十年间，以区区金钱细故，遂至君俘社屋，举国之人泰半宛转就死，惨酷之状，有史以来未之闻也。"（25：53—54）相对于意大利和日本的例子，梁对埃及的状况描述是另一种极端。此外，他举波斯、阿根廷等国之例，说明外债对这些贫弱国家所带来的深切病害。举了这些实例之后，梁整理出七项外债有害于国民生计的原因（22：55—57，在此不拟重述），他的综合结论是："故平心论之，外债之本质非有病也，即有之，其病亦微，而非不可治。天下事弊恒与利相缘，岂惟外债；而外债之特以病闻者，则政治上之病而已。"（22：57）

这项外债有利有弊的观点，可视为第 5、6 两节论述中国宜借与不宜借外债之说的基础。从财政的观点来看，近来中国每年的国计岁入与岁出额约差一亿，"苟得外债始苏此困，此财政上宜借外债者一也"。现以财政窘困，"官俸兵饷动致延欠，……非得外债则无以救死亡，此财政上宜借外债者二也"。"现在入不敷出之数，政府固终不得不取盈于民，……则恶租恶税……必纷起，……资外债为挹注，……或稍可减杀，此财政上宜借外债者三也。"（22：57—58）在这段简短的论述里，梁所说的三项论点其实是一体的三面：国家财政入不敷出，外债可以用来缓解诸多恶果。他在第6节中另举三点相反意见，说明从财政的角度来看，不宜借外债的原因：若以岁入不足而仰债度日，易养成"恃举债以为弥补之道"；其次，"乃若现政府者，则愈借债愈以益其浪费，而政务之腐败及愈甚……"；复次，"今若赞成政府借债之议，则所借得之债必以泰半投诸军事，……为外国枪炮厂增无量数之大宗生意，使经手周旋人多一可沾之余沥而已"。（22：60—62）这三点反对意见，其实都在论说一点：外债易得，必然浪费，对国家无益。

从国民生计的观点来看，宜借外债的原因很简单：中国地大物博、人力丰沛，但缺乏开发资金，若能得外债而地尽其力、物尽其用、货畅其流，则地租收入必增（土地开发利用之结果）、工资收入提高（减少失业，增加就业人口）、赢利增高（开发经营产业获利），"由此言之，生今日之中国而侈言拒外债，虽谓之病狂焉可也"（22：60）。此外，借来的外债可以用来整理旧债、改革行政、建设交通、确立金融，"于拒款之俗说不敢贸然附和者，盖以此也"（22：60）。但若从弊病的角度来看，中国即使有外债之助，但是否有足够的企业能力来运用？有无健全的企业体制与金融体系可配合？有无进步的法律环境来监督？这些条件中国都尚难提供，徒有外（债）资涌入，恐怕投入实业界者少，转入投机事业者多，如此将造成奢靡之风、物价高涨、外货侵入的恶果，未受其利反受其害。

析述了这些应考虑的因素之后，梁在第8节提出几项业务，说明它们何以"决不宜"或"最宜"利用外债。决不宜利用者有两项：用以补现在行政费用之不足者，用以扩张军备者。最宜利用外债的项目有六项：用以为银行准备金，以确立兑换制度；用以设立大清银行支店于外国，而实行虚金本位之币制；用以整理旧债；用以改正田赋及整理他种税法；用以开移民银行及农业银行；用以大筑铁路。（22：72—79）

最后一项议题，是论应否借外债以纾国困，或是以发行不兑换纸币来替代外债较佳（第12节，22：90—91）。梁说明他的立场是："吾既为欢迎外债论者之一人，同时亦为反对外债论者之一人，而欢迎与反对，要以政治组织能否改革为断。以现政府而举外债，吾所认为百害而无一利者也。即使政治组织能改革，而当财政基础未定，人民企业能力未充之时，则巨额之外债吾犹不敢漫然遽赞。"（22：90）梁既反对外债，而国用窘困，他有何对策？"则吾以为与其借外债，毋宁发行不（兑）换纸币之为祸较浅也。"（22：90）读者必疑：梁明知国用不足、外债与赔款压身、镑亏之害犹如雪上加霜、民间企业能力不足、政府效率难倚，在这些客观障碍未除之前，在一个沿用金属货币两三千年的经济体系内，骤然发行不兑换纸币，民间何以会对此新币有信心？政府如何担保纸币价值稳定？梁有四项要点答辩。（22：91）

第一，"外债非徒须还本也，且须纳息。若收回溢额之不换纸币，则不需息，递年之负担较轻"。这是从成本的观点来看：发行纸钞政府可以不必支付利息。第二，"不换纸币有流弊时，欲整理之，仅收溢额之一部分而已足。其他部分仍可改为兑换券，外债则必须偿金额"。现在我们知道事情不可能如此简易，政府的掌控也不可能这么如意，只要看20世纪40年代所发行的金圆券，就可以知道梁的见解过度乐观。第三，"不换纸币即至无力收回之时，仍可以法律强制改为内债。若外债无力偿还，则救济之法惟有更借新外债，债愈重则危险程度愈甚"。同样地，这也是过度乐观之言：不知世界上有何国何时曾能把无力收回之纸币，以法律强改为内债？第四点的见解也是过度乐观，无引述与批评的必要。

综观梁此议甚是天真：外债虽毒，但具有国际实际购买力（向英国借得之款在各国皆可购物）；而中国在此弱势下所发行的不兑换纸币，除了强迫国民接受外，国际上又有何人肯收受？梁在此长文的前11节内说理清晰，优劣点论说分明，然而在提议新政策时，却见树不见林，以他的才智而出此下策，恐怕是棋局已定，徒作无力回天之举。

这篇《外债平议》在1910年10月13日和11月2日的《国风报》（第25、27期）刊出后，有上海某报馆批评此事，谓梁作此文的目的是在反对向美国借债，说梁是受日本之贿而替日本游说反对此项借款。梁事后对此事写了两页多的附言（22：92—94），激辩此事之谤毁。现在重读，仍可感受到当时对应举外债与否、应向何国借款较适的问题，都显现出多方利益之纠缠，以及各国政治角力的浓厚火药味。

4.2.3　外债纠纷

梁在 1910—1911 年写了三篇批评清廷滥举外债的短文：一是《评一万万圆之新外债》（1910，25 上：153—157）；二是"新外债之将来"（1910，25 上：189—190），这是他在一篇长文《将来百论》（在《国风报》第 1、3、5、6、15 期刊载）内的 1 节；三是《论政府违法借债之罪》（1911，25 下：31—34），此文原题《论政府违法借债透过君上之罪》，刊于《国风报》5 月 9 日第 10 期。

梁在《国风报》发表《外债平议》（1910）后，被上海某报批评是在替日本说话，目的是反对向美借债，此事概要已在前面述及。但此文刊出后不久，"据道路所传言，则契约已彼此尽诺矣"（25 上：153）。梁既因写《外债平议》而受批评，心中不满，又闻此项贷款已定，立刻写了这篇《评一万万圆之新外债》，刊在 11 月 12 日第 28 期的《国风报》上。梁未明言此项外债的名称与内容，但在文末有《国风报》的编辑附识："而此一万万圆之债权，由美、英、德、法四国公同引受，则借款主动之美国人士德列士，在伦敦已经画押，此消息殆必确矣。且闻其约款中尚有将来凡有中国借款，皆须四国均沾等语。呜呼！著者竟不幸言中。"（25 上：157）根据这些信息，翻查《中国清代外债史资料（1853—1911）》（页 792—802），在 1910 年 10 月前后与美、英、德、法四国相关的贷款事项，应该是清政府与美、英、德、法四国银行团谈判币制借款的事。

此事源自 1903 年 10 月唐绍仪专使赴美所订的商务条约，其中的第 13 款是："中国同意采取必要步骤，以划一全国铸币。中国臣民及美国公民，得在中国全境内，以该法偿铸币缴税及清偿其他债务，惟关税之收缴，仍按关平银两计算。"（页 792）中美双方的这项约定，引起欧洲列强的不满。1909 年 7 月 6 日，英、法、德三国银行在伦敦达成协议，规定缔约一方之银行，在没有缔约他方银行参加或联合签署下，不可与中国单独商洽借款并签押合同。1910 年 5 月 24 日，英、法、德三国银团在巴黎会商，邀请美国参加对华贷款的四国协议，美国至此已无法与中国单独签订贷款事项。

1910 年 9 月 22 日美国在华公使嘉乐恒（Calhoun）致美国国务卿诺克斯（Knox）电，报告盛宣怀面询借款改革币制之事。盛"询及美国银行是否愿意承借五千万两，以便进行币制改革。借款将以采抵押过之关税及厘金担保，估计每年约可征五百万至六百万两"（页795—796）。同月 27 日度支部呈"借美款先订草合同请旨核遵"（页798），主要内容是："窃臣部前奏，整顿财政，必先统一币制，必须预筹铸本，曾经会商枢臣。……臣等当即与北京花旗银行会议，借款总数不逾美金五千万元，利息周年五厘，每一百元准扣五元。已由美国资本家摩根公司、昆勒贝公司、第一国立银行、国立城市银行四家联合承办。该公司等公派在京花旗银行总办梅诺克，臣部即派左丞陈宗妫、右丞傅兰泰于九月二十五日签字，各执一份。"这就是梁所批评一万万圆（美金五千万）新外债的大致经过与内容概要。

1910 年 10 月 31 日，美国代理国务卿艾迪致美国驻法大使电，表达美国与中国借款之事欢迎有关各国支持："中国当局业与美国银团签订了借款五千万美元的草合同。借款大部分将用于中国履行其对美国、英国及日本所承担之条约义务而进行之币制改革。本国政府深信，拟议中之币制改革，对与中国有广泛商务关系各国，对中国本身，以及其他与中国有条约关系诸国，都具有重大意义。为促进此项改革之实现，本国政府欢迎有关各国诚挚的支持。"（页 800—801）这项信息表明美国无意独吞此项合同，据此，美、英、法、德四国银行团在 11 月 10 日签署一项协议，同意对中国一切有关财政的运用都共同参加，这就是《国风报》编者所附识的要点。

略知此事的缘由与经过后，现在来看梁从三个角度（政治上、法律上、外交政策上）对此事的评论要点。根据合约的内容，此项外债将用来改革币制（行虚金本位），这正是梁一向主张之事，但他的疑虑在于：虽然号称币改借款，但"今政府借债之目的未尝宣明，吾又乌知其果为此事之用否耶？即宣明矣，谁又敢保其不以一部分挪用于他项耶?"（25 上：154）梁原则上赞同币改借款，但以清廷过去在借款方面的作为，又让他有上述的疑虑。此外，他还有一项执行币改能力方面的质疑："即不挪用矣，而现在办理币制之人，果有公忠奉国之心，而不至聚而咕嗫此款耶？即有此心矣，而其智识才能果足以善其事，而不至掷款于虚牝耶？"

四国银团贷款的事情后来发生变化，这牵涉到中美双方协调上的问题，也有日、俄强烈反对的国际外交问题。据《北华捷报》1911年2月10日的报道，五千万美元协议的签字一再展期，原因有三点：清政府不愿聘用美籍财政顾问，美方要求的利率太高，借款发起人与欧洲银行团对债券发行办法尚未有具体的决定。在外交方面，俄驻美代办在1911年7月11日致函美国务卿，表达此项币改贷款将会妨害俄国在东三省的利益；日本驻法大使在同日提出口头声明，严重反对"借款合同给予财团在借款上享有广泛（金融、实业及商业）之优先权"。虽然中国的度支部与外务部，已在1911年3月17日拟好四国银团的借款合同共二十一款，而且同年7月四国银团也在伦敦开过会，商讨未来的发行事宜，但同年10月10日辛亥革命爆发，中国的信用完全动摇，币改之议因而中止，所订的借款合同仅交四十万镑，作为东三省经费。[46]

以上是币改借款的经过与日后的结局，现在回来看梁在1910年对此事所作的评论。在经验上，他有理由怀疑清廷的真正借款动机；在技术上，也有理由怀疑中国执行币改的能力；但日后梁在两次入阁时（1914、1917），不也是积极向外国借款币改，还引发过不同的批评，最后不也是失败收场吗？所以币改借款之事对中国是否合宜，应该不是清廷或梁个人操守或能力的问题。现在我们可以比较客观地理解，在那种情境之下的主事者，都会有币改借款的意愿，但恐怕也都难以达到目标，原因很简明：内忧外患，百废待举，孤臣实无力回天。

梁的第二点批评，是说此项借款的程序，违反了资政院章程第14条第3项的规定："凡公债事件，资政院应行议决。"（25 上：

---

[46]《中国清代外债史资料（1853—1911）》（页 805—820），另见宓汝成（1996）对国际银团和善后借款的解说。

154）梁谓外债虽非公债，但也不应毫无法律之监督："而试问此次借债之案，果曾提出院中而经议决乎？……明明视钦定法律为无物，苟有不便于己，则蹂躏之如草芥也。"话是有理，但此时已在辛亥之前两年，沉船之前要求船长依海事法逐一行事，未免不饶人。

第三点批评是此项借款将更陷中国于外交弱势："谓此次借债无须抵押。其种种条件亦比较的于我有利，……无抵押以贷诸我，恐其所以为抵押者别有在耳。……今我固乞怜于美（国）而不屑乞怜于他国，而他国遂许美（国）以独为君子乎？苟纷纷怜我而周我，则政府之财固不可胜用，恐国命自此而斩耳。"（25 上：155）

梁在同年与翌年所写的另外两篇评论：《新外债之将来》与《论政府违法借债之罪》，所论的事项大抵相同，主要的意见已在上一篇评论内俱出，只是在词语上更不加约束："政府犯此一重大罪，……忽焉欲诿罪于君上，则又罪上加罪焉。……则是谤皇上为不孝，……公等勿谓可以假上谕以狡卸汝罪也。……当知我皇上为我国立宪之第一代君主，惟有神圣而已，决不能为恶。……"（25 下：33）这段话之后尚有不少情绪过激的文字，不知梁当时何以激动至此。

综观这三篇评述，梁并不是反对向外举债："外债之本无善无恶，而其结果则有善有恶。善恶之机，惟在举债用债之政府。"（25 上：156）虽然从政治上、法律上、外交上来看，这笔外债都有可议之处，但在国家倾覆之时，作此得理不饶人之论亦略过苛。数年后梁入阁掌币政与财政时，若以子之矛攻子之盾，梁当作何感想？梁又有何上策与善果乎？

4.2.4　筹还外债

庚子赔款的负担沉重，1905 年在京师曾办过一次国民捐以清偿外债，但到了 1908 年 4 月仅得约 41.3 万两，相对于 4.5 亿的赔款于事无补。度支部准原捐者领回或改存于储蓄银行（罗玉东，1932：257）。1910 年间又有了另一项筹还国债的运动，"不数日而全国所至，……莫不铢锱贮蓄，竟割舍其所以自娱养之具以应国家之急"（21：68）。梁对此事写了三篇短文：《国民筹还国债问题》（1910，21：60—70）；《再论筹还国债》（1910，21：70—78）；《偿还国债意见书》（1916，21：78—92）。他对此事的基本态度是："吾乃汲此冷水以浇彼热肠，……吾正以国民爱国心不可以挫折也，故其爱国心之所寄，不可以不审慎。苟漫然寄于不可成之事，或成矣而效果反于其所期，……毋宁先事而犯颜诤之。"（21：69）梁为何反对此事？筹还国债会是由直隶商业研究所和天津商会发起的，官商学诸界也有支持的意思。中国的外债十多亿两，除铁路债、工矿债、实业债之外，大都为非生产性的债务（详见表4.1），每年所摊还的本息，几乎去掉政府岁入泰半，若再加上镑亏，还不止此数。全国若能奋起偿债，列强必惊于国民心之强烈而莫敢侮，所以附和此议者日多。

外债的项目繁多，而筹还国债会的计划，却以甲午和庚子两项赔款为限。他们提议依各府厅州县的贫富程度分等级，以人口的比例来分担。此外并劝富民代贫民分担，捐多者奏请给予勋章等优奖。梁认为这种做法几乎等于是国民捐，虽曰劝捐，但实际的做法却是摊派；捐是道德性的善举，而摊派则近乎租税。筹还国债会的做法，是要仿效法国人在普法战争之后，向社会募款以偿战败赔款。梁指出法国的情况与中国不同：（1）法国是以发行公债的办法募资而非义捐。购买公债者将来有利息可得，故众人有意愿承购；而捐款只有勋章奖状，并无经济价值，诱因自然不大。如此长期、庞大、牵涉诸国的外债，岂能靠社会的一时热情来解决？（2）巴黎的债券市场发达，各国资金往来活跃，有公债发行就自然会有国际资金来收购，并不全靠法国人民之资金；相对地，中国并无此资本市场，只能靠所得低下的国人，在爱国心的驱使下点滴汇集。

甲午与庚子赔款的外债总额超过8亿两（见表4.1，梁说将近7亿两，不确），以中国4亿人口计，平均每人约分担2两，看来事小，应可达到目标。但换个角度来看，当时的平均国民所得水平不高，加上币值不稳，银贱钱荒，各项杂苛不堪其扰，政府尚且需要向外举债付饷，若只靠民间捐募，如何得出此巨款？就算能勉力凑出，此8亿两流出国外偿债后，国内的可用资金必大受影响，生产和投资所需的资本将从何处来？若为偿今日之外债而不顾明日之生活岂是上策？同样的道理，8亿两流出后，政府税收的来源岂不也受影响？爱国心诚可佩，但此事可行与否是一大问题；若果真成功，必然会引发出其他大问题。梁所举的理由中肯切实，虽是冷水浇热肠，但并无恶意。这是从能否、应否由民间筹还外债的观点来看。

另一个问题是：这些外债的形式是属于哪些类型？答案也是不利的。梁表列8项外债和赔款的数额与偿还条件（21：71），说明这些外债都是属于定期、定额型。也就是说：就算国家财政有余裕，也不能提前偿还；就算当时利率已降低，也不能借新款来偿旧债。筹还国债会所努力的目标，都是属于这一类型的外债，这种外债的偿还年份与每年应偿的金额，在条约上一一载明，不能更改移动。若硬要先还，则每百镑另加价两三镑。这些拙笨不合理的限制，筹还会也应考虑，并非单纯意气激动地凑钱还债而已。若此议不行，彼议困难，梁自己又有何上策？他在《偿还国债意见书》（1910，21：78—92）内献上一策，名曰偿债基金法，基本原理如下：由政府拨款若干以为基金，以此金向市场购入公债来收息，之后以利息所得再投入购买公债。也就是用复利的观念，子母再生，以利滚利。此法盛行于18世纪末19世纪初的欧洲各国，之后渐废不用。梁有此议，是见日俄战役时日本因财政薄弱，后因采此策而事成。

梁提议的办法是向外借债6亿两，分20年拨买内债与外债，他拟了两个表（21：85—90），说明外债如何在42年内可以还清本息，内债可以在20年内清偿。梁认为若依此计划，"则四十二年间，国家除派息外，不费一钱而能扫还六万万之外债，而此六万万之老本，尚有五万万存贮银行而未动也。且所派之息，又大半仍落于本国人手也，则生产效力之大，岂有过此者哉"（21：82—83）。后人读此偿债计划书会得到一项感觉：梁在批评筹还会的计划时，所说的理由冷静合情，而自己献策时却又净打如意算盘。若中国借6亿外债，单靠复利运作就有此效果，世上岂有贫国与穷人？梁的算盘是手中有了6亿之后应可如何如何，但他未说明在外债重压的状况下，如何可借得这6亿新债？梁尚不知母鸡何在，却已在盘算将来如何生鸡蛋、再生鸡、再生蛋的美梦。

1910年的这项国民筹还国债运动，事后的结果大概不理想，因为过了两年不到，黎元洪又倡议用国民捐来解决外债问题。"民国成立，倏忽半年，一切建设仅具模型。财政恐慌，穷于罗掘，军需繁重，哗溃堪危。……顷以国民捐倡发……未及兼旬，全国响应，政界削薪，军人缩饷，……遥望前途，转悲为喜。……"有关这项议论民捐的文献，《民国经世文编》（财政六，页66—76）收录了两篇黎元洪的文章，一篇周自齐《致各省论外债国民捐之利弊》，一篇署名"共和建设讨论会"的《对国民捐之意见》［其中的第70—71两页，内容与梁（1910，21：62—63）的几段文字完全一样，但尚难以据而判断是梁所作，但论点确与梁的（1910，21：60—70）相符］，一篇龚子扬的《论国民捐》。这五篇文章都未注明出处与年份，从文字上看来都是在批判黎元洪的国民捐偿债说，应该都是在1912—1913年所作。

黎也知道"况捐事性质，譬若昙花"，难以用来解决沉疴，所以他倡议"外债国民捐并进"，想用这两项来源来解决国家的财政困难（页66—67）。此议引起全国注意，赞成国民捐者与主张外债论者，双方各自立论争执不下。周自齐的观点是："借债危险，人所共知。……民生凋敝，……东西各省已捐不一捐，西北各省，又捐无可捐。……故劝以轻外债则可，恃捐以力拒借债即不可。……以借外债为过渡，以国民（捐）及内地公债为后盾。"（页67）"共和建设讨论会"的文章最长（页68—72），析论最条理，基本观点和梁反对"筹还国债运动"的意见类近："要之，……国民捐无论如何激劝督促，终不能多得，……故以之供目前小费，虽未始不可，……则仅此涓滴之国民捐，亦胡济于事者。……固又不必为此涓滴以扰民耳。"（页72）

龚子扬反对国民捐的原因，简要有力："国民捐征收，使果出听民随愿乐助之一途，必无望矣。而言者挟其卞躁之情，……势必施其专制之淫威，藉政府之压力，按民资产之高下而强派、而勒捐。此其事之不可以行，与行之而必召莫大之祸。"（页74）从第4.3节析述清末民初几次公债的经验来看，政府从民间取款的方式，确实没有跳脱"强派、勒捐"的模式。

4.3 公 债 政 策

梁对公债制度甚有兴趣，主要是他见到日本受公债之益甚大，所以积极地介绍给国人。他在论外债问题时，屡屡提到要如何运用公债来偿还外债（专集，25：31—35，22：41—46、92）；在论土地国有化问题时，也提到公债之功用（18：49—50）。他的基本观点是："而当今之世，无论何国，苟非有公债券以为投资之目的物，则一国金融未能有活泼者。"（22：92）除了在不同的文章中零散地论及公债外，他有四篇专论公债的短文，首篇是较说理的文字《公债政策之先决问题》（1910，21：40—54），之后有两篇论国内公债问题：《论直隶、湖北、安徽之地方公债》（1910，21：93—106）和《读农工商部筹借劝业富签公债折书后》（1910，25上：26—35）。以上三篇是在日本时写的，属于评论性的文字。第四篇是他在1914年任司法总长时写的《上总统书》（财政问题），是属于政策建议的性质（1914，31：14—17），只有短短三页，在文体上和前面三篇的生动尖锐笔锋完全不同。

4.3.1　几次经验

先看清末发行公债的几次经验，以作为理解梁这几篇评论的背景。清末最主要的两次公债经验是"息借商款"和"昭信股票"，已有三项研究做了很好的解说：一是胡宪立与郭熙生（1994），二是朱英（1993），三是千家驹（1984）的综述（代序）。梁在前三篇文章内，也提到农工部和邮传部式的全国性公债，以及袁世凯式的地方性公债（21：41），这些内债的性质与问题，在析论梁的评议时会另外述及。此处先看息借商款与昭信股票这两件事，因为它们的影响较广泛，同时也很可以显示出清末政府财政问题的性质。

"息借商款"（1894年9月）虽然没有现代公债的形式，但这是中国首次以政府的名义向国人举债，除了资助国用外，更重要的目的是筹集甲午的军费（"海防吃紧，需饷浩繁"）。户部的6项办法中并未拟出举债总额，只说以6个月为1期分两年半还付本息，月息7厘。借款的对象是各省的官绅商民，借款额在1万两以上者，"给以虚衔封典，以示鼓励"。此次借银的成绩不佳，共得1 102万两（广东500万两、江苏181万余两，等等）。所得不多却引发不少弊端与不满，基本的原因是行政部门把借款变成了官绅的变相捐输，以及对民间的变相勒索。户部也承认"吏胥之娑索，……捐借不分，……借捐并举，悉索何堪，……不独刻剥商民，亦恐琐屑失体"。翌年5

月宣布："未收者一律饬停，毋庸再行议借。"

3 年后（1898 年 1 月）清廷发行第二次内债，原因是《马关条约》的第四期赔款即将到期。清廷本想借外债来偿付，没想到列强"争欲抵借"，反而造成莫大困扰，因而决定发行内债，名曰昭信股票。户部订了 17 款章程，规定发行的总额是 1 万万两（1 亿两），年息 5 厘，以田赋和盐税为担保，20 年还清；股票准许抵押售卖，但应报户部昭信局立案。一时间，王公大臣、将军督抚、大小文武、候补候选官员"领票缴银，以为商民倡"。既以内债为本质，又何以名之为股票？因为"中国集股之举，惯于失信，人皆望而畏之，即铁路、银行、开矿诸大端，获利亦无把握，收效未卜何时，故信从者少。……因国计自强派股，皇上昭示大信，一年见利，既速且准，自非寻常股票可比"。此次的成果不比"息借商款"好，以最富庶的江苏省为例，仅得 120 万余两（上次得 181 万余两）。

御史徐道焜在奏折中分析三项主因：（1）银号钱铺倒闭。"中国市面流通之银，至多不过数千万两，乃闻各省股票必索现银，民所存银票纷纷向银号钱铺兑取，该铺号猝无以应，势必至于倒闭，一家倒闭，阖市为之骚然。"（2）借端勒索，商民贿嘱求免。"此次办理股票，虽奉御旨严禁勒索，而督抚下其事于州县，州县授其权于吏役，力仅足卖一票，则以十勒之，力仅足买十票，则以百勒之，商民惧为所害，惟有贿嘱以求免求减，以致买票之人，所费数倍于股票，即未买票之人，所费亦等于买票。"（3）官绅吏役视发行股票为利薮，需索资川解费。"商民既已允借，于是州县索解费委员索川资、藩司衙门索铺堂等费，或妄称银色不足，另行倾鸳，每百金已耗去十之二三。"昭信股票因流弊丛生，难以继续发行，到戊戌变法时遂行停止，实际发行数额约 2 000 万两（原订 1 亿两）。[47] 此外，清廷于宣

---

[47] 罗玉东（1932：225）另有一说："总计至是年八月停止时所得不过一千余万两，故结果仍赖外债偿付。"（甲午赔款第四期）李允俊（2000：1231）对昭信股票于 1898、1899、1903、1905 年在各地所造成的风波，有许多细节记载可供查索。举例来说，李允俊（2000：942）记载，到了 1905 年 6 月 16 日"清廷据署盛京将军廷杰等奏，奉省昭信股票请奖限满，仍未完结，恳再展期限，以昭大信。下部知之"。由于可见此事之余波在多年后仍不易善了。

统二年（1910）又发行"爱国公债"，定额 3 000 万元，年息 6 厘，期限 9 年；发行不满 1 200 万元，清朝就被推翻了（1911）。以上是清末几次发行公债的大略，相关的官方文件，在千家驹（1984：1—31）的文章中都可查阅到。

整体而言，清末尚无发行内债的经济和社会基础，也没有可相支应的金融体系，发行者与受买者大都视之为另一种"报效"与"捐输"，这和西洋公债的"权利、义务"精神完全不符。再加上政治风气不佳，公债成为各级官吏勒索商民的机会，"各省办理此事，名为劝借，实则勒索追催，骚扰闾阎"，造成怨声载道。

4.3.2 基本问题

有了上述的背景，现在来看梁对清政府发行内债问题的诊判。"若夫国家之财政，其险状既为天下所共见，……国家岁入一万三千万，曾不足以当岁出三分之二，而各省之不敷出者，无省不在一二百万以上，其多者乃至四五百万也。问中央政府何术以免破产？惟有简书严厉，责各省以贡献而已。……问各省何术以免破产，惟有仰首哀鸣求中央之拨补、邻省之协助而已。……举债而民莫应也，则设为种种新式以自欺欺人，于是有昭信股票式公债，其实则卖官也。有农工商部式之公债，其实则赌博也。……袁世凯式之公债，则递增息率以诱民，遗其负担于后，而供其一时之挥霍也。……吾得正告衮衮诸公曰：公筹而欲举债以救死耶？则当知欲办公债之前，有种种先决问题，苟此先决问题有一不举者，则公等其毋望一文之公债也。"（21：40—41）

在这个前提下，他写了《公债政策之先决问题》（21：40—54）。此文只有两节，先是论"非国家财政上之信用见乎于民则公债不能发生"（21：41—44），这类问题并无多大可争辩的空间，梁的主要论点是："……夫惟财政之基础稳固，予天下以共见，人民知国家万无破产之患，而贷母取子，其可恃莫过于国家，则不待劝而共趋矣。东西各国，所以每募债一次，而应者恒数倍乃至十数倍，凡以此也。而不然者，财政紊乱之状已暴着于天下，此如式微之家，其子弟饮博无赖，而欲称贷于人，虽有抵押品而自爱者决不肯与之交涉明矣。"

（21：42）第 2 节的主题是"非广开公债利用之途则公债不能发生"（21：44—54），这也是没人会有异议的命题。梁列举 4 纲 23 目来解说，只需看这 4 纲就可以知道他的论述方向。虽然从现代知识的观点来看，这 4 纲大抵浅显，但那时（1910）国人对公债所知有限，梁写此文的目的是以介绍新知为主兼作评议。这 4 纲是：（1）公债最适于为保证金之代用品也，（2）公债最适用于为借贷之抵押品也，（3）公债最适为公积金之用也，（4）公债最适安放游资之用也。

感觉上，这篇文章可能是从日文财政学著作译写过来的，语气与论点皆是规范性的（应如何、应如何）。他也知道这种诉诸理念的文字，对火烧眉发的决策者无效："吾固知衮衮诸公，断无一人有闲心闲日以读吾此文。吾又知其虽读吾此文，而吾所主张之政策，断非彼等所能办到也。顾吾不能已于言者，欲灌输常识于我国民而已。"（21：41）梁所列举的诸项先决问题，样样都是中国所没有的，只需举两项简例：一曰确立完善适宜之租税系统，二曰确认国会监督财政之权。换句话说，中国尚无实行公债政策的行政体系，公债原是西方的体制，中国政府袭用外国的公债制度，但只流于表面技术性的引进，基础性的监督系统皆未能顾及，这是无奈的事实。

梁写此文的另一项目的，是借此批评清政府公债政策的草率。"今我国既无国会，而租税则更卤莽灭裂，绝无所谓系统。公债之募作何用，人民毫无所知。所知者惟政府年年岁入不足，藉此以弥补已耳。其所告我以派息偿本之款，皆挖肉补疮已耳。以此而欲人民之乐于应募，能耶否耶？"（21：44）再来看梁心目中的理想状况："夫以吾所计划，使能整备行政机关，确立财政信用，而复以种种法门广开公债利用之途；以中国之大，数万万圆之公债，殊不足以供市场之求，朝募集而夕满额必矣。"（21：54）欧美诸国的政府，大概也不敢有如此的把握吧！

4.3.3 现实状况

1910 年梁在日本时写了两篇文章，评述国内实施公债的状况，一是《论直隶、湖北、安徽之地方公债》（21：93—108），二是《读农工商部筹备劝业富签公债折书后》（25 上：26—35）。梁说在 1894

年中日战争之前因财政窘迫，户部拟借商款 1 000 万两（应为 1 亿两），月息 7 厘，8 年还清；国人因不知公债为何物，反应不热烈。政府既劝募不成，改用传统方法，勒令盐商报劾 300 万两，北京 4 大钱铺报效 200 万两，官吏廉俸各报劾 3 成。但仍不足，翌年在各省强募，终于超过千万两，这件事就是前述的"息借商款"事件。之后有几次劝募公债，但反应都不佳，政府只好采取勒令和移奖官阶（售官爵）的方式，虽有成效但已与公债的性质大异（21：93—94）。

1904 年袁世凯任直隶总督，1905 年因扩练三镇新军急需经费，而直隶财政困难，遂奏朝廷准以直隶每年筹款 120 万两为担保，创募公债 480 万两。袁除了说明直隶在财政上的窘困，也说明若要向国外举债，会受到高利剥削与难以逆料的镑亏，且尚需提供各项担保，窒碍诸多。他一方面说明西洋诸国常有发行公债以筹军费之事，另一方面也说明"息借商款"和"昭信股票"的失败，主要是官吏的知识不足、准备不周、言而无信，才导致民间失望观望。除了指陈过去做法的弊失外，袁的立场是公家要严守信义，使民间利便通行，才能示大信于天下，挽回民心恢张国力。[48]

袁主张发行公债的示信之道，是在预先筹备"的款"（相关的预备资金），以偿付利息昭信；他拟定详细的公债章程，朝廷很快就批准了。1905 年 3 月直隶公债正式发行，总发行额为库平两 480 万两，债票分 100 两与 10 两，期限 6 年。采递增性计息：1906 年为 7%，每年递增 1%，到 1911 年增为 12%。偿付公债本息的来源是：直隶省岁入 30 万两、长芦盐场课征每年 50 万两、直隶铜元局余利 40 万两，合计每年 120 万两。也就是说，在 6 年之后的本息共要支付 720 万两，以换取 1906 年的 480 万两。没想到袁亲自邀集天津富豪捧场，但仅得十余万两。袁只好重施故技，强令大县认购 2.4 万两，中县 1.8 万两，小县 1.2 万两。当时直隶各县正在庚子拳乱灾后，无力应命，最后仍募不及百万两。袁无奈，只好找日本横滨正金银行买下

---

[48]《光绪政要》卷 30（1904 年 8 月）的"谕直督袁世凯奏请试办直隶公债票事宜"，说明朝廷批准此事的背景与要求。此事于 1905 年 1 月 23 日正式奏准。（李允俊，2000：931）

300 万两的公债（此部分因而转变为外债），再令上海招商局与电报总局承担尾数（21：95）。

以袁当时的政治威望，在直隶尚且如此狼狈，原因其实很明白：政府和民间早已枯竭，再刮有限。其余诸省募集公债的状况可想而知：湖广总督在宣统元年（1909）奏准借公债 240 万两，用以偿还已届期的华洋商款 300 万两；安徽奏准借公债 120 万两，以偿付因海陆军费及各种政务岁出之亏额（21：96）[49]。这三省的例子都在说明同一件事：借公债的目的是用来偿旧债和补漏洞，而不是用在新建设和开发新资源上。梁说得对："今者内而中央政府外而各省，何一非穷空极匮，罗雀掘鼠。"（21：105）虽美名曰公债，但实质上是另一种强制性的税收。

在这种特殊的环境下，梁认为出现了一些怪异的状况。（1）"此种为定期定额偿还公债，而无据置年限，此一奇也。"（21：98）其实这些公债都有明确的年限规定：直隶公债的偿还项下说"自光绪三十一年起，每年带还本利，六年还讫"（21：94）；湖北公债自宣统二年至宣统七年*间还讫（21：96—97）；安徽公债自宣统三年至宣统八年间还讫（21：97—98）。（2）"内债而指定财源，以为担保，此又一奇也。"（21：99）政府财政能力不足，以诸项财源为担保昭信，虽与欧美状况不同，但何足为怪？（3）"公债票可以为完纳租税之用，此又一大奇也。"（21：99）依据直隶公债规定："凡本省之田赋、关税、厘金、盐课、捐款，皆得以满期之债票缴纳。"（21：95）这是激励性的措施，梁认为公债票的性质与公司的股票相同（此点可议），而与货币绝异，直隶公债竟可当钞票用来缴税，"要之为万国所无也"。梁苛求矣！（4）"公债之息率每年递增，此则奇中之最奇者也。"（21：100）梁举英、意两国创行公债利息递减之法，赞叹此举能直接减轻国库之负担，间接减轻国民之负担。而袁的公债做法

---

[49] 直隶、湖北、安徽诸省的公债，以及各省的地方性公债和外债，贾士毅（1917，第 4 编页 104—112）有详细的统计数字与背景解说。另见许毅（1996：594—605）对直隶、湖北、安徽、湖南、京汉铁路诸项公债转为外债的解说。

* 发债时正常预期清朝统治可以继续，下同。——编注

适反："第一年七厘，以后每年递增，最后三年增至一分二厘。"（21：94）英、意之公债是建设性与扩张性的用途，是用于营利之途，民间信任且勇于认购，在需求殷切之下，公债利息虽递减而募集者不惧。反观中国的公债，在利率上虽六年而倍其旧，但民间信心不足且资金枯竭，利率再高也乏人应募。

梁认为上述四项特点，可名之为"袁世凯式公债"，他认为这种袁式公债还有四项技术性的缺失。（1）面额太小：日本面额最少之公债为25圆，学者多议其非，今小债票每张10两，则更小矣，盖收息不便也。（2）派息太疏也：各国公债每年派息总在两次以上，此仅一次。（3）偿还之定期定额也：公债以永息者为最善，有期者次之，定期定额偿还者无伸缩力，最下。（4）偿额之不用抽签法也：各国皆同，惟此无之。（21：100）[50]

综观这四项缺点，可以说梁是以欧美诸强在最佳状况时的条件，来对比中国各省募集公债时的各种窘况。欧美正值兴盛期，殖民地扩张，工商业发达，金融市场健全流畅，梁何必以富壮者的作为，来对照贫弱窘迫者的惨状？梁毫不保留地讥评袁的公债作为："殊不知为彼画策之人，殆不过一知半解之新学小子，于生计学、财政学之大原理瞢无所识，以至演此笑柄。笑柄犹可言也，而遂展转效尤，流毒无已。袁世凯所谓利国便民之政，转为误国病民之阶者，彼自当之矣。……袁世凯之在直隶，其时全国练兵费咸集北洋，恣其挥霍。其募债似非出于穷，无复之之计，度不过为功名心所驱，欲举前人所不能举之业以自伐耳。"（21：104）日后梁有机会入袁世凯政府，民国6年也曾任财政总长，当家之后才知缸底无米，非不为也，实不能也。

此外，农工商部于1910年10月5日曾上折奏请筹借"劝业富签公债"1 000万元。方法是制票1 000万张，每张售1元，略仿签捐票办法，以300万元为奖金，年给官息2厘，60年为止，不还本。此款用来资办实业，鼓舞公债，债息由大清银行作保（25上：27）。

---

[50]《中国清代外债史资料（1853—1911）》（页706—711）有三项原始数据可参考：（1）直隶总督袁世凯折：拟募公债480万两以应军需（附上谕），（2）直隶公债之真相，（3）核明（直隶）公债项下动支各款。

此项公债的办法确实怪异，尤其以年给官息 2 厘、长达 60 年而不还本最为奇特。梁写了好几点批评，大都在评论具体办法的规定，尚称公平：（1）既是公债而有 300 万奖金，实已把公债与彩券合一，以迎合国人赌博彩票之风习。（2）所欲兴办之实业目的未明，恐托名欺人诈款而已。此议后来由侍御黄瑞麒参劾，旨交部复议，同年 12 月奉谕缓办。梁的批评中肯，此事确实不当。

4.3.4　书生报国

1914 年 3 月时正值袁世凯当国（大总统），梁任熊希龄内阁的币制局总裁，"启超自奉职以来，目睹财政艰窘情形，忧心如捣。徒以官守攸分，未敢越俎建议，……"（31：14），但他还是忍不住写了 3 页的《上总统书》（"论财政问题"，31：14—16），旨在建议新的公债策略。"启超尝详考其导民利用之法，……苟能实行，则一万万圆之内债决非难致，而目前财政之险象，亦可以昭苏矣。"（31：15）前述清末两次公债失败的经验，以及袁在直隶的公债成绩，总计亦未超过 1 亿元，梁有何高明之策要献给袁总统？

他所提议的炼金术其实很简单，也很乐观。他要求下列四项金额皆以公债为交付之手段，而此四项所需之公债数额为 1.35 亿元左右，所以他认为要募集 1 亿元公债"决非难致"。（1）"请令凡掌司出纳之官吏，皆须缴保证金，而其保证金得以公债代之。"（2）"请令凡贩盐售卖者，纳公债作保，许赊税价若干用。"（3）"请速颁定国民银行条例，令人民欲办此种银行者，得用公债作保，发行兑换券。"（4）"令中国银行所发行兑换券，须以公债为准备。"（31：15—16）[51] 前两项的要点，是把公债当作保证金来运用。保证金原应以国币缴纳，而梁建议改用公债，等于是把公债当作钞票使用，而这正是他批评袁办直隶公债时的一大缺点："公债票可以为完纳租税之用，此又一大奇也。"（21：99）依梁之见，把公债当作保证金抵押品，则日后政府不必偿付这些公债本息（自己发行、自己收受），此项公债既可卖钱又可不必偿付，一举两得。

---

[51] 梁在 1910 年曾建议用公债来整顿盐课和改善八旗生计。

主要的问题在于后两项：以中国财政之困窘，所发行的公债已少有人敢买，如何据以为银行发行国币之准备金？再说，中国币制混乱，银币价值尚且起伏不定，现在要发行纸币形式的银行兑换券，民间何以有信心？就算勉强有，但一见到发行的准备，竟是财政窘困政府所发行的公债，信心恐又失去大半矣。梁"窃谓今日救国大计，无逾于此，……若蒙嘉许，当更而陈详细办法也"（31：17）。袁以过去在直隶劝募公债的惨痛经验，岂会轻信这种乐观的建议？袁应该还记得梁曾严词批评直隶公债之四大奇事，但恐碍于身份不便反讥尔。[52]

梁写此项建议时是 1914 年，李达嘉（1997）的研究（第 4 节"财政措施与商人的反应"，页 117—125）很能解说此时的状况。袁在民国成立后财政困窘的主因有二：一是清廷所欠的外债仍需由民国政府偿还，二是民国之后各省自顾不暇，不但不将解款缴交中央，反而要求接济。袁在内外交迫的情况下，对外继续举债（善后借款），对内则整顿旧税（盐税、田赋、关税、厘金），另加新税（印花税、烟酒税、所得税、特种营业税等等），这些苛捐杂税使得商民的负担更为沉重，抗税抗捐的风潮层出不穷。

在公债方面，袁于 1913 年 2 月颁布《民国元年六厘公债条例》[详细的 16 条文见千家驹（1984：37—38）]，预定发行 2 亿元，但不久后因为得了善后大借款而未发行[详细内容见宓汝成（1996）]。1914 年第一次世界大战爆发，各国无力贷款给中国，所以梁在此时献上发行公债的新政策。梁的建议虽未落实执行，但综观 1914—1916 年，袁政府一共发行过三次公债：第一次（1914 年 8 月）定额 1 600 万元，因在 3 个月内收款超过定额，于是增加债额 800 万元，前后实收 2 500余万元。第二次（1915 年 4 月）的公债定额 2 400 万元，同年 9 月时已收 2 600 余万元。第三次（1916 年 3 月）发行公债定额 2 000 万元，

[52] 梁与袁的政治关系有过相当复杂的长期变化过程。从维新运动时期，到辛亥革命前，到民国初年、护国战争期间，梁对袁有过批判、依附、合作、冲突、反袁的多重关系，详见李喜所、元青（1993，第 12—14 章）、林家有（1994）、潘日波（1996）的分析。在梁的《年谱长编》里，也有许多详尽的记录。

135

后因护国战争爆发，到6月底只收到30余万元。这三次发行的公债中，有两次超过目标，成果斐然。中央设公债局以梁士诒总其事，各省将军、巡按使、财政厅、中国和交通两银行[53]的各地分行皆负协助劝募之责。此外，各省富商也是主要的劝募对象，各行各业的领袖，皆以顾问或咨议的头衔协力劝办。[54]另一种方式，是中央依各省的贫富状况，订定数额摊派给各省，各省财政厅依类似原则往各县市摊派。

袁政府的公债兼采自由认募、强行派销、省县分摊的手法，这和他在直隶总督任内的手法类似。只是当了总统之后，募集的范围更扩大，纵深更可观，可以说是用政治压力来解决部分财政问题。此外，政府的银行体系（如中国和交通银行），更是袁政府推展公债的支应金融体系；相对于清末直隶时的状况，袁多了一项现代金融的管道。相对地，梁的四项建议基本上还是属于经济手法，只是辅以行政上的配套性约束，属于半强制性的公债发行法。[55]

4.4 回顾省思

沉重的外债压力，是清末经济的一大问题。梁身在日本，以感性

---

[53] 王业键（1981：77、80）说："中国自办银行的最大利润来源，当推购买公债及经常给予政府垫款和透支。中国银行的发展，更和中央财政息息相关。……（1918年）政府发行短期公债4 800万元，中国、交通二行各得其半，……这样年复一年，银行业乃在政府庞大的财政赤字卵翼之下成长起来。……据估计国民政府发行的公债，有50%左右握在上海27家银行手中。……抗战前十年间，政府内债数额如此庞大，利息如此优厚，公债因此成为刺激银行业发达的最强的兴奋剂。"

[54] 民国元年到11年所发行的14种公债，贾士毅（1968：59—61）有一表详列其名称、原募债额、现负债额、利率、折扣、担保品、起债日期、还本终期、备注事项，相当简明。此外，杨荫溥（1985：21—25）的两项表格，也简要地列举1912—1926年间的公债发行额。

[55] 梁在1914年2—12月间任币制局总裁，他的公债政策建议在其任内并未能落实。翌年（1915）所创立的领券制度，现在虽然未能见到梁对此事的意见与评论，但或许和他在币制局任内所订的决策相关："中国银行为了鼓励那些资力不厚的银行放弃发行，同时推广它所发行的钞票，乃于1915年创立领券制度。在领券制度下，中国各银行可具备现金七成和公债三成（后改为六成及四成）缴交中国银行，而向后者领取十成的钞票。所缴现金部分并可获得利息。这个制度逐渐推广，1924年，并扩及钱庄。"（王业键，1981：84）

的诉求和理性的计算，析述此事的来龙去脉，并提出偿还的计划书。他的论述清晰条理，佐以日本的成功实例，来鼓舞国人解决此事的信心。然而清末外债的清偿，不只是单纯的债务问题。一方面是中国的偿债能力有限，人民的赋税负担已经过重，而课税的新名目仍一再添增；更复杂的，是列强之间为了贷款给中国清偿外债，而引发了外交上的紧张与冲突。民间虽有筹还国债之心，政府也有以国民捐来偿国债之议，但最后都不了了之。

梁最倡议的方式，是由政府发行内债，用以筹措币制改革的资金，并作为偿还外债的基金。然而清末的几次公债发行经验，最后都沦为民间的报效与捐输，所以袁世凯主政时所发行的公债效果都不理想，还被梁严词批评。整体而言，在 1901—1911 年（所谓的"新政"期间），直隶、湖北、安徽、湖南、邮传部先后发行五次公债，总额达 1 690 万两。由于政府债信不佳，民间观望不前，结果是这批公债有 78% 左右（约 1 324 万两），被外国的银行和洋行收购，原先的内债竟转变为外债：日本占了约 45%，英国约有 50%，德国约 5%；也就是说，列强通过各省的公债发行，把经济与政治控制力渗透到深层的命脉里。

到了辛亥革命时（1911），各地都有治安或军事上的危机，中央与各省更积极地扩充军备、整军增兵，也因而举过二十多次外债，但多数未能成功。主要原因是列强对清廷的经济能力与治理状况已失去信心，常以保持中立为借口拒绝贷款。这些未成功的外债交涉过程，并不在梁的议论范围，所以本章不拟触及，请参阅许毅（1996：643—652）的概观性解说。民国 3 年梁任币制局总裁时，正式提议发行公债，后因 1914 年欧战爆发而未能落实执行，但同时期袁总统所发行的公债，最后还是以强行摊派、省县分摊的手法进行，和清末的做法并无多大差异。

梁并非专业的财经人士，他在海外纵笔为文析述中国外债的窘境，讥评清廷的内外债政策与措施。本章从他当时所写的诸多议论，综述出他的基本立场、观点、见解，可以感受到他从日文的财政与公债著作内，吸收到不少基本的内外债学理，解说给中国读者理解；同时也能介绍欧美诸国如何运用内外债的优点，来解决国家经济的困境，或甚至因而提升国民经济的水平；他也说明了内外债如何使落后国家（如埃及）陷入悲惨的状态。我们可以说，在内外债的学理与各国经验上，对当时在这方面所知有限的中国知识界与部分官员，梁提供了相当有用的信息。

但这些信息的层次是"现买现卖"型的，谈不上真知灼见的程度，也无所谓的"学理代表性"。基本上梁是针对中国的现实问题，去找相关的书刊，饰以笔锋与讥评。在这种状况下，他对内外债的见解是属于报章杂志型的议论，当时能做这类层次评议的人必定不少，只要翻查同时期的报纸，就可看到许多类似的见解与评论。我们可以说，梁对内外债的见解，并无特殊深入之处，也无远超侪辈之议论，只是他有一支比别人更能"搅动社会"的利笔，因而更引人注目。

从现在的眼光来看，以清末民初政府财政窘迫的状况，再加上政局的动荡，清政府和袁世凯式的公债，依欧美的标准来看当然可笑。梁身在日本，持欧美诸国富贵人家的眼光，讥评处于屋漏墙倾状态下清末政府的狼狈与低劣手法，说得头头是道；但一朝入阁主政，捆手绑脚，难以施展，所献之策亦未见高明。清末民初的公债问题，是整体性的政治、社会、经济问题，而非个人能力高低的问题。再从政策的影响性来看，梁对内外债的议论虽然慷慨激昂、头头是道，但对当时政府的财经政策有无实质的影响？他的意见有无落实的可能？从前面几节的内容看来，答案都是负面的。

5
工 商 实 业

梁论述工商实业的文章相当少，其中态度较严肃的只有早期的
《史记货殖列传今义》（1897，2：35—46）和《廿世纪之巨灵托辣
斯》（1903，14：33—61）两篇。本章第5.1节概述梁对工商实业的
诸项见解，第5.2节析辩他介绍美国托拉斯制度的动机与论点，并评
论了他的基本认知与盲点。

5.1 基 本 态 度

5.1.1 货殖列传今义

梁写这篇以古喻今的文章，目的在倡议商业救国论，这可由此文
的最后一段看得很清楚："若以治今日之中国，拯目前之涂炭，则白
圭、计然真救时之良哉。"他写这篇文章时才25岁（1897年，戊戌
政变前一年），尚未接触到现代的经济学，严复译的《原富》（1902）
也还未出版，所以还没能够运用经济学的观念和词语来表达。在这种
状况下，他用古语今解的方式，从《史记·货殖列传》内挑出某些
段落，解说今日重新阅读这篇文献的意义，目的在于"苟昌明其义
而申理其业，中国商务可以起衰。前哲精意，千年湮没，致可悼也。
作今义"（2：36）。

他的表达手法相当公式化：举一段司马迁的原文，解说此文的基

本意义，之后举西洋之例说明西人如何实践，最后再说国人应可如何。以下引一段较短但也具有代表性的例子。"故曰：仓廪实而知礼节，衣服足而知荣辱，礼有而废于无。故君子富好行其德，小人富以适其力。渊深而鱼生之，山深而兽往之，人富而仁义附焉。启超谨案：周礼有保富之义，泰西尤视富人为国之元气，何以故？国有富人，彼必出其资本兴制造等事，以求大利。制造既兴，则举国贫民皆可以仰糊口于工厂。地面地中之货，赖以尽出，一国之货财赖以流通，故君子重之。挽近西国好善之风日益盛，富人之捐百数十万以兴学堂医院等事者，无地不有，无岁不闻，岂其性独异人哉？毋亦保富之明效也，故曰人富而仁义附焉。俄罗斯苛待犹太人（犹太人最富），而国日以贫，高丽臣子无私蓄，而国日以削。太史公之重富人其有意乎！以明此义，无惑夫世之辟儒，从而非笑之也。"（2：39—40）

这篇文章内含这类的段落共计十五处，各段的内容虽不一，但手法类似，目的齐一：以西洋史例释司马迁古文之今义，说明司马迁之言不但古今中外相通，对今日中国也有振衰起敝之用。若以梁所选的文字段落，来和《货殖列传》的全文相对比，很快地就可以感受到：在手法上梁是以他所知道的现代事例，去找《货殖列传》内意理相通的段落，然后把两边串联起来。这么做的用意很可以理解：他要附着在国人所熟知的文献上，来传达工商救国论。

5.1.2 工商实业论

第 2 篇相关的文章是《敬告国中之谈实业者》（1910，21：113—122），刘仁坤（1996）对此文曾作过一般性的解说。梁写此文的立意，是由于"今日举国上下蹙蹙然患贫，叩其所以救贫者，则皆曰振兴实业。……上之则政府设立农工商部，设立劝业道，纷纷派员奔走各国考察实业。……下之则举办劝业会、共进会，……其呈部注册者亦不下千家。……乃夷考其实，则不惟未兴者不能兴，而已举者且尽废。……不惟当局施政不思改辙，……吾实痛之，乃述所怀以为此文，所宜陈者万端，此不过一二耳"（21：113）。振兴实业，指的是发展新式企业。旧式企业以家族为基干，雇用人数少；新式企业集社会之资，"资本恒自数万以迄数千万，……所用人少者以百数，至多乃至万也。……故其组织当取机关合议之体，……与旧式之专由一二人独裁者有异"（21：113—114）。

说明了新旧企业本质上的差异之后，梁的主要论点是：要振兴中国的实业，必须先发展股份有限公司制，而今日中国的政治环境与社会现象，却与股份有限公司的性质最不兼容；若不排除这项障碍，中国的实业永无能兴之期。他分四点论证：（1）股份公司必须在强有力的法治国家才能生存，中国则不知法治为何物也。（2）须有责任心强固之国民，才能行股份公司制而寡弊，中国人则不知有对于公众之责任也。（3）股份公司需种种机关相辅，而中国则此种机关全缺。（4）股份公司需有健全的企业能力才能办理有效，而中国太缺乏专业管理人才。这几项论点，对熟知晚清工商业的人士，都是耳熟能详的大弊。

梁说这四点是直接原因，是与企业本身直接相关的因素。此外尚有间接的原因，是整体大环境性的因素。间接的因素很多，其中问题最大的是全国资本枯竭。缺资本，犹如巧妇无米，如何逼煎亦无大效。当时最乐道的纾解方式是向外借款，然外债之弊有数端：（1）借外债必然牵动政治因素，外人伺机渗入中国命脉；（2）外资通常仅入少数人手中，不易由全体国人共享，易造成少数人奢靡，扩大贫富差距；（3）企业能力不足，若经营不善，益陷国家于贫困。外资既非万灵丹，梁有何良策？他对工商实业界并没有直接具体的建议，只是客观地指出中国实业界的结构性弊病。

他所开列的处方是间接的，综论应如何改善大环境：（1）"确立宪政体，举法治国之实，使国民咸要习于法律状况"；（2）"立教育方针，养成国民公德，使责任心日以发达"；（3）与企业发展相关之机构，一一整备使之无缺；（4）用种种方法，随时掖进国民企业能力。"四者有一不举，而晓晓然言振兴实业，皆梦呓之言也。"（21：121）推想当日拜读此文的实业家，对此文所析之弊应觉中肯切题；而读到这四点振兴实业的政策建议时，难免哂然：谁不知晓？谁能做到？套用梁常说的一句话"作无责任之言语"而已。

梁另有两篇与商业相关的简短演说词，都可确见他对商业界与金融界的本质有相当掌握。一是《莅北京商会欢迎会演说辞》（1912，29：25—30），二是《莅山西票商欢迎会演说辞》（1912，29：34—38），这两场演讲都是民国元年11月30日在北京所作。梁的《年谱长编》（页410—411）引述他给女儿令娴的长信说："尤奇者，则佛教会及山西票庄、北京商会等，吾既定本日出京，前日各团争时刻，以至一日四度演说，……"这两篇演说辞即出自该日。

北京商会的演说，是上午9时在西珠市口该会馆，各县代表到者百余人，历两小时。梁的演说内容无奇，是泛论性的，有几项要点：今日各国间的竞争，不仅限于军事；经济竞争的重要性日增，而中国在这两方面都远逊于列强。他先举英国的产业革命为例，说明此事对大英帝国之帮助与影响，之后对比中国衰败落后之惨状，并从租税、交通、货币银行三个角度，来析述日后改革之方向。对熟知梁经济论述的读者而言，这些论点平淡无奇，是属于应酬式的场面话。

对山西票商欢迎会的演说词，同日下午7时在北京德昌饭店举行，由山西票庄大德玉等22家联合举办。听众大多是金融学者，梁的演说集中在他对此业的理解，论点相当内行：论中国人的商业观、欧洲金融业史略、中国将来的货币金融制度与政策。此文长约四页，综论上述三大题材，虽属泛论，当时在场者应印象深刻：以旧学为底的梁，在文学、政治、军事、外交诸方面都有洞见，没想到对金融业也有如此广博的知识与见解。

朱英（1998）告诉我们，梁在同年10—11月间作过13场演讲。其中有一场是应工商部召开的临时工商会议而作，但讲词并未收入梁的各式文集内，所以一直未受到应有的注意。这篇4 000多字的讲词，后来刊在1913年10月出版的《中国商会联合会报》创刊号，题为《工商会议开会来宾梁启超君演说》。此文的内容在朱英文章内已有详细解说，在此只作简要的摘述。梁认为要改良实业，必须首先解决三大问题：（1）资力问题，即资本缺乏的难题；（2）企业（尤其是大型实业公司）的组织与管理问题；（3）经营人才问题。其次，他谈到实业发展与政治改良的密切关系，主张：第一，要切实施行法治，实业才能有健全发展的环境；第二，工商界应积极参与政治活动，这是因为清末的商会大都回避政治，甚至在会章上表明，"如事非关碍商业利益者，概不干涉"。这篇讲词的内容，和前述的几次演讲，以及他对工商业问题所发表的文章，在层次上大致类似，新意不多。

5.2　美国的托拉斯

《廿世纪之巨灵托辣斯》（1903，14：33—61）这篇长文有几项主要的信息。（1）梁在美国游历，初见闻这种独特的经济组织"Trust"（意义与沿革详见下文），他急切地想要向国人介绍这种"生计界新飞跃之一魔王"（14：34）。（2）他受到严复译《天演论》内物竞天择观念的影响，认为托拉斯是经济上的新强势组织，若依目前的扩张趋势，则"不及五十年，全世界之生计界将仅余数十大公司（适者生存）"（14：33）。（3）托拉斯对中国的影响，是"不及十年，将披靡于我中国。……抑我国中天产重要品，若丝若茶若皮货，其制造之重要品，若瓷器若织物，苟以托辣斯之法行之，安见不可以使欧美产业界瞠然变色也"。然而他也知道这只是理想："而惜乎我国民之竟不足以语于是也，吾介绍托辣斯于我国，吾有余痛焉耳。"（14：61）

此长文分 10 节：发端、发生之原因、意义与沿革、独盛于美国之原因、托拉斯之利、之弊、与庸率（工资）之关系、国家对托拉斯之政策、与帝国主义之关系、结论。其中背景解说性的篇幅不少，此处不拟摘述，把要点放在析论梁对各项问题的见解。[56]

5.2.1　意义与沿革

梁对"Trust"（托拉斯）这个名词的解说是："盖多数之有限公

143

---

[56] 他在《新大陆游记节录》的第 9 节，以 10 页篇幅记载与托拉斯相关的具体事实，主要有 3 项：（1）1899 年 1 月以后所设立的大型公司（资本额 1 000 万美元以上者）共有 81 家，分别说明其设立年度与资本额；（2）分 12 点说明托拉斯之利，以 10 点说其弊；（3）与托拉斯相关的政府调查报告，以及民间的相关著述。此节所记多为所见的事实，较少个人的观感与评论。

司，互相联合，而以全权委诸少数之人为众所信用者，故得其名（西律凡承受遗产之人未成年或有疾不能自理事者，则任托一人为之代理，其人亦名托辣斯梯）。"（14：37）这样的界定，用现代的眼光读来，忽略了几项重要的特质。

第一，并不是任意几家公司结合在一起，委托某些人经营，就可称为托拉斯。组成托拉斯的基本目的，是要独占或寡占或大幅扩张市场占有率，使厂商能因而得到更大的利润（或降低成本），使公司的产品在生产与营销方面更具主导性。在手法上又可分为水平性的结合（同类产品之间的联结，例如汽车业之间、家电业之间），以及垂直性的结合（例如从上游的石油裂解结合到下游的油品贩卖）。另有一种是多角性的结合，例如日本的三菱公司，在重工、贸易等诸方面的经营，都有举足轻重的地位。

第二，梁在括号里所说的，是在说明信托人（truster）把所有权委托给特定的代理人（trustee）之间的法律关系，这和经济学上的托拉斯完全是两回事。经济上的托拉斯，不一定要把经营权委托给他方，只要是在经营上相互结合，以追求更高的市场掌控度者，都可称为托拉斯行为。也就是说，单单把经营权或所有权委托他人，在法律上虽名之为信托（trust），但并不足以称之为托拉斯，要点是厂商在相互结合之后的经济影响力，已触犯法律规定的最高限度，此时就可用反托拉斯法（或公平交易法）来处置。若依梁的定义，则看不出何以需要有反托拉斯法的存在。

从这两点看来，梁所举的四种托拉斯组织方法（14：37—38），都是属于把企业权委托他人经营的性质，这和经济学上可用"反托拉斯法"处置的企业结合垄断行为完全无关。这是因为梁当时的经济学认知有限，而他所参阅日文的著作，大概是先用法律的观点来解说此词，而未直接进入析论企业的水平与垂直结合，而误导了梁的基本认知。

上海辞书出版社的《经济大辞典》（1992：695—696），对托拉斯有如下的解说，可用来对比梁的误解："资本主义垄断组织的一种高级形式。生产同类产品或在生产上互有联系的大企业纵向或横向合并组成的垄断组织。旨在垄断某些产品的生产和销售，攫取高额垄断利润。全部活动由一些最大的股东组成的董事会加以控制，参加企业成为这个大垄断组织的股东，在法律上和产销上完全丧失独立性，只按投入资本额取得股权和分享利润。主要有两种类型：以金融控制为基础的托拉斯和以企业合并为基础的托拉斯。前者的参加者保持形式上的独立，实际上则从属于类似持股公司的总公司，大股东通过股票控制额以控制整个垄断企业。后者是由类企业合并组成，或由实力强大的企业吞并较弱的同类企业组成。托拉斯是比卡特尔和辛迪加更加稳定的垄断组织。美国是最早出现托拉斯的国家。"

梁的另一项误解，是为何托拉斯这种组织会在西洋经济体制内出现。他用三页多的篇幅（14：34—37），来解说托拉斯发生的历史背景，他的见解相当独特："此近世贫富两级之人，所以日日冲突而社会问题所由起也。于斯时也，乃举天下厌倦自由，而复讴歌干涉，故于学理上而生产出所谓社会主义者，于事实上而产出所谓托辣斯者。社会主义者，自由竞争反动之结果；托辣斯者，自由竞争反动之过渡也。"（14：36）这是很让人费解的论点。资本主义因主张自由竞争，而造成社会阶级分化、贫富悬殊、社会不公等弊病，所以会有在立场上和它对立的社会主义产生，目标是要消除因资本主义制度而起的弊病。而托拉斯制度，尤其是在美国产生者，从历史过程的角度来看，正好是资本主义自由市场经济体制发展的一个极致：大企业间为了追求更高的市场占有率、更高的利润率，因而有水平与垂直的整合，这是自由竞争的极端化结果，而不是梁所说的"自由竞争反动之过渡也"。若托拉斯只是过渡，那么过渡之后的阶段是什么呢？梁说："曷云托辣斯为反动之过渡也？托辣斯者，实'自由合意的干涉'也。"（14：36）这又是一项难以理解的说法。

另一项更难理解的，是梁所认知的托拉斯产生之原因。梁分八项说明"非有大资本者，不能优胜于竞争"，"所谓大食小、大复食大者，于是而第二等之工业亦将全败。于斯时也，生计界之恐慌不可思议，而社会必受其病，故非有所以联合之而调和之，则流弊遂不知所届。此托辣斯之所由起也"（14：36—37）。照此段文义看来，托拉斯是因工商产业之间有弱肉强食、以大吃小的现象，为了防止此项流弊，所以才会产生托拉斯。这样的见解和一般的理解正好相反：托拉斯是厂商借着水平与垂直的结合，来追求更高的市场占有率和更高的利润；同样地，为了防托拉斯所带来的弊端，所以美国政府才会执行反托拉斯法。

再举《经济大辞典》的例子，来说明托拉斯之害以及梁对此事的误解："1882 年，洛克菲勒家族的俄亥俄孚石油公司吞并 14 家大石油公司成立的美孚石油托拉斯组织，是世界上第一个托拉斯组织，资本额虽仅 1.1 亿美元，却控制着美国精炼油总产量的 85% 和出口量的 90%。1900 年以后，食糖、制钢、石油、制铝、铁路、电气设备、榨油、火柴、烟草等行业均普遍成立了托拉斯组织，共有 185 个。它们掌握了 30 余亿美元资金，占全国制造投资的三分之一。第一次世界大战后，德国、英国和其他西欧国家也相继出现许多托拉斯组织。由于托拉斯任意操纵价格、排斥竞争，造成大量中小企业破产并不断发生侵吞土地、营私舞弊、行贿等不法行径，引起各阶层人士的普遍反对。因此，美国国会后通过了一系列反托拉斯法律，如谢尔曼法、克莱顿法和联邦贸易委员会法等以施加限制。在此压力之下，标准石油托拉斯于 1911 年由美国最高法院裁决予以解散。"

梁对托拉斯的基本误解，在一段自问自答中再度显现："问者曰：子言托辣斯所以救自由竞争之极敝。今若此，是以更大之资本，与彼次大之资本相竞争耳，而何救之可云？曰：是其性质不同。……故托辣斯者，和平之战争，而合意之干涉也。"（14：38）此段文义难解，但问题的根本，还是在于梁弄错了托拉斯的基本定义与目的：托拉斯本身是自由竞争的极致，所以才需要有反托拉斯法来制衡〔梁详列美国在 1882—1900 年的各项反托拉斯法案（14：39—42）〕；托拉斯这种组织不是用来"救自由竞争之极敝"的，托拉斯不是救命者，而是要被限制的对象。

5.2.2 利弊

梁用三节的篇幅（14：43—54），说明托拉斯独盛于美国之原因、托拉斯之利与弊。他根据日本农商务省四年前之报告（1899），译录五大因素，说明何以托拉斯在美国独盛。这些因素已是众所皆知，不必细引，但其中第五条说"美国之铁路如蛛网然，贯通全国而往往有秘密减价之事，是亦导起托辣斯之一原因也"（14：44）。美国铁至今日仍未蛛网然，这是事实。若已蛛网，则经营者必多，也必相互竞价，不必秘密减价。

梁列举托拉斯的十二利（14：45—51），并以表列方式陈现，甚简明，但亦有可辩者。他分三项来说明：（1）本公司之利（内分消极的与积极的），（2）消费者之利，（3）全国民之利。若托拉斯对消费者有利（他分列三项：物价低廉、供给确实、运费节省），对全国民有利（亦分三项：节制生产维持物价、交换智识奖励发明、蓄养内力与他国外竞），则美国何以需要反托拉斯法？

他另用十条说明托拉斯之弊（14：51—54），全文过长不便细引，重要的信息是：梁对这些弊端与批评所采取的态度是辩护性的，举一例为证。"第三，以其为本业之独占也，无竞争之刺激，故生产技术之改良进步日益怠。以此与自由竞争之国民相遇，不久必至退步劣败，诚如是也。则前此种种之利益，皆不足以相偿矣。"（14：52）这是常见的合理论点，梁在同段内的辩解是："虽然，据过去现在之托辣斯实情以审判之，此流弊似尚未见。"若真是如此，那何以会有此批评且为经济学界所共识？

梁既知美国在1882—1900年间屡有反托拉斯法案，又详知各主要托拉斯公司之业务与合并状况（14：39—41），照理应说明为何美国司法界屡有此类反对性的作为，但纵观全文，他的倾向却是在支持托拉斯制度。例如他在第7节（14：54—57）从劳动者的角度来看，说有人批评自由竞争过度，会导致资本家利润降低，劳动者的收入因而受影响，梁以三个表格来证明：不同层级的员工在托拉斯成立之后，薪资不降反高，"此托辣斯有益于劳佣而无害，其证一也"（14：56）。之后他又举统计数字说明："托辣斯成立以后，雇佣之人数与受庸之金率，相缘且增，而且其增加率甚大，至易见也。托辣斯有益于劳佣而无害，其证二也……托辣斯者，亦调和资本家与劳力者之争阅一法门也。"（14：57）

147

梁何以有这种见解或心态？动机之一是他希望能把托拉斯的概念介绍给国人。因为中国的企业太小太弱太散，他期盼能通过这种组织，把中国的工商业结合成几十个大企业，一方面增加产能，另一方面提高在国际市场上的竞争性："抑我国中天产之重要品，……苟以托辣斯之法行之，安见不可以使欧美产业界瞠然变色也。"（14：61）

理解这项基本动机之后，我们只能惋惜地说：梁误解了美国托拉斯的基本性质，误估了它对国计民生的利弊。美国的托拉斯是大企业之间的再度结合，不论是水平的或垂直的，目的是在进一步控制市场和提高利润。梁所希望的，是中国的中小企业结合起来，达到一个稍有规模的企业体，不论是水平的或垂直的，目的是要能在国际市场上稍有竞争对抗的能力，以"使欧美产业界瞠然变色"。在这项动机下，他表列了托拉斯的诸项优点（14：50—51），而替托拉斯的诸项弊端作了勉强的辩护："似尚未见"，"亦不必深虑也"，"若是不足以相诟病也"（14：52—53）。

5.2.3 评价

梁的动机，犹若一位体弱的中国男子，初见美国重量级举重选手体魄强壮，艳羡之余，亦思采相同之环境与训练方式以求强健对抗。医者示曰：此类选手刻意训练，日后恐得某病，身体某处恐老后反受其苦，故法律禁止过度伤劳也。但此人只思强壮，对曰：此弊不必深虑、不足以诟病也。这种顾前不顾后的冲动，梁并非特例，严复亦犯此病。亚当·斯密的《国富论》，是英国执世界经济牛耳时期的作品，斯密主张自由放任、自由竞争，对弱小诸国（如18世纪之德国）而言，犹如超级柔道或拳击选手主张比赛不必分等级，只要放任自由竞争即可。严复在清末译此书时，向国人介绍这几项英国经济强盛时的政策，希望中国亦能仿效直追。他的目的和梁一样：希望因而"可以使欧美产界瞠然变色"。自由放任和托拉斯一样，都是英美经济发展长期累积出来的"自然"产物，都是强盛时期的特殊产物，梁与严两人极思中国经济能仿行，但徒见其利而不见其病。

现代的经济学知识，对托拉斯已有较正确、较完整的理解，我们不必对梁这篇基本认知错误的文章过度批评。对美国托拉斯与反托拉斯运动有兴的读者，可以参见下列的相关文献。[57]

---

[57]　（1）Oliver Williamson（1987）：Antitrust Policy，*The New Palgrave：a Dictionary of Economics*，London：Macmillan，1987，1：95—98.　（2）韩毅《论19 世纪末 20 世纪初美国的托拉斯立法运动》，载《中国社会科学院研究生院学报》，1994，5：55—61。　（3）张附孙《美国的反托拉斯运动》，载《云南教育学院学报》，1994，4：43—49。

6

社会主义与土地国有论

6.1 时 空 环 境

1898 年梁启超 26 岁时，因戊戌变法事败在 8 月逃到日本。康、梁抵日后不久，有日方人士居间调停，希望能和兴中会孙中山等人联合起来共同救国，但双方的立场和主张有不少歧异。孙曾访康，但康匿不见。康称奉清帝衣带诏，以帝师自命，意气甚盛，视孙一派为叛徒。犬养毅等人在革命党与保皇党之间斡旋，但两派之间歧见日深，势同水火（《梁任公年谱长编》，页 83—84）。1899 年康离日赴加拿大，孙与梁往来日密，梁对孙"异常倾倒，大有相见恨晚之慨"，双方合作声浪日高，计划以孙为会长，梁为副会长。梁甚至在给康的信中说："吾师春秋已高，大可息影林泉，自娱晚景。"康甚怒，令梁赴檀香山办理保皇会之事。梁行前与孙"矢言合作到底，至死不渝"，孙"作书为介绍于其兄德彰及诸友"，但梁抵檀后仍从事保皇会活动，创夏威夷维新会，双方交恶。1900 年梁自檀函孙表示分道扬镳，自此双方在海外开始激烈的冲突。[58]

6.1.1 论战始末

这些冲突是众所周知的事，但较有系统且形诸文字的，是在梁办
《新民丛报》（1902—1907，半月刊，6 年间共发行 96 期）和孙派办
《民报》（1905—1910，不定期，4 年内共发行 26 期）的时期。[59]双
方针锋相对的事项很多，大都以政治方面的议题为主。与经济事务相
关者主要有两项：一是中国日后是否应采社会主义的经济路线，二是
应否采土地国有化与实施单一土地税的问题。双方对这两项主题的争
论过程大致如下。《新民丛报》对《民报》的排满革命论屡有意见，
《民报》在第 4、5 两期（1906）有汪精卫、县解（朱执信）、辨奸
（胡汉民）的激烈答复（如《斥〈新民丛报〉之谬妄》）。梁不甘示
弱，在《新民丛报》第 84—86 号（1906）3 期连载长文《杂答某
报》，前 4 节的内容主要是政治方面的议题，互辩经济路线的论点出
现在第 5 节："社会革命果为今日中国所必要乎？"（《新民丛报》第
4 年 14 号〔总号 86〕页 5—52）。《民报》在 12 期（1907 年 3 月）
刊出署名"民意"（这是胡汉民与汪精卫合用的笔名）的长文《告非
难民生主义者》，副题是"驳《新民丛报》第 14 号社会主义论"。此
文甚长，超过百页（12：45—155）。这两篇辩驳性的长文，主要是
在争论中国将来是否可以采用社会主义的经济路线，在学理与实际执
行上各有哪些强弱之处。

---

[58] 详见张朋园（1964：119—138）、亓冰峰（1966，第 2 章）以及 Chong
   （1986）对两党合作始末变化的详细解说；另见《年谱长编》（页 89—90）
   与 1899—1900 年的相关记载。然而梁在晚年对康、孙、梁的关系却另有一
   番说法。据他的学生吴其昌记载，梁亲口说："不然。中山（先师如此称）
   与我甚厚，在横滨，有一段时间，每宵共榻，此世人颇有知之者。……最
   初，南海不甚了解中山确系事实，……犬养翁汉学甚深，道德甚高，为南
   海与中山二人所共钦。经彼之解释介绍，二人俱已涣然互信。……康孙最
   后破裂，闻在马尼剌。孙屈已谒康，康亦欣然出迎，闻下至楼梯之半，有
   人阻康云：孙携有凶器，此来实行刺也。康惊骇上楼，孙大怒而出。此事
   我非目睹，亦得之传闻，大体或不谬也。犬养木堂闻此讯长叹，况在吾辈！
   然康实无轻视孙之意也。"（夏晓虹，1997：404）

[59] 《民报》诸期内并无孙中山的亲笔文章。（朱浤源，1985：44）

《新民丛报》在 1907 年第 90—92 号刊出梁的长文《再驳某报之土地国有论》，分 39 点驳斥《民报》。此文收入《饮冰室文集》（18：1—55），但原刊在《新民丛报》第 92 号的第 3 节"就社会问题上正土地国有论之谬"（92：1—22），却遗漏未收。此外，第 39 点之后说此文"未完"（92：22），但查《新民丛报》第 93 号之后，梁就未发表过论说文，只在第 95 号上写了一篇诗话，而第 96 号是《新民丛报》的最后期，所以这篇文章到此应该就结束了。

《民报》第 15、16 号（1907 年 7 月—9 月）有朱执信（署名"县解"）的反驳《土地国有与财政（再驳〈新民丛报〉之非难土地国有政策）》，以及第 17 号署名"太邱"（不知何人）的《斥〈新民丛报〉驳土地国有之谬》。这几篇辩驳的主题都是土地国有论，虽然在顺序上接着前述的社会主义经济路线问题，但一因这两个题材的性质可以独立处理，二因这两个题材各自牵扯到不同的论述领域，所以在以下的两节内分别处理。但整体而言，这两项题材应相互参照，才能理解双方在 1906—1907 年对经济问题大争辩的全貌。1907 年 10 月《新民丛报》停刊，1910 年 2 月《民报》停刊，双方正式争辩经济路线的文献也就止于上述几篇。[60]

6.1.2　相关研究

本章的主题设限在两个经济问题上，但整个辩论的背景和社会主义这项大主题是密切相联结的。本章把焦点界定在经济议题内，是一种局部性的分析方式，会有见树不见林的缺陷；较完整的全面性解析，至少还应该包含几个面向。（1）孙文与《民报》派的人士，他们所主张的社会主义，和其他众多的社会主义主张，有哪些异同？他们的特点何在？（2）同样的问题，也可以用来问梁的情况：他心目中的社会主义是什么？他为什么反对这条路线？为什么他和孙派人士

---

[60] 李喜所、元青说，《新民丛报》在 1906 年 11 月曾向《民报》表示："可与《民报》相商，以后和平发言，不互相攻击可也。"（1993：245—249）但革命党人士却"皆不以为然"，《新民丛报》"不得不单方面停火了"。同书（页 289—290）说，1906 年章太炎主持《民报》后，感到胡汉民、汪精卫对梁的批判"辞近诟誶"，便降低调子，"持论稍平"。

会有这么歧义的见解？（3）土地国有论既是孙派人士的主帜，这个问题在他们所主张的社会主义路线中，是居于一个怎样的地位？此派人士对土地国有的意见有何异同处？

这些都是背景性的大问题，在大陆已有许多相关的研究，能提供相当清晰的答案。我推介皮明麻（1991）这本综述性的著作，读者可以从此书的第3、5、7、8、9、12、15、17诸章，得到上述三个问题的相关答案。这本书还有一项文献上的优点：脚注所附的相关研究书目齐备，在书后的附录里，详列1871—1923年中国"介绍和研讨马克思主义、社会主义论著要目"，这是很方便研究者的资料整理。台湾学界对大陆社会主义学说史的研究也不少，较具代表性的，是萧公权（1980）等人编著的文集：其中有甘友兰分述中国社会主义运动，有黄顺二析论梁任公的社会思想，有六篇论孙中山的社会主义观，在附录里也有相关的推荐书目。这是到20世纪80年代初期的主要文献，之后的期刊论文，也可以在台北的台湾图书馆网站上，查询期刊索引。

从梁的《合集》里，也可以看到他在不同时期，针对不同议题，与不同派别的人士对社会主义做过不少激烈的争辩。[61]他们所辩论的主题，是从整个体制的角度来看：社会主义的基本性质为何？在欧美的落实情形有何障碍与优势？欧洲式的社会主义，对当前与日后的中国，在本质上有何落差？这些争辩是属于政治性的议题，虽然其中也难免提到经济问题（如生产、分配、福利等等），但都不是对单一经济问题的深入争辩。从这种宏观性的角度，来观察梁对社会主义观点的长期变化，已有许多文章析论过：例如在1995—1996年就有应学犁（1995）、刘圣宜（1996）、董方奎（1996），由此也可以推想这类论梁启超与社会主义文章的数量。整体而言，中文学界对孙、梁的社会主义观点，已有相当好的理解，但尚未见到有专文把焦点集中在《民报》与《新民丛报》的经济争辩上，尤少见到以经济专业的观

---

[61] 例如《复张东荪书论社会主义运动》（1921，36：1—12），以及为吴仲遥的《社会主义论》所写的序（1907，20：1—2）。就梁对社会主义与马克思主义的一般性观点，李喜所、元青（1993：240—245、461—469）以及罗检秋（1999：146—155）都有详细的评述。

点，来评比双方论点的内在逻辑。

国外对这两项主题的相关研究，在社会主义经济路线争论上的析述较少，以 Scalapino 和 Schiffrin（1959）、Bernal（1976）为主；在土地国有论方面的研究较多，如 Schiffrin（1957）、Schiffrin 和 Sohn（1959）、Lin（1974）、Lindholm 和 Lin（1977），Trescott（1994）。这些作者各自侧重的面向不同：有些注重社会主义的思潮，有些注重亨利·乔治（Henry George，1839—1897）学说引入中国的过程与反应。这些作者的论点繁复，在篇幅的限制下，不拟在此综述比较。

台湾学界对《新民丛报》与《民报》之间这项大争辩，有两项较完整的分析：一是张朋园第 7 章析论"梁启超与革命党论战的影响"（1964：207—252）；二是亓冰峰第 5 章论"《民报》与《新民丛报》的大论战"（1966：145—234）；三是朱浤源第 4 章论"社会革命论"（1985：155—226）。以这三项研究为例，他们的视角较广，把政治、社会、经济三个面向都合并考察。高桥勇治（1943）的写法也类近：在单篇论文内，综述了这个议题的民族、民权、民生三个层面。这种写法的优点是，问题处理得较平衡，然而缺点是，以经济面向为例，辩论双方有许多需要较专业深入解说与评比的子题，就处理得较平面，篇幅也明显不足，甚至放过了某些重要的论点。本章因而把着重的角度，放在析述孙、梁双方辩论的经济论点及其内在逻辑，并评判各个论点的强弱优劣。希望这种从经济史角度的单题深入析述，可和上述历史专业人士的相关著作互补。

6.2　社会主义经济路线

有了上述的背景理解之后，现在进入主题，来看梁与孙派《民报》之间的对立状况与辩论要点。

6.2.1　基本立场

梁在《杂答某报》第 5 节"社会革命果为今日中国所需要乎？"（86：5—52）内，前半部旨在列举三大项理由，说明何以中国"不必行、不可行、不能行"社会革命；后半部（86：24—54）旨在批驳《民报》第10号所刊的孙文演说辞。综观全文，梁的第一项论点是反对《民报》的革命论，他的要点是："吾以为欧美今日之经济社会，殆陷于不能不革命之穷境，而中国之经济社会，则惟当稍加补苴之力，使循轨道以发达进化，而危险之革命手段非所适用也。"（《新民丛报》，86：6）梁的第二项论点是关于中国将来的经济路线问题：如何奖励资本家，采取保护主义以免他国资本势力充满国中，如何保护劳动者，何以所得分配问题并非首要，等等。

此节文长近50页，广征博引，词繁不杀，且常有人身攻击的文字："于是卤莽灭烈，盗取其主义之一节以为旗，冀以欺天下之无识。"（86：24）"孙文之民生主义正此类也。孙文乎！苟欲言民生主义，再伏案数年其可也。"（86：35）"若孙文，则头脑稀乱，自论自驳，无一路之可通。"（86：42）"此等四不像之民生主义，亦以吠影吠声之结果，俨然若有势力于一时。"（86：52）文中所牵扯到的经济问题繁多，有物价、工农商诸业、国际贸易、经济阶级、社会福利、国际竞争、土地国有论、单一税制、社会主义之优缺点。但各项说法大都点到为止，也时常数项主题并谈，这是笔仗性的文字，不患言辞之激昂。

这节的文字毫无遮掩地显现出梁的主要诉求："今日欲救中国，惟有昌国家主义，其他民族主义、社会主义，皆当诎于国家主义之下。闻吾此论而不瘳，必谓其非真爱国也。"（86：52）梁的国家主义论，就经济面向而言，正是他所主张的："吾以为策中国今日经济界之前途，当以奖励资本家为第一义，而以保护劳动者为第二义。"（86：16—17）也就是要排除外国资本在中国的力量，因为"但使他国资本势力充满于我国中之时，即我四万万同胞为马牛以终古之日"（86：18—19）。

由此可以明白梁的《新民丛报》与孙的《民报》，对将来中国要走的经济路线有基本认知上的差异：梁主张保护政策式的国家主义，先发展工商业，可暂时不顾虑所得分配不均的问题；孙主张生产设备公有、土地国有、欢迎国外资本、强调注重所得分配的社会主义。

6.2.2 梁的论点

梁以三大项论点来反对社会革命（其实主要目标是孙文的民生主义），但论说歧杂冗长，以下以简要方式重述他的论点，并稍加评述。

梁认为中国"不必行"社会革命的主要论点是："彼欧人之经济社会所以积成今日之状态，全由革命而来也。中国可以避前度之革命，是故不必为再度之革命。"（86：6）他摘述西洋近代社会经济的史实，给对这方面较少接触的中国读者当作背景知识。[62]梁认为中国不宜仿西欧采社会革命的原因是：中国的经济社会组织与西洋不同，"中产之家多而特别豪富之家少"。

这有几项历史根源：（1）中国无贵族制；（2）中国采众子继承制，"欧洲各国旧俗大率行长子相续"，长子继承制有助于财富积累；（3）中国赋税较欧洲轻：欧洲有贵族和教会"重重压制"，且"侯伯僧侣不负纳税之义务"，中国无此弊端。欧洲各国在各时期的状况不一，梁所说的这三点是否成立是另一个问题，因为这不是此处的主题，不拟深辩。晚清在政治、社会、经济等诸多面向皆弱废，朝廷内也多有兴革之议（例如百日维新），在野人士也时常有所主张。孙文的社会主义式革命虽然不一定是最好的方式，但梁上述的三点理由对孙派人士而言不够说服力，后人观之也多有简化史实之处。综观之，梁的第一项论点较弱。

他的第二项论点是中国"不可行"社会（主义）革命："社会革命论以分配之趋均为期。质言之，则抑资本家之专横，谋劳动者之利益也。此在欧美诚医群之圣药，而施诸今日之中国，恐利不足以偿其病也。吾以为策中国今日经济界之前途，当以奖励资本家为第一义，

---

[62] 梁所依据的脚本，是美国经济学者埃利（Robert T. Ely, 1854—1943）的 *Outlines of Economics*（1893）。埃利在 1895 年创立美国经济学会，此学会从 1963 年起，每年邀请一位杰出学者担任埃利讲座教授，刊登一篇讲座论文。埃利在 19 世纪末的美国经济学界相当有影响力，是一位社会主义者，但晚年趋向保守。（详见 *The New Palgrave: A Dictionary of Economics*, 1987, II: 129—130）

而以保护劳动者为第二义。"（86：16—17）这个论点说明，双方的共同点都是要谋劳动者的利益，此点可以不必细说。双方的差异在于对资本家的态度：社会主义的首要敌人是资本家，这是欧洲历史的教训；梁认为西欧之病中国并无，何必以他人之圣药来医己病？

梁提出一项对立性的论点：这是一个国际资本相互竞争的时代，国际资本会因为逐利而迁移〔"故拥资本者常以懋迁于租（地租）庸（工资）两薄之地"（86：17）〕，西洋诸国资金较中国雄厚、科技较发达，"我中国若无大资本家出现，则将有他国之大资本家入而代之；而彼大资本家既占势力，以后则凡无资本者或有资本而不大，只能宛转廋死于其脚下，而永无复苏生之日"（86：18）。他主张"我国民于斯时也苟能结合资本，假泰西文明利器（机器），利用我固有之薄租薄庸以求赢（利润），则国富可以骤进十年，以往天下莫御矣"（86：18）。他认为这样才能"从各方面以抵挡外竞之潮流，庶或有济。虽作始数年间，稍牺牲他部分人之利益，然为国家计，所不辞也"（86：19）。

简言之，他主张采国家主义路线，行保护政策以抵挡外资侵入；同时奖励本国资本家，运用西洋的新式生产设备，以求在国际市场上竞争。在追求扩展时，难免出现所得不均的状况（资本家与工商业变富，农业部门的资金则被挤压），这是必然会出现但也是应该容忍的初期牺牲。他继而批评《民报》的见解："吃倡此与国家全体利害相反之社会革命论，以排斥资本家为务。寖假而国民信从其教，日煽惑劳动者以要求减少时间，要求增加庸率，不则同盟罢工以挟之。资本家蒙此损失，不复能与他国之同业竞，而因以倒毙，……坐听外国资本势力骎骎然淹没我全国之市场，欲抵抗已失其时，……全国人民乃不得不帖服于异族鞭棰之下，以糊其口。"（86：19—20）

对现代读者而言，若从资本主义、世界体系、国际分工的角度来看，梁的主张比孙更能符合此潮流，他认为要这么做才能迎头赶上。若行社会主义，视分配平均为首要，则最多也只能达到"均贫"而已，不如先求富之后再求均。至于中国当时能否累积出足够的资本，且能在国际上竞争，仍是一项假设性的大问题。

第三项论中国"不能行"社会主义革命的理由很简单："虽然欧

美现在之程度，更历百年后犹未必能行之，而现在之中国更无论也。"（86：21）梁在 1906 年写此句时，俄国的"十月革命"尚未发生。史实证明半世纪不到，在 20 世纪 40 年代末期，社会主义就在苏联、东欧、中国、非洲、拉丁美洲等许多国家和地区实现了；之后再 40 多年，又在 20 世纪 90 年代初期出现苏联解体和东欧剧变，此则非梁所能预见。

梁在 1906 年时的论点很清楚：中国若要行社会主义，当时世界上有哪个国家曾经有过成功的例子可仿效？同样的问题，也可以用在《民报》所主张的土地国有论上。简言之，梁一方面认为中国无实行这两项经济政策的条件，先进诸国在当时也无一成例可仿效。然而半个世纪之后，中国实现了社会主义和土地国有化这两件事，此事在第 6.5 节内会再讨论。

6.2.3 《民报》的反击

《民报》第 12 期（1907 年 3 月 6 日）的《告非难民生主义者》，是胡汉民和汪精卫合写（署名"民意"）的长文（12：45—155，共 111 页），内含 20 条批驳。写作的手法是先引上述梁文的某些段落，然后逐点驳斥。前 15 条分在 3 节内（依梁的"不必行"、"不可行"、"不能行"顺序），后 5 条在驳斥梁对孙的批评。整体而言，这是一篇强有力的作品，在《民报》内少见这种论述经济问题的佳作。缺点是冗长杂芜，论点不够集中，小辫子式的纠缠过多，大问题所用的篇幅反而不够；此外，常有人身攻击的文字，例如批评梁的"经济观念之谬误"8 大项（12：51—52），以及说梁是文抄公（12：54、88）。另一项特色是在文末（12：147—155）表列梁文的 12 项矛与盾，此表虽然醒目，但其中约有半数不易看出有何明显的矛盾。若此文能删缩一半，精彩与分量当不逊于梁文。

对中国"不必行"社会主义的说法，梁的见解是因为欧洲有阶级问题，有革命的传统，有不公平的税制。《民报》的批驳是：梁只举欧洲之例来说明中国的状况不同，是"其谓中国不必社会革命之惟一依据也"，"而于美洲则无一字道及"（12：53）。如果美洲（应指北美）行社会主义成功而梁一字不提，那是梁的大弱点；然而北美非但不行社会主义路线，走的还是梁所倾向的资本、竞争、保护等路线。《民报》的第一项反击无功。

第二个论点是依埃利的书中所言，"美国社会进步之后，其分配之不均尤甚剧也"（12：55）。美国在19世纪中叶后逐渐发展工商业，有铁路、钢铁、石油等大王，所得不均化是有目共睹的事，而梁也说过，若中国采工商业资本化路线，必然会牺牲某些人的分配公平性。这一点是清楚明白的事，不知《民报》的反驳如何能"有足以正梁氏之谬失"？同一问题的另一项批评是对的：梁认为中国无贵族制度、采诸子继承制、赋税极轻，所以财富分配问题不会比欧洲严重，将来也不会是个大问题。《民报》举例反驳：美国亦无此三个问题，但所得分配仍会恶化（托拉斯式的产业集团是原因之一），可见梁的论点不充分（12：57—58）。

针对财富分配的问题，梁另有一项认知上的错误：他以为公司股份化之后，一般市民可以投资持股，大公司的利益就可以由社会分享，"亦即我国将来经济社会均善之朕兆也"（12：60）。这是他在19世末初见股份公司制时过度乐观的看法。相对地，《民报》（12：61）对此问题的见解相当成熟。占10股以下的小股东人数再多也无用：一因股票可以随时转售他人；二因小股东不易结合，不易产生足够的影响力；三是大股东可以收买股份来垄断公司决策。要言之，在尚未见到股份公司制度有助于分配平均化之前，已有实例见其自肥之弊。以今日经验证之，梁的见解较粗浅。

接下来是中国"不可行"社会主义的问题，要点是批评梁的主张：奖励本国资本家、排斥外资的国家主义式保护政策。《民报》的论点值得考虑：何必拒外资？能共荣共享岂不更佳？"则外国资本其能输借于中国，……我宁欢迎之不暇。……梁氏勿疑经济的国际竞争为一如武力的战争，……其能商于我国而获赢，大抵其能有利于我，而非朘我以自肥也。"（12：69—70）作者举日本煤油矿与美国斯坦达（Standard）公司合作互利为证，来批评梁的闭关保护政策：若万一无法扶植本国强有力的资本家成功，则中国在国际竞争上必无胜理。《民报》以梁的语气反讽："故梁氏排抵外资之政策，求之各国无其类例。"（12：74）

接着批评梁的保护主义。《民报》（12：73—74）的论点是漂亮有力的自由贸易论：有行保护主义也有行自由贸易的国家，"各持学说相攻难，至今无定论"（这是实话）。《民报》对此事并无创说，只是提醒说：在保护政策之下，企业易有依赖心，怠于改良进步；行自由经济政策则可鼓励国人"从事于其贸易上最适宜之生产"。这个问题几乎在世界各国都辩论过，这是个永无结论的争辩，因为利弊得失会随着经济环境而变迁，固守着某条路线皆非上策。至于清末的中国应采保护主义或自由政策，这也是一个难有定论的争辩，因为这两条路线都有强力的拥护者，双方所持之论也都有事实依据，所以对这个问题无法判断双方何是何非。

虽然梁反对社会主义，但他也赞成"以累进率行所得税及遗产税……制定工场条例、制定各种产业组合法者"（12：74）。《民报》说梁"于其论分配问题时崇拜社会主义，而于论生产问题时则反对之，此其所以为大矛盾也"（12：77）。《民报》的理论分析较梁的见解深入："分配含有二义，其一为关于个人财产贫富之问题，其二则为庸银（工资）与租（地租）息（利息）赢（利润）之问题。"这是根据埃利著作的说法，即所得可分两种：一是个人财富，二是生产要素之所得（劳力得工资、资本得利息、经营得利润）分配，也可以说是劳动阶级和资本阶级之间的分配。他们批评梁"惟知从事于生产，而不计社会个人贫富之家"（12：78），结果会再度陷入西欧诸国的阶级矛盾。这是有力的批评。

第三点驳中国"不能行"社会主义之说。梁的基本意思是：中国在当时具有哪些条件，来实行西洋先进诸国尚无法达成的社会主义理想？《民报》对此问题的回答不切要点，只抓住梁的语病，说他们要做的并不是梁所认为的"圆满之社会革命"："吾人所主张为非圆满之社会革命也。"（12：90）这是无力的论点：中国要实行的是"多不圆满"的社会主义？若很不美满，那又何必？若只是有一些不圆满，也要确切说明程度才能服众。《民报》舍此要点，转而强调土地国有之优越性，批评梁对土地国有的误解，之后再转向土地国有的理论性说明，似乎土地国有是民生主义的唯一要务。其实《民报》可以就社会福利、保障就业、卫生医疗、基础教育等具体生活项目来答辩，反而较能引人关切。此节除了辩解土地国有的优越性外，并未回答何以中国不能行社会主义的质疑。

最后一点是《民报》要给民生主义拟一个英文名称，以示它与社会主义之区别："民生主义一名词当为 Demosology 而不为 Socialism。"（12：126）此字可拆成 Demo（民主）和 sology 两词，sology 又可拆为 so-（代表有一点"socialism"）和-ology（代表"学"）而非"主义"。这是把西洋的社会主义改变名称，以纳入中国情境的一种作法，被梁讥为"四不像"。最后的附录是在答辩梁对孙文演说的批评，内容要点在前面已多提过，只是换另一套词辞，佐以不同史实。这个附录少见新意，不如删去来得简洁有力。

6.3　土地国有论

在第 6.2 节的社会主义经济路线问题，基本上是原则性的争论，具体执行的问题较少。本节的土地国有化论争，虽然也有原则性的问题，但主要的争辩环绕在如何把这项主张在中国落实。社会主义和土地国有是《民报》的两大经济主张，也是孙文路线的鲜明标志，所以梁在《杂答某报》内，把两者视为一体之两面，行文时并未刻意区隔，《民报》在答辩时也是把两者混在一起。梁写《再驳某报之土地国有论》时，就把焦点集中在土地国有化的问题上，不再谈社会主义的面向，《民报》在随后的几篇回答，也是集中在土地问题上。

6.3.1　梁的批评

梁在《杂答某报》内论说何以中国"不能行"社会（主义）革命时，批评"今排满家（即孙文与《民报》）之言社会革命，以土地国有为唯一之獜，不知土地国有者，社会革命中之一条件，而非其全体也。……如今排满家所倡社会革命者之言，谓欧美所以不能解决社会问题，因为未能解决土地问题。一若但解决土地问题，则社会问题即全部解决者然，是由未识社会主义之为何物也"（《新民丛报》，86：21）。

梁的论点是：欧美经济社会分配不均的主因，是在资本问题而不在土地问题。这是有道理的说法：试想马克思为何写《资本论》而不写《土地论》？梁的推理是：孙文说地价与地租之所以暴涨，是都会发达的结果。但都会何以发达？根源还是在"资本膨胀之结果而已。彼欧洲当工业革命以前，……土地之利用不广，虽拥之犹石田也。及资本之所殖益，则土地之价值随益腾，地主所占势力于生产界者，食资本之赐也。……又况彼资本家常能以贱价买收未发达之土地，而自以资本之力发达之，以两收其利，是又以资本之力支配土地也。……要之，欲解决社会问题，当以解决资本问题为第一义，以解决土地问题为第二义，且土地问题虽谓资本问题之附属可也"（《新民丛报》，86：22）。

这是合理的论点：今日东京、纽约、伦敦、巴黎地价之高，固然是都会发达之结果，但若这几国的经济不走资本主义路线，岂有今日之状？反之，在行社会主义的国家，都会即使发达，地价涨幅仍有限，因无资本之煽动力也。同一文章的附录（86：24—52）是梁批评孙文的演说，他重复了上述资本为主、土地为属的说法，并举上海、香港之例为证，说明"使资本家永不出现，则地价其永不增加矣"（86：26）。

接下来的批评，是针对孙文讲辞（86：28—29）内的几项土地国有化相关要点。（1）涨价归公法："兄弟所最信的是定地价的方法。比方地主有价值一千元，可定价为一千，或至多两千，就算那地将来因交通发达涨价值一万，地主应得两千，已属有益无损；赢利八千，当归国家……少数富人把持垄断的弊窦，自然永绝。"（2）在外国难行，在中国易行："欧美各国地价已涨至极点，就算要定地价，苦于没有标准，故此难行。至于地价未涨的地方，恰存急行此法。所以德国在胶州、荷兰在爪哇已有实效。中国内地文明没有进步，地价没有增长，倘若仿行起来，一定容易。兄弟刚才所说，社会革命在外国难，在中国易，就是为此。"（3）国有化的效果："行了这法之后，文明越进，国家越富，一切财政问题断不至难办。现今苛捐尽数蠲除，物价也便宜了，人民也渐富足了，把几千年捐输的弊政永远断绝。"（4）单一税："中国行了社会革命之后，私人永远不纳税，但收地租一项，已成地球上最富的国家。这社会的国家，决非他国所能及。"

梁对这四点的驳斥较务实，但他的驳文冗长杂漫（《新民丛报》，86：29—44），简要解说如下：

第一，涨价归公法。（1）既是土地将归国有，又何必另有定价法？定价之后民间是否可以自由买卖？（2）政府是在定地价时随即买收，或日后才买？（3）政府收买后，既已为国有，就应不准买卖。既然将来无土地交易，怎么会有将来涨至一万赢利八千的事？（4）若日后才由国家收买，何必现在定价？若预先定价而日后才买，土地价格还是会波动起落，必起争纷。（5）政府的财政能力，是否足以负担在全国各处购地之费用？

第二，在外国难行，在本国易行。（1）"孙文又谓欧美各国地价已涨极点，就算要定地价，苦于没标准，故此难行。……吾国现在之地价，……吾粤新宁香山之地价，则涨于二十年前多多。若因其涨而其无标准，则我国亦何从觅标准耶？"（2）德国在胶州、荷兰在爪哇行之有实效，中国亦可仿行。在殖民政府的强权下，执行此事有何困难？中国政府有仿行的条件吗？

第三，国有化的效果。（1）国有化之后需向国家承租土地耕作或为工厂。若此，有资本者或有官商关系者，能租得广大面积与位置良好之地，小资本者与平民仍"局蹐于硗确之一隅也"。土地国有如何能避免富益富、贫益贫之结果？最多也只能免除因土地而暴富之可能，究其实质，也只是以国家为地主，取代过去的私人地主而已。（2）各行各业所需土地的面积不同：林牧两业所需之地必多于农工，商业与服务业所需之地较小。各业所租之地，地点是自由申请或由政府指定？面积大小又如何分配？是以营业额或资本额或用其他标准来判断？万一日后需求增多或经营不善，土地面积又应如何增删或改换地点？政府处理这些事务需用许多人力和费用，必然繁杂且不效率。（3）原租者如为农民，过世后土地可否由子女继续承租？（4）土地国有化之后，地租会降低；成本当然会稍减，但影响物价的因素众多（有气候、金融、世界经济、国际收支、汇率变动等诸多变量），单靠土地国有，如何保证物价必定便宜，人民会渐富？

第四，单一税。若只收地租一项，如何能使中国成为地球上最富之国？（1）地租是依收买土地时的价值比率定，或是依收租时的地价来决定？（2）若有官民之间的舞弊，地租的评定会有低报之事，地租的实收额恐会不足。（3）若日后人口增加、福利支出增加、国防支出增加，而土地已因国有化而无行无市，况且土地面积不会随日而增，此法行数十年后，是否仍足全国财政之需？

以上是梁的驳论要点，梁亦不忘攻击性的说辞："孙文之土地国有论，则嫫母傅粉而自以为西施也"，"吾反复读孙文之演说，惟见其一字不通耳"，"以其语语外行，喷饭"，"四不像的民生主义"。（《新民丛报》，86：41—49）

6.3.2 《民报》的反驳

《民报》第12号的长文，有一半的篇幅在辩解土地国有论之正当性与可行性，行文的架构仍是依梁在《新民丛报》第86号的论点顺序，有原理性的辩解，也有执行实务问题的解说。以下所述的是较有辩驳性的论点，文中有不少琐碎或无力的反驳，在此不论。

《民报》的基本主张是："故吾以为欲解决社会问题，必先解决土地问题；解决土地问题，则不外土地国有，使其不得入于少数人之手也。"（12：59—60）这项主张的背后推理是：美国"南北太平洋铁道，其敷设时，由国家奖励，而与之以轨道两旁各六十英里至百余英里之地。如是之类，故美之土地亦入少数人之手，而资本亦附属焉"（12：59）。以美国土地之广大，铁路密度之稀松，甚难理解会因铁路所经而使美国土地入少数人手中；近一个世纪之后，也尚未见此现象。另一项逻辑上问题是：何以能因而说明"而资本亦附属（于土地）焉"？筑铁路需要巨额资本，铁路经过之地价会因而更涨，所以如梁所言，应是土地附属于资本才对。就中国的例子而言，富人多买地产，出外经商发达后回乡买地是常见之事，所以在大部分的情形下，是土地附属于资本，《民报》的推理难以服人。

第二个论点是："惟用土地国有主义，使全国土地归于国有，即全国大资本亦归于国有。盖用吾人之政策，则不必奖励资本家，尤不必望国中绝大之资本家出现。惟以国家为大地主，即以国家为大资本家。"（12：74—75）他们的推理是单一税的观点："夫今日之中国所谋于民之地税，为其租之二十分之一而已。其取诸民而达诸中央政府，不知经几度之吞蚀偷减，而中央政府每岁收入犹有四千万之总额。……经国家核定其价额之后，以新中国文明发达之趋势，则不待十年而全国之土地，其地代（即地租）进率不止一倍。而此一倍八十万万之加增，实为国有。国家举八十万万之岁入，以从事于铁道、矿山、邮便、电信、自来水等之一切事业，而不虞其不足。即其后之数年，地租之涨价，或不及此数，而有是可亿收之巨额。……则全国之富源广辟，……则自身之资本弥漫充实于全国而有余。此殆自然之进步为之，而非特奖励资本家政策所能望。"（12：75—76）对这么乐观的估算，一个世纪之后读之，对革命家的"热诚"不得不佩服。

第三个论点是："且土地国有之制行，国中之生产业必大进。何者？既无坐食分利之地主，而无业废耕者，国家又不令其久拥虚地，则皆尽力于生产事业也。"（12：86）他们没有提出理由，说明何以会有这么自动的结果，但从这样的逻辑看来，是主观认定的程度远多于事实的推理：产业之大进主要是由于生产技术、流通渠道、国际市场之竞争力等项目，单凭土地国有应无此神效。证诸二次大战后行土地国有制的苏联，生产反而大退。此说难成立。

第四个论点在反驳资本不是造成地价上涨之主因。"地价之贵其重要直接原因有三，而资本之势力不与焉。一曰土地之性质，……其使用收益不同，其价值不同也。二曰土地之位置，其位置便于交通者贵，不便于交通者贱也。三曰人口之增力。……凡此皆非资本所能居首功，梁氏……都会发达由资本膨胀之结果则谬也。……是所谓倒果为因者耳。且梁氏意以为一般资本增值而地价始腾贵乎？抑必资本家投资其地，而地价始腾贵乎？"（12：93—95）这是个漂亮的论点。持平而论，地价上涨的因素中，也有因为资本流入炒作而人为高涨者，双方各自持理，这些论点可互补而不悖。

第五个论点是在描绘土地国有的功能与效果："土地国有则国家为惟一之地主，而以地代之收入，即同时得为大资本家，因而举一切自然独占之事业而经营之。其余之生产事业，则不为私人靳也。盖社会主义者非恶其人民之富也，恶其富量在少数人，而生社会不平之阶级也。……如是而可期分配之趋均者有六事焉。土地既不能私有，则社会中将无有为地主，以坐食土地之利，占优势于生产界，一也。资本家不能持双利器以制劳动者之命,则资本之势力为之大杀,二也。无土地私有之制,则资本皆用于生利的事业,而不用于分利的事业,社会之资本日益增,无供不应求之患,三也。"(12:100—110)这三点都是相当有吸引力的说法,合情合理,是新中国所需要的。而以下的论点,则不易看出与土地国有制有何直接关联:"土地国有,其余独占事业亦随之。其可竞争的事业,则任私人经营,既无他障之因,而一视其企业之才为得利之厚薄,社会自无不平之感,四也。劳动者有田可耕,于工业之供给无过多之虑,则资本家益不能制劳动者之命,五也。小民之恒情视自耕为乐,而工役为苦,故庸银亦不得视耕者所获为绌。其他劳动者之利益皆准于是,六也。"(12:101)第五、六两点的意义是在保障劳动者与农民的基本权益,这只需立法保障即可,与土地国有制何干?

第六个论点是:"社会革命但以土地国有为重要,从而国家为惟一之大资本家,……吾人将来之中国土地国有,大资本国有。土地国有,法定而归诸国有者也。大资本国有,土地为国家所有,资本亦为国家所有也。何以言土地而不及资本?以土地现时已在私人手,而资本家则未出世也。何以土地必法定而尽归诸国有,资本不必然者?以土地有独占的性质,而资本不如是也。"(12:103)这一点是宣称性的,若说实践是检验真理的较佳方法,这个论点在世界各国经济史上尚无实例可以支持。

综观上述六个论点,以第四个最有说服力,第五个的前三点也可以接受,其余四点则可议之处甚多。

6.3.3 梁的驳斥

针对《民报》第12号的长文,梁在《新民丛报》1907年第90—92号发表一篇连载3期的长文:《再驳某报之土地国有论》。文分3节,分别从财政、经济、社会问题来批判国有论的"不可行","不能行","不必行"。梁的目的是要驳斥"简单偏狭的土地国有论":"本报既认扫荡魔说为一种之义务,故不惜再纠正之。"(见全文导言)此文在3节内,条列39项反对土地国有的理由;第1节写得简洁有力,第2、3节较拉杂牵扯,焦点不聚、力道不足。这39点分成 3 大主题：第 1 节是财政角度，内有 15 条；第 2 节是经济角度，有 18 条；第 3 节是社会角度，有 6 条。一因其中某些论点在《杂答某报》内已出现过，二因不是每个论点都精彩，以下只举较有论辩力者为例，并稍加评论。此文的前两节已收入《饮冰室文集》（18：1—54），第 3 节则遗漏未收。

6.3.3.1 财政角度

（1）国有论者主张单一税而排斥复税制度，"此其语于财政原则一无所知，且与事实大相刺谬"（18：2）。土地单一税是说，全国只课土地税（即地租）一种；复税制则包含消费、营业、所得、财产等诸税。梁列举各种统计数字来推算中国的岁入，并与日、英两国比较，认为单靠国有地租一项，实难以支付繁杂庞大的国防、司法、内务、外交、文教、经济等费用。日后人口增加，国家业务日益繁多，若仍单靠土地税，则此税率必然要大幅调高，可能会远超过正常的水平，国家反而成为最大的剥削性地主。再说，不使用土地者，或只使用小面积土地者（如金融业、工商业、医师、律师）的税负额，必少于农林牧业，这岂不又回到原点：农民是税负最沉重的阶级？（18：17—18）

（2）中国面积虽大，但可耕地的比例不高。中国经济发展迟缓，物价低，生活水平不高，单靠地租为国家收入，"万万不能也"。况且历史上赋税体系"吞蚀偷减"、"舞文中饱"，财税行政的效率不高；就算"土地国有论实行后，将此数全归政府，则其所入亦不过与现时日本之预算案相等。其不足以供此庞然大国自维持、自发达之费明矣"（18：4、7）。

（3）即使土地单一税收足用，但单一税制本身缺乏弹性，遇灾难、战争、大型公共工程时，难以调整岁入。相对地，若采私经济（即非社会主义）的复税制，民间各部门各自努力，工商产业发达后政府可有更多税收。此外，消费税、遗产税、所得税也可依额度采累进率，一方面增加税收，另一方面减少财富差距。舍此弹性多元的税制，而就单一刻板的土地税制，高下优劣立判。

（4）若行土地国有，即使无民怨，但"共和政府无点金术，不知何以给之"（18：11）。这是最严重的问题：若要一次收购全国土地，世上尚无一政府有此能力；若分十年收购，弊端必滋生无数。再则，若土地归国有，地价必较从前下跌，地租亦无上升之理，政府必须维持国有化之前的地租水平才足国用。若地价跌而又要地租收入总额不减，那等于是地租率（土地税率）变相地提高了。（18：12、15）

（5）租大面积土地者，既以农林牧业为主（中低收入群而税负高），"则一国负担既全落于农民之头上，国家之经费愈膨胀，则所责于其负担者愈多。农民欲转嫁其负担，则不得不昂其农产物之价值以求偿，而彼一般消费者固仰给于国外之农产物，而国家莫之能禁也。……则外国品滔滔注入，……相率向政府解除租地契约，政府所有之土地一旦供过于求，而地代价格因以骤落，而财政之扰乱愈不可思议"（18：18—19）。

（6）今全世界除英国之外，无一国不行保护贸易政策，"而此政策与单税论不能两立者也。而中国将来不能绝对的采自由贸易政策，又至易见也，故土地单税论与中国将来之国际贸易政策不能兼容也"（18：19）。这项论点不合逻辑：上一点说若行单一税，就要靠保护主义才能抵挡外国的农产品侵入，而此处又说保护主义与单一税不能两立。梁对此点的逻辑说明不够清晰。其实他心中的意思，是既反对国有化，又反对自由贸易化，可能是一时心急笔快造成解说不足，而引起读者有语病难解之惑。

梁对这六点的总结是："以上就财政政治一方面观察之，土地国有论既种种谬于学理、反于事实，而毒害国家矣。"（18：20）

6.3.3.2　经济角度

梁先介绍土地国有论中最有力的学说："盖土地价格所以逐渐腾贵，非个人之劳力能使然，皆社会进步之赐也。故缘价腾所得之利益，自当属于社会，土地私有制度，实流毒社会之源泉也。""此论即彼报（指《民报》）所宗仰唯一之论据也。"（18：21）他根据田中穗积的《高等租税原论》第6章（18：22），用3页的篇幅反驳此说，要点之一是："今一旦剥夺个人之土地所有权，即是将其财产所有权最重要之部分而剥夺之。而个人勤勉殖富之动机将减去泰半，……社会主义……偏采此阻遏此动机之制度，则所谓两败俱伤也。"（18：24）

此点是梁文第 2 节内较值得一述的论点，其余 17 点（第 17 至 33 点）的内容，有些在《杂答某报》内已出现，在此只是更加细密化〔例如第 31 至 33 点再论社会主义之弊（18：51—54）〕；有些论点是根据西洋和日本经济学和财政学者的著作，[63]驳斥土地国有和单一税论，梁自己的见解较少；有些论点是根据日译西书，介绍各国的相关状况给中国读者知晓，信息远多于论点，这类的文字占了相当篇幅（例如 18：36—39、41—43）；有些论点前后重叠，反复解说。由此亦可稍见梁作此文时事多烦乱，极力铺陈，分 3 期刊载，缺乏前后一贯的精简删修，例如第 28 至 30 点长文论述公债与内外债问题（18：43—51），这应是属于第 6.3.3.1 小节的财政问题。简言之，此节精彩之处不多，远不及从财政角度的分析简洁深入有力。

6.3.3.3 社会角度

此小节内的 6 点（第 34 至 39 点），更是强弩之末。这些论点的要旨早已尽出，而梁竟能写出 22 页的长篇幅，手法上只是把从前已说过与社会面相关的各种说法，再次整理条例，再敷以笔锋说辞，并无多少新意可言。

初读此 3 小节者，必惊服梁之条理；有系统阅读梁在当时之著作者，当能谅解这类改革路线性的笔仗，有时需靠篇幅撑场面。其实只要掌握住梁的基本路线与主要论点，就可以知道他对土地国有化的论点，已经重复到连自己也厌烦的程度，也因而可以理解他对《民报》第 15—17 号的反击为何不再回应了。

6.3.4 《民报》的再答复

《民报》在第 15—16 号有县解（朱执信）连续两期的长驳，第 17 号有太邱的驳斥文。此两文在深度、气势和格局上，都比不上第 12 号的那篇长文，大抵应说的要点已尽出，这两篇文章都是较细琐性的辩解。

---

[63] 主要经常引用到的几位是：菲立坡维治（Eugen Philippovic，1858—1917，奥地利经济学者）、河上肇（1879—1946，日本经济学者）、须摩拉（Gustav von Schmoller，1838—1917，德国经济学者）、华克拿（Adolf Wagner，1835—1917，德国财政学者，现译为"华格纳"）。

县解的主旨，是驳第 6.3.3 小节内的"就财政上正土地国有论之谬误"。他认为梁的 15 点"失实而多欺"（15：69），他的基本论点是"近世学者对于土地国有之非难，率从管理、立法等方面立论，而不能探土地国有之本源，以立反对之论据"（15：67）。这是在批评梁以及他所根据的欧、美、日学者，在立场上的偏颇。这项反驳不够有力：梁的批评虽非点点见血，但也足够让旁观者注目，让国有论者全力护卫。

县解的长文分 5 大节，主轴是在辩明：从财政上来看，单一税的收入足够中国政府的各项开支。第 1 节驳英国田租不足供英国岁用之说：梁引用麦洛克之说，推算英国若行土地单一税，则岁入必不敷岁出。县解另行推算（15：79—80），驳麦洛克之说，认为应足用有余。县解并未说明数字来源，而他也非财政预算专家，此事非专家难断，不知英国经济史学者对此问题有何判断。但从另一个角度来看：当时极富之英国若果真能行此制，而百废待举的中国是否有能力、有条件仿行，那是个另待验证的问题。

第 2 节驳斥梁的见解："中国田赋岁征不及四千万之说"。他引用刘岳云所编的《光绪会计表》，说明光绪十三、十五、十六、十九年全国的地丁、粮收、耗羡三项已得约 3 780 万两（15：84）。如果这三大项的总额都不到 4 000 万两，不知县解如何得出"满政府岁收地税必不下于四千万"（15：85）。地税怎可能多于全国的粮收与地丁诸额？4 000 万两的地税岁收，如何足够用来治理 4 亿人口的国家？

第 3 节的要点，是在"驳中国地税不加额不可得四万万之说"。就算确实可得此数，这四万万的地税，如何够四万万人口的国家岁支？如何应付庞大的赔款、外债、新建设之需？第 4 节的主旨相同："驳地租总额不过六万万之说"。问题同上：就算有六万万的税收，足够吗？第 5 节（刊在第 16 号）甚冗长："驳土地收入不足供国用之说"（15：33—71）。依县解的估算，行土地国有化与社会主义国营事业后，在最佳状态下，国家岁入"总额可得百万万元以外，第此豫计皆就其发达至于全盛者计之，故其达之程期，必须三四十年，不能视为自始可得之收入"（16：71）。假设中国在推翻清朝之后，聘亨利·乔治为财政总长，他读此项乐观的估算之后，不知是否会赞同中国采土地国有制、行单一税，而且有信心能够单靠土地税入，来支付各项外债、赔款、行政开销，还能让农民感受到生活比清末有明显的改善？

太邱在《民报》第 17 号的驳斥文分两个面向：在理论方面的辩解，主要是阐述"吾人之土地国有政策与土地单税论之差异"（第 1 节）。他的论点是：土地单一税制是根源于法国的重农学派（17：64），"重农学派之说，与吾人所持之土地国有政策殊非同物。何则？彼以租税全额责诸地租，吾人则以租税金额取诸地代"（17：73）。单读此句实在难以辨别差异何在，他到了页 82 才以三点说明这项差别："（1）彼（重农学派）以租税金额取盈于地租，（中国）则以租税金额相抵于地代。（此句难解）（2）彼行土地单税，以抵诸般租税，是为无偿，此行土地国有，以定价收买，是为有偿。（单一税是课税，当然无偿；定价买地，必须付地款，当然有偿；一为课税，一为买地，如何并论）（3）彼行土地单税，独责地主以负担；此行土地国有，不特可免地主以外之人之负担，并免地主之负担。（此事难解：行土地国有后，工商医诸业须向国家租地，如何可免地主以外之人的负担？如何免地主之负担？）"

在史实方面，他举日本的状况为例：明治三十一年时，日本的地租总额占全国租税总额的比例约三分之一强（17：81）。若日本也行国有化和单一税，则政府必须要求租地者付三倍之地租，才够维持过去的税收水平。这种国有化对土地使用者（以农民为大宗）有何帮助？太邱此文非但无帮助之功，反而让读者更质疑国有化的效果，以及单一税对财政结构的帮助。

6.4 评比与结论

双方的辩驳至此结束，以下从概观的角度来评比双方论点的强弱处。孙文和《民报》的成员，一方面要推翻清朝，另一方面计划要把社会主义和土地改革引入中国，创立一个新中国，这是革命者的路线。相对地，从保皇、维新路线出发的康梁并不打算推翻清廷，也不认为治欧美病症的处方能用来医治中国的沉疴。这是双方在认知与路线上的基本差异，自然会认为对方的政策难以接受，而引发一场激烈的争辩。双方的立场不同，所主张的经济路线和政策，在当时各自有不同的拥护团体，最后已变成信念的问题，而不是义理之争。

简言之，孙派主张社会主义路线：（1）要行单一税制和土地国有化，（2）要发展国家资本，（3）节制私人资本，（4）注重劳工福利，（5）强调分配平均的重要性。梁派的见解是：（1）西方国家尚无实行社会主义成功之实例，中国亦无条件实行社会主义，他称之为不必行、不可行、不能行；（2）采取保护主义，对抗列强产品与资本的入侵；（3）奖助本国大资本家，以求在国际市场上竞争生存；（4）先求经济发展，可以暂时容忍分配不均之弊；（5）从财政、经济、社会三个角度，论证单一税与土地国有制在中国万不可行。

双方的争论在推理上并不复杂，而竟然耗费如此多的篇幅与精力，主要是因为双方的文体论叙夹杂，互抓语病攻击而大耗段落所致。从经济思想史的角度来看，孙、梁两派之间的争辩，不论在路线上或观念上，在其他国家也发生过（详见 Lavoie，1985），所以这不是一场具有独特性的争辩，只是 20 世纪"资本主义 vs. 社会主义"大论战的一环而已。较特殊的是，中国在 20 世纪初就有过这场论战，但因时间较短，影响范围较小，而且在思辨方面的深度较低，所以较少被放在世界性的架构下来理解。

双方所持的论点亦非创见，大体而言，《民报》所根据的是日本论述马克思主义和社会主义方面的著作，这些论题在当时是风行的显学。《民报》在文章内直接引用的日本学者，有河上肇、安部矶雄、幸德秋水等多位（12：100），他们当然也根据了马克思、恩格斯、亨利·乔治，以及英国费边社（The Fabian Society）等人士的论点。梁较少表明所依据的文献，但从路线上可以看出，他对德国式的保护主义和国家主义较认同，这些见解在德国国民经济学派（如李斯特）的著作内，也可以找到相当的共同点。简言之，孙派仿效英国费边社式的社会福利路线，再加上亨利·乔治的单一税制，以及《民报》所强调的土地国有论；梁则采德国式的国家主义和保护政策。双方的立论，基本上还是吸收日本和英美的学说，然后依照自己对中国国情的见解修正后，向读者作半专业经济学、半政治性诉求、兼攻击对手的诉求。

从行文的策略来看，《民报》较诉诸理念，旨在唤起读者的热情与希望，共同期盼中国将来能有一个新的经济面貌，在理想上、目标上、说理上都相当引人。而梁的文体则较务实，着重在落实执行时的诸种困难。对同一问题，因双方的着重面不同，所引发的阅读冲击度也各异：孙派是革命者式的许诺远景与愿景，梁是以现实的执行为考虑。梁的笔锋较锐，文字平实，论点简明。相对地，《民报》（尤其是朱执信）的文笔较松软，冲击力较低，时常过度冗长无味，论证的能力远不如梁那只能"搅动社会"的笔端（严复语）。《民报》在这场论战中，较精彩的是第 12 号那篇长文，恐怕是因为有汪精卫合著才有此效果。梁在这场笔仗中，以一人之力敌《民报》众人而毫不示弱失色，确有过人之处。

173

在这场经济路线的论战中，《民报》较居弱势之处，在于当时各国尚无实施社会主义与土地国有化成功之例可引述；此外，梁所举的实际问题与障碍确实存在，而且难以立即铲除。清末的状况因为贫困者多，社会与经济的正义有严重缺失，所以《民报》诉诸社会主义与土地国有化，是一项很具吸引力的宣示；然而他们的论点有时较情绪化，让读者有稍较不成熟的感受，反而有害说服力。相对地，梁主张中国应该培植大资本家、采取保护主义，希望能借此改善中国对外经济与贸易的局部状况。但这么做的代价，是会对国内所产生贫富差距恶化、农工两部门不均等发展的后果。梁的说理较冷静、清晰、有说服力，《民报》派人士在激情之下，反而把一手好牌打坏了，梁则是把格局有限的牌打得有声有色。[64]

最后尚有一项观念需辩明：土地国有化并非亨利·乔治的主张。"我并不提议去购买或没收私有的土地财产权。购买是不公正的事（因为土地价值的增加并非土地所赚取来的），而没收土地是没必要的事。让目前拥有土地的人，如果他们愿意的话，仍旧持有土地，也可以称之为'他们的'土地。让他们继续称之为'他们的'土地。

---

[64] 亓冰峰（1966：229—234）的观点正好相反，认为"《民报》战败《新民丛报》，应为事实"（页231），请对比参阅。

让他们买卖、继承、分割土地。我们可以安全地让他们拥有外壳，我们要的是精髓。没有必要去没收土地，只需要把地租充公就够了。"〔Henry George, *Progress and Poverty*, 1916: 401—402，见 Schiffrin 和 Sohn（1959: 89—90）的引文〕

孙文和《民报》的单一税论是承自亨利·乔治，但土地国有论则是胡汉民等人的主张。回观孙文的土地政策，在精神上是以"平均地权"为主，他要征收的是土地增值不劳而获的部分，他也要把土地分配给使用者，但这不等于土地国有化。《民报》的作者既主张单一税，又高喊土地国有化，其实这是逻辑上的矛盾：土地一旦国有化，则必然无行无市，就算可以出租，但租金必低，何以足够国用？《民报》高喊土地国有论，对推翻清朝并无帮助，因为一般拥有土地的人，必生恐惧而不愿支持。其实《民报》在土地政策上，只需喊出平均地权和配合性的措施（例如：照价征税、照价收买、涨价归公、耕者有其田）就够了，国有论反而是个有害的论点，因为若要国有化，又何必要地主申报地价，然后又涨价归公？至于单一税是否能在中国适用？梁从财政、经济、社会三个层面所作的顾虑，回顾地看来是对的，Schiffrin（1959: 563）也有类似的判断。

6.5 延 伸 讨 论

以上四节对《新民丛报》和《民报》在 1906—1907 年的争辩，作了对比性的摘述与评论。双方日后并未再度就此主题对阵，所以此事应已结束，但有个子题可以作为附录性的续谈。梁在 1926 年 10 月发表一封信《复刘勉己论对俄问题》（42: 65—68），简要谈到他对中国经济的看法。这个主题在同年 11 月的讲演稿（《国产之保护及奖励》，43: 87—103）中，表达得非常详细，可视为梁在 20 年之后，对与《民报》辩论的再申论。

1926 年梁 54 岁（逝前 3 年），当时他已退出政治活动，在清华园内讲学；从 1917 年末他卸任财政总长之后，对经济问题已多年不研究不谈论了。之所以会再引发他这场豪兴，主要是在 1926 年 10 月 23 日给刘勉己的信上，谈到俄国侵华的问题，其中牵涉共产主义与中国经济的子题。[65]"我的主张是很平凡的（或者也可以说很顽固的），也许连你都不赞成。我不懂得什么人类最大幸福，我也没有什么国家百年计划，我只是就中国的'当时此地'着想，求现在活着的中国人不致饿死。因此提出极庸腐的主张是：'在保护关税政策之下，采劳资调节的精神奖厉国产。'不妨害这种主张的，无论中国人外国人我都认为友，妨害的都认为敌。"（42：66）或许梁当时对这个问题勾起了兴趣，所以在11月的一场演讲中，以《国产之保护及奖励》为题，申论他对中国经济诸问题的见解，以及他对中国产业症结的几项看法，附带地对社会主义和民生主义作了相当的批评。梁的讲辞相当生动，或许由于发言时没有心理负担，现在读起来仍然觉得动人心弦。

　　先看一段他对"三民主义"的批评："我们广东人有幸福，生活在三民主义政府之下已经好几年。别的地方我不知道（繁盛城市商民们的产，有多少被伟人们共到荷包里，我不知道），我只知道我自己乡下，几百年以农为业的，现在的田都荒废不耕。为什么呢？因为乡团里头几根自卫的枪，都被'民生主义'抢去。你耕田，强盗爷爷来收谷，只好不耕便了。我们这个小村落诚然不足道，但至（少）也有几百亩田和千来个壮丁的生产力因此消灭掉了。"（43：89）这段话大概是梁借题发挥，其实他有更严肃的分析与诉求："中国生产为什么颓废到这步田地呢？其在农产方面，主要原因当然是因为内战频仍、盗贼充斥、征敛烦苛、堤防失修、道路梗塞，等等，这些都是历朝叔季之世通有的现象。救济之法，全在政治本身，拿什么欧美经济学说搬腾讨论，纯属隔靴搔痒。"（43：90）

---

[65] 原文刊在《晨报社会周刊》第4号（1925年10月27日出版）。梁之所以会写此文，是因为刘勉己同年10月在同一刊物发表《应该怎样对苏俄》《怎样对苏俄？怎样对帝国主义？》。这两篇文章引起张荣福的讨论：《请教勉己先生三点》（同刊物11月3日）。他们所争论的问题与多位作者的文章，翌年（1926）由章进主编，结集出版为《联俄与仇俄问题讨论集》（台北：文海出版社，1981年影印）。梁的文章收在此书的页118—121，他说明写此文的动机是："你（刘勉己）要我在对俄专刊上做篇文字。我老实告诉你，这几天看见报上笔墨官司打得热闹，已经把我的'晚明遗传习气'惹动，心痒难熬，想加入拌嘴团体来了。"

依梁的分析,在产业方面中国有几大病源:

(1)没有人才,没有运用现代工业组织的学识和技能,企业中十有九都是从旧官僚或旧式商业转型的,常常因为看人办厂赚钱,就起哄贸然创办企业,"一帮一帮的在台面胡闹一阵,转瞬间便风扫残叶,夹着尾巴滚下去完事"(43:91)。话说得虽然有点轻佻刻薄,但也反映出一大面事实。

(2)没有资本:"据丁文江君的统计,……所有新式事业合计最多两千兆元,比例全国人口,每人摊不到两块大洋。工业资本毂薄到如此,真是令人惊心动魄。每项工业,合起我们资本的全部,只怕还比不上人家一两个托辣斯,试问怎样子和人竞争?……你看!前几年轰轰烈烈的纱厂,现在那一家不是跪着求日本人接办?"(43:91—92)

(3)内政腐败:"公司要存案吗?拿黑钱来。要火车运货吗?拿黑钱来。想通过一个厘卡吗?拿黑钱来。……诸如此类,平常种种刁难勒索,已经无法应付。何止如此,一个督军来借十万,别个督军来借二十万。强盗来抢一个空,穿制服的强盗来更抢一个空。近来越发文明了,择肥而噬,看看哪件有点油水可沾的,便高喊'收归国有'、'收归党有'。"(43:92—93)

(4)关税弱势:"以没有人才、没有资本的中国,所谓嫩芽者已经娇脆到无以复加,却是关税受条约的束缚,丝毫没有保护的可能。不宁惟是,还有许多外国货物所享特权,如子口半税之类,自己人一概享不着。……正如抱在怀里又黄又瘦的小孩,出去和久经战阵的赳赳武夫打仗,人家拿脚随便一踢,便可以叫他变成肉泥,他的父母还像没事人的笼着手在旁边白看,你想这孩子还有几希幸存之望吗?"(43:93)

除了分析这些客观的形式,他也说了一些悲观愤怒的话,其中有对孙派人士的严厉批评:"时髦的青年们,十有九是孙中山'知难行易'的信徒,只贪着求书本上智识或求幻想中创解,对于实际情形和实在条理都不屑注意。……所以做起事来,才能方面,并不见得比旧官僚高明;道德方面,因为有新学说做护符,作恶倒比旧官僚更凶几倍;学问方面,坏的不消说,好的也多半在学堂里听些高深空洞的理论,或研究些与中国风马牛不相及的欧美社会实际问题。漂亮点的便贩些'主义'来谈谈，调子越唱得高，锋头越出得足。"
（43：95—96）大肆批评之后，梁提出四项政策性的建议，希望能对
中国的生产事业有所帮助：（1）关税自主，此事前已分析，不赘。
（2）裁厘：废除19世纪中叶以来在各省的内地货物通关税；这是因
为关卡重重，对生产者与消费者都造成相当重的负担。（3）洋商在
通商口岸用机器纺制的棉纱棉布，除了缴交出厂税外，其余尽行豁
免。梁认为出厂税是国内税的性质，不容外国用条约来规定，这不但
干涉内政，而且对国内厂商不公平。（4）主张政府对特种工业应格
外保护奖励，以低利贷款的"保息"方式来协助。（43：97—99）

这四个论点其实并无多少新意，此外他又杂谈几项议题（43：
100—103）。（1）具有独立性质的事业（如铁路、自来水），因为
成绩不佳，所以梁主张这类事业"都暂许私有"，但要规定若干年
后，以某种条件可以随时收归公有即可。（2）累进率的所得税制虽
然合理，但因为经营成功的企业太少，所以梁反对立即实施。"老
实说，'火烧眉毛，且顾眼下'。现在想救这奄奄垂毙的中国，只有
全副精神奖励国产，先求对于外国资本家脱离羁绊宣告独立。至于
将来本国资本发达后会生出流弊，自有那时的政治家讲救济之策，
不劳我们现在越俎代庖（如地价差增税、遗产税之类，对于那种非
用生产手段勤劳获得之利益，增加税目或税率，我自然主张立刻实
行）。"[66]（43：101）

---

[66] 张朋园（1978，第7章）详述梁对社会主义的认识，以及反对马克思主义
的态度，请对比参阅。

7

散 论 五 则

梁在 1886—1926 年，写过 67 篇论清末民初经济问题的文章，大约可分为七大类（详见表 1.2）：币制改革（19 篇），财税与预算（17 篇），内债与外债（12 篇），工商实业（5 篇），社会主义与土地国有论（1 篇），经济学说史（3 篇），国家经济（10 篇）。

本章前三节的分析对象，是属于上述最后一类的"国家经济问题"，析论梁对中国经济状况的整体性观察：（1）当时在各地发生过哪些经济恐慌现象？他认为中国经济的根本性问题有哪些？（2）中国的资金枯竭，对外资应采怎样的态度？（3）全国人口结构中，有哪些阶层是属于无生产能力的？梁对这些宏观面问题有不错的洞察，有些论点可以再争辩，但也有些是过度推论的偏见。

梁还写过两个较次要的题材，虽然与国民经济的关系较间接，但性质上类近，所以笔者在后两节分析：（4）他写过几篇谈论银行的文章，也讲演过几次这方面的题材。这些内容现在看来，基本上都是解说的性质，并无重要的论点可以析论，在此略述梁的诉求要点。（5）关税收入在政府预算所占的比例，在 1911—1916 年是 12%—20%，当然是一项重要的议题。梁写过四篇论关税权的时事评论短文，但他对这项题材的关注点，却是国际政治的角度远多于财政税收的关怀。

整体而言，本章所析论的五项主题，在结构上并无明确的关联性。梁写这些文章时也无预设的架构，而是依时事或依各别主题分述，因此后人不易据以提出系统性的评判，但这又是理解梁氏经济观点的必要工作之一。

7.1 衰败惊乱

梁氏评议国民经济衰败的现象与原因，基本上是在作综合性的解说，有四篇文章：《论中国国民生计之危机》（1910，21：23—40）、《米禁危言》（1910，25 上：93—97）、《中国最近市面恐慌之原因》（1910，25 上：140—143）、《国民破产之噩兆》（1911，27：71—76）。他的着眼点是："中国亡征万千，而其病已中于膏肓，且祸已迫于眉睫者，则国民生计之困穷是已。"梁眼里的中国经济，在 20 世纪初期是"举国资本涸竭……国家破产……币制紊乱、百物腾涌……四海困穷、天禄永终。……十年前号称殷富之区者，今则满目萧条，……盖晚元、晚明之现象，一一皆具见于今日"（21：23—24）。他所析论的病症与严重性，要点如下：

7.1.1 国际收支

他用一个统计表（21：24—25），说明光绪八年到光绪三十四年间，中国的输入与输出额，以及入超严重的程度。问题相当严重：光绪三十一年的入超比（即入超额占输出额的百分比）高达 96%，光绪三十二年时是 73%，之后的两年分别是 57% 与 43%，这是严重的信号。若用数额（海关两）来说，自光绪三十一年以来，入超额都远超过政府的总岁入（约 1.3 亿两）。这是商品贸易的部分。

梁的诉求乍看之下相当惊人，但以现代的眼光来看，他的表达方式不够明确，难以知晓问题的全貌。表 7.1 列举 1870—1910 年间的贸易值和指数的变动（以每 5 年为例）。就贸易差额来说，1880 年约在 140 万两，尚不严重；1885 年起，就激增了近 20 倍，逆差达到 2 300 多万两；到了 1900 年更增到 5 200 多万两。梁说最严重的是光绪三十一年（1905），贸易逆差将近 2.2 亿两，这是晚清最高的逆差值。之后逐年下降，到 1910 年时已少掉一大半，约有 820 多万两的逆差。表 7.1 内另有一项指标，取 1913 年为指数 100，数字较简明，可以看出晚清 40 年间进出口价值与数量的趋势变化。这项指数值所显示的意义，和用海关两所显示的贸易值，在指标意义上类同，但是用指数来表示较简洁，在此不拟重述。

表 7.1　1870—1910 年对外贸易值和指数（1913 年取指数 100）

	海关两价值（1 000 两）				贸易总值指数	数量指数	
	净进口	净出口	合计	贸易差额	当时价值	进口	出口
1870	63 693	55 295	118 988	− 8 398	12. 2	25. 9	33. 3
1875	67 803	68 913	136 716	+ 1 110	14. 0	33. 8	42. 2
1880	79 293	77 884	157 177	− 1 409	16. 1	36. 2	47. 2
1885	88 200	65 006	153 206	− 23 194	15. 7	40. 5	47. 6
1890	127 093	87 144	214 237	− 39 949	22. 0	54. 8	42. 0
1895	171 697	143 293	314 990	− 28 404	32. 4	45. 8	66. 3
1900	211 070	158 997	370 067	− 52 073	38. 0	49. 5	54. 9
1905	447 101	227 888	674 989	− 219 213	69. 3	96. 0	62. 5
1910	462 965	380 833	843 798	− 82 132	86. 7	79. 2	102. 9

资料来源：摘自《剑桥中国晚清史》下册页 59—61 表 16（译自 Feuerwerker, 1980：46—47）。

第 2 项指标是金银进出的数量。梁列举光绪十八年到三十四年间的金银流量（21：26—27），说明在光绪二十六年之前，金银流入中国的数量大抵超过流出量，但从光绪三十二年起状况大逆转，在三十三年时流出额超过流入额达 2 863 万两之多，之后诸年的状况也类近。金银大量流出的原因很多，包括赔款、还外债、贸易逆差诸项，而梁的解释是："此现象之起，原因虽多，而以滥铸铜元、为格里森货币原则所支配，致驱逐金银出境，实最接近之一原因也。"（21：27）这项诠释的说服力不足，因为格里森法则的意思，是劣币会驱逐良币，这在中国各省滥铸的铜元期间确实发生过，但与金银的大量外流应不相干，因为金银外流是国际收支的结果，而格里森法则是良币与劣币之间在国内的竞争，与国际收支无直接的因果关系。

现在回来看梁所说的金银流出状况，表 7.2 是 1888—1912 年的完整统计数字。梁说在光绪二十六年（1900）之前，金银流入中国的数额大抵超过流出量，从表 7.2 第（3）栏可以看出，黄金在 1899 年之前确是如此，但白银［第（6）栏］从 1893 年起就是流出大于流入了。梁说在光绪三十二年（1906）之后，情况更为为严重，这和表 7.2 的资料不同：在黄金方面［第（3）栏］，1906 年之后起伏不定，有正差额也有负差额；在白银方面也一样［第（6）栏］，正负的起伏不定。表 7.2 应该是可靠性较高的统计，梁的说辞大抵是印象式的，不够精确。为何会有这种起伏的现象？以白银来说，因为 19 世纪 70 年代起列强改采金本位，白银已无国际货币的功能，因而价值大贬，再加上各国银产量过剩，这对素来有"银荒"的中国，当然是大量买入的好机会。然而，同一时期中国的贸易逆差激增（见表 7.1），再加上巨额的对外战争赔款（甲午战败、庚子拳乱），以及偿还外债，等等，都使得中国的白银不入反出，这才是梁所要指明之处。

表 7.2　黄金与白银流入流出统计（1888—1912 年，单位：千两）

	黄　金			白　银		
	（1）流入	（2）流出	（3）差额	（4）流入	（5）流出	（6）差额
1888			1 673			1 910
1889			1 626			− 6 005
1890		1 788	1 783			3 558
1891		3 736	3 693			3 132
1892	346	7 685	7 340	10 326	15 710	5 385
1893	461	7 921	7 460	19 989	10 218	− 9 771
1894	39	12 812	12 773	36 406	10 654	− 25 751
1895	305	7 182	6 878	46 936	11 019	− 35 917
1896	768	8 883	8 115	17 653	15 932	− 1 720
1897	1 126	9 638	8 512	20 405	18 596	− 1 810
1898	869	8 572	7 704	31 357	26 372	− 4 985
1899	696	8 336	7 640	24 702	23 352	− 1 350
1900	6 194	4 991	− 1 202	39 159	23 714	− 15 445
1901	910	7 545	6 636	14 362	20 460	6 098
1902	193	9 603	9 410	18 437	32 282	13 845
1903	4 004	3 899	− 104	23 001	29 047	6 045
1904	9 931	1 484	− 8 446	23 519	37 128	13 610
1905	11 110	4 051	− 7 059	31 429	38 625	7 196
1906	7 007	3 166	− 3 840	19 333	38 011	18 678
1907	8 274	5 824	− 2 450	7 070	38 278	31 208
1908	1 514	13 032	11 518	20 117	32 384	12 267
1909	1 014	7 835	6 821	30 864	24 024	− 6 841
1910	3 559	4 536	977	44 599	22 804	− 21 795
1911	4 024	2 491	− 1 533	61 083	22 777	− 38 306
1912	9 297	1 838	− 7 458	45 098	25 850	− 19 249

资料来源：摘自 Hsiao（1974：128）。

第 3 项指标是国际借贷的统计，梁举光绪三十一年的数字为例（21：27—28），他所做的表格分出款与入款两项，之下细分多项。统计数字的可信度姑且不论，此表内的各项名目与数额都相当有趣。在出款方面，数额最大的是"外国贸易输入额"，超过 3.1 亿海关两；其次是"外债及偿金本息支出"，将近 4 500 万两。在入款方面，以"本国贸易输出额"最多，约 2.36 亿两；其次是"海外侨民汇回本国之收益"（外人投资承办矿路之费，2 700 多万两）。出入款相抵之后，出款超过额在光绪三十一年时约是 5 600 万海关两。

这样的说法还是笼统，表 7.3 和表 7.4 是 1894—1913 年中国的国际收支平衡表，分别用两种指标来表示：百万海关两和各项所占的百分比。这两个表简明易懂，不需费辞细说，在此只需点出一项：历年的支出项目中，占最高比例的是进口，在 68.1%—87.2% 之间（表 7.4）；之后是战争赔款：16%（1895—1899），4.1%（1903—1913）。梁说偿还外债的本息是一大负担，但表 7.4 所显示的比重却不高：1.6%（1894）、4.8%（1895—1899）、6.5%（1903—1913）。这项比重反而还不及"外企投资利润"的重要性：4.8%（1894）、7.3%（1895—1899）、8.7%（1903—1913），这一点是梁没指出的。

表 7.3　中国国际收支平衡估计表（1894—1913，单位：百万海关两）

项　　目	1894 年		1895—1899 年年均		1903—1913 年年均	
	收	支	收	支	收	支
A₁ 贸易收支						
进口		147.5		194.3		445.2
出口	160.7		189.0		340.3	
贸易收支平衡	13.0		5.3		104.9	
A₂ 劳务收支						
外人在华开支	35.0		35.0		64.5	
中国在外开支		4.0		4.0		4.6
运输及保险		6.8		6.8		8.4
投资收益						
偿还外债本息		2.7		13.8		37.2

项 目	1894 年		1895—1899 年年均		1903—1913 年年均	
	收	支	收	支	收	支
外企投资利润		8.1		20.8		49.5
无报偿转移						
华侨汇款	50.0		55.0		75.4	
战争赔款				45.5		23.3
A 经常项目合计	245.7	169.1	279.0	285.2	480.2	568.2
B 资本项目						
政府外债收入	10.4		67.2		46.1	
外人企业投资	1.5		30.8		28.2	
A、B 两项合计	257.6	169.1	377.0	285.2	554.5	568.2
C₁ 金净出入	12.8		7.8			0.9
C₂ 银净出入		25.8		9.2		3.0
D 误差与忽略		75.5		90.4	17.6	
总 计	270.4	270.4	384.8	384.8	572.1	572.1

资料来源：摘自陈争平（1994）表1。

表7.4 国际收支各项的比重（1894—1913，单位:%）

项 目	1894 年		1895—1899 年均		1903—1913 年均	
	收	支	收	支	收	支
进口		87.2		68.1		78.4
出口	62.4		50.1		61.4	
外人在华开支	13.6		9.3		11.6	
中国在外开支		2.4		1.4		0.8
运输及保险		4.0		2.4		1.5
偿还外债本息		1.6		4.8		6.5
外企投资利润		4.8		7.3		8.7
华侨汇款	19.4		14.6		13.6	
战争赔款	—			16.0		4.1
政府外债收入	4.0		17.8		8.3	
外人企业投资	0.6		8.2		5.1	
合 计	100.0	100.0	100.0	100.0	100.0	100.0

资料来源：摘自陈争平（1994）表4。

综观表7.1到表7.4，晚清的贸易逆差和国际收支的逆差愈来愈严重，而且数目惊人。一方面这是因为相对于欧美日列强的优势，中国的经济更显示出种种劣势。还有另一项重要原因，是国际金融体制性的，那就是 19 世纪 70 年代以后，国际金融体系改采金本位，而中国对外的贸易与支付，仍采银本位所导致的逆势（即所谓的镑亏）。国际金融改采金本位后，白银不再是国际清算用的贵重金属，因而价值大跌。中国的外汇存底不够丰富，又不产金，所以无法加入金本位。

白银价值在 1870 年后长期大贬，等于中国币值在国际市场要随着国际银价起伏，而不是由本国的经济实力所决定。1870—1910 年银价的起伏激烈，每月每年都不同，所以很难有一项矫正性的指标，可用来看表 7.1 到表 7.4 内，若去除银价的波动后，各项目的真实收支额。既然无法提供此项指标，在此只能提醒说：在解读本章诸表时，要把汇率变动（国际银价长贬）的因素考虑进去，不能只看表面的绝对数字。梁所提出的数字与论点，对这项因素的解说不足。

7.1.2　市面恐慌

《国民破产之噩兆》（1911）这篇短文的主旨，是表列近五年来在各地发生的重要经济恐慌事件，共计二十项。梁列举事件的名称、发生地、波及地、发生年月、恐慌之原因、救济之方法等六项，内容一目了然，在此不拟引述这些事件。这个长表显示两项信息：第一，这些是众所注目的大事件，各处的中小型事件不及备载。第二，这是中国内部经济结构失衡的问题，因为国际经济在 1914 年之前，金本位制度运作良好，也没有国际性的景气问题，所以中国的市面恐慌，并不是受到世界经济不景气的牵连。

梁认为中国与西洋的经济恐慌有四大异点：（1）"欧美之恐慌，必阅十年内外始偶起一次，非如吾国之连年频见，且年起数次或十数次也。"（2）"欧美恐慌，恒为资本过溢、生产过溢之结果；我国则为资本涸竭、生产式微之结果。"（3）"欧美经恐慌之后，其债权债务之缪辘仍在本国，我国则此关系移于外国。"（4）"欧美恐慌多由一时搁浅，其恢复实力仍存，故一二年后反动力起，而繁荣常逾于前；我国恐慌则凋敝既极而生，每下愈况，相续无已。"（27：76）这些确是中肯的论断，但他并未细究产生这些差异的原因。

梁深入讨论的一项恐慌事件，是各省的米禁问题（1910）。粮食是中国历代皇帝与官员最关心的基本问题，处理不当会引发不同程度的暴动。"近日各省纷纷禁米出境，经湘乱后而益甚。……各省殆以为自卫唯一之政策，……此实速乱之阶梯，而取亡之心理也。……岂非欲藉此以维持境内之米价，勿使腾涨哉。"问题的起因在于"近年来米价飞涨，月异而岁不同，诚可以蹙吾民于死地"（25 上：93）。梁撰此文的目的在分析米贵之因，并提出对策。

第一项因素是货币购买力的变化："昔有钱若干可以易米一斗者，今则倍之或两倍之，而仅易一斗，故命之曰米贵也。"他认为背后的因素是"政府滥发恶币，以扰乱市面，而括取吾民之脂膏，……即其见蚀于铜元余利、官局钞币余利者也"。也就是说，货币因管理不善而贬值，导致名目物价上涨。第二项因素是购米费用占所得比例的提高："昔各人一岁之所入，仅以其二十分之一购米而足者，今则以其十分之一购米而犹惧不足。"其背后的原因是经济结构性的："一国劳力供过于求，一国职业求过于供，坐是庸率日微，而人人不足以自为养。"（25 上：93）这是很好的分析，能从货币的购买力来解说，也能从结构性失调导致所得低入的角度来说明。

货币改革与经济结构的调整，不是任何政府在短期内就能立竿见影的事，而米价问题却有可能在短期内发展到难以收拾的程度。梁既已诊出此事之因，他有何良策足以拔本塞源？他先从"太史公所谓善者因之，其次利导之"，谈到"斯密亚当所倡生计自由主义"，他的用意是在说：若因米贵而行米禁，则"苟欲强而制焉，则如水然，薄而跃之，激而行之，拂逆其性，终必横决而已"。简言之，他认为各省禁米出境之举，"其愚真不可及矣"，因为米商运米出境而能有利者，"必四邻周遭之米价先已腾贵也"。梁认为民间若因米商逐利而仇其嗜利之罪，那是倒果为因的见解。

他进一步分五点解说全国米贵的原因。第一点，人口岁增，荒地不加开垦，农业不加改良，所产之米不加多。第二点，币制紊乱，物价高昂，农业成本倍蓰于前。第三点，新增赋税，农民负担转嫁入米。第四点，农民终岁勤动犹不足生，相率为游民盗贼，米产益减。梁的第五点是：一般消费者岁入不增，加以物价上涨，对米价上涨之害感受最深。此点并非造成米价上涨之因，可不论。此外的四点确是米贵之因，而这些因素也是结构性的，他说得对："仅恃禁米出境，而欲维持昔日之米价，能耶否耶？"米贵问题迫在眉睫，而经济结构问题又非短时期所能铲除，所以虽有诊断而无药方，于病无补。

当时政府的对策着力在两方面，一是"贩运外洋之米入口为挹注，二是以官力限定各地之米价，勿使米商居奇"。梁赞同贩运外米为治标之计，但他的顾虑却难以理解："然亦当念生计无国界之理，全世界之米价，必与我国内之米价同一比率，欲求更廉焉者，决计不可得。"（25 上：95）此事他有所不知：中国人口稠密，可耕地相对不足，而南洋人口较稀，且米可一年三熟，洋米入华之事早在 19 世纪 90 年代就很明显了。[67]

南洋米廉，对中国的米粮需求与米价的平抑应有作用。然而运送成本高昂，效果会随着各省市的位置与运送条件的差异而不同：外米船运入沿海诸港，海运成本尚足以偿米之差，然而洋米要溯江逆河转运入内地诸省，以当时中国内地的运送条件，成本必昂。多层转运之后，内地诸省的米粮或许不缺，然而价格亦必不低于本国米，勃兰特（Brandt，1985：189）的研究亦证实此点。依梁的说法："以今日米价与畴昔米价比较，其翔踊之一部分，则见蚀于外国人之手者也。"（25 上：93）

梁反对贩运洋米的第二项理由，是执行此事的资本仍需从民之脂膏刮取，"官吏方且将借此名而恣腆削之以自肥耳，则民且益病，究其极也"（25 上：96）。他有理由怀疑此点，但这是对执行成果的预测，难以评断。

他反对洋米的第三项理由不够清晰：农民产米需先付出诸项成本与劳力，收成之后又需付税，若以所产之米适市而所易犹不能偿其本，则农民劳亦死，逸亦死，必至全国无一农，而斗米之价必非常人所能负担。此说有两解：若因米禁而价昂，农民必因而受利，但米贵

---

[67] 见勃兰特（1985：169）的分析。另见勃兰特（1989：17—55）表 2.1—表 3.5 以及图 2.1—图 3.3，提供 1870—1936 年进口南洋米的数量，以及多项统计假说上的验证。

之后，农民的实质所得亦减，所以长期而言农民未必得利。从另一个角度来说，若贩运洋米入境，国内米价若因而大跌，则农民终年辛劳所得必不能偿其本，梁所担心之事才会发生。

问题至此已成为两难窘境：若洋米丰廉，百姓受益，何以不运入？若洋米丰廉，农民受害，本国农业受摧残，何以为之？析论至此，可知梁反对贩洋米入境的两项理由。第一，因生计无国界，世界米价必与中国同，"欲求更廉焉者，决不可得"。此点是梁对国际农产品贸易的专业认知有限，不必计较；但若考虑转运多次，洋米价格抵达之后未必低于国米，则此论成立（是结果正确，而非梁的认知正确）。第二，他在文中未说明白，何以农民所得不偿其本？是洋米价廉所致？若是此因，则反对洋米运入与他所主张的"生计无国界"矛盾；若梁认为是因禁各省之米出境而有此结果，则因果关系应是：米价会因米禁而涨，农民会先受利然后受害。梁的论点若是属于此项推理则可接受，但他在文中并未明示这种推论，故难以断言。

他接下来谴责此项决策的后果："若夫禁米出境之谬见，在愚民之为自卫计者，诚不深责。若乃地方长吏……徇其请而贸然行之，则误国之罪莫甚焉。"他作此谴责的推理是："今者举国米价诚皆昂矣！而甲地之米运至乙地而犹有利，则必乙地之米昂更甚，而其供不逮求之势更急也。遏而不之济，其势必非酿大乱于乙地不止。"（25 上：96）此说难解：若甲地之米运乙地之后犹有利，则乙地米价必高于甲地，甲地之米入后，乙地米粮数必增，米价若不减也应不增，怎会酿大乱于乙地不止？从另一方面来看，就供应者的角度来说，梁认为甲地米价低，"必其地业农者众，而大多数人资米以为生"，若把甲地之米运往乙地，会使甲地之人"牵牵其地之人以俱毙也"。此点需以事实来证明，而非单靠逻辑辩论就能推论断定。若纯就逻辑而言，梁既言禁米出境之谬，则他应是主张各省之间的米粮可以自由交易，互通有无；而现在他又说甲地之米运乙地之后，乙地会大乱，甲地之人会俱毙，岂非矛盾之论？

梁的基本立场是反对各省禁米出境，主张各省之间的经济资源应互相流通。他以德国为例：德国在政治上虽尚未联合，"则生计之联合先之，今我乃欲以一国而裂为数十国。政治上之分裂已不可收拾，犹以为未足，而重之以生计上之分裂"（25 上：96）。他的主张很清楚，其间的说理或稍有逻辑词语之差，应不碍其基本立论。但若从主政者的角度来看，为何要禁米出境？他省米价高，本省米若因商人逐利而出境，省内米粮数量必日减而贵，在无其他来源（如洋米）能确保粮食充足之前，唯出此下策。梁当时置身海外，远离水火，而以史密斯的经济自由主义、太史公之利导说来评议此事，正如《盐铁论》第 41 篇所说的："文学、贤良不明县官事。"若梁当时主掌国政，不知如何下决策应对此事？[68]

7.1.3　病情诊断

在前两小节内，梁运用诸项统计数字解说中国国际收支的严重性，视之为"国富损失之大凡也"（21：29）。在国内经济方面，他用近五年市面恐慌的诸多事件与米禁问题，来显示经济结构的不稳定。无论是对内或对外的经济问题，都是长期积弱的体现，梁对中国经济结构的缺失与病情，有一套体系性的见解，析述如下：

在工业方面，欧洲有产业革命与新式机械化生产；而中国只有旧式工业，虽勤劳但获报甚啬，虽无冻馁之民，亦无千金之家。"近世所谓新式企业之组织法，吾国人至今莫能运用之。加以在现今腐败政治之下，不容此种工业以发达，……则我国境内之生计现象，必将分为两阶级。甲阶级则资本家，而其人则皆外国人也；乙阶级则劳动者，而其人则皆中国人也。"（21：32）

在商业方面，中国缺少两项要件：经营技术之精与挹注资本之雄。换言之，"由于全国企业资本之缺乏也，由于企业之涂术不健全也"（25 上：140）。中国之商业以小型居多，号称大型商者集中在三

---

[68] 因粮食短缺而引起的动乱，古今中外史不绝书。王国斌（1998）第 7 章举例说明，食物骚乱在中国与西欧的状况，并对比这个问题在不同时代与不同地区的特性，以及各国政府的处置措施与成果。同章页 169—174 对 18—19 世纪中国的食物骚乱情形有具体的例子解说，并对政府的对策作出学理性的评述。这是个较宽广视野的综观。这是个重要议题，所牵涉的相关问题广泛，此处只能就梁的论作评述。王国斌在另一篇文章中（Wong，1982），对清代诸省的缺粮骚动，举了江西、湖南等地的例子，解说事件始末与政府的应对策略。

类业务内：垄断业（例如有特许权的盐商）、厚息举债业（如当铺及票号）、赌博业（如各省之彩票商）。而这三业"皆以不法之行为，弋不当之利益，其于国民生计全体有损无益"（21：35）。中国输出商品以丝茶为大宗，"而试问我国商家曾有一人能自设一行栈于各国市场，而与彼之消费家稍相接近者乎？……质而言之，则我国现存商业，不过为外商之补助机关而已"（21：36）。

农业可分广狭两义，狭义者如传统的五谷、菜蔬、树艺，广义者如蔗糖业与橡胶业等。中国农业几乎限于狭义的范围，而人口稠密，天然灾害频仍，"夫以今日农民之境遇，本既已岁暖而号寒，年丰而啼饥矣，则稍遇灾祲，益以速其槁饿，此五尺之童所能知也。……则良懦者有束手待死，而骁桀者有铤而走险耳。故循今日之政治现象而不变，则我祖宗五千年来世守之农业，不出三年必全灭绝"（21：39）。

除了上述农工商业的积弱外，货币体制的不健全更加重了市场的恐慌。（1）不行金本位，固守银铜币制，国际银价大跌时受害甚深。（2）银行制度不颁定，金融体系仍在传统的钱庄银号手中，每遇钱庄变故，祸害广被。（3）币制混乱，各地银两重值不一，铜币种类过多过杂，交易困难。（4）大清银行冒中央银行之名，而营一般银行之业务，既无货币发行准备金，信用终必无据。

7.2 外资利弊

梁有两篇文章论外资问题，一长一短：《外资输入问题》（1904，16：61—98）、《利用外资与消费外资之辨》（1911，27：77—80）。他对外资问题的论述，起意于"今日中国立于列强间，至危极险之现象不啻千百语。其最甚者，则外国纷纷投资本，以经营各大事业于我腹地，直接生影响于生计上，而并间接生影响于政治上，此最为惊心动魄者矣。……吾固案诸学理，……就种种方面以研究此问题之真利真害，……略陈今后政府国民所当采之方针为结论"（16：61—62）。

7.2.1 剖析与对策

此长文共 7 节，分述外资输入中国的原因、外资的性质、外资在华略史、外资的类别、评比外资的利害、论外资对中国经济的影响、中国可采之对策。此处不拟依序摘述，只选论梁个人对外资的见解，凡背景性（如外资输入史）与解说性（如外资的事业项目）者皆不论。

何以列强争相以雄资进取中国经济之命脉？"故今日列强之通患，莫甚于资本过度而无道以求厚赢（利润）。欲救此敝，惟有别趋一土地广人民众而母财涸竭之地，以为第二之尾闾，而全地球中最适此例者，莫中国若。此实列强侵中国之总根源。"（16：63）

外资在华活动的性质，自甲午之战以来的十年间，依梁的见解约略有七项性质上的进展与变化。（1）马关条约内特别提到日资可用机器改造土货（中国之制造品）。（2）马关条约之后数月，英人赫德（总税务司）拟出机器制造抽税章程，范围限定在制造业内，未及他业。（3）中俄密约（《喀希尼条约》）要求东三省铁路权与矿权，德国依《胶州湾条约》要求同一条件，然势力犹有限制。（4）开始有正式借债兴业之交涉，然借债之主动权犹限中央政府，势力尚未普及。（5）民间与私人假财团法人名号，与外国资本家交涉，外资输入之途大开；但名义上仍是借债，主权在华，债务与利权仍在我。（6）华洋合股向外借债，冒华人名义发起，洋人附股，华人总办洋人帮办，其实正好相反。（7）明订华洋合资之权利义务，要求改正矿务章程；外资输入已不必假名华人，门限全撤。

接下来梁要谈论的，是借用外资的时机与原则：

（1）"凡一国中以特别事故（例如战争忽起、兴学骤盛），致金融紧迫之现象者，最善莫如得外资以为调和。……苟政府财政之基础稳固，而所以运用者适其宜，则外资之必不为国病明矣。"（16：77—78）

（2）外资输入时，因大笔资金短期涌入，最易发生通货膨胀，扰乱国内金融市场，物价变动剧烈。梁的反论是："在浅识者，以为是货由外国输入之意义也。……故坐是因噎废食以诉外资，……然按诸实际，外资之来者一千万，其引受现金，通例不及一二百万，盖其大半皆由各种国际动产券面上所有权之移转，而甲国之中央银行与乙国之中央银行，为一纸汇票之划拨而已。"（16：81）

（3）若"外资输入太骤，……无奈本国之场业不能与之相应，……阿根廷当四十年前图治太锐，大借金于英国，……俨然大进步之幻象，及实利未收，而偿还本息之期已至，于是全国骚然，百业中止，而国势从此不可复振"（16：82）。

（4）"然则外资最可怖之问题何在乎？曰：不问其外资之来源，而问其外资之用途。用之于生产的，往往食外资之利；用之于不生产的，势必蒙外资之害，此其一。曰：不问输入时之受纳法，而问输入后之管理法。苟能全盘布画，分期偿还，则虽多而或不为病。反是则其末路之悲惨不可思议，此其二。"（16：83）

（5）"要而论之，外资之来，能如欧美各国之以本国公债券自由吸集者最善也，盖有外资之实而无其名，万无牵涉及于政局之患，……不用一毫人事之干涉。"（16：84）

从这五点看来，梁通过日本的财经著作，对欧美运用外资的史例与基本原则，掌握得相当不错。梁说在光绪四年到二十七年间，中国向外借债九次，大部分为偿外国兵费（赔款）之用，这是属于非生产性的外债，这是本书第4章的主题。梁认为对中国前途最危险者不是外债，而是外人投资本于内地，以经营铁路、矿务及其他工商业者。一般持此论者以为外资所到之地，即为他国权力所到之地，外资的恐怖之处在此；梁认为商权归商权，政权自政权，不必混谈。这个观念是正确的，但接下来的三项论点却甚可商榷：

（1）外资与中国劳动者。一般的见解是中国人口压力大，失业者多，外资来华利用中国的资源与劳动力，创造就业机会，增加生产价值，故应欢迎外资。梁的见解不同，他认为外资初入的数年或十数年间，或许有此良效，但恐长期之后，将步欧美后尘，产生中国前所未有的劳动阶级，中国社会因外资深入而阶级化，接着出现贫富悬殊。他的推理方式，是眼见欧美尚无法摆脱工业化之后的这两项恶果，所以事先考虑中国若采外资及其经营方式，要如何才能避免同样的后果。

这或许是一项考虑，但因为实际后果并未发生，所以难下论断。若纯就学理来推论，清末中国失业人口的压力不轻，一般劳工生活水平不高，果若有外资能提供相当的工作机会，减少失业人数，何乐不为？在贫弱的经济结构下，是要先考虑中国社会阶级分化与贫富悬殊化的后果呢（这两项结果尚不知何时才会出现）？还是以救命活口、增加工业产能为优先考虑？求生尚且困难之时，梁先顾虑到欧美社会工业化之后的弊端，犹如半饥之人担心日后患高脂血症，而推拒眼前的牛油、牛排。梁认为"而今也国中一切生利事业，皆仰成于外资，则彼外资者，无异绅吾臂取吾民固有之幸福而横夺之也，是外资之可怖一也"（16：88）。这是尚未噎而已思废食的见解。

（2）外资与中国资本家。梁的基本态度是采取经济民族主义的立场，他所担心的问题是"今后外资之入中国，……其必挟长江大河暴风迅雨之势，取其最新最剧之托辣斯制度，一举而布溢于此旧大陆（中国）。五十年之后，吾恐今日中国所谓资本家者一无存矣，是外资之可怖者二也"（16：89）。这是一种抗拒的心态，梁的替代方案是："然使中国人而能结合其资本以成大资本也，则固可以抵制外资，勿使输入，……无致有喧宾夺主之患。"（16：88）百年之后读到这种见解，既同其情亦怜其悯：外资的功效不只是资金本身，更重要的随之而来的生产技术、管理方式、企业观念等非资金因素。这个道理在今日已不必费辞，对照之下梁的外资观是较封闭的。

（3）外资与中国地主之关系。外人挟其雄资，"恐将来所谓数十大都会者，当租率未涨以前，而土地所有权已强半入彼族矣。谓余不信，试观今日上海黄浦滩岸，除招商局一段地外，尚有寸土为我国人执业否也"（16：89）。梁所举的例子是事实，但代表性有多少？除了少数重要通商口岸之外，洋人对中国土地的兴趣恐怕有限。一因外资虽雄但非无限，投资于产业才是首要目的；此外尚有多少余力可用来搜括大都会土地，而得到"土地所有权已强半入彼族之手矣"的结果？列强若要占中国土地，其实不必靠外资，用政治手段割据租界既快又大，何必费钱收购？

以上是梁从劳动者、资本家、土地所有权的观点，来说明外资的威胁，我认为说服力甚低。然而梁亦非顽拒外资论者，他知道中国需要一场产业革命，将来才有可能与列强竞争。而中国既缺资金又缺科技，所以必须折中地采取一些可行的方略。梁论此事时文笔冗长，论点拉杂，要言之有下列论点。他最反对所谓的华洋合股制，这是当时通行的方法，梁认为这是掩耳盗铃的最下策："所谓华商为总办者，不过傀儡，……此其为奸商诡名卖国产以饱私囊之伎俩，至易见也。……故有倡是议者，吾侪竟视为国民公敌焉可也。"（16：94）华洋合股制若成效不佳，恐怕是经济与政治势力强弱之表现，并非主事者所乐见，任公言重矣！

在这些冗长的论述之后，梁提出一项原则性的建议。"故吾欲为一最简单之结论，曰：毋用洋股，宁用洋债；毋用商借，宁用官借［外国社债（公司债）之性质全由商借，官不干涉，其法甚良。今吾语商借毋宁官借，似颇骇人听闻，实则以今日商人程度论之，不得不如此立论，非谓可以概将来也］。而债权与事权之所属，必厘而二之，如是则可以用外资。"落实此项原则的方法有二，一是"由政府以普通之名义，大募一次外债，其对于外国应募者，不必宣言此债之用途何属也；而政府内部自调度之，指定专为兴办某某事业之用"，"其第二法，则指定一事业以借债，而务厘债权与事权而二之。吾与某国之某公司或某私人为借款之交涉，则所交涉者借款而已，其他皆非所得过问。此各国公司借社债之通例也"（16：95）。

以上是梁析论外资在华的简史与性质，中国应如何取得外资，运用外资时应注意的原则。他在这篇长文之后有一段附言，其可显现他理想的外资观，以及这项观点的根源："吾意新政府若立，莫如大借一次外债，以充国有之资本而经营各业，纯采国家社会主义之方针，如今德奥诸国所萌芽者。则数十年后，不至大受劳动问题之困，而我之产业制度或驯至为万国表率，未可知耳。"（16：98）他的意思是：新政府成立后，向外举债兴业，采国家社会主义制，资本与生产工具国有，劳动者的就业权与工资受国家保障，可免除欧美工会罢工之弊。

7.2.2　外资利弊

梁另有一短文论《利用外资与消费外资之辨》（1911，27：77—

80），评论清末政府在数旬之间，以利用外资为名骤借两亿之款。梁批评此事为消费外资，而非利用外资，盖政府图便利而轻借外资也。此短文先以一半篇幅，分八点解说中国缺乏资本的原因，另一半篇幅在指责此项借款之用途：虽曰整理币制、推广铁路、振兴实业，而梁举数例质疑所悬之目标难以达成。最后一段的结论在提醒国人，外国资本家逐渐握我生计界之特权，吸我精髓以为其利赢。在此状况下，政府应思所作所为是在如何运用所借的外资，或是有无被所借的外资利用。

此文是时事评论性的短文，基本论点与前文类似，并无特出之新意。梁论外资利弊问题时，正值国力衰败，外资涌入鲸吞蚕食中国各项产业、矿业、商业、铁路之际，在这种情境下，他所列举的原则（毋用洋股宁用洋债、毋用商借宁用官借），以及落实利用外债的办法（债权与事权二分），也有其实际的考虑。这些论点是在特定的时点，从特定角度出发的，可以说是短期的特定外资观。

侯继明（Hou，1965）从较长时期、较宽广的角度，评估1840—1937年外资对中国经济发展的贡献。他运用多方面的资料，佐以理论的解说，认为这段时期的外资有助于中国经济趋向现代化。原因之一是外资的投资利得，大都再转投资于中国，并未产生"利润汇出的吸血效果"；原因之二，外资带动产业发展，中国企业也因而兴起，在生产技术与管理知识上也有明显的进步。此外，在国家经济所占的比例上，传统的经济形态仍占绝对优势；外资在基本产业上所占的比例不高，出口也未呈现不均衡的发展。其中有一项重要因素：中国并非列强的殖民地，尚有相当自主权，外人的经济活动以通商口岸为主，在内地的活动须受政府限制，尤以采矿条件最为明显。若以列强入侵的观点来看外资在华的活动，而忽略外资对华经济的实质贡献，则易失之偏颇。此书广为学界所知，论点甚辩，虽非定论，但甚能对照梁从政治角度所作的民族主义外资观。

侯继明认为外资对中国的实质帮助有两项，可以用来和梁的外资观对照。（1）模拟效果：外资给中国引入了有利的投资诱因（例如开发新矿场、筑铁路），同时也传入了新技术和新观念，开阔华人的眼识。（2）连锁效果：因贸易、筑路、开矿而牵动的相关行业也随之而兴，此种连锁反应对经济、社会、文化所带来的不可见价值，远大于纯经济利润所得。

在华的外资企业有下列优势：融资易，资本足，技术强，管理能力较高，享有最惠国待遇的优惠条件，不受官方苛扰。但为何华资企业缺乏上述的优势、效率低下但却还能与外资企业并存？主要的原因有：（1）除了矿业与铁路外，外资企业大都只能在通商口岸设厂经营，限制了外资的发展空间。（2）民间排外性强，时常发起抵制外货运动，各行业的竞争者也常以此手段打击外资企业；此外，在争取劳动力时，也常运用排外心理战术。（3）外资企业产品的流通大多限于沿海，广大的内陆市场因消费习惯不同、购买力不足等因素，外资产品不易广泛地深入传统部门。

此外，较具竞争性的行业（如矿业、航业）常互订协约，划分市场以减少因竞争而产生的损失，造成外资企业与传统行业在市场区隔上有二分化的现象：外资企业以沿海地区、高级品为主，传统市场以中低级品和广大的内陆市场为主。华资企业虽然在能力上与优势上较弱，但在天时、地利、人和这些文化和社会力量的支撑下，仍可和外资企业对峙。此外，本国企业也从外资企业学习到新的技术与观念，未必因受到明显的压迫或损失，反而得到了一些有益的"学习效果"。

在责备列强经济侵略之余，亦应检讨何以华籍企业不易强大。（1）资本累积困难：国民所得低，财富阶级的储蓄多用在非生产性的土地购买等事物。所得低，储蓄少，教育不普及，生产力低，造成一系列的恶性循环。（2）传统的社会重农轻商，非农业部门（如贸易、工、矿等）的比例太轻，自给自足的农村经济，无长子继承制（日本得长子继承制之利不少），政府主掌大企业，官僚腐败，宿命论与顺受的民族性强，重人文而少科学研究，对家族依赖太深，劳工低廉，以致泥习于传统生产方式。（3）清末国库困难，有心无力，政府中缺乏有力领导者，行政效率低且保守自封；林则徐、李鸿章等人虽欲振奋，但已属强弩之末。清末衰弱非一日之寒，列强入侵虽为国耻，但若无此刺激与引发，中国经济亦不易突破自闭之境。

在对外贸易方面，中国与其他落后国家不同。外贸占国民所得的比例甚小，最高时也只占 12%，显示对外依存度甚低。1867 年时，鸦片和纺织品就占了进口总额的 77%，1842 年时茶叶占出口总额的 92%。到了 20 世纪，中国除了茶叶外（茶叶对国内经济并不很重要），没有单项产品占出口总额的 10% 以上，可见项目很分散。而其他落后国家的某些单项产品，都占出口总额的 50% 以上，所以中国和其他殖民地国家的经济背景很不相同：没有出口集中的现象。在华的外资只有少部分用在出口业，大部分都投资在铁路、矿业方面，很少投入在丝、农等传统产品上。因为对外依存度低，国际行情的波动并不会明显影响中国经济。总而言之，侯继明认为外资与中国经济的关系，可以从下列的角度重新思考：

（1）中国尚有完整自主权，外商仅在通商口岸及租界有自由经营权，内陆矿业、航业仍受严格限制，传统部门和广大的内陆市场并未受到外资破坏，反而受利不少。

（2）以每人分得的外资额（per capita）计算，在 1936 年时少于 8 美元，比率太小，对国民所得影响不大，这和其他落后国家完全不同。

（3）列强真正的投资额并不高，主要都是由盈余再转投资，也没有因为把投资利润汇回本国，而造成中国经济枯竭的现象，这和其他落后国家不同。此外，中国可耕地区的人口稠密，文化社会根深蒂固，并不是列强有兴趣大量投资的新殖民区。虽然各国贷给中国政府的款额不少，但多用为军费和赔款，直接用来投资经济部门的比例有限。

（4）根深的文化、社会习俗、消费偏好，使得外来消费品的被接纳性低；再加上国民购买力弱，在通商口岸的各国新设制造业利润并不理想，此外也有坚强的传统部门在和外资企业竞争。再说，中国政府的管制严格，所以外资企业虽挟其雄资、技术、政治特权，但获利有限，影响中国国民经济的幅度不大。

（5）外资占国民所得的比例虽少，但触发导引中国经济现代化之功却不可没，尤其在观念、技术、经营管理上更是开启华人的眼界，也因而促使中国政府决心现代化。政府的努力虽然成效不彰，但也起了领导作用，创造了较有利的投资环境。

（6）引进的现代部门与传统部门能互相提供技术、机器、原料、劳工，各占市场，相互得利，现代部门破坏传统部门之说不一定能成立。

（7）中国对外依存度甚低，自主性甚高，这和其他落后国家甚受殖民国影响的状况不同。此外，Singer-Prebisch-Myrdal 的"吸光理论"，在中国并不适用。[69]

外资对华的全盘性影响很难统计算出，单就经济层面来说，侯继明（1965）的结论认为：外资对华经济的现代化确实甚有贡献，提供了资金、技术、经营制度，不但没有摧毁传统部门反而贡献良多；虽然难免损及某些传统行业，使国人在心理上有被侵略的感受，也因而容易情绪地认为外资有害中国经济，这种观点会忽略了它们所提供的实质利益。

外资从清末开始进入中国，对经济、社会、文化等层面产生了不同的冲击与影响。这些复杂的事项无法在此逐一评述，若对这些问题有兴趣深入了解，可参阅曹均伟《近代中国与利用外资》（1991）。他在此书的前四章，说明如何从不同角度重新审视外资对华的影响，解说中国近代利用外资有哪些特征、形式和性质，以及近代对利用外资有过哪些不同的见解。他列举李鸿章、刘铭传、张之洞、盛宣怀、梁启超、张謇、孙中山等人的见解，一方面提供了清末外资思潮的主要资料，另一方面也整理出这些见解在脉络上的异同。此外，雷默（Remer，1933）一本 700 多页的翔实调查报告，对研究各国在华的诸项投资业务与作为，至今仍有相当高的参考价值。外资是清末民初经济的重要议题，学界已有许多深入的研究，在此只能就梁的论点提出对照性的解说。

7.3 生计博议

梁有以下文字论及国民生计问题：《论生利分利》（1902，4:

---

[69] 这是 20 世纪 50 年代初期很受注目的论点：发展中国家对工业国家的输出以基本原料和产品为主，而输入则以制造品为主。工业制造品有较强的市场独占力，利润较高，而初始产品的情况则相反，因而造成发展中国家的贸易条件恶化。也就是说，发达国家与发展中国家的贸易逐渐深化后，会因相对贸易条件的结构性恶化，而更快速地吸取发展中国家的利益。

80—96）、《莅北京公民会八旗生计会联合欢迎会演辞》（1912，29：30—32）、《政府大政方针宣言书》（1913，29：109—119）。这三篇的题材之间并无关联性，主题的重要性并不高，可以申论的空间也有限，以下综述他的论点并稍加评论。

《新民说》（1902）这本小册子是梁的名作之一，其中第 14 节《论生利分利》（专集 4：80—96）所用的主要观念，是依亚当·斯密的说法，把中国人口分为"生利者"和"分利者"两大类。严复译的《原富》在 1902 年出版时，梁正在写《新民说》。他读到斯密析论生产性（productive）与非生产性（unproductive）的劳动，认为这是个有趣的说法，就尝试把这个概念用到中国的人口结构上。

"吾闻生计学家言，生利之人有二种，一曰直接以生利者，若农若工之类是也。二曰间接以生利者，若商人、若军人、若政治家、若教育家之类是也。而其生利之力亦有二种，一曰体力，二曰心力。心力复细别为二，一曰智力，二曰德力。"（专集 4：83）生利者的意思简明，不必细说，他的要点是要指出哪些人属于分利者，这又可分成两类：一是不劳力而分利者，共有十三种人，如乞丐、棍骗、僧道、浪子、纨绔子弟、兵勇及应试者、官吏之一大半、妇女之一大半、废疾、罪人，等等。二是劳力而分利者，包括奴婢、优妓、读书人、教师、官吏之一小半，等七种人。

接下来他要用数字说明：中国 4 亿人口中，约有多少人分属于上述的各项类别。梁做此表的前提是："中国无统计，虽有巧算万不能得其真率，不过就鄙见臆度而已，然谅所举者有少无多也。"根据他的臆测，4 亿人口中，分利者超过 2.1 亿，其余为生利者。至于各行业的人数，大抵也是臆测，例如他认为"盗贼棍骗共约五百万"。之后还有一项更难以接受的分法，是依种族群来分，认为汉族"约分利者十之五有奇，生利者十之四有奇"，"满族其在关外者，生利分利之率约与汉人等。其在内地者皆分利者，无一生利者"，"苗族约分利者十之二，生利者十之八"，"回族约分利者十之三，生利者十之七"，"蒙古族约分利者十之四，生利者十之六"。

依斯密的一项大略概念，梁虚拟中国人口中各族与各行业的生利与分利者之比例，目的在指出中国的寄生人口比例过高，经济自然萎弱。而更严重的是，分利者当中有以杂赌为生者。梁无统计说明此类人口之数，但他所借机谴责者，是（以广东省为例）官吏为增税收而开放赌禁，"于是阖省人趋之者十而五六，至于田功、手技、小贩、舆夫、负载等等杂工，日乏一日。……然官吏之开赌以增分利之率，以消蚀此有限之劳力、有限之母财，实其原因之最重要者也，故粤中盗贼之多，亦甲于天下"。

另一篇综论国家经济的文章，是他在辛亥革命之后所写的新内阁施政方针书。1913 年 7 月熊希龄内阁发表，梁任司法总长，熊兼财政总长。10 月初熊内阁提出《政府大政方针宣言书》（1913，29：109—119），由梁执笔，以内阁的语气写作。此时梁的角色已从海外异议人士翻转为内阁主笔，这篇文章是宣言书的性质，以全景描述为主轴，毫无辩驳之采，读之无味。文分四大主题，一是外交，二是财政，三是军政，四是实业交通。其中篇幅最长的部分，是梁拿手的财政问题（29：111—118），他以平铺直叙的方式，条陈中国财政的各项收支、债权债务之状况与统计数字，并提出治本之策（改正税制、整顿金融、改良国库）。此文纯为官方体裁，虽曰"方针宣言书"，说服力恐怕不高。

7.4 银行制度

中国传统的金融体系内有多种机构，如票号、钱庄、典当业等等。西式的商业银行与有"银行的银行"之称的中央银行，以及各种专业银行（如农民银行、合作金库），这些在民国初年时对国人都还是陌生的名词。梁写过几篇谈论银行的文章，也讲演过几次这方面的题材。这些内容现在看来，基本上都是解说的性质，并无重要的论点，在此仅略述梁的诉求要点。

《银行制度之建设》（1914，32：8—12）的主旨，是在介绍银行体系的类别，以及欧美各国所采用的形态与优劣点，并说明以中国今日之状况，宜采哪一类的银行体制。基本上梁对日本的体制较熟悉，解说日本何以在明治五年（1872）决定采用美国的银行体制，并颁布国民银行条例。此外，他拟设中国若要采用类似的制度，在发行公债与发行国币时的各项可能。基本上这些都是泛论性的解说，并无深入的特点。

《扩充滇富银行以救国利商议》（1916，34：19—24），是他辞币制局总裁（1914）之后与就任财政总长（1917）之前所作。当时袁世凯称帝，江南诸省纷纷宣布独立，梁南下参加倒袁运动。"今也袁贼盗国卖国，尽人皆知，我军政府不得不起而讨之。……军费问题安从出？求诸租税耶？安能以尔许巨资，责人民一时之负担。求诸外债耶？……非忍受苛酷之条件，不能成功。……"（34：20）在这个目的与限制下，梁写此文的用意，是希望能赋予滇富银行具备国家银行之权能。梁的要点有五项：（1）增加该行资本为 2 000 万；（2）新政府领土内，唯有该行有发行兑换券之权；（3）有统一整理货币之职权；（4）在各大都市与重要口岸设分号；（5）承受经理政府与地方公债。（34：19—20）这是他在特殊的政治环境下，为了某项特殊目的所作的建议，着眼点是"滇富银行创立载信用以孚，……成立较易尔，岂其有私于滇省。他日政府将全国领土规复后，自必易名改组，更无疑义也"（34：24）。此事应亦属纸上建言，未闻如愿。

有两篇与银行相关的讲演，都是 1921 年所作。一是 11 月 21 日在天津南开大学讲的《市民与银行》（37：28—34），另一是 12 月 17 日在北京朝阳大学经济研究会讲的《续论市民与银行》（37：34—41）。他的话题是中央银行与交通银行刚发生过挤兑，他评论这件事情的背景与诸多因素，用的是白话语体，内容是简明的银行观念。不知他为何在南开大学讲这么浅显的内容，12 月在朝阳大学讲的内容和深度也类似。[70]

7.5 论关税权

关税收入在政府预算所占的比例，在 1911—1916 年约是

---

[70] 从丁文江的《年谱长编》页 608 可以看出，梁在 1921 年的主要工作是撰写《墨子学案》《中国历史研究法》，注意力已转到国学上，对经济问题的关怀已大不如前。

12%—20%。这项可以高达预算五分之一的收入税源，当然是一项重要的议题。但梁对这项题材的关注点，却是国际政治的角度远多于财政税收的关怀。他写过四篇论关税权的时事评论短文，一篇在1896年，另三篇在1906年：《论加税》（1：103—104），《关税权问题》（19：68—76），《中日改约问题与最惠国条款》（《新民丛报》，85：35—49，未收入文集内，下同），《中日改约问题与协议税率》（同上，86：73—79）。

中国关税自主权的变化始于《南京条约》，此约规定海关税则由中英两国"议定则例"。在《望厦条约》内进一步规定："倘中国日后欲将税则变更，则须与合众国领事等官议允。"中国的关税自此从"自主"变为"协定"；此外，海关的行政管理权、关税的支配权和保管权，也都落入外人手中。这种性质的关税，成为纯粹财政的意义，而无一般开发中国家，借着关税保护来发展幼稚产业的功能。1854年7月，英、美、法三国在上海成立总税务司，管理上海的海关行政，1858年进一步把这套海关制度扩大到其他港口。除了丧失海关的主导权之外，关税收入的用途也起了变化，主要是用来当作借外债的担保，以及偿付外债的本息。清末的主要外债，几乎都是以海关税收入为担保，这些奇特的现象，在陈诗启（1993）一书的第6章"近代中国海关的异态"内有详细的描述。

1895年甲午战争后，因对日的巨额赔款而国用窘困，列强担心中国的外债难偿，英、俄、德、法等四国，共议将中国关税率改值百抽五为值百抽十，预计每年入款可增千余万镑。中国外务部对此事的考虑是：若采加税之议，则民间负担增加；若不采此议，则外力难挡，最后只好把决定权推给商会，商会又把责任推给上海商民。梁评论此事的基本见解是：世界各国"无论为强大、为弱小、为自主、为藩属，无不有自定税则之权，或收或免或加或减，皆本国议定而他国遵行之"（1：104）。他的立场是反英论："英人阴谋以绐我，盛气以劫我，令将税则加载约章，于是私权变为公权，自主成为无主，以致有今日之事。……故有以联俄拒英之说进者，吾请与之言波兰，有以联英拒俄之说进者，吾请与之言印度。"（1：104）他的用意是说：中国的外交策略，不必联俄拒英，也不必联英拒俄，这些国家各自有利益打算，"非有爱于我也"。[71]

以海关加税的事来说，中国政府应独立决策，否则与殖民地何异。梁认为关税本是国内行政之一环，有主权的国家应有独立的关税权，即使偶用外人，任免权仍应在我手中。尤其中国海关岁入几占国库总收入的三分之一，要整理国家财政，更应将关税权回收。然而，当清政府在 1906 年 4 月下令，要把各海关所用华洋人员统归节制时，梁却反对此事，理由是：此事于理宜行，于时势则不可行。（19：68）

为何清廷会有这项突兀的举动？这是长期受到不平等待遇心结的反应，也是因为主管机关变动后，在政治作为上不协调的结果。中国海关虽由外人主导，但形式上从 1861 年起就属于总理衙门统辖。1901 年"总理衙门"改称"外务部"，海关也跟着改属此部。1906 年清廷成立税务处，把原属于外交部门的海关统辖权，改隶属于财政部门的税务处。1906 年 4 月 16 日，清廷给海关总税务司一项札文，内称："户部尚书铁良着派充督办税务大臣，外务部右郎唐绍仪着派充会办大臣。所有海关所用华洋人员统归节制。钦此。"这对各国政府确实是一项大震撼，但清廷有此动作并非毫无前兆：从 1904 年 3 月起，清廷就开始限制、削弱海关的权限（刚成立的商部接管了海关的商标注册权）；同年 9 月接管由海关主办了 30 年的"国际博览会"中国的展出权；1905 年 10 月伍廷芳上奏建议收回治外法权。

梁在《关税权问题》内，先说明中国海关的沿革变迁：在五口通商之前，进出口额不大，政府任由行商随意征收。1842 年《南京条约》之后，由驻扎通商口岸的各国领事征收；1851 年之后中国政府收回此项权利，但既无经验又无效率，因而怨声载道，终与各国协

---

[71]《辛丑和约》之后，中国与英、美、日等国协商修订商约，各国的立场与意见不一，王尔敏（1998）对此事有详细的解说。简言之，执牛耳地位的英国希望把关税提高到 12.5%，同时希望中国撤裁境内的厘金税，称为"加税免厘"。但因关税收入属于中央，而厘金收入属于地方，所以各省督抚反对此议。另一方面，美、日、德诸国则反对提高关税，以免本国货品在华的竞争力被削弱。由于列强的利益不一，中国内部的见解不同，所以关税协议迟迟无法具体化。

议，通商口岸税务司以欧美人充任，时为 1854 年。[72]因英国占华对外贸易之大半，故历来皆以英人主持。自 1854 年之后设总税务司，中国政府已无权过问。梁总结这 50 多年海关史的变迁："而所以致此者，实缘我前此着着放弃权利，倒太阿而授人以柄，……此前此所造之恶因，而今日受其恶果，无可逃避者也。"（19：70）[73]

海关总税分司的人员编制，在 1899 年时已膨胀至将近 6 000 人，其中欧美人居高位者有 60 余人。[74]如今朝廷突然下令将华洋人员统归节制，此项耸动之举必引人疑虑其背后动机：不知中国是否日后不再屡行前此所订的诸项通商条约，或是进一步要把海关税率订定权收回。梁认为中国政府在未说明动机的情况下骤然有此变动，可谓"不度德、不量力"（19：73）。因为中国的外债大都以海关税收作保，"而我国政府于事前未尝一采列国之同意，而毅然以迅雷不及掩耳之势行之，其勇气固可敬，而勇而无谋，则亦可惊也。吾至今犹未能知政府目的之何在"（19：73）。他认为这种孟浪举动，必召猜忌于强邻，若列强反弹，中国政府必然失败。但若要收回成命，则大损政府威信，所以梁提议六项主张（19：74—75，在此不细引），目的在于重新界定各国对中国海关的权限，希望因此能"稍挽此次之失体"，也希望能因而"庶可以减杀总税务司之势力，而盖朝廷谕旨无效之羞"（19：74）。梁所提议的六点是否可行，他自己也无把握，但若能行一两项，也可以因而稍自解嘲。此事后来的发展果然如梁所料："此文撰成方付印，得最近电报，知各国干涉，已不幸不言中矣。"（19：76）

事实上各国的反应并不相同，即使干涉也未必如梁文中所隐含的

---

[72] 此事过程曲折，牵涉到上海小刀会起事、苏松太兵备道兼管江海关吴健彰与英、美、法三国对关税问题的争执、周旋、出走，详见陈诗启（1993：14—33），以及费正清（1969）第 21—23 章的详细分析。费正清的这本对通商口岸的专著，至今仍相当有参考价值。

[73] 列强主宰中国海关的经过，以及海关行政的包罗万象，在陈诗启（1993：153—165）内有详细的解说。

[74] 陈诗启（1993：586—593）有两个统计表，详载 1875—1901 年海关各级职务的人数，以及中外官员职员的统计数字。费正清（1969）的附录 A 详列1843—1858 年海关各级英籍官员的人名与职务。

那么严重。铁良和唐绍仪在这道谕旨颁布的第四天，才召见总税务司的关键人物赫德。赫德认为此谕的实质改变有限："除了向外务部报告工作以外，还必须向他们（即新成立的税务处）汇报工作，或许在一些事情上，不向外务部而向他们汇报，但其他一如既往。"（陈诗启，1993：494）虽然海关内部与各国的反应强烈，但处于龙头地位的英国官方反应竟然如此平淡。

这道谕旨只是设置了两位税务大臣，并未设立新的财政机构，但政治意义却很明显：海关总税务司过去参与了中国和各国使节之间的往来与关系，也介入了中国向列强借款的事项；从今而后，总税务司只是中国税务处之下的机构，与外务部无涉，因而不得再干预外交事务。赫德的地位以及他和清廷的关系，自此急转直下。两年后，1908年4月税务处宣布设立税务学堂，培养本国的高级税务人员以取代洋员，追求海关自主。然而限于中英协议，以及英国对华贸易的重要性，所以海关总税务司仍由英人担任，对中国的政局还是有不可忽视的影响力。[75]

同年，梁另在《新民丛报》写了两篇文章（第85号与第86号，未收入文集内），析论中日改约的关税问题。1895年《马关条约》之后，中日双方协议：在约满十年之后，双方在六个月之内皆可提议修改条文。日本华商在1906年电请中国外务部提议改约，内容大致有三项议题：领事裁判权、最惠国待遇、国定关税税率。此三项中，领事裁判权牵涉甚广，非与日本所能分别议定；而国定税率问题，必然引起列强反对，非中国主观意志所能行。所以梁把目标放在较有谈判可能性的最惠国条款上。

最惠国条款的基本意义是：甲乙两国订约时，其中一国若与第三国丙另有定约，则所许予第三国丙之利益，甲乙两国亦应相互许与。这种最惠国条款有相互的（双方明文签订），也有片面的（甲国许乙

---

[75] 陈诗启（1993）第17章（页475—503）详述此事件的背景和经过、各国的反应和总税务司的态度，以及结局和改变。赫德离任后由副税务司裴式楷（Robert Bredon）代理（1908年4月至1910年4月）；之后由安格联（Francis Aglen）代理（1910年3月至1911年10月），接着正式任总税务司至1927年2月。

国，而乙国未明文许甲国）。梁列举中国与列强所订的条约中，与最惠国条款相关者，都是属于片面性的：中国许与他国之利益，诸国一体均沾，而列强之间互许之利益，则未明言中国是否适用。梁写此文的用意是：今届改约之期，可就此事提议力争，或许有成功的机会，因为"日本近今政策常刻意欲与我交欢，我若提此议而坚持焉，其必不以此区区者伤我，……此又可据情理而信之者也。故吾曰非漫无把握而云然也"（86：47）。

梁认为最惠国条款是中国政府所能争者，而所不能争者，是他在另一篇文章的主题：协定税率。海关税率大约可分两种类型，一是国定税率（由主国自定），二是协定税率（对甲国为甲种之协定，对乙国为乙种之协定）。此事起因于日本新颁税则，载明诸国之协定税则，但中国不在此列。中国驻日公使电请政府转告日本政府，请将税额改为各国一律，以示平等对待。

梁有几项主要理由反对此事。（1）他对比十二项货品的旧税和新税，大致说来新税比旧税最低增加了一倍，也有增四五倍者。这是与日本通商的各国所共苦，非专为苛征华商而设；若以此点要求日方必无效果，反易被认为中方对此问题理解不足。（2）日本实行这项国定税率，是几经血汗和欧美列强争议之后才获得，现在才刚要通体施行，必定不会因中国的抗议而改动，中方的抗议必然无效。（3）日本所课重税之物，有好几项是中国出口货的大宗，但课税对象是以商品为客体，而非特定针对某国。中国若抗议，日本可答曰此非专对贵国而设；这是暗亏，难以具体抗议。梁久居日本，尤其留意这些与外务相关的经济谈判，上述三项理由甚有见地。

以上两篇是属于时事评论性的短文，或许《饮冰室文集》的编者认为重要性不高而未收入。中日双方协议税率是一件具体的谈判事件，可申述之处不多，但最惠国条款则有再论述之处。现在有一些文献在研究晚清不平等条约中的最惠国待遇条款，但立场上大多偏向谴责性的角度：片面的、无条件的、概括性的、滥用的、伤害性的。王国平（1997）从比较冷静均衡的观点，认为一般人认为清政府是不加抗争地就轻易让出最惠国待遇，这种全盘负面的观点并不符合事实，其实清政府的立场会因优惠内容的不同而异。一般说来，决策时

205

较着重政治效果而轻忽经济效应，但这种经济上的伤害在程度上并不如印象中的严重。其次，中国和列强所订的条约中，并不完全是片面性的最惠国待遇，也有一些是双方互惠性的。这项题材在过去的研究中，时常流露出民族情绪，现在应该要冷静地重新审视个案，评估它们对中国的利益与伤害，在哪些事项上产生过哪些不同的冲击，才能得出较公允的判断。

8
管子的国家经济观

8.1 管子评传

据《梁任公先生年谱长编初稿》（页296）：宣统元年（1909）梁37岁，"是年先生以意态萧索，生活困窘，专以读书著述为业。三月成《管子传》一书。四月着《财政原论》"。梁在"自序"里说，此书"述之得六万余言，作始于宣统纪元三月朔，旬有六日成"。梁的写作主旨，依其"例言"所载，是"发明《管子》政术为主，其他杂事不备载。《管子》政术，以法治主义及经济政策为两大纲领，故论之特详；而特以东西新学说疏通证明之，使学者得融会之益。……本编所引原书正文而附旧注时，亦以己意训释之，或且奋臆校勘，凡使人易解，武断之诃，所不敢辞。"由此可知，梁把重点放在法治主义和经济政策上，以通俗的笔法和新式的例证来解说，并希望读者以理义为主，勿在校勘上和他计较。

《管子传》共13章98页，与经济相关的，是全书最长的第11章"管子之经济政策"，内分6节共43页（页50—93）。学界已有许多研究，对《管子》的各项经济见解，作了相当深入的析述，所以在将近一个世纪之后重读《管子传》，有时会觉得稍为老旧，但梁的文笔与论点，仍是《管子》学界所不能漠视的。本章的焦点不在解说《管子》内的各项经济主张，这些分析在胡寄窗（1962）、侯家驹

（1985）、巫宝三（1989，1996）、赵守正（1989）内已有很完整的讨论；轻重术是《管子》的核心经济政策之一，杜正胜（1990）已作了很深刻的析述；梁对政府干预思想的态度与言论，是理解他对《管子》经济主张诠释的基本要素，杨宏雨（1997）对此已有很充分的探讨。

以这些前人的研究为基础，我的要点是分析梁如何通过诠释《管子》的经济主张，来表达他对中国经济政策的理念。也就是说，第一个重点放在梁的基本立场与见解，看他如何受到德国和日本"国民经济学派"的影响，因为这个学派和《管子》有个共同的理念，就是要把国家的经济资源和调控权集中在政府手里；第二个重点是析述他如何诠释《管子》内的各项经济政策。本章的页码与标点，是根据《中国六大政治家》（台北：正中书局）内所收录的《管子传》与《王荆公》。文内与西洋经济思想史相关的论点，除非另有说明，基本上都可以在布劳格（Blaug，1997）内找到根据。

8.2 基本立场

梁在第 11 章开宗明义指出，虽然后人视管子为大理财家，其实管子的着重点是在更高、更全面的层次上，是在所谓的"国民经济"，而非局限在财政问题上，因为国民经济发达后，国家的财政问题也就解决了。何谓国民经济？梁说"管子言为政之本，首在富民"，例如《治国》篇一开头就说："凡治国之道，必先富民；民富则易治也，民贫则难治也。"原因很清楚：一民贫则散亡不能禁，二民贫则教育不能施，三民贫则法令不能行。而民贫的原因有六点："一曰由生产之不饶，二曰由君上之掊克，三曰由豪强之兼并，四曰由习俗之侈靡，五曰由金融之凝滞，六曰由财货之外流。"（页 52）

这是清晰有力的界定，把管子的关怀与思维简洁地勾勒出来。接下来他要界定何谓"国民经济"，但梁的论点甚有可议之处。"经济学之成为专门科学，自近代始也，前此非独吾国无之，即泰西亦无之（虽稍有一二，不成为科学）。自百余年前，英人有亚丹斯密者起，天下始翕然知此之为重；然斯密之言经济也，以个人为本位，不以国家为本位，故其学说之益于人国者虽不少，而弊亦随之。"（页52）这段话的前半段基本上可以接受，但梁说斯密的经济学说以个人为本位，不以国家为本位，看起来好像斯密是个人经济主义论者，把个人的经济利益置于国家利益之上。其次，若这是不好的学说，何以会有"益于人国者虽不少"呢？梁对西洋经济思想史的理解不足，这不是他的专业不应苛责，但看过严复译斯密《原富》（1902，即《国富论》）的读者，心中难免置疑：斯密的书名表明是在追求国家之财富，何以梁又说是"以个人为本位，不以国家为本位"呢？

我们现在知道，斯密在1776年出版《国富论》时，正是英国重商主义盛行的时代。重商主义是16—18世纪，西欧诸国实行的经济政策之通称。这个名词其实不够精确，因为，葡、西、英、法、荷诸国的重商主义内涵各异，若用一个共通的现象来描述这个经济政策，那就是：国家通过（关税等）保护政策，经由工业生产和对外贸易，来累积国家财富的经济政策。国家的财富表现在贵重金属（金银）的数量上，所以要尽量争取贸易顺差，以累积金银（国家财富）。斯密之所以反对重商主义，是因为那套经济政策过度利用国家的角色，来干预经济的运作。其初始目标虽在增进全国的经济利益，但在保护政策的措施下，政府的功能犹如一只"看得见的脚"，在妨碍市场机能的自然运作。此外，这套干预、保护的经济政策：（1）明显地维护有政治权力和影响力的利益团体；（2）干涉私人部门经济活动的自由；（3）一味追求贸易顺差，引起贸易伙伴国的敌对；（4）为了在国际市场上获利，须有武力保护商业活动与殖民地，导致军事花费过巨；（5）因而使得英国在国际市场上的竞争力减弱。

斯密在《国富论》的第4篇，主张让每个经济"体"自由行动，因为他们在追求自己最大利益的同时，会有一只"看不见的手"在调和，使全国的经济利益会比一只"看得见的脚"在干预时，来得有更长远、更高的经济利益。总之，斯密在《国富论》中所反对的，不是重商主义所追求的国富目标，而是反对在此项目标下，政府的干预过程与后果。他不是国家主义者，也不是大同世界主义者，他是个理性的国民经济利益维护者；他的经济政策，简约地说，就是减少干预的自由经济政策，基本的动机还是要维护英国在世界市场的竞争

力。[以上论点详见布劳格（1997）第1、2章]

梁一方面对斯密的学说有上述的误解，另一方面又用不恰当的"进化论"，来说明国民经济必然优于斯密式的个人主义经济。他说："晚近数十年来，始有起而纠其偏匡其缺者，谓人类之欲望，嬗进无已时，而一人之身匪克备百工，非群萃州处通功易事，不足以互相给；故言经济者不能举个人而遗群。而群之进化，由家族而宗法而部落以达于今日之国家；国家者，群体之最尊者也。是故善言经济者，必合全国民而盈虚消长之，此国家经济学所为可贵也。此义也，直至最近二三十年间，始大昌于天下；然吾国有人焉，于二千年前导其先河者，则管子也。"（页52）

梁一直没说明他所谓的国民经济，是由哪些人、在哪些时代、在哪些国家提倡或实行过，而只说"直至最近二三十年间，始大昌于天下"，而这种政策管子在两千年前就主张过了。我们先看：（1）梁心目中的管子有哪些特殊的观点；（2）再从梁所提到的西洋经济学者，来判断他是受到哪些近代学说的影响；（3）进而对比管子和这些近代学者的见解，看他们所主张的国民经济是否有相同的内涵。

梁说："要之，管子之言经济也，以一国为一经济单位，合君民上下皆为此经济单位中之一员，而各应分戮其力，以助一国经济之发达，而挟之以与他国竞。管子一切政治之妙用，皆基于是。"（页53）《管子传》第11章第5节，提到"德国硕儒华克拿氏"三次，他的著作在19世纪末的日本甚有影响力。梁说华格纳的学说，在"最近二三十年间，始大昌于天下"，而他的财政观点，竟然与两千多年前的管子不谋而合：时间上隔了两千多年，地理上隔了几大洋，而基本论点竟然如此互通。梁在日本读了他的著作，兴奋之余以大气力用现代语言重新诠释管子，并借以论述：（1）若中国要迎头赶上"大昌于天下"的财政学说，其实不必外求，只要切实施行老祖宗的法宝即可；（2）借机表明他对德、日国民经济学派的认同，以及对英国斯密式的自由放任经济政策不能认同。梁的这种立场并非单一现象，而是德、日、中这类在19世纪中末期尚处于发展阶段的国家，对经济霸权的英国有一种难以认同的倾向，原因如下：

19世纪初期的德国和19世纪中后期的日本，经济结构上还是以

农业为主，社会保守意识甚浓。《国富论》反对重商主义、提倡自由
贸易的说法，在英国自有其社会因素和经济条件，以及文化思想上的
支持，此书后来对 1770—1870 年自由经济的兴盛也有间接之功。但
那套世界经济自由化的理论，只对英国有利，对工业较落后的德、
美、义、俄、日诸国而言，因为在国际市场上无法与英国竞争，很自
然地就兴起保护主义浪潮。其中以李斯特（Friedrich List，1789—
1846）所提倡的"国民经济"最具代表性。

　　李斯特在《国民经济学体系》中明确指出：日耳曼诸邦的经济
还停留在农业阶段，工业结构幼稚脆弱，在无法与外人竞争的情况
下，如果又相信斯密等人的国际自由贸易说，则必因工业的倾覆而败
亡。李斯特并非完全反对自由贸易，而是认为各国应据各自的经济状
况调整政策，先顾虑"国家"的经济自立，然后再谈"世界"经济的
共荣。他的经济政策分为三个阶段：（1）先鼓励国内自由贸易，使本
国经济脱离原始落后的状态，先在农业上求进步与发展；（2）然后采
取保护措施，协助本国幼稚工业、渔业、对外贸易的发展；（3）待
国家经济达到某种成熟度时，再采国际之间的自由贸易政策。他认为
当时的英国已在第三阶段，而德国和美国仍在第二阶段，所以他极力
批评"英国恶毒与奸猾的商业政策"。英国在 18 世纪主张国际经济
自由化，犹如重量级拳王主张拳赛不应依体重分级。中国当时的处境
还在第一阶段，而《国富论》是斯密在英国处于第三阶段时期的著
作，在学说上和时机上都不合乎 20 世纪初期的中国所需。以中国当
时的"病情"，应该去找德国、日本等有过"同病"的医生，开出保
护的药方才较合情理。

　　解说了梁为何在基本立场上认同德国的国民经济学派，接下来看
他屡次引述的华格纳，在财政与经济学说上和《管子》有哪些相通
之处，竟然会让梁这么有共鸣感。根据周宪文（1972）《西洋经济学
者及其名著辞典》页 1053—1055 的介绍，华格纳是"德国经济学
者、财政学者、统计学者。1835 年 3 月 25 日生于 Bayern 的 Erlangen。
1853—1857 年，在 Göttingen 及 Heidelberg 大学习法律学及国家学。
1858 年，Wien 商学院成立，被聘为经济学及财政学教授。曾以各种
身份参与货币、银行、金融及财政制度的改革工作。1863 年转任

Hamburg 大学教授，1868 年转任 Freiburg 大学教授，1870 年转任柏林大学教授。……他还有下面许多主张：扩大扶助措施，缩小土地所有权，公平课税，设置产业法院以解决工人问题，提高劳工阶层的道德及宗教教养。国家不能听任个人自由行动，国家的活动不限于维持秩序，国防与保护自由及财产，更要保护老幼、妇女、残疾及工人；这是他下的结论。……正统学派经济学者认为财政学只是经济学的一分科，他予以独立而成一独立的学科，致被称为近代财政学的建设者。这可说是他的最大功业"。华格纳的代表作是《财政学》（*Finanzwissenschaft*，1877—1901，4 卷），"著者认为：国家是最重要的'强制共同经济'，而系'自由交换经济'的补充者与修正者。换言之，国家一方面是权力与法律的维护者，它维持对外防卫与对内秩序，另一方面它又决定生产经济，以谋增进国民的文化与福利。因此，国家必须征收有形财货，以生产'国家活动'（无形财）；此即财政经济"。

看了上面的介绍，我们可以想见，当梁读到此书的日译本时，为何会迅速地联想到《管子》，以及他为何会热烈地回应说："国家者，群体之最尊者也。是故善言经济者，必合国民而盈虚消长之，此国民经济学所为可贵也。"（页 52）其实华格纳的主张，在德国还有个更早先的传统，那就是日本人译为"官房学派"的一套思想，这和《管子》的见解在精神上也有相通之处："官房学派 cameralism，又称计臣学派，是十七八世纪德国重商主义特异发展形态的学术和知识的总称，以王室官房和国库行政为中心，讨论管理费用方法和征收租税方法，为形成财政学的渊源。……1727 年，在大学开设官房学讲座后，始构成体系化。唯后期官房学，与前期官房学不同；后期官房学，强调共同的福利，脱离国库至上主义的财政论，确定租税的公共性，并展开课税原则；但在根本上，还是将私有财产看作国家间接财产，国家有利用此间接财产的权利。以如此立场，规定财政学，为利用市民财产增殖和维持国家财产的学问。"（高叔康编著《经济学新辞典》，三民书局，1971：259—260）

以上的解说，是要阐释梁 1909 年写《管子传》时，在知识上曾受到华格纳著作日译本的影响；在立场上他倾向于德日式的"国民

212

经济"主张，在政策上他认同"官房学派"的做法。他通过《管子传》来表达这些见解，而未说明这几层的转折，一般读者因而未必能领略他背后的心思。有了上述的背景，以下依《管子传》第11章内的节序，分5节分析《管子》的各类经济政策。

8.3 奖励生产

梁对这个议题的基本主张，还是以欧洲的学说作为切入点："凡善言经济者，未有不首以生产为务者也。昧于经济学理者，往往以金银与富力为同物，汲汲焉思所以积之而壅其出。欧洲前代诸国，蹈此覆辙者，不知凡几也。"（页53）欧洲在16—18世纪重商主义盛行时，有一阵子把金银视等同于国家财富。这种想法并非愚昧，因为金银确是可以从外国购入实物。但他们也很快就理解到，若要长期赚入金银，基本上还是要靠本国产业的竞争优势，经济思想史的文献早就能确定此点。

梁接着说："管子则异是。其言曰：'时货不遂，金玉虽多，谓之贫国也。'（《八观》）故管子之政策，惟藉金银以为操纵百货之具，而不肯牺牲国力以徇金银。其最要者，则使全国之民，皆为生产者而已。"（页53）只要提一点，就可以说明欧洲人也深知此原理。斯密的《国富论》首章，申论分工对生产力的重要性，生产力提高后，国际竞争力的优势自然能保持，才能据以增加"国富"。斯密或欧洲人从未蒙昧地说要进口金银以增加财富，因为他们都清晰地知晓，在没有增进生产力的状况下，若只是增加金银（货币供给量），唯一的后果就是国内物价提升。这反而会减降本国产品在国外的优势，到头来金银还会倒流出国外，去买国外较廉价的产品，这就是大卫·休谟有名的"黄金流量调整机能学说"（specie-flow mechanism）。梁对欧洲重金主义的评论未免偏颇，也过度赞扬管子的真知灼见。

另一项偏颇，是批评斯密的"非"国家论："然则有国家者，似宜听民之自为，而无取谔谔然代大匠斲。此说也，实斯密氏一派所张皇以号众者也。而管子则不谓尔。其言曰：'天下不患无财，患无人以分之。'（《牧民》）又曰：'官不理则事不治；事不治则货不多。'

（《乘马》）……当管子之意，以为国家若不有道焉以干涉之、奖厉之，则民或惰而不务生产；或务矣，而不知所以生产之道；或知其道矣，而为天然之不平等所限制，不能举自由竞争之实。是故非以国力行之不为功也。"（页53—54）

第8.2节已解说过：斯密所主张的自由放任，是针对国家干预式的重商主义所产生之弊病，梁不解此点，以及两国在时代背景上的差异，硬以自己的主张与喜好去批评斯密。梁所主张的，是应由家长来集中生产资源与分配食物，反对子女各凭才性往外各自发展。欧洲人早已经历过梁所主张的那个阶段，进入尊重个人才华发展的时期；梁以清末弱国的心态，挟着管子的主张，批评处于经济霸权阶段的英国经济政策不当。斯密的政策不适用于清末中国，这是事实，而斯密也从未曾主张中国应采自由主义的经济政策，梁又何必苦苦批评？

梁在此节中，大量引述《小问》《五辅》《牧民》《立政》《八观》诸篇的段落，来说明管子多么注重奖励生产政策。这些引句在梁的书中和《管子》内可轻易查到，不赘引。他从这些段落里得出几个感想："（1）管子非如极端之重农主义，以农业为国民独一无二之职业，宁牺牲他业以行过度之保护者也。（2）通管子全书，其言奖励工业者，不可枚举，而商业又其所最重也。……盖管子未尝轻商也。（3）而其政策在以商业操纵天下，故不欲使私人得专其利，此实管子一种奇异之政策，而与今世学者所倡社会主义，有极相类者。（4）管子言市可以知多寡而不能为多寡，可谓名言。商业为社会所不可缺，然不能谓之为生产事业；全社会之富量，不以商业之有无盛衰为增减也。此义近儒菲里坡维治最能言之，足正斯密之误。"（页56—57）

前两点我完全同意，对第三点的前半段也同意，现代读者大概很难完全同意此点的下半段。较可争辩的是第四点：商业是非生产性的吗？现代的国民所得账户里，服务业和商业的比重已远超过农业，但清末经济的状况，或许和管子所说的情形类近，所以不应对梁的这个论点苛责。他最后说，"近儒菲里坡维治最能言之，足正斯密之误"。我们现在知道斯密其实无误，但还不知道这位近儒是谁，是根据什么事实下此判断。

前引的《西洋经济学者及其名著辞典》（页 728—729）告诉我们，菲里坡维治（Eugen Philippovic，1858—1917）是奥地利经济学者，1893 年从德国回维也纳大学讲授经济学及财政学，他的代表作是《经济政策》（*Volkswirtschaftspolitik*，1899—1907，两卷）。此书的特色是"它不似古典的著作，以产业部门分别经济政策（如农业政策、工业政策、商业政策、交通政策等），而分经济政策为组织政策、生产政策、所得政策三大部门，用以分析这些政策对于国民经济整体的影响。又，本书对于过去经济政策的各种研究成果，都有极公平的介绍，而且折中抽象方法与具体方法；曾在学术界博得极高的评价"。我手边无此书可查，但根据这项介绍，作者已注意到组织、生产、所得三大政策，且对过去的研究成果"都有极公平的介绍"，他真的会认为"全社会之富量，不以商业之有无盛衰为增减"吗？我无法证实此点，只知道梁看过此书的日译本，至于他对此书的理解程度则尚难判断。

8.4　均节消费

梁在此节的主旨，是主张崇俭抑奢："有生产必有消费，无消费则生产亦不能以发达；……然消费贵与国民富力相应，宜量费其所赢，而毋耗其母财；此勤俭贮蓄主义所以为可尊也。管子书中，多为强本抑末之言，非有恶于末业也，恶其长奢侈之风，而将为国民病也。故于崇俭之旨，三致意焉！"（页 57）读者必问：《管子》内不是有《侈靡》篇吗？篇中不是有"莫善于侈靡"的说法吗？要如何解说这个明显的矛盾？有些注释《管子》的学者认为，此篇文字内容凌乱，所记甚为繁复，不能自成章段，可能是后儒拟古之伪作。

暂且不论这项争议，而把问题转到较中性的辩论上：侈靡对经济增长真的有利吗？节俭真的重要吗？梁的看法是："畴昔之论者，或以为民俗奢则所需之物品多，而生产之业，缘此得以发达，若人人啬于用财，则贫者无所资以赡其生；于是有奢非恶德之说起焉！殊不知奢俗一行，则一国之财，宜以为生产之资本者，将挥霍而无所余；资本涸，则产业未有能兴者也。……管子之意，以为若使天下能为一家，则财之挹于此者还注于彼，虽稍奢而不为害；若犹有国界，与他国竞争，则一国母财，必期于丰，而母财丰生于积蓄，积蓄生于俭，故以奢为大戒也。虽然，奢与俭无定形，必比例而始见；夫所入二百金而费及百金焉，则为奢矣！所入万金而仅费百金焉，则不为俭而为吝矣！奢固害母财，而吝非所以劝民业也。"（页59）

这是个重要的议题，梁只用两页不到的篇幅解说；他论述得很好，既中肯又准确。前两节提过，梁对斯密经济学的基本观点并不赞同，我们现在拿斯密的见解与严复的译案，来和梁的奢俭观相对比，当可看出斯密与严复对这个议题的理解，要比梁开阔深刻。斯密在《国富论》第2篇第3章内，论及俭约与浪费这两件事，在个人与国家所产生的效果。严复在译《原富》时对此写了三段案语（分布在《人人文库版》页336—341），大意如下：

（1）"俭，美德也，而流俗固薄之"，这是大家熟知的话，严复说节俭的意义是："道家以俭为宝，岂不然哉！乃今日时务之士，反恶其说而讥排之，吾不知其所据之何理也。斯密言，俭者，群之父母。虽然，但俭不足以当之也。所贵乎俭者，俭将以有所养，俭将以有所生也。使不养不生，则财之蟊贼而已，乌能有富国足民之效乎！"（页339）

（2）有些奢侈是无必要的，有些则是必要的："或又云，奢实自损，而有裨民业，此目论也。奢者之所裨，裨于受惠之数家而已。至于合一群而论之，则财耗而不复，必竭之道也。虽然，一家之用财，欲立之程，谓必如是而后于群为无损，则至难定也。于此国为小费者，于彼可为穷奢。法之巴斯獭，英之耶方斯，皆论之矣。大抵国于天地，耗民财以养不生利之功者，盖亦有所不得已。奇技淫巧、峻宇雕墙、恒舞酣歌、服妖妇饰，此可已者也。而兵刑之设，官师之隶，则不可无者也。使其无之，将长乱而所丧滋多。……虽然，兵刑官师之必不可废，固也。"（页339—340）

（3）然而，单是靠小民俭约也无济于事，以俄国为例："当同治之世，俄罗斯贫乏特甚。小民之所勤积，每不敌贵人富贾之所虚糜亏折者，故其时母财耗而外债日增；然则斯密氏所云，亦有不尽然者矣。"（页341）主要是因为俄国的农民与贵族之间，有相当不同的经济行为方式，所以严复认为"徒俭菲不足以救之也"（页337）：勤俭虽然重要，但若国家的社会结构、经费支出结构不妥当，再多的俭约也会被用到无效益之处（另见页78有类似的案语）。

从斯密的原文和严复的译案看来，他们对"奢俭辩"的理解，大致已能掌握到凯恩斯经济学所说的"俭约的矛盾"（paradox of thrift），而这是梁在此节内并未洞见到的。

8.5　调剂分配

此节的议题是《管子》经济政策的核心之一，也就是所谓的"轻重术"。梁用15页的篇幅（页59—73），大量抄录原文并作详细解说，我们先看梁的见解。"泰西学者恒言曰：昔之经济政策，注重生产；今之经济政策，注重分配。吾以为此在泰西为然耳；若吾国则先哲之言经济者，自始已谨之于分配。故孔子曰：不患寡而患不均，均无贫。……管子之意，以为政治经济上种种弊害，皆起于贫富之不齐，而此致弊之本不除，则虽日日奖励生产，广积货币，徒以供豪强兼并之凭借，而民且滋病。此事也，吾国秦汉时尝深患之，泰西古代希腊罗马时尝深患之；而今世欧美各国所谓社会问题者，尤为万国共同膏肓不治之疾，……"（页59）

《管子》有什么好药方呢？梁引《轻重乙》篇的一段话："桓公问于管子曰：衡有数乎？管子对曰：衡无数也，衡者使物一高一下，不得常固。桓公曰：然则衡数不可调耶？管子对曰：不可调。……故曰岁有四秋，而分有四时，已有四者之序，发号出令，物之轻重，相什而相伯，故物不得有常固。"梁说："此即管子所谓轻重之说。其一切分配政策，皆由此起，而调御国民经济之最大作用也。考其枢纽所在，不外操货币以进退百物。盖货币价格之腾落，与物价之贵贱，成反比例，而货币流通额之多寡，又与价格之腾落成反比例；……金融之或宽或紧，……其原因皆各有所自来，而其结果则影响于国家财政与全国民生计者，至捷且巨。故今世各国大政治家之谋国，未有不致谨于此者也。而中国能明此义者，厥惟管子。"（页66—67）

接下来看如何运用货币来调控全国经济："故先斟酌全国所需货

币之多少，准其数而铸造之，命之曰公币。《山国轨》篇所谓谨置公币者是也。然则全国所需货币多少，何从测之？……综稽全国民互相交易之物品，共有几何，其总值几何，则其所以媒介之之物应需几何，略可得也。故先察一国之田若干，其所产谷若干，复举一国所有谷类以外之一切器械财物，……而悉簿籍之，准其数以铸币，则币常能与国民之供求相剂，而无羡不足之患矣。"（页67）以今日眼光读此段文字，未免觉得过度神奇：若果真能如此确实掌握财物通货，君主当可无为而治天下。

梁也明白，这套说法未必能应付变动性的社会需求，他列举三项缺点，解说得甚为得体。"以今世之经济政策衡之，诚觉其局滞而不适，盖国民之生产力消费力，随时伸缩，而其所从起之原因，极复杂镣辖，不能执一端而尽之。故以现在全国民所有财产，泐为簿籍，而准之以求所需货币之数，为法未免疏略，其缺点一也。同一货币之数，而缘夫流通之迟速，行用度数之多寡，而其资民利用之效力，强弱悬殊，比例于现有财产而固定其量，则货币伸缩之用不显，其缺点二也。经济无国界，故货币与货物，常互相流通于国际之间，虽准本国所有财产以铸币，然币之一出一入，不期然而然，铸币虽多，未必能长葆存于国中。铸币虽少，而外国所有者，常能入而补其缺，今仅以本国财产为标准，其缺点三。由此言之，则管子所谓币乘马之策，决非完备而可以适用者也。"（页67—68）由此可见他深切地明白这种"不可操控性"，但调控经济又是《管子》的核心概念，梁要如何调解这项明显的矛盾呢？

他没有提供任何答案，既然暂时解决不了，只好置之不顾，继续解说政府操纵经济的手法。"虽然，欲明管子轻重主义之真相，更有最当研究者一物焉，则谷是也。……乃管子之言又曰：谷贵则万物必贱，谷贱万物必贵。……吾初读之而不解其所谓，及潜心以探索其理，乃知当时之谷，兼含两种性质：一曰为普通消费目的物之性质；二曰为货币之性质。……管子之轻重主义，不徒以单一性质之货币（即金属货币）为枢机，而更须以复杂性质之货币（即谷）为枢机焉！故今世之货币政策则一而已。一者何？以币权物是也。管子之货币政策，其条件有三：以币权物，一也。以谷权物，二也。以币权

谷，三也。此管子之轻重主义，所以其术弥神而其理弥奥也。"（页69—70）

梁的解说清晰有力，但我们现在可以理解，先秦时代的货币体制尚未完善，除了法定货币，以实物交易的情况也必然并存。在这种"双重币制"（币与谷）的情势下，调控经济者必然要同时掌握这两项关键要素，毫无特殊难解的道理，梁也不必过誉地说"其术弥神而其理弥奥也"。其实《管子》所说的货币调控术，一点都不深奥："有时金融太缓漫，事业有萎靡之忧，则将货币收回于中央金库，《山国轨》篇所谓国币之九在上一在下是也。有时金融紧迫，生计呈恐慌之象，则将货币散布之于市场，所谓币在下万物皆在上是也。……故曰：民有余则轻之，人君敛之以轻；民不足则重之，人君散之以重也。"（页70）

接下来的解说相当有创意。1909年梁写此书时正逢国际金本位制盛行，列强诸国民间得以国家发行的纸币向银行兑换等值黄金，所以黄金可说是"实币"，纸钞可说是"虚币"。以这种眼光来看，《管子》内的实币就是"谷"，虚币就是政府发行的"货币"。梁的论点是，《管子》操控虚实币的手法，和当前金本位制国家操控虚实币的方法相通："吾观管子调和金谷之策，窃叹其与今世各国调和实币与纸币之策若合符节也。……今各国中央银行所以能握全国金融之枢机者，皆由实币与纸币调剂得宜，既能以币御物，又能以纸币御实币；管子之政策亦犹是也：时而使谷在上币在下，时而使币在上谷在下。此犹各国实币，有时贮之于中央银行，有时散之于市场，凡以剂其平广其用而已矣。"（页70）

梁确是个优秀的解说者，把这个道理用古今相贯的手法析述得很贴切。1909年时金本位制运作良好，但到了1914—1918年第一次世界大战期间就遇到危机：各交战国的币值一方面要钉住金价，但另一方面又希望对手国的金融崩溃，所以金本位制当然难以为继。英国在战后迟疑是否要返回金本位，一直拖到1925年才决定重采此制；但过不了多久，金本位制在1931年就崩溃了。如果梁是在1931年才写此书，他要如何解说《管子》的"虚实币交互控制法"呢？1931年之后读此书的人必然要反问：如果当初运作这么好的金本位都撑不了

219

50 年，如果当时身为国际金融龙头的英国都难以自保，那我们是否应该听信梁的建议，采用《管子》的虚实币交控法呢？

轻重术的基本概念，依梁的解说是："其枢纽不外以币与谷权百物，而复以币与谷互相权。而其所以能权之者，则当币重物轻之时，敛物而散币；当币轻物重之时，敛币而散物；当谷重物轻之时，敛物而散谷；当谷轻物重之时，敛谷而散物；当币重谷轻之时，敛谷而散币，当币轻谷重之时，敛币而散谷。质而言之，则以政府为全国最大之商业家，而国中百物交易之价格，皆为政府所左右也。"（页71）

梁认为这种手法在古代"盖甚有效也"，因为"遵是道也，则全国商业之自由，极受束缚；……然在古代信用机关交通机关两未发达之时，……毋宁以政府立乎其间，其力足以尽求全国之所供，其力足以尽供全国之所求，苟奖励干涉得其宜，则于助长全国民经济之发达，盖甚有效也"。然而，"以今世之经济原则衡之，其利诚不足以偿其弊"（页71）。读到此处，我们不禁困惑：梁写此书的目的，是要以《管子》的经济政策，来呼应 20 世纪初期流行于德、日的国民经济学派主张，但梁又屡屡说若实行《管子》的政策，则"其利诚不足以偿其弊"，"管子所谓币乘马之策，决非完备而可以适用者"。两论对比，梁到底要读者何适何从？

梁对《管子》还有一项共鸣："管子之意，以为物价之有高下，而用人弃我取、人取我与之术，常能博奇利，此经济现象之所必至，无能遏止者也；而此种奇利，则当归诸国家，而不当归诸少数之私人。归诸国家，国家还用奖励民业，则其利均诸全国人民；归诸少数之私人，则一国财力所在，遂成偏枯，一方有余，而一方不足，……管子所以必以国家操此权者，盖为是也。夫商业之自由放任过甚，则少数之豪强，常能用不正之手段，以左右物价，……近世有所谓卡特尔者，有所谓托辣斯者，……而其力足以左右全国之物价，……于是乎有所谓社会主义一派之学说，欲尽禁商业之自由，而举社会之交易机关，悉由国家掌之，此其说虽非可遂行于今日，然欲为根本救治，舍此盖无术也。而此主义当二千年前有实行之者焉，吾中国之管子是也。"（页72）

这段话的前半段是解说《管子》的用意，后半段在援引西洋近况以作呼应，说明这是古今中外共通的情事。梁解说得很好，但此段最后的说法，则有两项可争议的论点。（1）他认为社会主义的学说是解决此困难之道，但这种学说却又"非可遂行于今日"。梁在1909年写此书时，尚未有一国彻底实行社会主义，若他在十年之后看到俄国1917年革命成功，改采社会主义经济制度时，一方面可以高兴地看到中央集权化之后，"奇利归诸少数人"的情况消失了；但另一方面，他恐怕也不愿意生活在那种集体性的社会里吧！（2）他说"而此（社会）主义当二千年前有实行之者焉，吾中国之管子是也"。以我们今日之理解，这句话当然是错的。

8.6 财政政策

"聚敛之臣之治财政也，惟求国库之充实而已。而管子则异是。其言曰：'（《权修》篇）地之生财有时，民之用力有倦，而人君之欲无穷；以有时与有倦养无穷之君，而度量不生于其间，则上下相疾也。故取于民有度，用之有度，用之有止，国虽小必安；取于民无度，用之不止，国虽大必危。'此管子理财之根本观念。……（《国蓄》篇）'民予则喜，夺则怒，民情皆然，先王知其然，故见予之形，不见夺之理，故民爱可洽于上也。租籍者，所以强求也；租税者，所虑而请也。王霸之君，去其所以强，废其所虑而请，故天下乐从也。'此管子无税主义之大概也。考其所以持此主义之理由，其一则以为租税妨害国民生产力也，其二以为租税夺国民之所得也，其三则以为租税贾国民之嫌怨也。此三者皆持之有故言之成理，即今世言财政学者，亦不能具斥其非也。"（页73—76）这是很好的解说，但国家的岁用要从何而来呢？

用现代财政学的语言来说，梁所说《管子》的"无税主义"，是指不征收"直接税"，例如丁口税和田地税，而把主要的税源放在间接税上："以今语释之，则曰：盐与铁皆归政府专卖而已。……管子之法，则纯粹之政府专卖法，而与今世东西各国之制，大致相合者也。"（页77—78）

读到此处，我们再度碰到一项矛盾：梁既力扬《管子》经济政策的高明，但接着又批评盐铁专卖政策的严重弊端。"铁官之置，使人民生事之具日啬，其法非良，故后世行之，不胜其弊；若盐，则自秦汉以迄今日，皆以为国家最大之税源，虽屡更其法，卒莫能废；即今世所谓文明国，其学者虽以盐税为恶税，倡议废止，……若盐又间接税中最良之税品也。而首发明此策者，则管子也。后世盐法屡变，至今日而政府专卖之下，复有专卖商之一阶级。故正供益绌而民病益甚。"（页77—78）

《管子》的国家税源还有两项，一是"矿产森林"，二是商业。"然则管子之财政策，以盐铁为主，而以矿产森林辅之。即财政学所谓官业收入者是也。……而官业收入，且骎骎乎夺租税收入之席，德国及澳洲联邦导其先路，俄罗斯日本等国步其后尘。若国有铁路国有森林盐专卖烟专卖酒专卖等，其条目也。……管子所谓无籍而国用足者，庶几见之矣！……而我国之管子，则于二千年前，已实行此政策，使华克拿见之，其感叹又当何如？"（页79）

这种说法未免过度自我赞扬。先秦时期尚未编户齐民，政府对人丁、田地等直接税源的掌握不够切实，若要认真逐户征收，行政成本必然惊人。若对生活的必需品课高税，则只需掌控盐铁的流通渠道，就可以有效地收到间接税。从政府的观点而言，舍直接税而就间接税，是"本小利多"的必然考虑，丝毫没有梁所说的"先知先觉"之意味。若当时能方便有效地收到直接税，大概没有政府肯轻易放弃这块肥肉，"非不为也，不能也"。

至于商税，据字面的理解，应指从商人的营业收入征税，但梁所指的却是另一回事："（《国蓄》篇）视物之轻重而御之以准，故贵贱可调，而君得其利。"（页80）梁的解说是："其法盖当丰穰之岁，谷价极贱，粒米狼戾，委积而无所得值，政府则以币予民，而易其粟以敛之；及至中岁，粟每石值十钱，凶岁每石值二十钱，政府则照时价而粜粟与民。……于民甚便，而政府每石得十钱或二十钱之利，不必直接收税而与收税无异也。且此术不徒施之于谷而已，凡百物之为民用者，莫不权乎其轻重之间而敛散之。质而言之，则全国最大之商业，掌于政府而取其赢以代租税也。"（页80）

照这样的解说看来，基本上这就是第8.5节所说的"轻重术"：

政府一方面调控各地粮食与重要物资的供应（即日后所说的均输），第二方面也掌控各地的物价（日后所说的平准），第三方面又从中获利。梁要说的是其中的第三点：从轻重术的调控中获得买卖的利润。但称此为"商业税"，是否恰当呢？

介绍《管子》的财政策之后，梁在此节的结论还是老套："华克拿曰：昔之租税，专以充国库之收入为目的；今则于此目的之外，更有其他之一重要目的焉，即借之以均社会之贫富是也。管子之租税政策，则与华氏不谋而合者也。"（页81）这是明显的过度凑合比附，因为19世纪末的德国没有盐铁专卖，也没有以轻重术来做平准均输的事情。若要说管子与华格纳的见解不谋而合，主要是和"国民经济"学说主张掌控支配国家资源的观点相通，但在落实执行的项目与手法上，中德双方的差距还相当大。

223

8.7　国际经济政策

梁对这个题材所用的篇幅（页81—91），仅稍次于论轻重术的调剂分配政策（页59—73），我们很容易理解他的心态。清末的经济甚受列强欺凌，主张国民经济学的德国，在19世纪时也有类似的处境（但状况较佳），梁在《管子》里看到一些积极性的国际经济策略，自然热烈响应："昔者英之克林威尔，法之哥巴，近者德之俾斯麦，英之张伯伦，皆竭毕生之精力以从事于此者也。是故自由贸易保护贸易之论辩喧于野，关税同盟关税报复之政策哄于朝，岂不以一国之存，其原因发自邻国者，至伙且巨，而所以对待之者，岂可不慎乎哉？若我管子则深明此意者也。……彼荷兰、比利时，皆以蕞尔国当列强之冲，而其天然之恩惠又极薄，而顾以富闻于天下者，经济政策得宜故也。即如彼英国，其国内之农产物，曾不足以资其国三月之民食，而不以为病者，彼能以其工艺下天下之五谷也。夫管子所用之齐，其国势非得天独厚者也。……然则以齐之国势，宜其永为诸侯弱，而管子乃能用之致富强匡天下者何也？则所以善用对外经济政策者得其道也。"（页81—83）

梁说管子的对外经济政策有下列要点。第一，"其要点在奖励本国特长之产物，以人力造成独占价格，而吸其赢于外国。夫无论何国，皆缘其气候壤质民业之异，而各有其特长之产物，如英国之煤铁，中国之丝茶，……苟能善用之则持此可以称霸于天下。而春秋时代之齐国，则以盐为其特长之产物者也，故管子首利用之"（页85）。

这段话的道理是对的，但若以清末的经济为考虑，在世界市场上能独占的产品，如梁所言也只是丝茶而已。就算中国独占全世界丝茶的供应，"我虽十倍其值，而人莫能靳矣"（页86）。但问题是丝茶并非西洋的生活必需品，而只是附带性的或奢侈性的消费，可买可不买；在这种状况下，独占全球又有何用？20世纪初期中国经济的问题，并不在于特产品的独占力，而在于一般制造业的质量、数量、价格皆无国际竞争力，这种病症绝非靠《管子》的老法宝所能解决。

第二项国际经济政策，梁认为是掌握国际物资交换所需的资金。"而其第二次所独占者即金也。天下所有金本不多，……金之大部分，已在齐政府，齐政府钥之不使出，……则齐国境内之金价愈腾，而各国民之有金者，竞输之于齐以求利，若水就下，此必然之势也。……今英国之英伦银行，若因纸币准备金缺乏之故而欲吸收正金，则抬高其利率，使出他国之上，则德、法、美、俄各国之金，滔滔而注入英国。管子惟深明此理，故能以术尽笼天下之金，使归于齐。夫天下之金既归于齐，则各国皆以乏金之故，其金价之昂，必与齐等，或视齐更甚焉！然金价之涨落，恒与物价之涨落成反比例，各国之金价大腾，则各国之物价大贱必矣，于是管子又得施其轻重之术。"（页86—87）

这段话说得漂亮，然而有多少国家能拥有这项优势呢？当然只有处于霸权状态下的齐国和英国了，19世纪的德国和20世纪的中国根本不具备此条件，就算知晓这层道理又奈何？

第三项法宝是要掌握基本粮食："管子第三次所独占者则谷也。谷为人生日用必需之品，其为力固已至伟，而当时兼用之为货币，故其影响于国民经济，视今为尤重。……于斯时也，管子则利用其金以谋独占天下之谷，先出政府之金，以购境内之谷，使齐国境内之谷价，高于邻国，则邻国民之趋利者，自相率辇其谷而输诸齐。……为齐所独占。故以潟卤之齐，其地不产谷者四之一，而常能以多谷雄于天下，齐政府既握金谷之二大权，时其盈虚以操纵天下百物，天下百物之价，遂成为齐政府之独占价格，高下悉惟其所命矣！……要而论之，管子之经济政策，不外以金谷御百物，而复以金与谷互相御。此政策一面用以对内，一面用以对外。……天下各国人民养生送死之具，其柄无不操自管子，予之夺之，贫之富之，皆惟管子所命，然则各国欲不为齐役也得乎？……然则管子所以能九合诸侯一匡天下者，岂有他哉？亦对外经济政策之成功而已。"（页87—89）

解说过《管子》的三项法宝之后，梁提醒读者说，国民经济学派的保护主义理念，有甚可供国人参考者："近世之言国民经济学者，皆谓一国之中，必须各种产业，同时发达，万不可有所偏废；就中如日常生活必需之品，尤当自产之而不可仰给于外人。即如现在英国，惟务工商，农业日废，虽已富甲天下，而国中有识者犹忧之。……是知一国之产业，苟有所偏畸，则敌人既得乘我所丰者以困我，又得乘我所乏者以困我，此保护贸易政策，所以为今世诸国所同趋也。明乎此理，则知当时管子之能行此政策以弱四邻，必非夸而诞矣。"（页91—92）梁在此节分述《管子》如何灵活运用这三项国际经济策略，才"能九合诸侯一匡天下"。

这说明了齐国如何得以称霸天下，但现代读者必有一疑：为何日后齐国会迅速衰落，还有"毋忘在莒"的悲壮情事发生？《管子》的法宝为何不能长久有效？如果只能短期有效，清末是否应该学习《管子》的策略？梁避谈此事，转而在此节末引介国民经济学派的保护主义，提醒说这是要避免列强"困我"的必要措施。这项论点尤其困惑读者：《管子》从未提及保护主义，对外则全是霸权式的作风；但谈到清末现状时，梁又主张采取保护弱国主义的低姿态。

8.8 综合评论

梁对《管子》的推崇跃然纸上："其以伟大之政治家而兼伟大之政治学者，求诸吾国得两人焉：于后则有王荆公，于前则有管子；此我国足以自豪于世界者也。而政治学者之管子，其博大非荆公所能及；政治家之管子，其成功亦非荆公所能及。故管子倜乎远矣！""呜呼！管子之功伟矣！其明德远矣！孔子称之曰：如其仁如其仁。又曰：微管仲吾其被发左衽矣！太史公曰：管仲之为政也，善因祸而为福，转败而为功，将顺其美，匡救其恶，故上下能相亲也；是以齐国遵其政，常强于诸侯。呜呼！如管子者，可以光国史矣！"（页 2、98）

梁的推崇盛情感人，但也常有过誉之处。以《管子传》第 11 章的末段（页 93）为例："管子虽用金币以操纵天下；然其筹国民经济也，以金币为手段，而不以之为目的。盖以金币与财富，截然不同物也。此义也，欧洲学者，直至十七世纪以后，始能知之。而管子则审之至熟者也。"这层道理其实也无多大奥妙可言，现在西洋经济思想史的研究非常丰富，大家都知道欧洲学者早在 17 世纪之前就了解这项基本原理。"没有"和"不知道"是两回事，梁时常以"不知道"为"没有"。

同样的情况也可以应用在下面的说法上，我们不必对他太计较："又货币价格之与物价必成反比例也，货币数量之与物价必成正比例也，此义直至斯密亚丹始发明之，而管子则又审之至熟者也。夫以当时并世之人，无一人能解此理，无一人能操此术，而惟管子以宏达之识密察之才，其于百物之情状，视之洞若观火，而躬莅其机以开阖之，安得不举天下而为之哉？"

《管子传》的读者会有一项基本的困惑：梁之所以大力挺介《管子》，用意很明白，因为那是齐国据以称霸天下的经济策略。梁在 1909 年写此书时，目的是要能对中国经济提供救亡图存的药方。然而清末的颓势和管仲主政时的齐国，在国内经济结构上已有天壤之别，在国际经济地位上又有刀俎与鱼肉之差，所以《管子》的经济策略显然不适用在清末。梁当然明白这个道理。他在日本时接触到德国官房学派和国民经济学派的著作，这是德国在 18—19 世纪尚处于国际弱势时的经济发展策略，对外行贸易保护主义，对内行扶持民族工业，并把重要的生产资源国家化。梁认为这套在德国、日本广受欢迎的政策，要比主张自由放任、自由贸易的英式政策（以斯密的《国富论》为代表），更适合清末的情境。

然而，（1）《管子》是霸权式的经济手法，（2）德、日的国民经济学派却是弱势国家自保的初步手段，（3）《国富论》是英国在经济霸权时代的著作。梁的困扰至此已清晰呈现：若要以脚踏实地的方式救亡图存，那就要采取德、日的弱势作法。但他又不愿意明白地解说国民经济学派：（1）不光彩的历史背景，（2）各项较卑微的顾虑，（3）所采用的较低下策略。梁避开这三项弱点不谈，而把焦点集中在：（1）以情绪性的语言批评斯密的理论，（2）以推崇的态度，强调国民经济学派与《管子》相通的特点：把重要资源集中在政府手里，政府有相当的权威可以调配重要物资、调控物价（轻重术）。这是一项奇妙的转折，但他不作任何解说。敏锐的读者也能在书中感受到：梁虽然大力推崇《管子》，但《管子》内的主要手法并不适合清末中国。以下简要地综述前面诸节内已提及的三个例子。

（1）在第 11 章第 4 节"调剂分配之政策"（即第 8.5 节所讨论的轻重术）内，梁介绍《管子》用调控货币数量的手法，来掌控调度全国资源，他提出三项批评（三个缺点），结论是："由此言之，则管子所谓币乘马之策，决非完备而可以适用也。"（页 68）更广义地说，轻重术是《管子》的核心概念，既然"非完备而可以适用也"，那么梁希望读者从《管子传》得到哪些有用的信息呢？（2）《管子》的核心政策，梁既明知"以今世之经济原则衡之，其利诚不足以偿其弊"（页 71），为何他在下一节（第 5 节财政策）中，又大篇幅地介绍盐铁专卖政策，并说明"此管子财政策之中坚也"，但又说"铁官之置，……其法非良，故后世行之，不胜其弊；若盐，……其学者虽以盐税为恶税，倡议废止"（页 77）。（3）再下一节（第 6 节国际经济政策）中，梁主张要独占本国的特产，使"我虽十倍其值，而人莫能靳矣"（页 86）。但除了丝茶之外，我们看不到中国还有哪项特产品具有此能力？同时，他既批评英国的经济政策，但又羡慕"德、法、美、俄各国之金，滔滔而注入英国"（页 87）。梁既反英崇德，希望中国学德国的国民经济学派，但为何德国的黄金会滔滔入英呢？为何要弃强学弱呢？

以上未曾一言谈及梁对《管子》的内容理解是否正确，而着重在其论说的义理与逻辑上的纠葛。这本《管子传》是梁"旬有六日成"，"述之得六万余言"，他希望"爱国之士，或有取焉！"（自序与页 3）。将近一个世纪之后，我以经济思想史的观点重读此书，得到三个观感：文笔方面情绪高涨，内容方面动人听闻，手法方面自我矛盾。

8.9 附论：《王荆公》

8.9.1 视角

据《年谱长编初稿》（页 265）载，光绪三十四年（1908）梁 36 岁，"是岁海外事业皆濒危机中……正月政闻社本部迁上海，……三月计划开办中之《江汉日报》与江汉公学，以经费困，暂缓开办。七月清廷谕令查禁政闻社"。"是岁先生由横滨迁居兵库县。……同年先生为《王荆公》一书成，该书凡 22 章，主旨在发挥王荆公的政术，所以对王氏所创新法的内容和得失，讨论极详，并且往往以近世欧、美的政治比较之。此外先生为文甚少"（页 295）。梁在此书的"例言"和"自序"内，说"自余初知学，即服膺王荆公，欲为作传也有年，……于是发愤取《临川全集》再四究索，佐以宋人在文集笔记数十种以与《宋史》诸志传相参证，其数百年来哲人硕学之言论足资征信者籀而读之，亦得十数家，钩稽甲乙，衡量是非"，"属稿时所资之参考书，不下百种，其取材最富者为金溪蔡元凤先生之《王荆公年谱》，……凡二十五卷，《杂录》二卷，成书时年已八十有八"。

将近一个世纪之后重读此书，最明显的感受就是冗长枝蔓，梁在"例言"的最后一段也自承："本书行文，信笔而成，不复覆视，芜衍疏略，自知不免，……"梁屡屡长段俱引，述多于作，评多于论。第二个感受是梁的立场鲜明，几乎无保留地辩解与赞叹王安石，这反而容易引发读者的保留态度。此书长达 208 页，与财经政策直接相关的是第 10 章"荆公之政术（二）：民政及财政"。[76]

---

[76] 若从更宽广的角度来看，第 11 章论"军政"时，内有些篇幅讨论国防经费，这和财经议题也有间接的关系。第 15—17 章析述新政之成绩、阻挠与破坏，也牵涉到对王安石财经政策的评估。所以若要完整地析述梁对王安石财经作为的评价，这三部分也要顾及。

王安石的作为与成就，在两宋财政史的研究中已有很好的析述，例如曾我部静雄（1965）、周藤吉之（1969）、东一夫（1970，1980）、帅鸿勋（1973）、漆侠（1979，1987）、叶坦（1990，1996）、汪圣铎（1995）。此外，中国和日本都有不计其数的单篇论文，作了许多个别的分析，例如梁庚尧（1984）。

在这些丰富的文献中，东一夫《王安石事典》（1980）的编排方式最方便查索引用，内有：（1）与王安石主要相关人物的图片；（2）说明各种对王安石评价观点的变迁与异同处（第2章）；（3）评述1978年之前的主要相关专著和论文，含中、日英、德语多语（第16章）；（4）与变法相关的官制、经济、社会关系等用语之解说（第17章）；（5）王安石与司马光的对照年表和对照事项（第15章）；（6）王安石登场的时代背景（第3章）；（7）各项新法的内容解说（第4章）；（8）王安石政权的结构（第5章）；（9）与王安石在政治上相关的人物小传（第7章）；（10）元祐党人传略（第13章）。以上种种，以及未在此详列的诸多事项，都以方便查索的事典形式编排，可说是1978年之前相关文献的大汇编，对研究者而言至今仍相当有用。

王安石与宋神宗开始拟议新法，是在熙宁二年（1069）二月所创设的"制置三司条例司"（时年49岁），翌年十二月荆公任宰相。熙宁七年（1074）四月，他首次罢相（54岁）；翌年二月再度任宰相，至熙宁九年（1076）十月第二次罢相（56岁）。神宗朝的新法，一直施行到元丰八年（1085）三月神宗去世为止；司马光在同年五月拜门下侍郎（副相），翌年（元祐元年，1086）任宰相，尽罢神宗朝的各项新法（同年三月王安石逝，66岁；九月司马光逝，68岁）。所以若把主题放在王安石本人的财经政策上，则应把本章所议论的事项时间，限在熙宁二年（1069）和第二次罢相的熙宁九年（1076）之间，也就是新法初行的前八年。

学界对王安石变法的内容、新旧党之间的各种对立言论与作为、民间对各项新法的诸多反应，已都有很详尽的研究。我在此只能写简要的附论，原因是：（1）梁对王安石的财经作为，并没有在具体问题上作深入分析，也没有提出财经政策上的新洞见；相对地，由于梁的主要目的是替荆公洗冤辩诬，所以立场鲜明偏颇，格局上还是没跳脱出"党争"式的论述。(2)学界对王安石的新法与北宋财政问题已有很详尽的研究,我对神宗时期的新法素无研究,在文献已相当丰富的情况下,再投入心血的意义不大。(3)所以只能整体地评议梁快笔速写的传记是否合乎情理。

我的要点放在看梁如何通过对王安石的赏析与辩解,显露出自己的认同路线与作法。梁着墨最浓之处,是与王安石最直接相关的三项财经新法(青苗法、市易法、募役法)。相对地,梁对农田水利政策、方田均税法、漕运等则三项较少发挥(页86—87,每项不足一页)。保甲法(页97—106)虽然和财经有间接相关之处,但梁说"荆公行之之意在整顿军政",所以和"省兵、置将"、"保马法"一同安排在第11章"军政"内。整体而言,我认为梁在此书内所表达的深度有限,笔法上和党争的手法类近。

8.9.2 立场与倾向

梁对荆公的评价有两概要点,一是高度赞赏称颂:"……此国史之光,而国民所当买丝以绣铸金以祀也。"二是极力洗冤辩诬:"距公之后,垂千年矣!此千年中,国民之视公何如?吾每读《宋史》,未尝不废书而恸也!"(页1)这种无保留或甚至过度美誉的倾向,在此书首章的首段内表现得淋漓尽致:"国史氏曰:甚矣!知人论世之不易易也。以余所见宋太傅荆国王文公安石,其德量汪然若千顷之陂;其气节岳然若万仞之壁;其学术集九流之粹;其文章起八代之衰;其所设施之事功,适应于时代之要求而救其弊;其良法美意,往往传诸今日莫之能废。其见废者,又大率皆有合于政治之原理,至今东西诸国行之而有效者也。呜呼!皋、夔、伊、周,邈哉邈乎,其详不可得闻;若乃于三代下求完人,惟公庶足以当之矣。"

梁认为历史对荆公的评价不够客观,这有两大原因,一是国民的见识与心胸不够开阔,二是正史对荆公的立场偏颇。"而我国民之于荆公则何如?吠影吠声以丑诋之,举无以异于元祐、绍兴之时,其有誉之者,不过赏其文辞。稍进者,亦不过嘉其勇于任事;而于其事业之宏远而伟大,莫或见及。而其高尚之人格,则益如良璞之霾于深矿,永劫莫发其光晶也。……其有之,则自宋儒之诋荆公始也。夫中国人民，以保守为天性，遵无动为大之教，其于荆公之赫然设施，相率惊骇而沮之，良不足为怪。……莫能相胜，乃架虚辞以蔑人私德，此村妪相谇之穷技，而不意其出于贤士大夫也。"（页1—2）

正史的评价更让梁辞激而长："吾今欲为荆公作传，而有最窘余者一事焉。曰：《宋史》之不足信，是也。《宋史》之不足信，非吾一人私言，有先我言之者数君子焉。"（页2）他认为有几位知名学者的评价是"空谷之足音"，而且他们的言论也"可以取信于天下"。首先是陆象山（九渊）在《荆国王文公祠堂记》的严论："新法之议，举朝谨哗。行之未几，天下恟恟。……君子力争，继之以去。小人投机，密赞其决。忠朴屏伏，金狄得志。曾不为悟，公之蔽也。熙宁排公者，大抵极诋訾之言，而不折之以至理。……元祐大臣，一切更张，岂所谓无偏无党者哉？……近世学者，雷同一律，发言盈廷，又岂善学前辈者哉？……其庙貌不严，邦人无所致敬，无乃议论之不公，人心之畏疑，使至是耶！"（页2—3）

梁接着引述颜习斋（元）的《宋史评》："宋人苟安已久，闻北风而战栗，于墙堵而进，与荆公为难。……公之施为，亦彰彰有效矣，……而韩琦、富弼等必欲沮坏之。毋乃荆公当念君父之雠，而韩、富、司马等皆当恝置也乎？劾琦之劾荆公也，其言更可怪笑，曰致敌疑者有七：……且此七事皆荆公大计，而史半削之，幸琦误以为罪状遂传耳，则其他削者何限！范祖禹、黄庭坚修《神宗实录》，务诋荆公，陆佃曰：此谤书矣。既而蔡卞重行刊定。元祐党起，又行尽改，然则《宋史》尚可信邪？"（页3）

梁引述的第三位，是《王荆公年谱考略》作者蔡上翔在"自序"里的观点："惟世之论公者则不然，公之没去今七百余年，其始肆为诋毁者，多出于私书，既而采私书为正史，此外事实愈增，欲辨尤难。……及夫元祐诸臣秉政，不惟新法尽变，而党祸蔓延，尤在范、吕诸人初修《神宗实录》，……则皆阴挟翰墨以餍其忿好之私者为之也；……必使天下之恶皆归，至谓宋之亡由安石，岂不过甚哉！宋自南渡至元，中间二百余年，肆为诋毁者，已不胜其繁矣！由元至明中叶，……后则明有唐应德者，著《史纂左编》，传安石至二万六千五百余言，而亦无一美言一善行，是尚可与言史事乎哉！"（页4—5）

引述三位"可信证人"的证词之后，梁意犹未尽，博征广引地又写了三大页（页5—8）批评《宋史》的可议之处："《宋史》在诸史中，最称芜秽。……其大旨以表章道学为宗，余事不甚措意，故舛谬不能殚数。……《宋史》繁猥既甚。而是非亦未能尽出于大公，盖自洛、蜀党分，迄南渡而不息，其门户之见，锢及人心者深，故比同者多为掩饰之言；而离异者未免指摘之过。"（页5）

以上种种言论，都是要证明《宋史》"颠倒黑白，变乱是非"，作为以下诸章替荆公洗冤之准备。但读者心知北宋党争时双方无所不用其极，梁下笔时既然心中已有特定目的，自然倾向另一极端的证据与说辞；采取这种立场所写的《王荆公》，当可预知其推理与结论。梁到底有哪些新论点或佐证呢？或纯是在做无底线、无条件的护卫呢？这样的评传，有深刻长远的价值吗？恐怕有限。以下先举一例，以说明梁的立论甚有可议之处。

梁对荆公的理财观作了两项诠释，一是国家主导经济说，二是把荆公的作为，比附于20世纪初期的社会主义。先看前者："荆公之意，以为国民经济所以日悴者，由国民不能各遂其力以从事生产也；国民所以不能各遂其力以从事生产者，由豪富之兼并也。……于是殚精竭虑求所以拯救，其道莫急于摧抑兼并，而能摧抑兼并者谁乎？则国家而已。荆公欲举财权悉集于国家，然后由国家酌盈剂虚，以均诸全国之民，使各有所借以从事于生产。……其青苗均输市易诸法，皆本此意也。"（页64）这一点是在说明特色，不具争辩性。

众所周知，梁一向不赞同社会主义。但他一方面说荆公是"国史之光"，另一方面却又说荆公的作为类似社会主义。他要如何协调这两个立场呢？"此义也，近数十年来乃大盛于欧、美两洲，命之曰社会主义，其说以国家为大地主、为大资本家、为大企业家，而人民不得有私财，诚如公所谓赋予皆自我兼并乃奸回者也。……夫以欧、美今且犹未能致者，而荆公乃欲于数百年前之中国致之，其何能淑？……夫以彼都所倡社会主义者，行之于立宪政体确立之后犹以为难，而况在专制之时代乎？本意欲以摧抑兼并，万一行之不善，而国家反为兼并之魁，则民何恕焉！……故荆公之政策，其于财政上所收之效虽颇丰，而于国民经济上所收之效滋啬，良以此也。"（页

64—65）读者至此必有一疑：既然荆公的政策"于国民经济上所收之效滋啬"，那为何梁又说他是"国史之光，而国民所当买丝以绣铸金以祀也"（页1）呢？以上是梁从宏观的角度，来评论荆公的立场与整体成就。

8.9.3 新政成绩

熙宁二年二月制置三司条例司，熙宁五年荆公写了《上五事札子》，自评执政三年来的政绩："陛下即位五年，更张改造者数千百事，……就其多而求其法最大其效最晚其议论最多者，五事也：一曰和戎。二曰青苗。三曰免役。四曰保甲。五曰市易。……惟免役也，保甲也，市易也，此三者有大利害焉，得其人而行之则为大利，非其人而行之则为大害；缓而图之则为大利，急而成之则为大害。……若三法者，可谓师古矣。……故免役之法成，则农时不夺而民力均矣；……市易之法成，则货贿通流而国用饶矣！"（页136—137）

这段新法初行的自我评价，显示几项信息。（1）荆公对刚推行三年的青苗法（熙宁二年九月实行）成效最满意；（2）对刚开始实行的免役法（熙宁二年十二月公布"条目"，翌年冬在开封府试行，熙宁四年十月全国推行）和市易法（熙宁五年三月实行）还不放心；（3）若要免役法和市易法成功，前提是"得其人"和"缓而谋"；（4）若用人不当且"速求成效于年岁之间，则吾法隳矣"。言下之意，是希望神宗不要"求治太急、听言太广、进人太锐"（苏轼语），否则若欲速不达，勿怪立法不善。

后世常以荆公和王莽相比，梁则力辩两者之别："又如王莽，固亦托于《周官》，以变更百度，然其所行者，无一为法先王之意，而亦自始无乐利其民之心。……夫荆公创法立制，无一不以国利民福为前提，其不可与新莽同年而语。……使荆公之法而果为病民，则民当呻吟枕藉救死不赡之时，势必将铤而走险。……乃宋自真、仁以来，虽号称太平，而潢池窃发，犹累岁不绝。……夫其前此固已募强悍之民，纳之于兵矣，而国内之不能保其安宁秩序也。犹且若此，独至熙宁、元丰二十年间，举一切而更革之，而又以行保甲之故，不禁民挟弓弩。苟政府之设施，而果大拂民情也，则一夫攘臂，万众响应，其于酿成大乱易易也，乃不特不闻有此而已。即萑苻之盗，亦减于旧，而举国熙熙融融，若相忘帝力于何有。"（页138）此项辩解的前半段甚佳，但末句所说"举国熙熙融融，若相忘帝力于何有"，则不符实情：试想新旧法党人在此二十年间的无情争执，以及反对新法者所举的民间窘状，就可知梁此言不确。

梁认为反对新法的原因与心态很简单，"私党"与"意气用事而已"。"吾读泰西史而叹公党之有造于国家，如彼其伟也；吾读国史至宋、明两朝，而叹私党之贻毒于国家，如此其烈也。彼私党者，其流品不必为小人也，……其目的不必以永禄位也，……其所争者不必为政治问题也，……其党徒不必为有意的结合也；……有一吠影者倡之于前，既有百吠声者和之于后，一言以蔽之，曰意气用事而已。意气胜而国家之利害可以置诸不问，宋以是亡，而流毒至易代而未已，察此性质则当时新法所以被阻挠被破坏之故从可识矣！"[77]（页140）这是没有说服力的说法，元祐党人及其支持者必然否认，甚至反讥梁的说法才是真的意气用事。所谓的意气用事，古今中外都是用来批评对手的说法，用以对照己方的作为是属于和平理性。不知梁何以未明此小理？

8.9.4 意义有限的平反

整体而言，梁对荆公的财经作为，并没有在具体问题上作深入分析，也没有提出财经政策上的新洞见。相对地，由于梁的主要诉求是替荆公洗冤辩诬，所以立场鲜明偏颇，在格局上还是没跳脱出"党争"式的论述。从财经分析的角度来看，梁在《王荆公》里的贡献有限，不论在深度上或广度上，都远比不上他在翌年（1909）写的《管子传》里，对整套国家财经政策（如轻重术）的良好理解与视野

---

[77] 梁引用吕诲在熙宁二年（1069）上书反对荆公的长文，来证明新法未行之前，就有人以激烈的文字反对，列说荆公的十大罪状（"十事"），还说他是："大奸似忠，大诈似信，……臣究安石之迹，固无远略，惟务改作，立异于人，徒文言而饰非，将罔上而欺下，臣切忧之，误天下苍生，必斯人矣。"（页141—142）

宽广的评述。

为什么梁在 1908 年 36 岁时会投入那么大的精力，去写一本 22 章共两百多页的《王荆公》呢？除了在其首节初段所引述的原因外，我认为还有一项内心的原因。《年谱长编》说梁在 1908 年时，"是岁海外事业皆濒危机中"，最基本的原因是他的保皇运动在海外推行不顺，与孙中山的革命派在路线上与人事上都有激烈冲突。双方在《新民丛报》与《民报》就社会主义问题、土地国有化问题，以及中国日后应采取的经济路线，都有严重的争执，所用的语言近乎是不共戴天式的对立。梁甚至以"不必行"、"不能行"、"不可行"来激评《民报》的主张，双方言辞之惨烈，近乎党争式的手法。（参见本书第 6 章）

在 1906—1907 年与孙派人士激烈"党争"之后，梁基本上可说是势单力薄地停战了，《新民丛报》在 1907 年 7 月正式停刊（《年谱长编》页 224—229 详述此事经过）。我们因而可以理解，在这种郁闷心情之下所写的《王荆公》，难免会把自己的"党争"境遇，移情到王安石与司马光、新法与旧党的架构上倾泻，而最能具体呈现这种政争的题材，自然就是青苗法、市易法、募役法这几项财经新政。若从这个角度来理解，我们就应该从政治的观点来读《王荆公》，而不必以财经分析的深度来苛责他。

换句话说，如果读者认为梁对王安石财经政策的见解，是表层化的肤浅批评，并挟带过多政治上的明显立场，这是对的，因为这正是梁在 1908 年时的心情写照。与孙派之间的"党争"感受，对梁而言并非首次。回想在戊戌政变期间，他和康有为、光绪皇帝之间的结盟关系，正犹如宋神宗、王安石、吕惠卿等人的新法结盟。梁所面对的慈禧太后与守旧派人士，在北宋的版本岂不就是神宗所面对的太皇太后曹氏（仁宗的皇后，元丰二年十月崩），和以司马光为首的元祐党人吗？

虽然梁在"自序"内说他"自余初知学，即服膺王荆公，欲为作传也有年"，但为何要在 1908 年"事业皆濒危机中"写《王荆公》呢？或许另有一项刺激性的因素。根据东一夫（1980：17—18）的解说，日本的忧国史学者吉田宇之助，在明治三十六年（1903）

出版《王安石》(序文 6 页、正文 304 页),可说是近代第一部论王安石的专著。吉田写此书的时机,正是日本国内政党斗争的激烈时期,对俄罗斯的政策摇摆不定[翌年(1904)即发生日俄战争]。这个局势和北宋王安石的处境类似,所以吉田在那个时间写《王安石》,对日本的政局而言确是有其可借镜之处。吉田在书中称扬王安石是"政治家中的大政治家",这和大正、昭和时期汉学家的观点并不相同。

更引起梁注意的,可能是吉田在序言里引述爱国史学者德富苏峰的诗:"毕世心事在经纶,余技辞章亦绝伦;时俗奚知济世略,枉将安石做文人。"德富是当时日本文坛的名人,笔锋甚带情感,有人说梁在《新民丛报》的笔法与内容,甚多学自(或抄袭自)德富(参见本书第 12 章注[110])。吉田的书出版后,梁应该知道,尤其他一向注意德富的文章,所以有可能知道吉田所引述的这句诗。吉田对王安石的推崇,以及日本在 1904 年日俄战争上的胜利,想必更刺激了梁对这本书的关切。

所以梁在失意的 1908 年,才会"发愤取《临川全集》再四究索",并参照蔡上翔的《王荆公年谱考略》,快笔写出他心中构思已久的《王荆公》。和吉田的《王安石》一样,梁的这本书也是中国近代最早的一本王安石传。我没有吉田的书可用来对照双方的观点与内容,但我对梁的《王荆公》有三个观感。(1)取材上大都是抄录《临川全集》和《王荆公年谱考略》,而且有不少段落是长篇幅地全文转抄。(2)依题材的内容,佐以清末的词语解说,甚至时常以不贴切的"银行"、"金融体系"、"社会主义",来比附解说北宋新法的内容。(3)政治立场倾向过度鲜明:对王安石与新法,几乎是无批判地称扬与辩解,而对司马光等元祐党人,则持激烈的批判态度。用这种笔法所写的传记,说服力必然不够,几乎可以说是以情绪性的宣泄为主轴,而无分析的深度可言;就算王安石复生,也未必感激这种廉价的平反。

若把视野放宽拉高,与王安石相关的纠葛议题,会让人联想到记载西汉财政经济问题大争辩的名著《盐铁论》。那本书内所涉及的诸项问题,在本质上直到晚清、民初都未曾间断过,几乎可以夸张地说：《盐铁论》内所涉及的专卖、平准、均输、边防、贪污、贫富、奢俭等诸问题，在汉民族的经济史上是结构性和贯穿性的问题。西汉的桑弘羊、北宋的王安石、明代的张居正，岂不都面临类似的处境？

从政治的角度来看，盐铁会议的目的是要打倒以桑弘羊为首的政治势力，切入点是在批判桑派人士的财经路线（以盐铁问题为核心），对国家和社会产生了相当大的恶果。桑派人马后来会被杀除，其实在这项会议筹备时他们就应先有心理准备。从经济的角度来看，这场激烈的争辩，在双方肉搏式的对抗之后，所得到的具体结论却很小：只废除了"郡国榷沽、关内铁官"。当初会议的主题是要废除盐铁国营专卖，但最后所得到的结论，却只是"贤良、文学不明县官事，猥以盐铁为不便"［《盐铁论》(41 取下)］。也就是说，只废除了小额的酒税和关内铁官。盐铁会议主要的意义，反而是政治效果远大于经济效果。王安石的财经新法，从这个角度来看，岂不是有许多异曲同工之处？

9
古代币材

为什么梁要写《中国古代币材考》（1910，《饮冰室文集》，20：58—72）？他有一项独特的论点：从演化的观点来看，中国的币材从上古的贝币到皮币、到珠玉、到铜银，他认为这是一系列历史进化的过程；到了20世纪，中国"今日之必当用金以为主币"（20：58），才符合历史的潮流。此外，他认为货币有四大职务，要完成此四大职务的币材需具备八德，"金则八德咸备"（20：71）。他心中真正要说的话，是当今列强皆采金本位，而"顾颇闻廷臣之议，犹复有主银而不主金者。此犹生秦汉以降，尚矜矜然欲货贝而宝龟也，蔑有济矣"（20：72）。

1910年时中国应采金本位或银本位，是个可以争辩的大议题，牵扯的主客观条件甚杂，难以片言断决。梁若从币材进化的观点，认定采金本位才合乎演化论的原则，那必然引喻失当。虽然主论难成，但纯就知识的观点而言，其中亦有趣论可述者。梁认为中国古代币材经过贝币、龟币、皮币、粟与帛布、禽畜、器具、珠玉七项之后，才演进到用金属作为币材，而且金属终必能凌驾诸品独占优胜。

说明了币材的诸种考证之后，梁的要点是论证黄金为最佳币材："货币有四种职务（一曰交易之媒介，二曰价值之尺度，三曰支应之标准，四曰价格之贮藏），惟最能完成此职务者，最适于为币材。欲完此职务奈何？是当具八德。一曰为社会人人所贵而授受无拒者。二曰携运便易者。三曰质量巩固，无损伤毁灭之忧。四曰有适当之价格者。五曰容易割裂，且不缘割裂而损其价值者。六曰其各分子以同一之品质而成。七曰其表面得施以模印标识者。八曰价格确实而变迁不剧者。……金则八德咸备矣。银亦几于具体而微，而其所缺憾者，则以晚近数十年来，全世界银块之出产太盛，而需要之增进不能与之相应，故其价涨落无常。……今则惟金独尊，而银则夷而为从与铜同位；原则所支配，大势所趋赴，虽有大力，莫之能抗也。"（20：71—72）这段话所谈的货币四种职能与八德，皆中肯之论，但若据以主张金本位却失之公平，因为中国若有足够的黄金，何必主张用银？若黄金不足，主金奈何？

梁在论七项币材时，有些说法是众所熟知，但也有些说法甚可辩驳，或有待补论，现依梁文的节序逐一析述。

9.1 贝　币

梁对贝币的解说有几项要点：

（1）古代滨海之国、地中海沿岸诸民族用贝之迹历历可稽，今日印度洋、南太平洋诸岛民尚多用贝者，"而用之最盛者，则莫我中国古代若矣"（20：58）。这个论点的前半段无疑，但若要宣称中国古代是"用之最盛者"，则需要从古代遗址推测三件事：某个地区的可能贝币总数量，同一地区的可能人口数，据以推测平均每人可能使用的贝币数。要有这三项指标，且能据以和其他文明对比，才能证实梁的宣称。

（2）他提出古代人民喜用贝币的六项原因，因文长不拟具引，大意为：贝质坚致，可经久不坏；文采斑斓，民所同嗜；质轻体小，适为交易媒介；不能以力制造，价格较稳定；比采矿范金为事较易，用贝易于用金。由于有这些优点，所以被公认为媒介之良品，"故古代之货币，虽命为贝本位制焉可也"（20：59）。这是解说性的叙述，很精彩，但不具争辩性。

（3）接下来，梁根据《说文》对"贝"字的解说："周而有泉，至秦废贝行钱。"进而推论："若此说确，则用金属为货币，实自周始。前此实皆用贝，即周代亦不过贝钱并用，贝之不为币，实自秦而始然耳。"（20：59）这项叙述过于简要，货币史学者有较详细的解说："贝和中国人发生关系很早。在新石器时代的初期，便已经有贝的使用，相当于传说中的夏代。但夏代使用贝，并不是说夏代就有了货币。自贝的使用到它变成货币，应当有一个相当长的时间上的距离。因为货币的产生要以商品生产为前提，而且一种物品必须具备各种社会条件，至少要有用途，才能成为货币。……贝币在中国的演进，大概经过两个阶段：先是专用做装饰品，这应当是殷商以前的事；其次是用作货币，这大概是殷代到西周间的事。但在它取得货币地位之后，仍可被用作装饰品，正同后代的金银一样。贝壳本身有天然的单位，这在溶解术不发达的古代，正是它作为货币的一种优越条件。到了春秋战国时期，贝币应当已不再流通，尤其是真贝，在市面应已绝迹，因为那时已有其他各种铸币了。奇怪的是：在这一时期的墓葬中，还有真贝出现。这不一定意味着当地还有贝币流通，虽然也不能完全否定这种可能性，因为秦始皇才正式废贝。但更可能的是：人们由于传统观念，还把它当作贵重品，特别是当作装饰品，用来伴葬。"（彭信威，1965：12、14、28）

（4）从《说文》内列举与贝字相关的 47 个字（另有未录者约 20 字），推论说"我国凡生计学上所用之字，无论为名词、为动词、为形容词，十有九皆从贝，……则贝为古代最通行之货币，且行之最久，其事甚明"（20：59—61）。这一点大致上可以接受，但梁接着说："后世货币，皆以金属铸为圆形，名曰圜[78]法，亦取象于贝也。"（20：61）贝非圆形，何以圆钱会"取象于贝"呢？彭信威（1965：52—55）另有解说："环钱在战国时期的币制中是……个重要的体系，它是一种承上启下的货币形态。……特点是它的圆形，中间有一圆孔。……大抵初期环钱的孔小，后期环钱孔大。一般钱币学家把环钱叫做圜金或圜钱，这是不大恰当的。……实际上这些钱币学家正是以为太公所作的所谓圜法是指环钱，这是错上加错。……班固所说的圜法，显然是指一种货币制度，他明明说：这种圜法包含三种要素，即黄金、铜钱和布帛。而钱币学家们却把圜法两个字理解为环钱。总之，

---

[78] "圜"通"圆"（声亦同）。《墨子·经上》："圜，一中同长也。"《集韵》："圜，或作圆。"

圜字容易引起误解，不如环钱这名称包含有内外皆圆的意思。……关于环钱的时代，还是一个没有解决的问题。……最早的环钱是垣字钱和共字钱，垣和共应当都是地名，所以它们的上限不可能早于纪地的空首布，下限是战国末年。大概铸于公元前第四世纪到第三世纪。"从这些说明看来，梁所理解的"圜法，亦取象于贝也"，还有待证实。[79]

9.2 龟 币

梁以一页的篇幅（20∶64）解说龟币，其中有多项叙述或是过于简化或是有误，以下逐项引述辩驳。

（1）"《说文》云：'古者货贝而宝龟。'《礼记》云：'诸侯以龟为宝。'《史记·平准书》云：'人用莫如龟。'《汉书·食货志》云：'货谓布帛及金刀龟贝。'是古代以龟为币（以其介为币也），历历甚明。据杜氏《通典》，言神农时已用之。其信否虽不可考，然《汉书·食货志》言：'秦并天下，凡龟贝皆不为币。'然则秦以前皆用为币甚明。《易》曰：'或锡之十朋之龟。'然则殆与贝子母相权。十朋云者，谓所锡之龟，价值十朋，即二十贝也。"这段话需要拆开来逐一析述。

（a）梁所征引的《周易》文句有误。他写："《易》曰：'或锡之十朋之龟。'然则殆与贝子母相权；十朋云者，谓所锡之龟，价值十朋，即二十贝也。"按，《周易·损六五》以及《周易·益六二》爻辞："或益之十朋之龟，弗克违。"而整部《周易》内并无"或锡之十朋之龟"的句子，梁将其与《诗·小雅·菁菁者莪》中的"锡我百朋"搞混了。此处"益"作"增益"解。《周易·讼上九》爻辞另有："或锡之鞶带，终朝三褫之。"此为《周易》中仅有的"或锡之"句子，"锡"字在此处作"赏赐"解。其次，梁对"朋"字的解释亦未详考。据王国维《观堂集林·卷三·说珏朋》谓："古者五贝一系，二系一朋，后失其传，遂误谓五贝一朋耳。"故"十朋"

241

---

[79] 关于环钱与贝壳的关系，由许进雄《中国古代社会》页492右上角的图，可以得到一些启发。在比较后的时期，所用的海贝往往磨去背部，成扁平形状，其外边就成了环形，只是不太圆而已。后来的环钱可能仿此制造。彭信威的《中国货币史》（1965∶53—54）中对环钱有很好的解说与辩证。

值百贝。"十朋之龟"表示龟的价值。[80]梁解释"十朋之龟",竟谓龟与贝"子母相权",亦匪夷所思。龟之价值视取得难易而定,并无一定标准,更无"相权"之联系。

(b)《说文》和《礼记》都以龟为宝,龟甲是用来占卜的,既为宝,怎么会"沦落"成交易性的货币呢?梁引《史记·平准书》说"人用莫如龟",似乎隐含人所用的币材是以龟为最上等。查《汉书·食货志》全文是:"又造银锡白金。以为天用莫如龙,地用莫如马,人用莫如龟,故白金三品:其一曰重八两,圜之,其文龙,……直三千;……三曰复小,椭之,其文龟,直三百。"《索隐》引用《礼记》"诸侯以龟为宝"的说法,来注解这句话,所以从这整句话的意思来看,并没有把龟甲当作币材的意思,而是属于"天、地、人"中的第三位阶:白金依龙、马、龟分为三品。"人用莫如龟"是在解释白金币上铸龟形纹饰之象征意义("其文龟"的"文"即"纹",与"复小,椭之"同为对外形的描述)。如淳对"又造银锡白金"的注解,是"杂金银锡为白金",可见那是一种特殊成分的合金,加银与锡使合金呈白色光泽。"白金"之光泽受各种成分含量多寡的影响,若不知成分,短期内不易模仿得惟妙惟肖,可以阻却仿造。

(c)接着梁引《汉书·食货志》说:"货谓布帛及金刀龟。"用以说明"是古代以龟为币(以其介为币也),历历甚明"。《食货志》首段的原文是:"货谓布帛可衣,及金刀龟贝,所以分财布利通有无者也。"颜师古对此句的注解是:"金谓五色之金也。……刀谓钱币也。龟以卜占,贝以表饰,故皆为宝货也。"可见历来皆以龟为宝,而梁却误以为钱币,其实毫无"历历甚明"的证据。

---

[80] 古时占卜用的"神龟"必须够老够大,不可能来自饲养,通常是渔者从(长)江水中网得。《尚书·禹贡》载:"九江纳锡大龟。"《庄子·外物》载:"(宋)元君觉,使人占之。曰:'此神龟也。'……(渔者)余且朝,君曰:'渔何得?'对曰:'且之网,得白龟焉,其圆五尺。'……龟至,……心疑,卜之曰:'杀龟以卜,吉!'乃刳龟,七十二钻,而无遗笑。"诸侯贡龟常购自渔者,因产量稀少故价昂。由周代金文铭辞判断,西周初期(估计为《周易》卦爻辞成形之时),十朋为非常高的价值;《诗经·小雅》结集的时期(西周后期至春秋初期)贝的价值已贬,当时的"百朋"已大致相当于西周初期的十朋。《菁菁者莪》中的"既见君子,锡我百朋",其实也是夸张的描述,旨在形容享宴中宾主之融洽,友情之可贵而已。

（d）接着他说"秦并天下，凡龟贝皆不为币，然则秦以前皆用为币甚明"。查《食货志》原文是："秦兼天下，币为二等，……而珠龟贝银锡之属为器饰宝藏，不为币，然各随时而轻重无常。"据此，龟贝在秦皆不为币，这是对的，但从此句并无法推论"然则秦以前皆用（龟）为币甚明"。

（2）接着梁提出三点理由，说明何以"龟之所以适于为币材者。一以其质经久不坏，二以其得之甚难，三以其可以割裂也。以其得之较贝为难，故可高其值，以与贝相权。然亦以此故，其用不能如贝之广。其可以割裂，虽便于贝，然经割裂，则其价必损，又不如贝之有常值也"。若真的有龟币，则第一、二点都可接受，第三点则显得自我矛盾：若以可割裂为其优点，但又说"经割裂，则其价必损"，那么这是优点或缺点呢？

（3）然而最牵强的证据，是他附了两个古龟币的拓本图片，说明这是"光绪二十五年，河南汤阴县属之古牖里城，有龟板数千枚出土，皆椠有象形文字。为福山王氏懿荣所得，推定为殷代文字，而莫审其所用。余以为此殆古代之龟币也（参观拓本）"（20：64）。以现代的常识来看这两张拓本，直觉地会认为这是甲骨文而非货币，理由是：第一，两片的形状都相当不规则。第二，每片都有八个（或更多）字，且字字不同。哪有一种货币需要写这么多字，且个个都有不同的意思？第三，甲骨文专家对这两个拓片的文字应已能解读，我们外行人也可看出一个"贞"字和"臣"字。梁所提供的拓片图，应是龟板甲骨文的残片，而他指鹿为马硬说是龟币。

司马迁在《史记·平准书》末段说："农工商交易之路通，而龟贝金钱刀布之币兴焉。"他把龟当作货币的一种，恐不确，或许梁就是因此被误导而作出上述的论述。[81]

---

[81] 梁误解此为"龟币"，可能是误信了《周官》的"既事，则系币以比其命"，且望文生义。其实此处之"币"根本不作"货币"解。《周官·春官·占人》（梁误为"龟人"）所系之"币"为礼神之币（帛）。《郑注》："系其礼神之币而合藏焉。"对此事已经讲得很清楚。至于"比其命"之"命"，应指命龟之辞，梁自作聪明另生别解。然而《周官》为战国末年之书，作者不知道殷时命龟之辞是刻在兆旁，而仅根据战国时卜龟的礼节叙写，因而又让梁将这个"币"字误解为"龟币"。

9.3 皮　币

梁对皮币的见解是："故皮币之用于民间者，不甚可考见。言币制者，亦罕道焉。（《汉书·食货志》《通典》记古代钱币皆不及）然尚行之于聘享馈赠，其用亦等于货币。"（20：65）我们来看货币史专家的看法："近代中外一些学者，由于误解'皮、币'二字的意义，……说中国古代曾使用过用兽皮制造的货币，或以兽皮为货币，甚至有人说得更具体，说是以牛皮为货币，这是不确的。在先秦文献中，"皮、币"二字虽然不止一次出现在一起，但所指是皮和币两种不同的东西，皮是兽皮或皮毛，不一定是牛皮；币是币帛，不是货币。皮、币两种物品在当时也只是作为支付工具，不是作为正式的货币。"（彭信威，1965：7，以及其页 11 的注 29、注 30）

《史记·平准书》和《汉书·食货志》都记载，汉武帝时以"白鹿皮方尺，缘以缋，为皮币，直四十万。王侯宗室朝觐聘享，必以皮币荐璧，然后得行"。这种白鹿皮币只在特定场合（朝廷）做特殊用途，并非民间通行的货币。汉武帝时的"王侯朝贺以璧，直数千"，若璧只值数千，而鹿皮竟值四十万，那应是在象征高贵与特殊，非货币也。《武帝纪》载：元狩"四年冬，……县官衣食振业，用度不足，请收银锡造白金及皮币以足用。初算缗钱"。应劭对此句的注释是："时国用不足，以白鹿皮为币，朝觐以荐璧。"[82]也就是说：你若想上朝廷见皇帝，先决条件是要买鹿皮币，价格四十万。这种皮币的本质是为了弥补国用不足，是向富人或高官敲诈勒索的手法。萧清（1984：105）说皮币"是一种完全新的货币制度"，恐不确。

9.4 布 帛 币

"中国以布帛为币材，其历史最长，唐虞以前，殆已有之。三代

---

[82] 荐璧的"荐"字应训"陈"，见《广雅·释诂》。汉武帝规定要用白鹿皮"荐璧"，这和《仪礼·觐礼》内"四享，皆束帛加璧，庭实唯国所有"的"束帛加璧"类似，仅是加璧于鹿皮之上。

及春秋战国间，其用盖极盛，故钱谓之布，亦谓之币。布者布也，币者帛也。货币二字，今成为交易媒介物之专名。货之材则贝，币之材则兼布帛而言也。然则贝与布帛，殆可称古代币材之二大系统矣。"（20：66—67）我们再以彭信威（1965：6—7）的说法来对比："币、帛在春秋时期是重要的支付工具，尤其是在统治阶级之间。周末用币、帛的时候很多，天子以币、帛待宾客，侯以币、帛献天子。……私人间的馈赠以及国与国间的往来，也多以币、帛为工具，所谓'主人酬宾，束帛、俪皮'，所谓'事之以皮、币'，都是这个意思。就是庶人嫁娶，也要用币、帛。这恰好证明当时铸币还不大通行。"

传统上"币"有数义：（1）"丝织物缯帛之类的总名"（《说文》："币，帛也"）。（2）"古代用以祭祀的缯帛"（《周官·天官太宰》："及祀之日，赞玉、币、爵之事"；《注》："玉、币所以礼神"）。（3）"用以聘享的礼物。车马玉帛等的总称。也指婚丧时朋友相馈赠的礼物"（《孟子·梁惠王下》："事之以皮、币"；《左传》中有多处提及此义[83]）。彭信威（1965：7）也说："关于币字，在战国时期，前面已说过，是指皮、帛，根本不作货币解。"曾与梁在清华国学院同事的王国维，写过一篇70多页的长文《释币》[《海宁王静安先生遗书（八）》，上海古

---

[83]《孟子·梁惠王下》所记孟子的话："昔者大王居邠，狄人侵之。事之以皮、币，不得免焉！事之以犬、马，不得免焉！事之以珠、玉，不得免焉！……"其中的"皮、币"，显然应作"献赠品"解，这由"事之"的动词就可以了解。先秦时期，这种以"币"作"贡献"的用法很普遍，以下是《左传》中可以见到的例子——《左传·襄公二十四年》："范宣子为政，诸侯之币重，郑人病之。"《左传·襄公三十一年》："子产相郑伯以如晋。……子产使尽坏其馆之垣，而纳车马焉！……对曰：'……逢执事之不闲，而未得见；又不获闻命，未知见时。不敢输币，亦不敢暴露。其输之，则君之府实也；非荐陈之，不敢输也！其暴露之，则恐燥湿之不时，而朽蠹，以重敝邑之罪。……是无所藏币，以重罪也。……若获荐币，修垣而行，君之惠也。'"显示进贡的币帛，要用很多马车来搬运。在这段文字内，"荐"字的意义很显然。《左传·昭公十年》："晋平公卒。……郑子皮将以币行，子产曰：'丧焉用币？用币必百两，百两必千人，千人至，将不行；不行，必尽用之！'"显示动员人马之可观。《左传·昭公二十六年》："……楚人以皇颉归，……楚人囚之，以献于秦……秦人不予，更币，从子产，而后获之。"《左传·昭公二十八年》："寡君是故使吉奉其皮、币，以岁之不易，聘于下执事。"这些例子已足够显示"币"字的用法。上面引述的文句都与郑国有关，其实也显示了小国事大国的通例。只是《左传》对郑国子产与子大叔应付这种无厌诛求的手法，记载得特别详尽。

变，作了详细的考证与图表解说，至今仍有相当的参考价值。这篇考
证基本上支持彭信威的说法：在战国时期"币"字根本不作货币解。

如果"币"是指布帛，根本不作货币解，那么梁就不能说："由
此观之，则周代八百年间，币制殆可称为布帛本位时代。其他物虽亦
兼为币材，而为用总不如布帛之广，此实中国古代史一特色也。各国
古代所用金属以外之币材，虽有多种，惟未闻有用布帛者，则以蚕业
为中国专有之文明故也。"（20：68）

9.5 禽 畜 币

"皮帛既为货币，则羔雁等亦为一种之货币无疑。聘礼言币或用
皮或用马，士昏礼言纳征用束帛俪皮，而纳采纳吉请期皆用雁，是皆
古人以禽畜为币材之证。孟子言：事之以皮币，事之以犬马，事之以
珠玉。皮币、珠玉既皆古代货币，则犬马亦为古代一种之货币明矣！
汉武帝铸币镂马形于其上，亦犹希腊古币镂牝牛形，皆沿古者用畜
习，而以金属代表之也。"（20：69）[84]

然而，根据杨宽《西周史》第 6 篇第 9 章"'贽见礼'新探"的
解说，梁把禽畜视为"货币"恐怕不确。《周礼·大宗伯》的记载是：
"以玉作六瑞，以等邦国：王执镇圭，公执桓圭，……以禽作六挚，以
等诸臣：孤执皮帛，卿执羔、大夫执雁，士执雉，庶人执鹜，工商执
鸡。"为什么要拿玉、帛、禽这类的东西作为"贽见礼"的仪品呢？
"应该起源于氏族社会末期的交际礼节。……就是起源于原始人手执
石利器的习惯，和互相赠送获得禽兽的风俗。"（1999：758、768）

9.6 器 具 币

"故古代钱谓之刀，而齐太公所铸法货，作刀形而小之。后儒不察

---

[84] 也可以这样反问梁："汉武帝亦镂龙形于其所铸之币上，难道表示龙亦为古
代之一种货币吗？"事实上，汉武帝离古代原始社会已经很远了，原始的习
俗与图腾的遗留，会对汉武帝产生怎样的影响，不是一两句话就可以推断，
梁似乎将整个问题过分简单化了。

本末，乃谓刀之名取义于利民，失之远矣。民习于以刀为币，故虽铸新币，而犹作刀形，凡以代表刀而已。其意若曰：此币一枚，即与刀一柄同值也。……古者以农具之钱，为一种交易媒介之要具，后此铸币，仍象其形而袭其名曰钱。……钱为本字，周代或称曰泉者，乃同音假借字，后儒妄以如泉之流释之，实向壁虚造也。"（20：69—70）

这段话包括两项可以进一步查证与解说的论点：

（1）钱真的是"本字"吗？后儒以"泉之流"释之，真的是向壁虚造吗？先看先秦对"钱"的解释。根据王毓铨（1990：29）的说法，古钱中确有"铲币"的称号，铲形的农具被用来当作货币的形状是可能的，"钱"字的来源应该就是"铲"（可用来铲地除草，是有用的农具）。梁说"周代或称曰泉者"，其实说"周代"未免太泛。先秦"泉"与"钱"拉上关系的地方，主要只有《管子·轻重丁》与《周官》两处，而且在此二书中的用法也大有差异。[85]

---

[85] "泉"在《周官》和《管子》内的用法有下列特点："泉"字在整部《周官》中只出现四次，都与"府"字相连，作"泉府"，"府"是源自"府库"。但考察一下"泉府"的职掌，几乎比现在的财政部加中央银行还庞大。它的地位是财货的始点与终点，大有"泉源地府"的味道。《周官》屡用"罚布"、"廛布"、"征布"等名词性的"布"字来代表钱的观念，却没用过"钱"字来代表货币（事实上，整部《周官》没有一个"钱"字，有人说："《周官》无钱偏理财。"）可见"泉府"的"泉"字，并非"钱"的借用字，与货币无关。另一方面，《管子》中的"泉"字，却从未与"府"连用。以"泉"字来表示货币的地方，也仅在《轻重丁》一篇。《管子》中的"泉"字一共出现 62 次，其中的《地员》篇就占了 36 次。《地数》《山至数》《轻重乙》《轻重丁》皆属于《轻重》的篇章，而独有《轻重丁》篇显得很特别：篇中用"泉"字达 11 次，其中 10 次皆作货币解，其他篇中则无一例作货币解。然而此篇亦有"则钘二钱也"一处用"钱"字，若与以上的 10 次相比，似乎可用"抄写笔误"来解释。此篇的作者与《管子》其他诸篇不同，然而亦不能因而就判断此篇是伪造的。目前可知结论是：《管子》中的"泉"字，与《周官》中的"泉府"无关。《轻重丁》篇惯用"泉"字作"钱"解，亦可能透露出此篇作者的籍贯。"泉"的名称，有可能是"五行相次转用事"学说的产物，此篇作者可能是来自燕国的稷下弟子。当时燕昭王意图自称"北帝"，建议秦称"西帝"、赵称"中帝"，事见《战国策·燕策一》。邹衍《主运》所倡导的"五行相次转用事，随方面为服也"（见《史记集解·封禅书》引如淳的话），其中所对应的"五行的相生系统"大行其道，而以朝代更替兴废为主的"五德终始"，在当时尚未成气候。《史记》记载邹衍曾应昭王之聘赴燕，那时他很可能替燕昭王设计了一套以"水德"为主的"北帝"政制：其中包括在燕国境内用"泉"代"钱"，以应北方的"水德"，取代西方之"金德"。这当然只是个大胆的猜想。

在以农具为币形的货币中，布币是古代主要的金属货币之一，依据彭信威（1965：31）的说法"布币是由农具铲演变出来的，可能是镈字的同声假借字"，布币有各种形状，发展的时期不一，这在王毓铨（1990）的第 3、4 章内有详细分述。从上面引述的数据，可以看出的变化是：钱＝铲＝＞镈＝＞布［参见许进雄（1995：492）的图片］。在这个理解下，梁说"钱为本字"是正确的。高婉瑜（2002）对布币的起源有很好的厘清。她认为钱、镈都是除草器，钱是铲的别名，镈是耨的异称（小锄为镈）。布币有两支起源，一支是由耒发展而来的尖足布，另一支是取象于铲的弧足布。两支并行于世，各自演变，又交互影响，再演变出不同的布币。

真正以"泉"作为货币单位的，是王莽的"泉货六品"（彭信威，1965：118）。秦汉以后虽然钱泉两字混用，但以泉字用得较多且广，例如宋朝洪遵（1120—1174）著《泉志》，清朝李佐贤著《古泉汇》，1940—1945 年在上海有个专业刊物《泉币》（王毓铨，1990：4—8）。

梁说"钱为本字，周代或称曰泉者，乃同音假借字"。其实说"假借"是有语病的。据《说文》，"假借"是"本无其字，依声托事"。"泉"与"钱"本有其字，谓其为"假借"，非许慎本意，较正式的用法应是"通假"。

（2）为何古币要作刀形？真的是"此币一枚，即与刀一柄同值也"吗？彭信威（1965：4）说："刀币也和殷墟出土的刀一样。"可见刀、布这类货币的形状，都是仿生活用品来造型的，可议之处不多。较可疑的是"刀币与刀一柄同值"的说法，梁有何根据作此说呢？或许当初的设定是两者同值，但梁何以能确知？假若不能的话，我们现在知道的刀货约有 15 种，分布的地理范围很广，重量从 41.2 克到 50 克都有［详见王毓铨（1990，第五章）、彭信威（1965：42—51）］。再说，刀子也有各式各样，长短轻重价格各异，没有"此币一枚，即与刀一柄同值"的道理。[86]

---

[86] 战国的刀币大概是在铁刀流行、铜刀渐无实用价值以后，才成为货币。以前即使用于交易，亦是用于以货易货。此外，那时也不可能让一枚小刀币与一把大铜刀等值，否则格里森法则效应（劣币驱逐良币）亦会显现，民众会争着将铜刀改铸为刀币。

9.7 珠　玉

梁说："《管子》称：'古者以珠玉为上币。'《汉书·食货志》言：'秦并天下，始不以珠玉为币。'则珠玉之充币材久矣。"查《汉书·食货志》的原文是："秦兼天下，币为二等：黄金以溢为名，上币；铜钱质如周钱，文曰半两，重如其文。而珠玉龟贝银锡之属为器饰宝藏，不为币，然各随时而轻重无常。"从此文看来，并没有梁所说"珠玉之充币材久矣"的意思。

其实梁也知道珠玉并非理想币材："然其为物，所值太奢而毁坏极易。一有破损，价值全失，实币材中之最不适者也。故虽在前代已不普行，群治稍进，遂受淘汰。遗迹所存，无甚可考，大率以供藏袭之资，备享馈之用耳。朝觐会盟聘飨必以圭璧为礼，盖犹是玉币之遗意。"（20：71）

彭信威（1965：19—20）对此点有很好的解说："至于玉，乃是一种美石，质硬难雕，在古代为贵族阶级所珍视，可是没有天然的单位。如果随其大小美丑来决定它的交换价值，那就仍然是一种实物交换，不是货币流通。历来也不见有大量的玉片出土。所以在锡圭、锡璧的时候，是作为贵重品，不是作为货币。后来玉发展成为贵族阶级的瑞品或礼器，作佩带用，有一定的形式；而且其形式和花纹往往表示佩用人的爵位或身份。就是在贵族阶级内部，也不能随便使用。至于一般人民，自然不能携带。当时有所谓'匹夫无罪，怀璧其罪'的话。有这样的严格限制，怎能作流通工具呢？"

9.8 结　语

梁这篇《币材考》内有两条主轴：一条主论清末（1910）的币制要迎头赶上列强，改采金本位制。他以古代中国的七种币材，论证"金属之用，实最后起，然遂能凌驾诸品独占优胜者何也？"依他的推论，金币是这条进化线的顶端，因它具有"八德"，且能完成货币的"四种职务"。他以此项"进化"论，批评当时主张中国采银本位者，"尚矜矜然欲货贝而宝龟也"。

然而，这个问题基本上是"非不为也，不能也"。以晚清的国力，在鸦片战争之后有一连串的败象，以及巨额的甲午和庚子赔款，对不产金且国库枯竭的中国，若硬要赶上时代潮流，暂且不说国库的能力，单是要把各地成色不一的银两和铜元整理划一，改发行具有信用基础，且能为各省接受的新币制，这项庞大的工程就不知要耗掉多少人力与财力。

清末政局动荡，各省的自主性强，对中央的货币政策服从度不一，所以这也不是说改就能改的事。再说，若1910年时清廷依了梁的主张改采金本位，到了1931年英法诸国逐渐脱离金本位制时，中国是否也要跟着脱离？到时又要改成哪种本位制呢？金的"八德"又何去何从呢？要改革中国币制，先要考虑她的特殊老虚体质，若强要与世界同步，吃亏在眼前。

此文的第二条主轴，是析述中国币材在进入金属币（铜、铁、银、金）之前的七项币材。依本章的分析，从第一项的贝壳到第七项的珠玉，其实都不能算是币"材"，因为它们都不是、也不曾是"货币的材料"，而是货币本身（交易的媒介）。暂且不计较"币材"这个字眼的用法妥当性，在这七项当中，能发挥货币性交易功能的只有贝和器具型的钱币两项。依本章的论证，龟"币"并未存在过；帛布"币"的币字，原意是指布、帛，根本不作货币解；皮币也无货币的功能；禽畜则完全不是货币；珠玉从古至今都一样，以"宝物"的意义为主，丝毫没有交易性的货币功能。

1910年时梁对中国改采金本位极为热衷，写了好几篇相关的长文力挺此制，并对张之洞等反金制者极力抨击；在博引诸国众证的同时，也不忘从中国历史找例证支持。但这种独特的币材进化论，在"内证"上有明显的逻辑失误，在"史实"上也有严重的疏漏与错误，在"外证"上（中国应否随列强改采金本位），更有硬上弓的霸气。

10
先 秦 田 制

梁氏对先秦田制的意见，主要集中在《先秦政治思想史》，但分散数处：（1）"前论"第八章"经济状况之部分的推想"（页50—54），（2）随后的"附录四：春秋'初税亩'（误植为'作'税亩）、'用田赋'释义"（页55），（3）"本论"第六章"儒家思想（其四：孟子）"（页89—90），（4）第二十一章"乡治问题"（页174—177）。梁并未以田制为主题作系统地探讨，而是在提到相关问题时附言几段或几句。

在这种结构下，我们不容易掌握他对先秦田制的完整看法（他当时并无此意图），因而也不易对他的说法提出系统性的评论。这是个庞杂的大论题，在此只能在较小的幅度与较低的深度上，就梁在《先秦》内的一些片断论点，摘引整理出几个议题，就我们所知道的不同见解，提出对应性的解说与评论。

1918—1919年，《建设杂志》曾经对"井田制度有无"这个议题，刊登过一系列的辩论文章，主要的参与者有胡适、胡汉民、廖仲恺、朱执信、季融五、吕思勉等人。这些文章于1965年在台北汇印成书《井田制度有无之研究》（共147页，本书原由上海华通书局出版），对井田有无的各种看法，以及与先秦田制相关的论题已大致有具体的呈现。梁在1922年编写讲论《先秦》时，不知是否已听闻胡适等人的争辩，然而从《先秦》内相关的论点看来，感觉不出梁对那项辩论有所反应。

民国以来，对先秦田制与井田说争辩的文章很多，有些是单篇专论，有些是在土地制度史内附带论述，有些像梁一样在论先秦史时带上一笔。我们认为其中最有力的辩解，是钱穆（1932）论述《周官》的著作年代时，在第 3 节"关于田制"的详细深入解说，以及齐思和在《孟子井田说辨》（1948）中，将孟子论三代田制的一段文字，与回答毕战的一段文字作出区分，认为后者是专替滕国设计的方案，这帮助我们澄清不少混淆的观念。

从民国初年胡适与胡汉民等人辩论"井田有无"以来，这场大争辩至今仍未止息，学术期刊上还不时出现各式各样辩解井田的文章。以专书形式探讨井田制的研究，在 20 世纪七八十年代就有陈瑞庚《井田问题重探》（1974）、金景芳《论井田制度》（1982）、徐喜辰《井田制研究》（1982）、吴慧《井田制考索》（1985）。这些专著以及无计其数的单篇论文，各自从独特的角度出发，论证井田问题的各个面向，可说是众说纷纭，至今尚无能相互信服的定论。日本学界对井田制的研究，请参考佐竹靖彦《日本学界井田制研究状况》（1999a），和佐竹靖彦《从农道体系看井田制》（1999b）。佐竹的基本见解是："笔者明确地认为井田制确实存在。"（1999a：240）

在这些庞杂的文献中，以"孟子井地"为主题的论文并不多见，在此仅举两例。木村正雄《孟子の井地説：その歴史的意義》（1967）是较早的一篇，他认为"井地说"是孟子独创新倡的（页 167）。方清河的硕士论文《孟子的井地说》（1978），基本论点和本章的看法相近：孟子的原意是井地"方案"而非井田制，井田制是后儒误会、附会、强加注释而仍无法求自圆其说的"人工产品"。可惜这篇论文没有整理发表在期刊上。虽然本章和方先生的基本路线契合，但在论证方式与佐证数据上仍有相当差异，各自有侧重的面向。若举一例以说明差别，则本章第 10.5 节"附论：从井字的根源看井田说"，是历年来否证井田说较独特的方式。

本章从一个较特定的观点来探讨这个问题：井田说源自《孟子》，而孟子当初替滕国所规划的是"井地方案"（即"井字田"），目的是在"正经界"，这与后儒所谈论的、理想化的井田制无涉。把"井地"和"井田"混为一谈，是日后争讼井田有无的肇端。整体而言，井田有无的辩论，是自树稻草人的虚拟"空战"，正如胡适在《井田制度有无之研究》（页30）所说的："'日读误书'是一可怜。'日读伪书'是更可怜。'日日研究伪的假设'是最可怜。"20世纪50年代之后，有许多学者从马列史观的角度，探讨先秦田制与井田说；从较宽广的角度来看，本章的论点也可以视为我们对这两个主题，以及对各种不同诠释的回应。

现在来看梁的切入点。他说："吾侪所最欲知者，古代田制（或关于应用土地之习惯）变迁之迹何如。"他引用《孟子·滕文公上》的说法："夏后氏五十而贡，殷人七十而助，周人百亩而彻。"并"认孟子之说为比较的可信"，原因有三："农耕既兴以后，农民对于土地所下之劳力，恒希望其继续报酬，故不能如猎牧时代土地之纯属公用，必须划出某处面积属于某人或某家之使用权"；"当时地广人稀，有能耕之人，则必有可耕之田。故每人或每家有专用之田五七十亩乃至百亩，其事为可能"；"古代部落，各因其俗宜以自然发展，制度断不能划一。夏殷周三国，各千年世长其土，自应有其各异之田制"。（页51）

他所说的三项理由，是印象式的一般论点，不具争辩性；在此要和他互论的是，他在页51—52对三种田制（夏之贡、殷之助、周之彻）内容的解说。其次，他在页55对"初税亩"和"用田赋"各写了一段释义，内容值得作较深入的评述。再次，他在页89说"孟子于是提出其生平最得意之土地公有的主张，即井田制度"，但梁对孟子的井田（其实应该是"井地"）主张认识并不够深刻，值得补述与辩证。

以下将逐一评议上述的子题：贡、助（附论：助与藉）、彻、"初税亩"与"用田赋"、孟子的井地方案（附论：从井字的根源看井田说），此节是全文的核心重点；第10.6节综述本章的五项主要论点，并用以对比学界对这些论点的认识。

10.1 贡

先引述梁对"贡"的解说全文："贡者，人民使用此土地，而将土地所产之利益，输纳其一部分于公家也。据孟子所说，则其特色在'校数岁之中以为常'而立一定额焉。据《禹贡》所记，则其所纳农产品之种类，亦因地而殊。所谓'百里赋纳总，二百里纳铚，三百里纳秸服，四百里粟，五百里米'是也。《禹贡》又将'田'与'赋'各分为九等，而规定其税率高下。孟子所谓'贡制'，殆兼指此。但此种课税法，似须土地所有权确立以后始能发生，是否为夏禹时代所曾行，吾不敢言。所敢言者，孟子以前，必已有某时代某国家曾用此制耳。"（页52）

梁对"贡"的解说太浓缩，读者不易充分理解。其实"贡"的赋税方法，龙子已经讲得清楚，龙子曰："治地莫善于助，莫不善于贡。贡者，校数岁之中以为常。乐岁粒米狼戾，多取之而不为虐，则寡取之；凶年粪其田而不足，则必取盈焉。"（《滕文公上》）孟子没有解释"贡"，可能因为这对当时的人而言是明显的事。现在一般的了解，以为"贡"是由下呈上，其实由上赐下也可以称为"贡"。

《尔雅·释诂》说："赉、贡、锡、畀、予、贶，赐也。"在《滕文公上》内，"贡"与"助"、"彻"相比，大约是较单纯的："上以地赐下，下以农作物呈上。"古时的耕种技术容易耗损地力，贵族以土地赐给民众，目的是利用民力来开垦土地；可想见除了税收之外，"贡"还包含土地开垦的用意。然而与"助"、"彻"相比，"贡"显得较简陋而无精心规划的内涵。《万章上》篇："象不得有为于其国，天子使吏治其国，而纳其贡税焉。"在孟子的心目中，似乎比夏还早的舜时，就已经有"贡"了。

其实"贡"字出现得并不早，应该不会是夏代的制度，可是在战国初期普遍将"贡"归之于夏后氏，例如同时期出现的《禹贡》即是。再说，《禹贡》中的"贡"仅指特产，与普遍征收的"赋"不同。梁说孟子所谓的"贡制"兼指《禹贡》的"赋"，其实《禹贡》已逐州将"田"与"赋"的等级分好了，哪里还有《孟子》内龙子所谓的"贡者，校数岁之中以为常"之余地？战国时诸家的传说杂出，如果硬要调停其间，将治丝益棼，不意梁氏亦蹈此弊［详见齐思和《孟子井田说辨》（1948：105）］。

10.2　助

10.2.1　"助"解

　　梁对"助"的解说是："孟子释助字之义云：'助者藉也。'其述助制云：'方里而井，井九百亩，其中为公田，八家皆私百亩，同养公田。'此或是孟子理想的制度，古代未必能如此整齐画一，且其制度是否确为殷代所曾行，是否确为殷代所专有，皆不可知。要之古代各种复杂纷歧之土地习惯中，必曾有一种焉。在各区耕地面积内，划出一部分为'公田'，而藉借人民之力以耕之。此种组织，名之为助，有公田则助之特色也。公田对私田而言，《夏小正》云：'初服于公田。'诗云：'雨我公田，遂及我私。'（大田）据此则公田之制，为商周间人所习见而共晓矣。土地一部分充公家使用，一分充私家使用；私人即以助耕公田之劳力代租税，则助之义也。"（页52）

　　梁对"助"的解说并不够充分，补充如下：孟子在《滕文公上》所说的"夏后氏五十而贡，殷人七十而助，周人百亩而彻；其实皆什一也"，其基本用意是为了要配合"民事不可缓也"与"取于民有制"这两句话。这大概是当时的传说，未必是古代真正的史实。以下论证孟子在这段话里，两个关键词（"助"与"彻"）的内涵与意义。孟子说："彻者，彻也；助者，藉也。"此句内的后一个"彻"字，应当"治"解，因为在当时那是训诂上很浅显的字，所以孟子才用重复字"彻者，彻也"来解释。而"助"这个字的意思，似乎是氏族社会所留传下来的共耕制；孟子用"藉"来解释它，"藉"字同"耤"，是周代具有神圣性的耕田仪式。

　　据孟子时代儒者的共识："助"的特点是有公田。可惜由目前的考古资料，很难追究这项共识有多少历史根据。如果假设战国这种普遍的信念，不会无风起浪，则唯有猜想这是由初民的氏族社会中，[87]一

---

[87] 这里所谓的"氏族社会"是古史家的惯用语，请参考杜正胜（1992：67—83）。

种惯例演变出来的。当初地广人稀，具优势的氏族会鼓励其他氏族的成员为他们耕作，以增加收获。起先应该是以余地的使用权，来作为耕作者的酬劳；后来因为人口渐增，可耕地渐少之后，才成为一种"劳力赋税"。"助"字原先带有神圣性，这在《周书·小开武》第二十八显示："……顺明三极、躬是四察、循用五行、戒视七顺、顺道九纪。……七顺：一顺天得时、二顺地得助、三顺民得和、四顺利财足、五顺得（德）助明、六顺仁无失、七顺道有功。"《周书》又称《逸周书》，其中有极古的材料（例如《世俘》）。此段内的"一顺天得时、二顺地得助、三顺民得和"，值得注意：作者把"时"、"助"、"和"这三件事相提并论，可见"助"不应作"辅助"或"帮助"解，而应当理解为"由地力所衍生的成果"。

有另一个附带性的关键词意义应澄清。上引《滕文公上》内，有一句"其实皆什一也"，其中的"实"字，应作算法中的"被乘数"解，与历法中"岁实"的"实"义近，在此引申为"税率"，也符合孟子自己的文意。[88]

---

[88] 如果照传统解释法，"其实"二字相连成一个单位，作副词用；而前文的"五十而贡"、"七十而助"、"百亩而彻"却直联到后面的"皆什一也"。可是，这就意味着"贡"、"助"、"彻"本身（而非属性）"皆"为"什一"。这显然不合《孟子》用语的惯例，应该不会是孟子的用意。《孟子》全书中，"实"字凡见于十处：除《滕文公上》的"其实皆什一也"一处暂不论外，有三处普通用法：在《梁惠王下》的"而君之仓廪实"中为形容词，在《滕文公下》的"实玄黄于筐"中为动词，在《滕文公下》的"食实者过半矣"中作果实解；其余六处：《离娄上》的"仁之实……义之实……智之实……礼之实……乐之实……"，《离娄下》的"言无实……不祥之实……"，《告子下》的"先名实者……后名实者……名实未加于上下……"，《尽心上》的"恭敬而无实……"，《尽心下》的"充实……充实而有光辉……"，《尽心下》的"无受尔汝之实……"，都代表抽象观念。对比之下，将《滕文公上》的"其实皆什一也"的"实"字，也归入此一抽象观念的范畴，于义为长。比起"实"字在《论语》中仅出现两次（《泰伯》的"实若虚"，《子罕》的"秀而不实"），《孟子》以"实"单一个字作抽象观念用，显现了此书记述者特有的用语习惯；而将"其实"相连成一个单位，应非《孟子》的本意。显然领格代名词"其"字代表"贡"、"助"、"彻"诸事，所领的是"实"；而这些"实"皆是"什一"。本章基于以上的分析，猜想"实"代表"税率"，为一特殊意义，当然是用后来的观念去比附。文中举"岁实"之"实"作旁证，用意在衬托"实"字的确可以有类似用法。

10.2.2　附论：助与藉

《孟子·滕文公上》说"助者，藉也"，他用"藉"来解释"助"。"助"基本上是殷商时期推行的一种农田耕作制度。"助"似乎是由氏族社会留传下来的共耕制，孟子对"助"有相当了解，不吝于表达他的赞美。除了《滕文公上》之外，他在《公孙丑上》也说："……耕者，助而不税，则天下之农，皆悦而愿耕于其野矣。"我们现在无法得知这项说法有哪些史实背景，然而当时人应该听得懂他的话，而且还有些同时代的人（例如龙子）支持他对"助"的赞美，可见这是战国初期的一种共识。

此外，孟子在《滕文公下》引述《礼》曰："诸侯耕助，以供粢盛，夫人蚕缲，以为衣服。牺牲不成，粢盛不洁，衣服不备，不敢以祭。"这里所引的《礼》，大概是《逸礼》。现存的《礼记·祭统》有类似的说法，可是文字都不同。孟子并不赞成许行的"与民并耕而食"，可是孟子引用《礼》，表示他同意其中的说法。他所引用的"诸侯耕助"云云，大概只是倡导性的仪式，类似藉礼；实际的"粢盛"，则为庶民耕作的结果，类似《国语·周语上》的"庶民终于千亩"。这或许是孟子用"藉"来解释"助"的原因。

然而，"藉"字的本身意义，并不是孟子讨论的主要目标，他只是用"藉"来衬托"助"的内涵。他虽然用"藉"来解释"助"，但并没有说"殷人七十而藉"。后人往往把"助"与"藉"等同起来，其实是项大误解。

"助"字一般都作"帮助"解，这只是引申义，原义反而被晦隐了。《周书·小开武》第二十八说"一顺天得时、二顺地得助"，这里的"助"是在显示"由地力所衍生的成果"。北魏贾思勰《齐民要术》卷1内引《周书》曰："神农之时，天雨粟，神农遂耕而种之。作陶冶斤斧，为耒耜钼耨，以垦草莽。然后五谷与助，百果藏实。"朱右曾《逸周书集训校释》（1971：260）认为，这段话是从已逸的《周书·考德》第四十二引来。《太平御览》卷840（页4253）引作："神农之时，天雨粟，神农耕而种之。作陶冶斤斧，破木为耜钼耨，以垦草莽。然后五谷兴以助，果蓏之实。"其中的字眼稍有不同，当以较早期的《齐民要术》所引为正。此处的"助"字，显然有"收成"之意，与"顺地得助"相呼应。

再由字源来看。"助"字从"且"从"力"，甲骨文的"力"字，好像是有踏板的尖木棍，是一种相当简陋的翻土工具；若作动词用，则表示耕种。"助"由"且"（这是古代的"祖"字）得声，由其意符"力"，可推断其初义与耕种有关。"助"字似未出现于甲骨文与金文。《师虎簋铭文》有一个从"又"从"且"的字，以往认为是"助"字，新的隶定为"抯"，借作"祖"字用〔见全广镇《两周金文通假字研究》（1989：103）〕。然而，另有两个在"且"字边，分别加上属于农具"耒"或"刀"的字，还保留有"耕田而起土"的字义；而"锄"字则演变成描述另一种起土的方式与工具。另外，"苴"、"菹"与"鉏"字，则有"取黍稷以茅束之以为藉祭"之义。

我们推测"助"字的本义为：耕种收获并荐于祖庙，以答谢祖先的保佑，类似《周书·尝麦》第五十六所记："维四年孟夏，王初祈祷于宗庙，乃尝麦于大祖。"然而"助"字很早就有"帮助"的引申义，作为"耕"或"耕获"解的语义，后来大致附在比较新的形声字上；它的"且"声符，给了"助"字一点神圣感。当"助"与田赋联上关系后，与其相关的"菹"与"锄"字，也被赋予井田的"助"义；另一个简化了的"租"字，则被引申为广泛的"租税"之义。

事实上，甲骨文还有几个象征耕作的会意字（见许进雄《中国古代社会》页111—114）。例如从三个"力"的"劦"字，像是众人以上述的工具挖土耕作，后来又演变为"协力"的"协"字。"襄"字像是双手扶住插入土中之犁，前面有动物拉曳，激起尘土之状，显示较进步的耕作方式。还有"耤"字，像是一个人用手扶犁柄，用脚踏犁踏板以耕作状；甲骨文此字并不从"昔"，然而因为踏板与另一只脚的形状过于复杂，至金文时此部分演变为"昔"字。

以上这几个字在后来的引申义里，都有"借助"之意。其引申的方向，基本上是表示使用工具而深得帮助；然而也有把工具神圣化的倾向，例如"劦"字（有时下面亦从"口"），代表商代后期的一项重要祭典。又如"耤"字与稍后的"藉"字，在周代就演变成带有神圣性的耕田仪式。"藉"字亦有"祭"的释义（见《说文》），所以前述的"助"字被神圣化，并不是奇怪的事。后人一方面误解了"藉"字的初始意义，进而又把"藉"与"籍"这两个字混同起来，这需要厘清。首先，《诗经·大雅·韩奕》有"实墉实壑，实亩实藉"。"实"字通"寔"，义为"是"；"藉"字通"耤"，为耕作。"亩"与"藉"皆为动词，都涉及田功，与税收无关，因为在《诗经》里根本不必谈到课税这类层次的事。根据阮元《十三经注疏·校勘记》，此诗中出现的"藉"字，是根据宋本的《毛诗注疏》，唐石经小字本也有同说；而闽本系列（包括明监本与毛本）则把"藉"讹为"籍"，所以应该是唐石经本较有依据。

另一项常被引用的段落，是《国语·鲁语下》的："……季康子欲以田赋，使冉有访诸仲尼。仲尼不对，私于冉有曰：'求来！女不闻乎？先王制土，藉田以力，而砥其远迩；赋里以入，而量其有无；任力以夫，而议其老幼；于是乎有鳏寡孤疾。有军旅之出则征之，无则已。其岁收：田一井出，稯禾、秉刍、缶米，不是过也。先王以为足。若子季孙欲其法也，则有周公之籍矣；若欲犯法，则苟而赋，又何访焉？'"要了解这段话，最好与《左传·哀公十一年》的记载相比："……季孙欲以田赋，使冉有访诸仲尼，仲尼曰：'丘不识也！'三发，卒曰：'子为国老，待子而行，若之何子之不言也？'仲尼不对，而私于冉有曰：'君子之行也，度于礼。施取其厚、事举其中、敛从其薄，如是则以丘亦足矣。若不度于礼，而贪冒无厌，则虽以田赋，将又不足。且子季孙若欲行而法，则周公之典在；若欲苟而行，又何访焉？弗听。'……十二年春，王正月，用田赋。"也就是说，《国语》内的"周公之籍"，是相当于《左传》中的"周公之典"，由此也可见"籍"字可当作"典籍"解。

至于"先王制土，藉田以力"中的"藉"字，因为《国语》与《左传》中相对应的文字相差甚远，所以意义不够明确。可是仔细玩味两处的语气，《左传》的"施取其厚"，可能相当于《国语》的"于是乎有鳏寡孤疾"；《左传》的"事举其中"，可能相当于《国语》的"藉田以力，而砥其远迩"。此处的"藉"字还是应该解释为

“耕作”，并不带有“赋税”的用意。此句中的“力”是指“民力”，重点在“砥其远迩”。在“其岁收”之后的那几句话，才是谈到“赋税”这项问题；如果不这么解释，那么前后句之间会起冲突。[89]

“藉”字很早就有“借助”的引申义，“藉田”应该是对田地的借助，包括地力与工具这两个面向，其实这也是从“耕作”引申得来的。除了训诂的面向外，这里还涉及校勘的问题。“藉田以力”的“藉”字，在明金李刊本、日本秦鼎国语定本、董增龄正义本、宋公序《国语补音》里，皆从“艹”，在天圣明道本里则从“竹”。“周公之籍”的“籍”字，众本皆从“竹”，并无例外。由此可见，“藉田以力”的“藉”字以从“艹”为佳［参阅张以仁《国语斠证》（1969：175）］。

《国语·周语上》还有一大段关键性的文字，从“宣王即位，不藉千亩”起，一直到“王师败绩于姜氏之戎”，此段文长不具录。此篇中有好几个“藉”字，皆应作“藉礼”或“藉礼所在地”解，这在陈瑞庚《井田问题重探》（1974）内已有充分讨论，不再重复。这里也有校勘上的问题。全篇内的“藉”字，明金李刊本、日本秦鼎国语定本、宋公序《国语补音》，皆从“艹”；天圣明道本、董增龄正义本则从“竹”。同样地，此处也是以从“艹”的“藉”字为佳［参阅张以仁《国语斠证》（1969：30）］。

《左传》里还有一些“藉”字，通常都可用“耕作”来解，例如《昭公十八年》所载“鄅人藉稻”等。唯《宣公十五年》所载：“初税亩，非礼也。谷出不过藉，以丰财也。”似乎用了引申义。“税亩”是履亩而税，不论收成之丰歉，故曰非礼；因为如果这样滥用下去，对地力就会产生“过藉”（过度借助），如此则非丰财之道。这样的解释自然而顺畅，似乎比杜注为愈。第 10.4 节还会回到这个

[89] 我们不否认，这两处的句子不见得完全对应，可是《左传》与《国语》的两段话，显然有同一来源。《左传》作者在战国中期采集各种史料，以配合《春秋经》，下笔时当已考订过。《国语》的各部分虽然是史料，传承者的谨慎程度反而可能不如《左传》。《国语》的写定本大致出现于汉初，且颇为芜杂，不能排除部分用语受战国思想的影响。在双方不符的场合，似乎取《左传》较为妥当。

问题上。

统括来看，"耤"本为耕作，后来演变成"耤礼"，凸显了它的神圣性。后来加上"艹"字头成为"藉"，"藉"与"耤"完全互通。然而在战国之前，"藉"或"耤"又发展出"借助"之意。故孟子用"藉"来解释"助"，取意于这两个字都由"耕种"而来，且都有神圣化的倾向。起初"藉"字似乎并不通"籍"，因为"籍"字开始时只是一个简单的形声字，字义也是围着"典籍"来引申。但不论是"藉"或是"籍"，开始时都没有"赋税"之义。自从战国"藉"与"助"被等同起来之后，"籍"字因其本义为"典籍"，所以就很容易被联想成"税籍"，因此"籍"字就被附上了"赋税"的释义。[90]在《正义》中，亦用"助法"来解释"实亩实籍"，这就更造成了偏差。汉代之后，因为井田说已深入人心，再加上"藉"与"籍"两字也渐通用，因此在后世的引文中，二字往往错出。我们现在只能根据较早的版本，来分析其演变趋势，并逆推这两个字的原意。[91]

10.3　彻

梁对彻的见解较无把握："《诗》'彻田为粮'（公刘）所咏为公刘时事，似周人当夏商时已行彻制。彻法如何，孟子无说，但彼又言'文王治岐耕者九一'，意谓耕者之所入九分而取其一，殆即所谓彻也。孟子此言，当非杜撰，盖征诸《论语》所记：'哀公问有若曰："年饥用不足，如之何？"有若对曰："盍彻乎？"公曰："二吾犹不足，如之何其彻也？"……'可见彻确为九分或十分而取其一。鲁哀

---

[90] 可惜现在的证据很难确定，"藉"与"助"在战国的哪一段被视为同一意义，因此无法确定"藉"或"籍"何时取得赋税的释义。对于上一段"过藉"与前面"藉田以力"的诠释，我们只能站在最严格的立场，假设"藉"字当时还没有赋税的释义，看看能不能讲得通？会不会有矛盾？若此假设松弛，应该不会影响最后的结论。

[91] 请参阅杨宽《西周史》（1999）第2篇第4章"'籍礼'新探"，对"藉"、"耤"、"助"、"租"的解说；另见钱穆（1932：408—26）对"贡"、"彻"、"助"的见解。

公时已倍取之，故曰'二吾犹不足'。二对一言也。观哀公有若问答之直捷，可知彻制之内容，在春秋时尚人人能了。今则书阙有间，其与贡助不同之点安在，竟无从知之。《国语》记：'季康子欲以田赋，使冉有访诸仲尼，仲尼不对。私于冉有曰："……先王制土，藉田以力，而砥其远近。……若子季孙欲其法也，则有周公之籍矣。"'（鲁语）藉田以力则似助，砥其远近则似贡，此所说若即彻法，则似贡助混合之制也。此法周人在邠岐时，盖习行之，其克商有天下之后，是否继续，吾未敢言。"（《先秦》，页52—53）

我们对"彻"的看法如下。孟子用重复字"彻者，彻也"来解释"彻"字，乍看之下似乎是同字互解，其实不然，值得进一步考察。"彻"字的甲骨文无"彳"字边，而从"鬲"从"攵"，这是一个以手治陶器的会意字，可训为"治"。此字后来加上各种偏旁，产生出不同的引申意义，例如加"手"成"撤"，训"取"；加"彳"成"彻"，训"通达"；加"车"成"辙"，训"车迹"；加"水"成"澈"，训"澄"。其他较罕用的字可略过不谈。从这四个例子来看，都指涉"用人力对自然物加工所得到的效应"。春秋战国时期，诸字分化未久，常可互通；尤其是"彻"字，还保留有原来未加"彳"边而从"鬲"从"攵"那个字的意义，最通行作"整治"解。

以《诗经》为例，《大雅·公刘》有"彻田为粮"，《大雅·江汉》有"彻我疆土"，《大雅·崧高》有"彻申伯土田"与"彻申伯土疆"。在此四处，《毛传》皆以"治"来解释"彻"，文意清楚自然。此外，《豳风·鸱鸮》有"彻彼桑土，绸缪牖户"，《小雅·十月之交》有"彻我场屋"与"天命不彻"，《小雅·楚茨》有"废彻不迟"。在《鸱鸮》中，《毛传》虽以"取"释"彻"，但仍以"治"最为合理，因为《鸱鸮》全诗仿鸟呼冤，鸟在失去雏鸟后，要趁天晴赶紧修补鸟巢。桑枝与泥土，在鸟的眼中都是原料，需要加工才可"绸缪牖户"，可见仍应解释为"治"。至于《十月之交》内的两个"彻"字，一般人常将"彻我场屋"的"彻"解作"毁坏"，其实仍有整治加工之意；"天命不彻"的"彻"，一般解作"道"或"均"，其实应通"澈"（训"澄"）。还有，《楚辞》中"废彻不迟"的"彻"可通"撤"，学者间大致无异言。

现在回过头来看"彻者，彻也"的后一个"彻"字。如果训为"取"或训为"通"，那孟子应该说"彻者，取也"或"彻者，通也"，岂不更明白？因为"取"或"通"在《孟子》中都是常用的字眼，例如《滕文公上》的"取于民有制"与《滕文公下》的"子不通功易事"。然而孟子为什么不直讲"彻者，治也"呢？因为"治"字在《孟子》里也是个常用字。在孟子的时代，"治"可用于治天下、治国、治人、治水、治政、治事，例如《梁惠王下》的"士师不能治士"，《公孙丑下》的"既或治之"，《滕文公上》的"门人治任将归"，《万章上》的"二嫂使治朕栖"，等等。就算是龙子说"治地莫善于助"，也还只是"治地之政"。这些当作动词用的"治"，都有"管理"之意。《告子下》的"土地辟，田野治"中，当作形容词用的"治"字，也有"管理良善"之意。

我们找不到一个例子，是把"治"当作开垦或耕种农田解的。最显著的两个例子，是《滕文公上》的"以百亩之不易为己忧者"，与《尽心上》的"易其田畴"。这两句话都有能用"治"字表达的地方，而在《孟子》却都用"易"字替代，那么是否可用"易"来训"彻"呢？按"易"通"剔"，又借作"狄"，由此间接获得"治"的意义。在孟子的时代，这也许是寻常的用法，但却不宜用来作为对名词的解释，因为太纡曲了。还不如直接用"彻"字为愈，因为在《诗经》中，最古老的《鸱鸮》与稍后的《大雅》三篇中，所用的"彻"字都应该做"对自然物的加工整治"解。

至于"彻者，彻也"的前一个"彻"字，一方面涉及税制，另一方面也包括土地的垦殖与整治。所谓的整治，或许就含有封疆与沟洫的建构。在人少地多时，"经界"不是大问题；当耕作技术进步到一定程度，农田的灌溉、排水、对野生动物以及他族侵犯的防护，都需要相当的土工作业，这些都包含在"彻"的含义内。

至于在税制方面的含义，可以从《论语·颜渊》内，有若对哀公之问的回答来理解。他说"盍彻乎"，这显示"彻"至少在鲁或在周实行过。孟子认为彻的税率是什一，这可以从哀公的怀疑语"二，吾犹不足，如之何其彻也？"得到一些支持。但征税的具体方法，在《滕文公上》内并没有交代，这件事可以在另一处找寻答案。孟子在

《梁惠王下》内回答齐宣王："文王之治岐也，耕者九一，仕者世禄。"这个回答涉及孟子所相信的周初制度。如果孟子的"请野九一而助"，仅是在替滕国作规划时的说法，那么他对齐宣王的回答应该是"彻"而非"助"。"耕者九一"如与"仕者世禄"相较，其重点应在"耕者"而非文王。要把这句话讲通，[92] 唯一的可能是耕者与文王双方，对耕作的成果作九一分配：耕者取九，文王取一。这可能就是"彻"的方法。

10.4 "初税亩" 与 "用田赋"

梁对初税亩的见解是："《春秋》宣十五年，'初税亩'。《左传》云：'初税亩，非礼也。谷出不过藉，以丰财也。'《公羊传》云：'……讥始屦〔履〕亩而税也，何讥乎始屦〔履〕亩而税，古者什一而藉……'后儒多解初税亩为初坏井田，似是而实非也。古代之课于田者，皆以其地力所产比例而课之，无论田之井不井皆如是。除此外别无课也。税亩者，除课地力所产外又增一税目以课地之本身（即英语所谓 Land Tax）。不管有无所产，专以亩为计算单位。有一亩税一亩，故曰屦〔履〕亩而税。鲁国当时何故行此制，以吾度之，盖前此所课地力产品以供国用者。今地既变为私人食邑，此部分之收入，已为'食'之者所得。食邑愈多，国家收入愈蚀，乃别立屦〔履〕亩而税之一税源以补之。自'税亩'以后，农民乃由一重负担而变为两重负担，是以春秋讥之也。"（《先秦》，页55）[93]

梁对用田赋的解说是："《春秋》哀十二年，'用田赋'。后儒或又以为破坏井田之始。井田有无且勿论，藉如彼辈说，宣十五年已破坏矣，又何物再供数十年后之破坏？今置是说，专言'税亩'与

---

[92] 因为《滕文公上》的"其实皆什一也"讲得太斩钉截铁。如果孟子真的看过某些数据，说当文王治岐时的税率为九中取一，则他在怀疑"虽周亦助"时，就应该引为证据，而不会勉强引《诗经·小雅·大田》为说。我们认为这项可能性应可排除。

[93] 梁将"履"字误为"屦"字。"履亩而税"即"计亩而税"，"屦"字并不能通用。

'田赋'之区别。赋者，'出车徒供徭役'，即孟子所谓'力役之征'也。初时为本属人的课税，其性质略如汉之'口算'、唐宋以来之'丁役'。哀公时之用田赋，殆将此项课税加征于田亩中，略如清初'一条鞭'之制。此制行而田乃有三重负担矣，此民之所以日困也。"（《先秦》，页55）

我们对这两件事的综合见解如下："贡、助、彻"之法，到孟子时只剩下传说，而这些传说是那个时代所能认同的。尤其是什一的征税率，当时的仁人志士认为是保民的最重要措施，甚至还有人主张要比什一还少。《告子下》记载白圭的话："吾欲二十而取一，何如？"孟子虽然驳斥这一点，但也可以显示当时的见解。这项传说大概不会毫无根据，可是这些根据有多可靠呢？从《左传》所记载的后世议论可以了解到，至少在西周时期，已经没有普遍适用于整个周天下的统一税制。《左传·定公四年》记载，分封鲁卫时"皆启以商政，疆以周索"，而分封唐叔时，则"启以夏政，疆以戎索"，可见一开始就没有统一税制的规划。后儒用天下大一统的观念，去揣摩三代的事，会产生大误解。

其实孟子对这些传说的细节也不太能掌握，一方面他大谈"夏后氏五十而贡，殷人七十而助，周人百亩而彻"，"惟助为有公田"，似乎看过一些可靠数据。另一方面，他误解了《诗经·小雅·大田》的"雨我公田，遂及我私"这句话，怀疑可能"虽周亦助也"。我们现在了解，"雨我公田"的"公田"，指的是"贵族的田地"，不是孟子心目中"惟助为有公田"内"八家共同贡献劳力"的"公田"[陈瑞庚（1974）有详细的分析]。从此处也可看出，孟子对这些数据的解释有揣测的成分。

若用分析的眼光来看"助"法，这种以耕作劳役来代替税收的办法，如果能受到孟子及其同时代人士的传颂，可能是有些根据。在人口不太密集、耕作工具与技术初始开展、交易性通货稀少、人力还是主要生产力时，有可能出现这种"助"法。不过这和孟子心目中的"虽周亦助"显然有别，所以我们还得要从战国初期的历史背景，来探寻孟子思想的来源。

春秋时期的租税，其实都还相当重，绝不止什一。《左传·昭公三年》晏子批评齐景公："民参其力，二入于公，而衣食其一。公聚朽蠹，而三老冻馁。"这是大国的聚敛，小国则为筹措对大国的贡献而疲于奔命，这可从《左传·襄公三十一年》子产对晋所发的牢骚见其困境"诛求无时，是以不敢宁居，悉索敝赋"。此外还有力役，例如《诗经·唐风·鸨羽》就抱怨："王事靡盬，不能艺稷黍，父母何怙。"针对这些情况，《孟子·尽心下》提出他的看法："有布缕之征、粟米之征、力役之征。君子用其一，缓其二。用其二，而民有饿殍。用其三，而父子离。"孟子想要提倡什一之税以纾民困，所以需要找例证来说服当时的君主，他把这些例证附会在三代的始创者身上，也是可以理解的。但这种"附会"很可能也不是源自孟子，他只是接受战国初期广为流传的历史故事而已。

　　春秋末期的鲁国，人民的负担绝不比子产时期的郑国来得轻。三桓聚敛于上，此外还得应付"盟主国"（先是晋楚，后来又加上吴越）的诛求。"初税亩"与"用田赋"就是对民力的重重榨取。《春秋》对鲁国的秕政，在可能的范围内总是"为尊者讳"，到了形诸简策就相当严重了。本章"附论：助与藉"中，讨论过《左传》内"谷出不过藉，以丰财也"的意义。"过藉"的结果，首先是地力大耗，继而农民收成更歉；随后农民被都市吸引，农村失血导致缺粮。到战国时各学派纷纷提出解决方案，孟子所提的"仁政"就是其中之一。

　　几乎到每一朝代的季世，统治者就会习于奢侈，税收会加重。三代创始时期，在天灾或战乱之后，往往地广人稀，亟须人民开垦荒地。传说中的贡、助、彻之法，起初都像是招徕农民垦荒的奖励办法，[94] 税率当然不会高。这些办法传到孟子的时代，就被歆羡为典型的"仁政"。实则大乱之后易于为治，日久人口增加，一定会有新问题产生。孟子替滕文公所策划的助法，作为短期的纾困方案，或许会有一时之效，长久之后也一定会有问题。有许多实际上的问题，例如

---

[94] 传说越久，变形就越多。"贡"制到孟子的时代，所剩的内容已不多。"助"制所留下来的，只是"有公田"的内涵与"对地力倚赖"的神圣感。"彻"制的时间比较近，还保存不少"垦田"的原意。

耕牛由谁供应，铁制农具由谁维护，等等，必然都有待解决，也有可能会造成大困扰。滕文公的寿命不长（详见第 10.5 节末），滕国在不久之后就被征服，所以这些问题没有机会浮现。后来的《周官》不取用公田的办法，可能就已经考虑到这些复杂问题的困扰。

大致说来，梁对"初税亩"的了解还算正确，只是他对实际的税负还低估了一些。春秋末期，鲁国人民所受的榨取，恐非"食邑愈多，国家收入愈蚀"所能完全解释。即使不讲个别的聚敛，单看鲁君对晋楚的贡献，鲁国卿大夫对晋楚卿大夫的贿赂，这些财货从哪里来？还不是对人民"悉索敝赋"吗？他对"用田赋"的了解，也有同样的弊病。"用田赋"以前的"力役之征"，后来似未因"加征于田亩中"而免除，否则孟子也不会那样讲了。梁似乎忽略了孔子所说"有军旅之出则征之，无则已"的用意。"赋"从"武"，原为非常时期的"军旅之征"，后来则连平日也"用"了。

10.5　孟子的井地方案

梁说："当时唯一之生产机关，自然是土地，孟子于是提出其生平最得意之土地公有的主张，即井田制度。其说则：'方里而井，井九百亩，其中为公田，八家皆私百亩，同养公田。（滕文公上）'五亩之宅，树之以桑，五十者可以衣帛矣。鸡豚狗彘之畜，无失其时，七十者可以食肉矣。百亩之田，勿夺其时，八口之家，可以无饥矣。'（梁惠王上）……在此种保育政策之下，其人民'死徙无出乡，乡田同井，出入相友，守望相助，疾病相扶持，则百姓亲睦'（滕文公上）。孟子所言井田之制，大略如是。此制，孟子虽云三代所有，然吾侪未敢具信。或远古习惯有近于此者，而儒家推演以完成之云尔。后儒解释此制之长处，谓'井田之义，一曰无泄地气，二曰无费一家，三曰同风俗，四曰合巧拙，五曰通财货'（《公羊传》宣十五，何注）。此种农村互助的生活，实为儒家理想中最完善之社会组织。……汉儒衍其意以构成理想的乡治社会曰：'夫饥寒并至，虽尧舜躬化，不能使野无寇盗，贫富兼并。虽皋陶制法，不能使强不凌弱，是故圣人制井田之法而口分之。一夫一妇，受田百亩，……五口为一家，公田十亩，……庐舍二亩半，八家……共为一井，故曰井田。……因井田以为市，故曰市井。……别田之高下善恶，分为三品，……肥饶不得独乐，硗埆不得独苦。故三年一换土易居，……是均民力。在田曰庐，在邑曰里，一里八十户，八家共一巷，中里为校室。选其耆老有高德者名曰父老，其有辩护伉健者为里正，皆受倍田得乘马。父老比三老孝弟官属，里正比庶人在官者。'"（《先秦》，页89—90、176）

　　梁似乎将战国末年纯凭理想所建构的井田制，与孟子为滕国所做的土地规划混淆了。我们对此事另有看法，要点是认为孟子所提议的是"井地方案"，而不是"井田制"。《孟子·滕文公上》中记载滕文公问为国，孟子曰："民事不可缓也。诗云：'昼尔于茅，宵尔索绹，亟其乘屋，其始播百谷。'民之为道也，有恒产者有恒心，无恒产者无恒心；……夏后氏五十而贡，殷人七十而助，周人百亩而彻；其实皆什一也。彻者，彻也；助者，藉也。龙子曰：'治地莫善于助，莫不善于贡。贡者，校数岁之中以为常。乐岁粒米狼戾，多取之而不为虐，则寡取之；凶年粪其田而不足，则必取盈焉。'……诗云：'雨我公田，遂及我私。'惟助为有公田。由此观之，虽周亦助也。"这段对话引发了孟子的井地说，后儒常将井地说与井田说混为一谈。我们先厘清井地的意义，之后论证井地与井田之间毫无关系。

10.5.1　井地的意义

　　滕文公使毕战问井地。孟子曰："子之君，将行仁政，选择而使子，子必勉之。夫仁政必自经界始。经界不正，井地不均，谷禄不平；是故暴君污吏，必慢其经界。经界既正，分田制禄，可坐而定也。夫滕，壤地褊小；将为君子焉，将为野人焉；无君子莫治野人，无野人莫养君子。请野九一而助，国中什一使自赋。卿以下，必有圭田，圭田五十亩。余夫二十五亩。死徙无出乡，乡田同井，出入相友，守望相助，疾病相扶持；则百姓亲睦。方里而井，井九百亩；其中为公田，八家皆私百亩，同养公田。公事毕，然后敢治私事；所以别野人也。此其大略也。若夫润泽之，则在君与子矣。"（《滕文公上》）

　　从这段话看来，似乎滕文公已经知道有"井地"这回事，只是不知如何实行，所以要毕战去请教。孟子的回答要点是："……夫仁政必自经界始。经界不正，井地不均，谷禄不平；……经界既正，分田制禄，可坐而定也。"可见孟子的重点是在"正经界"。如果孟子不是答非所问，那么"井地"的重点，应该就是"正经界"；这和后世所强调的"井田"应该没有直接的关系。事实上，孟子从来没提过"井田"这个名词。"地"与"田"固然关系密切，可是他一再讲"公田"、"粪其田"、"分田制禄"、"圭田"、"乡田同井"，却以"经界不正，井地不均"来回答毕战，可见"井地"不可能是"井田"的同义语。[95]"井地"究竟应作何解？滕文公所关心的到底是什么？当时滕国所急需的是什么？这几个问题应该先弄清楚。

　　孟子很高兴滕文公了解"正经界"的重要性，[96]这样就有希望实施他所提倡的"仁政"。可是滕国很小，总面积不到 2 500 平方周里。根据考古资料，1 周尺约等于 19.91 厘米，[97]而 1 周里为 1 800 周尺，算得 1 周里约等于 0.358 公里。假设滕国的总面积约 2 500 平方周里，只比新竹市的面积稍大。滕国位于泗水近旁，地势平衍（但也因而易遭洪泛），有较大块平坦的野地（估计不到 1 000 平方周里）可用。因此孟子设计了一个"井地"范型，将每平方周里的耕地，用"井"字形的阡陌分割成 9 块，每块面积约 100 亩。以当时的耕作水平（用铁犁，也许还用牛），大约可供一个七八口之家食用。（《孟子·万章下》："百亩之粪，上农夫食九人，上次食八人，中食七人，中次食六人，下食五人。"）

---

[95] 陈瑞庚（1974）《井田问题重探》第 2 章第 1 节（十）提出："如果当时没有以井划地的制度，滕文公怎会想到提出这个问题呢？"这句话已经很接近问题的焦点，可惜他没有进一步分辨"井地"与"井田"。

[96] 关于何以当时"正经界"的问题会凸显出来，请参阅第 10.5 节的"附论：从井字的根源看井田说"。这里要强调的是："经界乱"不是局部性的症候，战国初年已到处发作。然而在不同的地区或国家，会因人口分布或其他经济环境的不同，而表现出不同症状。各处应付（不能说是解决）"经界乱"的办法，往往因地制宜，没有一致的丹方。滕国因为地方小，田地的肥瘠差异不大，分配上的争议较少，情形比较单纯。请参阅第 10.6 节"综述"部分的"问题（5）"。

[97] 吴洛《中国度量衡史》，台北：商务印书馆，1975：64。

孟子给这种 1 平方周里的田地，取了一个单位名称："一井"。[98]这种范型的设计符合孟子的两项基本要求：首先，容易计算面积，井地均而谷禄平；其次，经界不怕损坏，经界的标志就算因泗水泛滥流失，或被暴君污吏毁损，因为形状"超整齐"，日后也容易重建。如果孟子的构想仅停留在"正经界"的层次，这样的设计确是恰当。然而孟子还想把属于赋税制度的"助"法附益上去，企图将两项改革一次解决。所以他把公田放在一井的中间（税率等于九分之一），但这就违反了他先前所主张的什一税率（十分之一）理想。如果孟子将标准 1 周里见方的"一井"地，分割为 10 块长方形小单位如图 10.2，而非"井"字形的 9 块如图 10.1，也许就可以避掉这个缺陷。可是 1 平方周里刚好等于 900 亩，划成如图 10.1 的方块，则每块刚好为 100 亩，正好符合孟子心目中的"周制"标准。

图 10.1 井字田
（每块百亩，九一税）

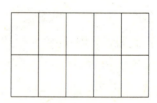

图 10.2 长方田
（每块 90 亩，什一税）

图 10.1 和图 10.2 的面积相等（等边等高），差别在于切成 9 块或 10 块。若孟子用图 10.2 的划分法，图形稍复杂还不是主要的困扰，问题是每块的面积就必须缩为 90 亩（而非每块百亩）。孟子当然不愿意使每家的田地，少于他心目中"周制"的百亩标准。[99]现在我们设身处地替孟子着想，他的确不容易各方面都兼顾到。孟子大概不愿意求简反繁，所以决定对"野人"的税率稍苛一点（"请野九

---

[98] 如果《国语·鲁语下》"田一井出稯禾"中的"一井"有所传承，则孟子这个名词就不是自创的，但这不是本章的重点。

[99] 若要用图 10.2 的划分法，而且又要让每家的耕地面积维持百亩，则必须将一井的标准单位扩大为大长方形，让其中的一边长为一又九分之一里。可是那多出来的九分之一里，就不容易测量准确了。若要将扩大后的一井还维持正方形，则每边的长度必须为 1.054 周里；这在"正经界"时，会产生难以预期的困扰。

一而助，国中什一使自赋"），反正这已经比往日的税率低很多了。

此外，他又主张对卿大夫在世禄采邑之外，另给奉祭祀的圭田50亩，给余夫（可能是未成家的男子）田25亩。这些零碎的田地，究竟位于滕国的何处或出自何方呢？《孟子》中没有交代，他把这些枝节问题留给滕国君臣润泽了（此其大略也。若夫润泽之，则在君与子矣）。以常识来揣测，野地的可耕部分不会太整齐，既然大的方块已划作井字田，剩下边缘不规则的部分，就可以切成小块分给余夫。这大概相当于《左传·襄公二十五年》所说的"町原防"[100]。圭田则可能位于城外郭内的"郊"，以便照顾。这两种土地的面积都比较小，价值较低，对公平性的要求也不太严格，所以孟子就把税收的方式留给滕君自定了。孟子的这项策划，滕文公似乎是接受而且实行了，否则孟子不会在滕国继续留一段时间，[101]还能看到滕国"徕远民"的效果，甚至还有时间与陈相辩论许行的"共耕"主张。

后儒对《孟子》的这一章颇有误解。朱熹认为"周时一夫受田百亩，乡遂用贡法，十夫有沟；都鄙用助法，八家同井，耕则通力而作，收则计亩而分，故谓之彻"。显然他是受了《周官》的影响，把孟子的话套在《周官》的"乡遂"与"都鄙"庞大系统上。甚至连崔述也没能跳出这个圈套，他对朱熹的修正只是乡遂仍用彻法，而都鄙因已实行"助"法，划分公田与私田，故没有"通力而作，计亩而分"的需求。[102]从现代的眼光看来，孟子只是替滕这个小国，设计一套经界范型与税收制度。滕国卿大夫（包括然友与毕战）的世

---

[100] 按《杜注》，"原防"是堤防间的零碎地，"町"是动词，意为分割成小顷町。

[101] 根据钱穆《先秦诸子系年》（1956年香港大学出版社增订版，页345—352）的考证，孟子在滕国的时间大概是公元前323—前320年，计三年，然后游梁游齐。孟子在滕国的事迹不少，除了《滕文公上》所载之外，尚有《梁惠王下》，以周大王故事回答文公所问应付大国之道，颇显得捉襟见肘。《尽心下》载："孟子之滕，馆于上宫。"然则孟子初到滕国，并无久居之意，因受文公知遇而延长逗留时间。然而滕国的国力毕竟太弱，孟子亦无法在此施展其"王道"理想。或许这就是他日后在国力雄厚的齐国不受齐宣王重用，而深感惋惜的理由。参见方清河《孟子的井地说》（1978：21—22）对孟子在各国游历的过程与年代的解说。

[102] 见崔述《崔东壁遗书》第5册《三代经界通考》（台北：世界书局，1963）。

禄采邑，也有部分土地分布在城郭外的野地上，这是朱熹与崔述所讲的"都鄙"。然而，滕国的总面积不到 2 500 平方周里，其中的"野"就算占三分之二，也经不起每人数百方里采邑的瓜分，如果这些都鄙的封疆再占去一些地，那就更不够了。

文王的庶子叔绣初封于滕，为侯爵，封地方百里。《春秋经》载隐公十一年滕侯朝鲁，此时还是侯爵；在两年之后的桓公二年，《春秋经》载"滕子来朝"。从此《春秋经》就一直用"滕子"来称呼滕君。《杜注》对这项差异的解释，是"盖时王所黜"，这项说法有可能成立。当时周桓王正力图振作，以摆脱郑庄公的控制，可能借口滕君不朝而贬其爵以立威，但我们还不知道是否因而削地。滕与宋相邻，一直受到宋的侵蚀；僖公十九年宋襄公为立霸业，会诸侯而执滕宣公，大概也侵占了不少滕的土地。日后滕君虽竭力巴结盟主晋国，会盟几乎无役不从，但这么做也只徒然耗损国力，本身并未得到多少的实质保护。

到了孟子的时代，滕国只剩下始封国土的四分之一弱。[103] 在损失国地的过程中，分布在野地上的卿大夫采邑，当然首当其冲。在孟子的时代，一方面卿大夫的数目不会太多；另一方面，他们在野地的采邑庄园，也不可能再浪费许多面积在封疆上。换言之，应该不会有一般结构的都鄙。在这种状况下，野地还是可以规划为井字形的方块，然后把某些井字形内公田的收成，作为特定卿大夫的俸禄。

至于乡遂，因为城郭的范围小，所以近郭墙内外的土地面积就不大，不可能再分出多少乡多少遂。《周官》基本上是以战国后期大国的心态，去建立复杂而多层次的地方制度。甚至僖公时的鲁国，也比孟子时代的滕国大过二十倍，因此《尚书·费誓》才会有"鲁人三郊三遂，峙乃桢干"的要求。后儒往往不考虑个别的背景差异，把这些文献混而用之，遇到互相抵触的地方，就牵强饰说，越讲越繁复，反而离真相越远了。

---

[103] 据《史记索引·越世家》引《古本竹书纪年》，越王朱勾曾经灭滕，时间在春秋与战国之间，细节无可考。唯越国在淮北的势力大起大落，孟子时滕国必已复封，可是经过这次兵灾，城郭封疆的残破也可想而知。

其实，孟子的重点还是在于"乡田同井，出入相友，守望相助，疾病相扶持"。他希望当地尽量能自给自足，死徙无出乡。因为当时的城市经济已经萌芽，吸引了不少农民往外移出，以往闭锁性的氏族社会，已逐渐失去规约农民的功能。在春秋初年，《诗经》内已不乏抱怨生活痛苦而企图迁移的心声，但那些有可能还是个别的事例。到了战国初期，农村人力大量失血，迫使各地诸侯用"徕远民"的策略来挽救缺粮危机。从梁惠王问孟子："察邻国之政，无如寡人之用心者。邻国之民不加少，寡人之民不加多，何也？"就可以觉察到这种趋势。孟子经常强调的"仁政"，也是以此为目标而发挥的，确实也能针对当时的弊病创议；他所说的"法先王"，只是作为包装的外衣而已。

后儒往往认为"井田制"的主体是"计夫授田"，这和孟子在此章所说的话并不吻合。因为孟子仅说："八家皆私百亩，同养公田。"这是以"家"为单位，而以余夫之田作为补充；并未如后儒所说，规定多少岁始受田，到几岁要还田。当然，毕战当时应该也会"润泽"一些细节；其中有多少流传到后世，被吸收入后儒的"井田制"，正不易言。但我们确定，这一点不在孟子的原方案之内。

还有：在周代的封建架构下，"授土"原是对诸侯受封的特定用语，如《大盂鼎铭辞》谓："受民受疆土。"《左传·定公四年》也记载王室对康叔："聃季授土，陶叔授民，命以康诰，而封于殷墟。"不过后来对授受的用字，已不再那样讲究，因此在《孟子》也可以看到许行所说的："愿受一廛而为氓。"这里的"受"字，显然已经是普通用语了。"授田"一词，并不是孟子"井地"理想中的专门术语，这和"井田"说中的几岁始受田，在观念上差别很大。

10.5.2　孟子的管理思想

《孟子》中有些屡次强调的主张，可以视为孟子的基本思想。孟子似乎认为，良好的管理可以开源节流，所谓"劳心者治人"，亦取其担负管理重责之意。例如，《公孙丑上》："尊贤使能，俊杰在位，则天下之士，皆悦而愿立于其朝矣。市廛而不征，法而不廛，则天下之商，皆悦而愿藏于其市矣。关讥而不征，则天下之旅，皆悦而愿出于其路矣。耕者助而不税，则天下之农，皆悦而愿耕于其野矣。廛无夫里之布，则天下之民，皆悦而愿为之氓矣。"

再如《梁惠王上》："不违农时，谷不可胜食也。数罟不入洿池，鱼鳖不可胜食也。斧斤以时入山林，材木不可胜用也。……五亩之宅，树之以桑，五十者可以衣帛矣。鸡豚狗彘之畜，无失其时，七十者可以食肉矣。百亩之田，勿夺其时，数口之家，可以无饥矣。谨庠序之教，申之以孝悌之义，颁白者不负戴于道路矣。"这些论点，反映了孟子注重管理的基本态度。

其实，这种见解也不是孟子创发的。在孟子之前，李悝为魏文侯作尽地力之政，以敛粜之法为调剂，取有余以补不足（见《汉书·食货志》卷24）。稍后，卫鞅也为秦孝公作了大改革。这些改革都诉诸有效率的管理，也都取得一定的成就。这方面孟子只能算是后辈。他较创始性的部分，是用"法先王"来包装他的管理方案。战国初期，有几个"明君"的确能以较完善的管理政策来改善民生，增加粮食生产使国力膨胀。当时手工业技术的急速发展与商业的逐渐蓬勃，也让管理者有用武之地。

这对后世有重大的影响，例如《周官》就是在周公制作的包装下，所建立的一个庞大官僚管理系统；井田制也在这种情况下被吸纳进去，而且还改得面目全非，让汉代的注释家伤透脑筋。后世若要仿效井田制的种种做法，其实最多只能在短期收效，长期的效果恐怕不佳，因为再有效率的管理，效果也是有限度的：当被管理者逐渐适应规范而发展出对策之后，管理的效果就会递减。

然而这种递减的效应，却没有机会在滕国显现，因为滕文公没几年就去世了（参见注［15］）。《孟子·公孙丑下》："孟子为卿于齐，出吊于滕。"孟子在齐国也没有多少年，以卿的身份出吊于滕，所吊者恐即文公之丧，故文公在位很可能只有六七年。其所推行的新政，在他身后恐将不保。即使没有人亡政息，滕国不久即亡于宋。《战国策》卷32："康王大喜，于是灭滕伐薛，取淮北之地。"估计其时间不会晚于公元前295年。再不久，齐愍王灭宋，滕城归齐。再数年，燕将乐毅下齐七十余城，滕当然亦在内；这些变动会把滕文公的政绩（包括成效与后遗症在内）都消灭掉。到了战国末期，仅剩孟子为滕规划的方案载于《孟子》书内;《周官》采之,其他托古改制者亦采之,因而滋生出多少不必要的纠葛。

10.5.3 附论:从井字的根源看井田说

一般多认为是由于共享水井,或是因为阡陌的形状像"井"字,所以才名之为"井田"。孟子为滕国策划时说:"方里而井,井九百亩,其中为公田;八家皆私百亩,同养公田。"恐怕就是从"井"字的形状所得来的灵感。其实井字还有一些原始意义,却被大多数人忽略了。

10.5.3.1 井字原意

在三国魏人张揖的《广雅·释诂》中,有一条古训:"闲……臬、井、括……�、略,法也。"(见《广雅疏证》卷1上)。井有"法"之义,虽不见于《尔雅》,但在金文中却可常见。例如《大盂鼎铭文》:"命女盂井乃嗣且(祖)南公。"这里的井字有"效法"之意。井字也可作为名词,当"法则"解,如《毛公鼎铭文》:"女毋弗帅用先王作明井。"这个用法很快就被引申作为"刑法",而且在汉初隶定的古书中,都被改写为"刑"字。如《诗经·大雅·文王》有"仪刑文王,万邦作孚",《诗·大雅·思齐》有"刑于寡妻,至于兄弟,以御于家邦",都显示这个作为"效法"的原意,在春秋以前还很时兴。

据全广镇《两周金文通假字研究》(1989:203—208):"井"字与"刑"、"邢"等字,其古音声母虽远("刑"、"邢"为匣母,"井"为精母),而韵同在耕部,故可通假。在《说文》中,"刑"字下有:"刑,罚罪也。从刀丼。《易》曰:'丼者,法也。'"《段注》:"此引易说从井之意。"其所谓《易》,不见今日《周易》之经传,疑为汉代所通行之《易纬》之一。此引文亦见晋司马彪之《续汉书·五行志》(现已成为《后汉书》之部分),与唐沙门玄应之《一切经音义》卷20,可能即录自《说文》。汉应劭之《风俗通义》则作"井,法也,节也"。(不见于今本,似逸,此为由《太平御览》辑佚之文)可见此义亦流传得相当广。

事实上,这还可以溯源到殷商甲骨文中的"井方"。考证的结果指出，这就是"邢国"［朱芳圃《甲骨文商史编》（1972：126）考证，此"井方"乃殷之诸侯，殷亡为周所吞］。此外，还有些从井字衍生出来的意义，在隶定之后没有被改写为"刑"字，最显著的例子，就是《周易·井卦卦辞》的"往来井井"。王弼的《注》释为"不渝变也"，这讲得有些含糊，但也可见井字可以有多种引申的意义。《荀子·儒效》也有"井井兮，其有理也"，杨倞的《注》则解释为"良易之貌"，这与下文的"严严兮，其能敬己也"相比，"严严"形容"其能敬己"的形貌，则"井井"应含"有规则"的意义。《周易》中的"井井"释作"不渝变"，与此意义也不违背，都是把井字当作动词用，作为"效法"原义的引申。

在西周初期武装殖民时代，统治者的主要作为是建造城郭封洫，封疆之内的田地经界还不是大问题。那是因为地广人稀，农业技术尚未发达，每家的耕作范围有限，暂时不发生耕地分配公平的问题。后来人口渐密，耕种技术渐渐进步，各家的田地彼此接壤，所以经界的划分就逐渐重要了。然而中国古代的数学，对几何图形的研究不够发达，形状不够规则的田地面积，不易准确估计。[104] 到了春秋后期，在人口较密的地区，就有了田地经界规划的压力。

《左传·襄公二十五年》载："甲午，苈掩书土田、度山林、鸠薮泽、辨京陵、表淳卤、数疆潦、规偃猪、町原防……井衍沃，量入收赋。"显示已经开始对各类型的土地作整体规划。其中的"井衍沃"，大概就是把田地的经界，规范成较整齐的格式，方便估算面积。这里的井字，是"规则化"的意义。也因为这条"井衍沃"的记载，使我们明了当时"土地规划"已成了一种施政方针。

到了滕文公的时代，田地规则化的需求更加迫切，所以孟子才对"井地"的问题，发挥了一大篇"正经界"的议论，也因而使得"井地"成为一个特有名词。汉初隶定时，未把这个井字改写为"刑"

---

[104] 由现在看得到的数据判断，中国古代的几何进展不如同时期的西方。中国古人求面积的方法，基本上是长与宽的相乘。对于不整齐图形面积的估算，惯常的做法是"截长补短"，这就涉及人为的估计。如果分割为许多小方块之后再相加，计算者的判断更会影响结果。这些技术上的不准确性，会给经手官吏上下其手的机会，这应该不是孟子愿意看到的。

字，反使它的本义隐晦了。

10.5.3.2 丼与井

《说文解字注》第五篇下的"丼"字小篆，中间有一点，显示《说文》认为"丼"为井字的初形。《说文》对丼的解释为："八家为一丼，象构韩形。……古者伯益初作井。"并认为中间那一点"象瓮"。然而，在李孝定编纂的《甲骨文字集释》（1965）内，甲骨文皆作"井"，中间没有一点。在已知的卜辞中，此字皆用于"井方"、"帚井"等处，都没有用来指涉水井。至于周代的金文，根据周法高（1982）编纂的《金文诂林》与《金文诂林补》，就区分为"井"与"丼"两形。井字在很多地方可以通假作"刑"或"型"，也用来作为地名或人名。"井"和"丼"两字截然有别，但都找不到一种用法是指涉"水井"的。

根据全广镇《两周金文通假字研究》（1989：205）与吴其昌《金文世族谱》（1991：卷2页5—6、卷1页18—19），中间有一点的"丼"，皆与姜姓之奠（郑）丼氏有关，例如曶壶之"丼公"、曶鼎之"丼叔"。中间无一点的井字，与"邢"字相通，受封者是周公之后，为姬姓，例如麦鼎之"井侯"。虽然在甲骨文卜辞与钟鼎铭文中，都找不到作为水井之用的井字，但是《说文》也确指"丼"字是"井"字的初形。因此我们还不知道，究竟是在周代分化为两字，或是水井的"丼"在甲骨文里本来中间就有一点，只是因没有用在地名或人名上，所以才未在卜辞中留下记录。如果是后者，那有可能"井"字的原意就是"效法"或"规范"，并由此引申出"阱"、"刑"、"型"等字。

丼字如果是从井字衍生而来，本来或许是写作"洴"，从水从井。此字见于甲骨文，但不见于《说文》，在后来的《集韵》与《玉篇》中，此字解作"小水"，或假借作"阱"。可能是再由"洴"简化作"丼"，中间那一点并非如《说文》所说的是"象瓮"。这只是个猜想，目前还没有直接的证据来证实或否证。

钟鼎铭文中有记载田产纠葛细节的文字，居然没有涉及水井，有点奇怪。从甲骨卜辞可以看到，王室生活中的困惑都要卜问；凿井是否能成功，照理也应该卜问，可是并没有看到这类的记载。更奇怪的是，整部《诗经》里一个"井"字也没出现过。《诗经·小雅·白华》有"滮池北流，浸彼稻田"，这类谈到雨水与旱灾的文句很多。甲骨文也有大量求雨的卜辞，但都没谈到水井。

所以我们大概可以确定：在西周之前，没有用过井水灌溉。我们也可以猜测，那时大概不会在田中凿井。百姓住宅之井，照理应该在房屋附近，取用水才方便，不必远行到田里挑。因此大约是要到战国时，凿深井的技术较成熟后，井水在灌溉上才逐渐有辅助性的地位，而且是以灌园为主。后儒谈论井田时，常设想八家共一水井灌溉，恐怕是从后世的生活习惯，往前作了错误的推论。

其实水井很早就存在了。根据宋镇豪《夏商社会生活史》（1994：64）记载，在河北藁城发掘的商代遗址内，就有水井六口。但何以在《诗经》内没有水井的地位呢？《诗经》中有许多地方写到泉水，如《曹风·下泉》："冽彼下泉，浸彼苞稂。"《邶风·泉水》："毖彼泉水，亦流于淇。"《小雅·四月》："相彼泉水，载清载浊。"公刘在迁移时："逝彼百泉，瞻彼溥原。""观其流泉，其军三单。"（《大雅·公刘》）文王对密人的警告："无饮我泉，我泉我池。"（《大雅·皇矣》）诗人讥刺周幽王的秕政："泉之竭矣，不云自中。"（《大雅·召旻》）

由此推论，当时贵族的饮用水多是泉水，百姓在有天然流泉可饮时，也不太愿意凿井。据许进雄《中国古代社会》（1995：312），考古学者在西安的半坡挖掘到一个有四五十座房基的遗址，因处于泉源区，取水尚称方便，但并未发现有井。水井的初始功能，大概是用来当作通地下泉源的工具。然而浅井较不易维持水质洁净，《周易·井卦》初六爻辞"井泥不食"，就显示经常需要渫井；九五爻辞"井冽寒泉食"，表示寒泉誉上品之井水，是最吉的爻象。

10.5.3.3 井字的历史意义

春秋中期以后人口密度增加，井水的饮用才逐渐普遍。郑国子产的新政"庐井有伍"，显然就是在因应这种新的需求。汉末刘熙《释名·释宫》第十七说："井，清也，泉之清洁者也。"那是在掌握深井技术之后才会有的看法。春秋时期的贵族大概都是饮用泉水，用民力开隧道取地下泉水，这种活水比静态的井水容易控制水质。《左传·隐公元年》载颍考叔劝郑庄公："若阙地及泉，隧而相见，其谁曰不然？"可见隧而及泉并不是很难的事。到了孟子的时代水井已经普遍，因此就有许多与井相关的故事，例如瞽瞍使舜浚井，企图将他活埋，等等。

现在我们了解，在西周以前水井并不普及。这也可以帮助我们进一步解释，何以井田这个名词要到孟子的时代才被普遍接受。因为即使在过去有类似井田的做法，也不会用"井"这个字来形容，因为井的观念是战国时期才普及的。春秋之前，井这个字完全没有"经界"，也没有"井田"的意义。我们要极力澄清的是："井字田"和"井田制"是两回事。任何时代为了充分利用耕地，都可以把土地划成"田"字形或"井"字形，这由甲骨文中各种"田"字的象形写法就以可明白（古时划分线的实体是封洫）。但井字形的耕地和传说中的井田制（一种政治、社会和经济之间的关系），是不相干的。

10.5.3.4　《左传》中的井与泉

要看春秋时人民对井水依赖程度的加强趋势，最好由《左传》着手。

（1）井

《左传》里颇有对水井的描述，显示当时的水井已逐渐普遍。然而也可以看出，当时的水井还相当原始，相当浅。《左传》提到水井的部分，可按时序归纳出六项如下：

第一，《宣公二年传》："狂狡辂郑人，郑人入于井，倒戟而出之，获狂狡。"那个郑人大概是车右，他在应战时跌下车，又踩到井口而落井。显然那个井并不深，而他也有盔甲保护，所以掉落后还有作战能力。而宋国的狂狡却太轻敌（或太仁慈），居然倒握戟柄伸入井内想拉他出来。戟柄的长度不到一丈，可见井的深度大概也差不多。郑人抓住戟柄出来后，可能趁机夺了戟，反而虏获了狂狡。这次的战地在宋，井应在宋国。

第二，《宣公十二年传》："申叔（展）视其井，则茅绖存焉，号而出之。"此事发生在楚灭萧之役。楚大夫申叔（展）先前对萧大夫还无社暗示：当楚军入萧时，要他藏入眢井以避难。所谓的眢井就是废井，废井可以躲人，可见不很深，或甚至是干井。萧是宋的附庸，井在宋楚之间，后来属楚。

第三，《成公十六年传》《襄公十九年传》《襄公二十六年传》等处都提到：军队作战时若需要空地，可以"塞井夷灶"。所填塞的井，是军队为了获得饮用水所挖的井（野战井）。春秋中后期战争规模渐大，估计每一方包括后勤人员在内不下数万人，饮用水就不得不靠野战井，兵过即弃。为了要有平坦的地面供战车奔驰，以及有足够的空间让士兵列阵，弃井随即用土塞平。能在短时间内塞井，可见挖得不深。

第四，《襄公二十五年传》："（前年冬）陈侯会楚子伐郑（东门），当陈隧者，井堙木刊。"意思是：郑国对陈国的举动恨之切骨，并以之为伐陈的口实。这显示郑国民间饮用井水已逐渐普遍，井若为陈兵所堙，当然会怀恨。同样地，在短时间内即可填塞大量水井，可见那些井并不深。

第五，《襄公三十年传》："郑子产为政，使庐井有伍。"可见当时郑国的水井已多到需要管理。郑国人口密，地处中原，河溪水量夏冬涨落大，需要井水补充。

第六，《昭公二十五年传》：鲁昭公孙于齐，"先至于野井"。此处的"野井"应是地名，但是否因水井而得名，尚不可考。

以上是《左传》中关于井的记载，时间始于鲁宣公二年，已进入春秋中期。到了春秋后期（襄昭之际），民间的井水使用，在人口较密的郑国已渐普遍。再过几十年，井在鲁国也普及了，所以在《论语·雍也》里，有宰我设喻向孔子问难之言："仁者虽告之曰：'井有仁焉。'其从之也？"到了孟子的时代，离襄昭之际又过了两百多年，水井就更普遍了，因此《孟子·公孙丑上》就用大家听得懂的话"今人乍见孺子，将入于井"来反衬"人皆有不忍人之心"。或许是井水用得多了，地下水的水位较前降低，所以《孟子·尽心上》才举这样的譬喻："掘井九轫而不及泉，犹为弃井也。"8尺为轫，9轫为72尺。孟子虽以此为譬喻，但亦能反映当时人的常识。9轫之深与春秋中期之井深不足1丈，变化甚大。

（2）泉

对春秋时期的贵族而言，泉水在生活中似乎相当重要，《左传》

里提到"泉"的地方亦不少。

第一,《隐公元年传》:郑庄公阙地及泉,与母亲姜氏相见。

第二,《文公十六年传》:"有蛇自泉宫出,入于国,如先君之数。秋八月辛未,声姜薨,毁泉台。"据《公羊传》解释,"泉台"即郎台,在鲁都曲阜的南郊。"泉台"大概是因泉而筑。考其地望,其泉应该就是遂泉(参见下文)。

第三,《昭公十七年传》记载:楚国俘虏吴国之乘舟余皇,严密看守。"环而堑之,及泉。盈其隧炭,陈以代命。"楚军掘壕沟深可及泉,在隧道中满置木炭以除湿并在内列阵,显示掘隧道通泉在当时并非难事。

第四,此外,《左传》中地名为某泉者,多因泉而得名,姑举数例:

> 遂泉　见《庄公三十二年传》,位于鲁国曲阜南郊。据杨伯峻
> (1982)《春秋左传注》(页254)引述《清一统志》,谓
> 其泉水中有石,如伏鼋怒鼍。
>
> 翟泉　见《僖公二十九年传》,位于洛阳。《杜注》:"大仓西南
> 池水也。"
>
> 华泉　见《成公二年传》。齐师败于晋,齐国之车右丑父假冒齐
> 顷公,令顷公往华泉取饮而逃脱,可见该地以泉为名。
> 华字则可能来自华不注山。
>
> 蚡泉　见《昭公五年传》,为鲁地。《公羊传》作"渍泉",而以
> "涌泉"释之。显然由泉水得名。

从这些引述可见春秋时期泉水普遍,以泉为名之地相当多,尤以齐鲁与成周附近为甚。泉水应为当时饮用水之上品。当时已知地上之涌泉来自地下,故亦称地下水为"泉"或"黄泉"。故郑庄公可以阙地及泉、楚军掘壕沟其深可以及泉;而掘井只是通达地下泉源的管道,这可从孟子的话得证:"掘井九轫而不及泉,犹为弃井也。"

(3)余论

《今文尚书》二十八篇内完全没有"井"字,伪《古文尚书》

也只有《毕命》篇内有一句"弗率训典，殊厥井疆"。（宋）蔡沈《书经集传》解释为："其不率训典者，则殊异其井里疆界，使不得与善者杂处。"伪《古文尚书》出现于晋代，"井疆"的名称，完全是后代人心中的制度，伪造者不自觉地漏了底。

从这里也可以推测，在西周至春秋初期之间，统治者所颁的文告与典礼记录，不会用到井字。此外，在殷商甲骨文与周金文中，"井"字未见作"水井"解的。还有，我们在《诗经》与《尚书》内也都看不到井字。这几件事共同指出一项事实：在西周之前，水井不像后世那么重要。从上面的讨论得知，要到春秋中期人口密度大增后，水井的重要性才渐显露。另一方面也因而确知，泉水在西周以前是饮用水的主要来源，尤以贵族为甚。[105]

10.6 综述与结语

10.6.1 综述

孟子与滕国君臣的问答，到底制造了什么谜团，让两千多年来的饱学之士都转不出来？我们可以归纳出下列五个问题。虽然在正文里已经尝试回答，但为了能更清晰地综述，我们把相关的答案归纳在各个问题之下：

（1）孟子回答滕文公问"为国"的第一段话里，除了一些原则性的，如"民事不可缓也"，"恭俭礼下，取于民有制"，"设为庠序学校以教"，以求"人伦明于上，小民亲于下"之外，主要是一段关于三代赋税制度的传说。似乎孟子自己也不十分清楚这些制度的细节，还要引用龙子的话与《诗经·小雅·大田》的句子来补充。到底他对哪些话较有把握？哪些是仅凭猜想呢？

我们的回答是：孟子对三代赋税制度的了解，也许比同时代的人稍多一些，可是离完整还很远。他较有把握的片段，似乎是"夏后

---

[105] 陈良佐《井、井渠、桔槔、辘轳及其对我国古代农业之贡献》（1970），对井在中国古代农业与生活的应用情况，有很好的解说。

氏五十而贡，殷人七十而助，周人百亩而彻，其实皆什一也"，"惟助为有公田"，以及他对"助"与"彻"的解释，这些都是他特别提出来讲的。另外，他引龙子的议论作为他认同助法的根据，他对议论中的叙述："治地莫善于助，莫不善于贡。贡者，校数岁之中以为常。"显示他是赞成助法的，这是属于"较有把握"的部分。他对其他事情的叙述，把握就少一些，尤其是他对《大田》诗中"公田"的理解是错误的；这使得他对原来所相信的"周人百亩而彻"，也产生了怀疑。然而，他说"虽周亦助也"，只是提出心中的疑问，这并不是他的结论，因为这和他所认同的助法之优点并不抵触。

（2）在同一段内，孟子并未提出"井地"的字眼；而在之后的第二段内，滕文公却主动派毕战向孟子问"井地"。是否滕国君臣已先知道井地这个观念，而仅向孟子请教具体的办法呢？孟子用"经界不正，井地不均"作为他的回答总纲，这是要传达什么信息呢？毕战所问的井地，与第一段内的赋税有什么关系呢？

我们的回答是：滕文公派毕战向孟子问的井地，是土地规划的方针。"井"字在此应作"型"字解。滕国的田地因受战祸与兼并的破坏，经界不够规则，导致面积无法准确计算，造成不公平的现象。孟子用"经界不正，井地不均"作为回答的总纲，正是针对此问题，提醒滕国君臣要及早整顿，不要让"暴君污吏"去"慢其经界"。当时人口的增加，已造成各家的农田接壤，破坏了以前的经界；同一时期，因人口外移所造成的农村失血，可以抵消部分人口的增加效应，这正是整顿经界的好时机。

井地与赋税的关系是间接的，因为孟子认为"经界既正，分田制禄，可坐而定也"。在他心目中，赋税问题的解决，显然是以"正经界"为先决条件。

（3）孟子在第二段所描述的"请野九一而助，国中什一使自赋"，为何讲得那么笼统？毕战听到这段话后，真的就能自行补充细节吗？他有没有继续发问？若有，何以没有记录？

我们的回答是：孟子所策划"请野九一而助，国中什一使自赋"的办法，是针对滕国地势平坦而小面积的特性所设计。滕国独特的情况，当时大家都知道，无须多讲。反而是后代的人，在时过境迁之后，没有考虑到滕国的特殊背景，才会产生误解。若能把当时的背景考虑进去，就可以发现孟子的话已经相当清晰明白。孟子的方案已经把"野"、"国中"、"圭田"、"余夫"都照顾到了，其余的细节已不会造成很大的不公平，可以放心让滕国君臣自行决定。毕战有把握在孟子方案的精神下自行补充细节，所以就没必要多问。

（4）孟子说的"请野九一而助"，何以与他在第一段所认同的"什一"不一致呢？有没有"托古改制"的成分呢？

我们的回答是：孟子说的"请野九一而助"，是因为"正经界"的井地方案，如图 10.1 所示，是切成 9 块，只能"九一"，无法兼顾到"什一"的原则。由此可知，孟子所着重的是"正经界"。在此前提下，能够实行"莫善于助"的赋税制度，当然就更理想。

与战国后期的诸子相比，孟子的井地方案理想中，托古改制的成分不多。他所引的"古"大多有所传承，就算有错，也是当时儒家共有的错。儒家对"古"有相当一致的认识，孟子无须也无法自己托古。他所叙述的三代税制，在战国初期流传过，即使非常不完整，也可能代表当时对此问题的较好信息。孟子显然了解这些传说的不完整性，只好加进自己的猜想；如果他真的在托古，为什么不托得更完整一些？

（5）在《孟子》书中，我们可以发现孟子对所坚持的原则，会向不同的对象一再地推销。然而，田地与赋税这么重要的方案，何以在《孟子》中仅此一见呢？他心目中有没有完整的草案呢？或仅是为了滕国的特殊问题所做的临时发挥？

我们的回答是："请野九一而助，国中什一使自赋"是孟子针对滕国特殊情况所做的个别建议，而非应该坚持的普遍性原则。方案背后的精神，是在"取于民有制"，这才是他所坚持的原则。在规划方案的同时，他并没有忘记推销"民事不可缓也"，"设为庠序学校以教之"，"人伦明于上，小民亲于下"，"出入相友，守望相助，疾病相扶持"等配合措施，这些更是他所坚持的原则。孟子是感于滕文公的知遇，才针对滕国的情况作此策划，可见他心中并没有一个事先准备好的草案。这是个特例，在《孟子》中仅此一见。梁、齐等大国的客观条件较为复杂，孟子当然不会冒昧地提出同样的方案。甚至在鲁或在宋时，因为得不到君主的信托，他也没有提过任何方案。由此可见，所谓的井田制，其实是后人企图将孟子井地方案的外壳，在过度一般化之后，推广运用到更广泛的地区，而未必掌握到孟子当初的基本精神。

10.6.2 结语

现在不妨检讨一下，历来对上述五个问题的处理方式。战国时代离孟子最近，他们对当时背景资料的掌握应该没有问题。可是战国后期至汉初，正是托古改制风气最盛行的时候，学者们因而以为孟子也是在托古改制，只是说得不够详细而已。于是凭一己的理想，将《孟子》中的记载扩大渲染，误导后代读者以为那真是先王的遗制，是孟子所祖述的，此事尤以《周官》为甚。由西汉中后期到魏晋，那些说法的问题就逐渐浮现，儒者花了很大精力，来弥缝前人对井田制说法，把那时已显得若有若无的传说，加上诗书中扯得上关系的一言半句，作为"解经"的根据。结果是越解释越臃肿，害得唐宋以后的学者，也陷在此漩涡中无法自拔。仅少数学者如宋朝的朱熹，看出孟子此处"制度节文不可复考，而能因略以致详，推旧而为新，不屑于既往之迹"（见他在《孟子集注》中为此章所写的按语）。朱熹作了较合理的推论，启发清代乾嘉学者，逐渐扭转此一积重难返的趋势。

梁启超的时代，正处于新旧交接之际。乾嘉学者的努力，已部分澄清了历来经学家最纠缠不清的问题，而欧美日本的史迹与学说，也开始让国人有更宽广的眼界。梁所涉及的外务太杂，对上述问题的解答并没有太多贡献。"五四"以后，胡适、顾颉刚、季融五等人，继乾嘉遗风，对以往的经学抱怀疑与批判态度，对井田制的疑点当然不肯放过。上面综述的五个问题，他们也大致意识到了；对这五个问题个别的解答，也偶尔有说对的。可是，一般而言，破坏有余建设不足。例如胡适在《井田制有无之研究》（页50）说："孟子的文章向来是容易懂得的，但是他只配辩论，不能上条陈。他这几段论田制的话，实在难懂。"其实孟子并非在"上条陈"！他的话也讲得够清楚，毕战显然听得懂，所以才没再发问；只是后人没有考虑孟子与滕国君臣问答的背景（而这些在当时是不需讲明的），才会觉得难懂。

另一方面，朱执信他们多少会感觉到，井田的传说有助于推介国外某些政经理论进入中国，故倾向于辩护传统的说法。然而经过这次辩论，疑古的风气已开，日后对解答井田问题的进展是有帮助的。尤其是日后大部分对井田的辩论，都知道要回归到《孟子》。

钱穆对人口问题与井田的关联，已经讲得很清楚，他对第（1）个与第（5）个问题的答案也与我们相近。齐思和对第（3）个与第（5）个问题的突破，最有贡献。陈瑞庚已经注意到第（2）个问题的"井地"名称，他对第（1）个问题的处理也算正确，然而他对第（5）个问题的答案却错了，因而影响他对第（3）个和第（4）个问题的处理。木村正雄比较接近第（3）个问题的解决。方清河对第（1）个、第（3）个、第（5）个问题的解答都有心得；可惜他对井地的意义解释得不很成功，对孟子所坚持的基本原则，也分析得不够透彻，有点功亏一篑。我们在前人的成就上提出自己的看法，希望能有效地否证井田说这个重要的公案。

286

11

中西经济学说史

本章讨论梁对两项经济学说史的见解。第 11.1 节从梁对墨学的研究（《墨子学案》《子墨子学说》《先秦政治思想史》《墨经校释》），说明：他如何以"七个公例"（原则）来解说《墨子》的经济见解；他的诠释有哪些特点与缺失。虽然经济议题只是墨学的一环，但梁的内在逻辑和不时出现的过度演绎，都很值得商榷。第 11.2 节析论梁的《生计学学说沿革小史》（1902—1904，12：1—61），这是介绍西洋经济思想的长文，内容广泛，可议论之处较多，值得深入分析。

11.1　墨子的经济见解

11.1.1　主题界定

梁在《墨经校释》序页 2 说"启超幼而好墨"，引发他深入探究墨学的人，可能是《墨子闲诂》（1893）的作者孙诒让。梁在《中国近三百年学术史》（页 230）说："此书初用活字版印成，承仲容先生（孙诒让）寄我一部，我才 23 岁耳（1895）。我生平治墨学及周秦子书之兴味，皆自此书导之。"梁日后自号"任公"，有一说是源自《墨经》的"任，士损己而益所为也"。《经说》对"任"的解释，是"为身之所恶以成人之所急"［罗检秋（1999：41），另见

《墨子学案》第二自序]。

以上这些事迹，研究墨学的人士已都知晓。梁对墨学的长期关注与投入，以及因梁而引发近代墨学的复兴，罗检秋（1992）和黄克武（1996）已有周延的解说与分析。他们对墨学在梁的学术思想体系内之重要性，他如何主张运用墨学的精华来救亡图存，如何带动清末民初墨学研究的风气，以及胡适如何因梁的启发，转而日后在某些论述上甚至超越梁的成就，等等，这类相关的主题，都提供了确切的解析。这两篇文章所引用的书目相当广泛，读者很容易找到与上述题材相关的各类研究文献。

梁对墨学的研究，主要集中在四本小书内，依出版年序是：《子墨子学说》（1904，专集37）、《墨经校释》（1920，专集38）、《墨子学案》（1921，专集39）、《先秦政治思想史》（1922，专集50）。现存《墨子》50篇内包含多项主题（李渔叔，1976），与经济相关的议题分散多处，梁在《墨子学案》第3章内，以"七个公例"来解说"墨子之实利主义及其经济学说"（页13—21）。这是梁对墨家经济学说作最系统解说的部分，在内容上已吸收了多年前在《子墨子学说》第2章（页18—24）所陈述的观点，并作了更条理化的析述。他在《先秦》第11章"墨家思想（其二）"（页119—126），对墨子的"利"和"义"作了详细的诠释，但基本上未超出上述两章的范围，谈到经济见解的部分也较弱。他在《墨经校释》的《经说下之上》第31、32条（页71—72），对《墨子》的"价格"和"价值"的认知，也有不错的解释。整体而言，《墨子学案》第3章"墨子之实利主义及其经济学说"，是理解梁对《墨子》经济见解的主体。以下诸节的内容，依照上述的顺序评述。

11.1.2 墨子学案

梁的切入点很清楚："经济学的原字 Economy，本来的训诂，就是'节用'。所以墨子的实利主义，拿《节用》做骨子，《节葬》不过《节用》之一端，《非乐》也从《节用》演绎出来，今综合这几篇来研究'墨子经济学'的理论。"（页14）这段话中的 Economy 应译为"经济"（而非"经济学"），这也才能和以下几句的《节用》

《节葬》《非乐》相对应；此段也说明梁的"墨子经济学"，基本上是建立在这三篇的内容上。以现在的眼光来看，《墨子》内的经济论点大概只能称为"见解"，尚不构成体系，也还未到"思想"的层次。梁列举墨家经济见解的七个"公例"（原则），解说如下：

（1）"研究墨子的经济学，须先从消费方面起点。墨子讲消费，定出第一个公例是：'以自苦为极'（《庄子·天下》），'凡足以奉给民用则止'（《节用中》）。墨子以为人类之欲望，当以维持生命所必需之最低限度为标准。饮食是'黍稷不二，羹胾不重，饭于土塯，啜于土刑'（《节用中》）。衣服是'冬以圉（御也）寒，夏以圉暑。'宫室是'高足以辟（同"避"）润湿，边足以圉风寒；上足以待霜雪雨露，墙高足以别男女'（《辞过》）。只要这样就彀了，若超过这限度，就叫做奢侈。墨子以为凡奢侈的人，便是侵害别人的生存权，所以加他个罪名，说是'暴夺人衣食之财'（《节用中》）。近代马克思一派说，资本家的享用，都是从掠夺而来；这种立论根据，和二千年前的墨子正同。"（页15）

这段话的解说清晰明白贴切，最后一句则大可商榷。《墨子》的原意可能是：在春秋战国资源有限的环境里，各人对经济物资的掌控能力不一，若有人奢侈，就会妨害他人的生存。相对地，马克思的意思是说：由于资本家掌握生产资源，他们享用的是劳动力的"剩余价值"，剥削了劳工应得的某些部分。资本家所"掠夺"的部分，不一定会"侵害别人的生存权"（想想美国和日本的状况）。所以墨家和马克思的说法，在时空背景上、在具体内容上都截然不同，梁对此说作了过度的比附。

（2）"讲到生产方面，墨子立出第二个公例是：'诸加费不加利于民者弗为'（《节用中》），'凡费财劳力不加利者不为也'（《辞过》）。墨子以为生产一种物事，是要费资本费劳力的，那么就要问，费去的资本劳力能彀增加多少效用？所费去的和所增得的比较，能否相抵而有余。……他的意思以为穿衣服的目的，不过取其能暖，穿绸比穿布并不加暖，所以制绸事业就是'加费不加利于民'。墨子非乐的主张，就是从这个公例衍生出来。他说：音乐是'加费不加利于民'的事，所以要反对他。墨子以为总要严守这个公例，将生产力

用到有用的地方，才合生产真意义。所以他说把那些阔人所嗜好的
'珠玉鸟兽犬马'去掉了，挪来添补'衣裳宫室甲盾舟车之数'，立
刻可以增加几倍（《节用上》）。……墨子更把这种观念扩充出去，以
中用不中用为应做不应做的标准。凡评论一种事业一种学问，都先问
一句'有什么用处'。这是墨学道德标准的根本义，若回答不出个
'什么用处来'，那么，千千万万人说是好的事，墨子也要排斥的。"
（页14—15）梁的解说很清楚，用现代的经济学语言重述这个公例，
就是：要合乎成本／效益法则；最低满足法则，避免资源作非生产性
运用；主张社会资源的公平运用，不使少数人有奢侈的"珠玉鸟兽
犬马"。

（3）"墨子这种经济思想，自然是以劳力为本位，所以'劳作神
圣'为墨子唯一的信条。他于是创出第三公例，是'赖其力则生，
不赖其力则不生'（《非乐上》）。墨子说，人……一定要'竭股肱之
力，殚其思虑之智'，才能维持自己的生命。所以各人都要'分事'。
什么叫做分事呢？就是各人自己分内的职业。"（以上节译《非乐上》
篇原文，页16）其实这也算不上是个"公例"，最多只是个"信
条"，主张有生产能力的人都必须要自力更生。虽然未谈到如何救济
残障失能者，但此处的文义应专指有生产能力者。

（4）第四个公例，其实就是分工原则。"墨子于是感觉有分劳的
必要，又创出第四个公例，说道：'各从事其所能'（《节用中》），
'各因其力所能至而从事焉'（《公孟》）。墨子设一个譬喻，说道：
'譬若筑墙然，能筑者筑，能实壤者实壤，能欣者欣（同"掀"），然
后墙可成也。'（《耕柱》）……无论是筋力劳作，或是脑力劳作，只
要尽本分去做，都是可敬重的。"（页16）蚂蚁和蜜蜂的分工是自然
界的本能，人类社会的分工在古今中外各种文明里也都存在，这是一
件具体明白的事，谈不上个"公例"。斯密在《国富论》首章论分
工，之所以受学界重视，是因为他以实例确切说明分工对制造业生产
力的惊人效果，以及如何可由此有效地增加国富。墨家的说法相对地
单纯，梁在1921年的解说也未见深刻之处。

（5）"在这种劳力本位的经济学说底下，自然是把时间看得很
贵重。墨子是又创出第五个公例，说道：'以时生财，财不足则反

之时．'（《七患》）'光阴即金钱'这句格言，墨子是看得最认真的，他所以反对音乐，就因为这个原故。他说那些'王公大人'们日日听音乐，还能'早朝晏退听狱治政'吗？……所以断定音乐是'废国家之从事'（《非乐上》）。……他反对久丧，也是因为这个原故。……这样，人生在世几十年，服丧的日子倒占了大半，还有什么时候去做工呢？而且服丧的时候，做成许多假面孔，'相率强不食以为饥，薄衣而为寒'，'扶而能起杖而能行'，闹到'……颜色黧黑，耳目不聪明，手足不健强'，这不是于卫生大有妨碍吗？这不是减削全社会的劳力吗？所以断定'久丧为久禁从事'（《节葬下》）。"（页16—17）儒家主张的理想服丧期未免过长，所以墨家的节葬观是有意义的说法。墨家的非乐论，梁在他处另有申论，在此只是要说明"乐"和"服丧"这类的事，是属于非生产性的活动，应该禁止或降到最低程度。

（6）梁认为主张人口增殖，是墨家经济见解的第六个公例："欲民之众而恶其寡。"（《辞过》）梁说："墨子的人口论，和玛尔梭士的人口论，正相反。玛尔梭士愁的是人多，墨子愁的人少。人少确是当时的通患。……墨子对于这问题，第一主张早婚，……第二是反对蓄妾。这些主张，都是以增加人口为增加劳力的手段，所以看得很郑重。反对久丧，也是为这个原故，因为儒家丧礼，禁男女同栖，服丧时候很多，于人口繁殖自有妨碍。……这都是注重人口问题的议论，虽然见解有些幼稚，但在当日也算救时良药了。"（页17）不同的社会各自有特殊的环境与条件，墨家的人口增殖论自有其背景与需要，梁既然能同情地理解，不知为何又觉得"见解有些幼稚"？

（7）最后一个公例，是经济分配的原则："有余力以相劳，有余财以相分。"（《尚同上》）梁对这个原则的解说是："自己的劳力和光阴，做完了自己分内的事业，还有余剩，拿去帮别人做，这就是'余力相劳'。自己的资财，维持自己一身和家族的生活，还有余剩，拿去分给别人，这就是'余财相分'。这两句话《墨子》书中讲得最多（《天志篇》《辞过篇》《兼爱篇》皆有），其实只是'交相利'三个字的解释。《节葬篇》说'疾从事焉，人为其所能以交相利'，意义更为明了。……相劳，就是孔子讲的'力恶其不出于身也，不必为己'。余财相分，就是孔子讲的'货恶其弃于地也，不藏诸己'（《礼记·礼运》）。两圣人的经济学说，同归宿到这一点。质而言之，都是梦想一种完全互助的社会。"（页18）梁把墨家主张社会的互助，和《礼运篇》的大同世界理想比附在一起，未免言之过度。以墨家一向对儒家批评的态度来看，说不定墨者还要反对梁的这种说法。虽然在某些片断文字上，梁可以在儒墨之间找到共同的意思，但双方在基本态度上的差异，也不可因而模糊掉。

接下来梁所作的比附，就更谬以千里了："我想，现在俄国劳农政府治下的经济组织，很有几分实行墨子的理想，内中最可注意的两件事。第一件，他们的衣食住，都由政府干涉，任凭你很多钱，要奢侈也奢侈不来，墨子的节用主义，真做到彻底了。第二件，强迫劳作，丝毫不肯放松，很合墨子'财不足则反诸时'的道理。虽然不必'日夜不休以自苦为极'，但比诸从前工党专想减少工作时刻，却是强多了。墨子说'安有善而不可用者'，看劳农政府居然能毂实现，益可信墨子不是个幻想家了。"（页18）

若墨子棺中复起，实地见了俄国在1917年革命之后的集体农场，不知有何切身的感想？梁把墨家的理想，和《礼运篇》的大同世界比附在一起，又和俄国的集体农场比附相通，那么在逻辑上是否可以说，礼运大同的理想和集体农场的做法也是相通的呢？用这种方式诠释墨家的经济见解，未免欠缺思量。再说，在1906—1907年，梁在《新民丛报》上和革命党所办的《民报》，对中国日后是否该采社会主义经济路线，以及土地是否应该国有化的问题有过激烈争辩。以梁当时对这两条路线坚决否定的立场，不知为何他在1921年写《墨子学案》时，竟然把他积极主张用来救中国的墨学，和"俄国劳农政府治下的经济组织"比附在一起？〔参见黄克武（1996：77、80—81）〕

解说了七个"公例"之后，梁转而阐释他认为墨家学说中最关键的"利"这个概念。"墨子把'利'字的道理，真是发挥尽致。孔子说'利者义之和'，已经精到极了，《墨子·经上》篇直说'义，利也'。是说，利即是义，除了利别无义。因此他更替这个'利'字下了两条重要的界说。界说一：凡事利余于害者谓之利，害余于利者谓之不利。有时明明看着是有害的事情，还要做他（如断指）。表面看来，岂不是和实利主义相悖吗？其实不然，因为是利余于害才取他，他毕竟是取利不是取害。反之，害余于利的事情，万不要取。……界说二：凡事利于最大多数者谓之利，利于少数者谓之不利。……少数人格外占便宜得利益，从这少数人方面看，诚然是有利了，却是大多数受了他的害。从墨子爱利天下的眼光看来，这决然是害，并不是利。反之，若是少数吃亏，多数人得好处，墨子说他是利。……英人边沁主张乐利主义（utilitarianism，现译为'效用学派'），拿'最大多数之最大幸福'做道德标准，墨子的实利主义，也是如此。"（页19—20）

这一点梁解说得很好，接下来他要对墨家的经济见解做个总评估："然则墨子这种学说，到底圆不圆满呢？我曾说过，墨子是个小基督。从别方面说，墨子又是个大马克思。马克思的共产主义，是在'唯物观'的基础上建设出来；墨子的'唯物观'，比马克思还要极端。他讲的有用无用、有利无利，专拿眼前现实生活做标准，拿人类生存必要之最低限度做标准，所以常常生出流弊。"（页20）

墨子何以能既是个小基督又是个大马克思呢？梁的解说不足，难以评判。梁或许是从"兼爱"和"非攻"的观点，来说墨子是个小基督；但马克思的学说岂仅局限在唯物观上？墨家虽重基本的物质生活以及"非乐"，但马克思更高的关怀是资本主义、社会主义、共产主义这类政治与经济制度的层次，墨家的经济见解多局限在个人生活与社会的公平福利上，如何可能是个大马克思呢？

在具体的议题上，梁对墨家的主张作了下列批评："即如他所主张'男子二十处家，女子十五事人'，依我们看来，就不如孔子所主张'男子二十而娶，女子二十而嫁'。墨子只知道早婚可以增加人口、增加劳力，却不知道早婚所产的儿女，体力智力都薄弱，劳力的能率却减少了。"（页20）梁反对国人早婚的立场众所周知，那是因为清末的情况让他有此领悟。现代的生物学知识，应可判断"早婚的儿女，体力智力都薄弱"是否正确，梁未免以己之意，作了过度的推理。

"墨子学说最大的缺点，莫如'非乐'。他总觉得娱乐是废时失事，却不晓得娱乐和休息，可以增加'物作的能率'。若使墨子办工厂，那'八点钟制度'他定然反对的。若使墨子办学堂，一定每天上课十二点钟，连新年也不放假。但这种办法对不对，真可以不烦言而决了。……庄子批评墨子说：'其道太觳，使人忧，使人悲，其行难为也，恐其不可以为圣人之道。反天下之心，天下不堪，墨子虽能独任，奈天下何？'（《天下篇》）庄子是极崇拜墨子的人，这段批评，就很替墨子可惜。墨子的实利主义，原是极好，可惜范围太窄了，只看见积极的实利，不看见消极的实利。所以弄到只有义务生活，没有趣味生活，墨学失败最重要的原因，就在此。"（页21）

如果墨学有这项致命伤，那我们又应该如何理解下列的论点呢？"梁启超曰：今举中国皆杨也。有儒其言而杨其行者，有杨其言而杨其行者，甚有墨其言而杨其行者，亦有不知儒、不知杨、不知墨而杨其行于无意识之间者。呜呼，杨学遂亡中国！杨学遂亡中国！今欲救之，厥惟墨学，惟无学别墨，而学真墨。"（《子墨子学说》首页）

11.1.3　其他见解

梁在《子墨子学说》的第 2 章"墨子之实利主义"，以两节篇幅详细阐释墨家对"利"的各种观念（页18—29），其中与经济议题相关者，是在"第一节以利为目的者"（页19—24）。梁在此章的前言说："利者，墨子所不讳言也。非直不讳言，且日夕称说之不去口。质而言之，则利之一字，实墨子学说全体之纲领。破除此义，则墨学之中坚遂陷，而其说无一成立，此不可不察也。夫以倡兼爱尊苦行之墨子，宜若与功利派之哲学最不能相容，而统观全书，乃以此为根本的理想，不可不谓一异象也。今得以墨子所谓利者绅绎之。"（页18）前半段的文字清晰易解，但梁未解释何以墨子学说"与功利派之哲学最不能相容"，此点容后说明。

一般所谓的"利"通常是对自己而言，所谓的"爱"是指对他人而言。而墨家对利与爱却常并称，例如"兼相爱交相利"，"众利之所生何自生，从爱人利人生"，"爱人者人亦从而爱之，利人者人亦从而利之"，"天必欲人之相爱相利"（页18）。梁认为墨家谈利的最大特点，是把原本以为不兼容的爱与利，"而墨子打为一丸，以组织论法。是其所利者，殆利人非利己。故孟子称之曰：摩顶放踵利天下为之。墨子之所以自律及教其徒者，皆以是也。虽然，墨子之所以断断言利者，其目的固在利人，而所以达此目的之手段，则又因人之利己心而导之。故墨学者，实圆满之实利主义也"（页18—19）。以上是大方向性的定位，接下来梁要细说"利"在墨学里的具体内容。

梁认为《墨子》的实利主义，关键就是"节用"："西语之 Economy，此译计或译生计，日本译经济，在今日蔚然成一独立之学科矣。而推其语源，则以'节用'二字为最正常之训诂。可见生计学之概念，实以节用思想为其滥觞也。故墨子有《节用篇》，而其实利主义之目的亦在于是。"（页19）梁在日本接触西洋经济学，认为这门新学科的基本宗旨，其实早在《墨子》内就有了。接着他解说另一个相通点："近世生计学之著书，其开宗明义第一章必论欲望。前此学者分欲望为二类，一曰必要的欲望，二曰奢侈的欲望。……必要的欲望，谓衣食住之类，一日不容缺者也。……奢侈的欲望，则非所必需，而徒以贼母财者也。……而墨子《辞过》《节用》诸篇，皆断断辨此，界限甚明。墨子之意，使人人各遂其必要的欲望而止，若夫奢侈的欲望，不可不严加节制焉，此实生计学之正鹄也。"（页20）

梁对此点的批评是："但墨子所谓必要之欲望，知有消极的而不知有积极的（寻常学者所谓必要的欲望，吾假名为'消极的之必要'；寻常学者所谓地位的欲望，吾假名为'积极的之必要'）。彼严定一格，以为凡人类之所必要，止于如是；而不知欲望之一观念，实为社会进化之源泉。苟所谓必要者不随地位而转移，则幸福永无增进之日，而于其所谓兼而利之之道正相反也，此墨氏生计学之缺点也。"（页20—21）

儒墨两家的见解有诸多不同，其中最明显对立的是："其实节葬亦节用之一附属条目耳，而墨子特详言之者，所以捣儒家之中坚也（儒家以孝为百行之原，而三年之丧，实为孔子改制一要件，盖纯粹圆满之家族伦理也。墨子非儒最注重此点）。"梁列举《节葬》篇的四项要点来说明墨家的节葬观：以增长生殖力故，是故节葬；以讲求卫生故，是故节葬；以惜时趋事故，是故节葬；以实存母财故，是故节葬。（页21—22）

梁在此节的最后 3 页内，说明墨家的"爱惜时日"，他用"时候者金钱也"来解说；之后列举两个生计学的"公例"，再说明《庄子·天下》篇对墨家的批评。这些是在 1904 年写的，后来都已吸收纳入 1921 年的《墨子学案》，并扩充为七个公例，详见上一节的解说。

《先秦》（1922：119—126）的第 11 章论墨家思想，与经济相关的内容，大致重复《子墨子学说》与《墨子学案》，几乎无新意可言，唯有一小段文字对比墨家的"交相利"和英美的"功利主义"，这是前面已提及而尚待解说者。先看梁的论点："彼所谓'交相利'者，其内容盖如是：余力相劳，即'力恶其不出于身也不必为己'；余财相分，即'货恶其弃于地也不必藏诸己'。就此点论，可谓儒墨一致。墨家此种交利主义，名义上颇易与英美流行（就中边沁一派）之功利主义相混。然有大不同者，彼辈以'一个人'利益为立脚点，更进则为'利益之相加而已'（所谓最大多数之最大幸福）。墨家全不从一个人或各个人着想，其所谓利，属于人类总体，必各个人牺牲其私利，然后总体之利乃得见。"（页 122）

边沁一派的论述出发点是个人（individual），梁的解说正确：社会的总效用是从个人的效用加总而得。效用学派的基本假设是，人的行为通常以追求个人效用之极大化，优先于社会总效用的极大化，故可称为"个人主义"。而墨家的效用观，依梁的解说，是先求社会的总效用极大化，若必须牺牲个人的效用才能达成此目标时，社会的组成分子必须有此认知。依梁的诠释看来，英美的效用主义是先个人后国家，重私人轻团体，而墨家反是。梁似乎有赞成墨家而菲薄个人主义的意涵。

这个议题要分学理与行为两个层面来看。英美的个人主义有其文化演变的基础、学说的背景、内在的逻辑推理，这是从神权到君权到民权一系列转变的结果。相对地，中国文化缺乏从君权到民权的实质过程，自然会比西方更重国家而轻个人。梁当然未明说墨家的学说因而优于边沁派的效用主义，但当时的读者恐会误以为西式的"个人主义"只求自私自利，见私而忘公。然而英美人民为公共利益捐躯之事迹史不绝书，泰坦尼克号沉船时，先让老弱妇孺乘救生艇的事，都能反证不能单从字面上来理解"个人主义";相对地,提倡"交相利"的中国,则未必能见到这种场面。

梁在《墨经校释》的《经说下之上》31—32 条,解说"价格之真义"和"价值之所以成立"。他的条理清楚明白,这两件事情也无理解上的困难,有兴趣者可查阅胡寄窗(1962:129—134)对墨家"价格与价值"的解说;此外,丁鹏(1996)对这个题材也作了专文深度解析。因为这个题材已有充分的研究,在此不赘。

11.1.4 结论与反论

若参照经济思想史学界对墨家经济观的研究,很明显地可以看出,在题材的广度与个别议题的深度上,梁的解说还有很大的填补与申论空间。这方面的代表作很多,几乎每本经济思想史的著作都会论到墨家,目前所知较早的分析是甘乃光(1924)、李锡周(1927—1928),后来有唐庆增(1944)和胡寄窗(1962),较近的有丁鹏(1996,原刊于1985)、王同勋(1996,据1980已刊文增删)、赵靖(1991),这些文献都很容易查阅到。因为本章的主旨是析述梁对墨家经济见解的论述,重点放在梁如何解说,所以就不拟逐一对比梁与上述经济思想史著作间的异同。梁不是经济学者,他对墨家经济论述的诠释只是他论墨学的一环,若集后世经济思想史学者的著作来批评他当然不公平。

以下转谈对梁的评价问题。梁一生的著作约有 1 400 万字,内容广泛深浅不一。阅读《饮冰室合集》时,"一个很流行的观点认为:梁启超的学术兴趣虽然广泛,但思想肤浅、驳杂而没有清楚的脉络,也没有深入而有价值的思想内涵,所以只能算是一个宣传家,而不是一个有创见、有慧识的思想家"(黄克武,1996:44)。黄克武通过梁对墨学的研究,希望能改变这个刻板印象,他的体认是:"如果我们承认梁启超的思想有其一贯性,而且是深刻的,那么上述普遍性地将梁启超思想视为杂乱、肤浅的看法就不仅是一种误解,也反映批评者思想上的偏颇。"(1996:45)

他引述罗检秋(1992:143)的类似看法:"人们常说,梁启超的学术研究肤浅、驳杂。事实上,他的学术比较研究有些论述不乏出乎常人的深度。"（1996：45 注 5）黄、罗两人都高度赞扬梁对墨学的高度贡献：在学术史上重新带动一股风潮之外，他个人对《墨子》的研究也有深刻的新洞见。墨学内有政治、经济、社会、哲学诸多面向的议题，我检视了其中的经济论述，所得到的印象和他们相反，而和一般的流行观点相同，理由如下：

梁在《墨子学案》中，把墨家的经济见解用七个公例来表达。节用原则："以自苦为极"、"凡足以奉给民用则止"；效益原则："诸加费不加利于民者弗为"、"凡费财劳力不加利者不为也"；"赖其力则生，不赖其力则不生"的"劳作神圣"信条；"各从事其所能"的分工原则；降低或禁止"非乐"、"节葬"式的非生产性活动；主张"人多好办事"的人口增殖论；注重经济的公平分配原则。这七项公例在先秦诸子的经济见解中，算是深刻的吗？未必见得。

以《管子》为例，其中就有很清晰的"轻重术"，非常具体地说明国家要如何积极调控经济以求国富与民裕；相对地，从梁的七个公例看来，《墨子》的经济主张大都是消极性的、制约性的、规范性的，毫无积极的经济路线可循。梁写《管子传》时对管仲的评价极高，说他是"我国足以自豪于世界者"，"呜呼！如管子者，可以光国史矣！"（参见此书首章与全书的末段）。他在 1909 年写《管子传》的目的，是希望"爱国之士，或有取焉"（页 3）；在 1904 年写《子墨子学说》时，首段就说"今欲救之（中国），厥惟墨学"。让人困惑的是：如果某位财经人士对梁景仰有加，他到底应该听从梁在《管子传》内所主张的"经济主权在君说"呢？还是应该跟随《墨子》内的禁欲制约说呢？其实管墨两家在立场与手法上大异其趣，有不少地方甚至是不兼容的，例如《管子》内有《侈靡》篇，但《墨子》却很强调《节用》篇，梁要读者如何协调呢？

再说，梁把墨子说成"小基督"、"大马克思"，把墨子的经济公平分配原则，比附到"俄国劳农政府治下的经济组织"，这类的过度诠释真是有点"不伦不类"。此外，他在《墨子学案》第二自序末两行说："墨子之经济理想，与今世最新之主义多吻合。我国民畴昔疑其不可行者，今他人行之而底厥绩焉。"梁未明说"今世最新之主义"，是指社会主义或共产主义或是何国的哪种制度，但这类的比附总是让人觉得不妥当。

今日重读梁的这些见解与说法，我不知道要如何同意黄克武的结论，说："梁启超论墨之作表现出他个人的学术风格，以及思想的一贯性，在二十世纪人类历史上，他绝对算得上一个既博学又敏锐的思想家。"（1996：90）廖名春研究梁启超的古书辨伪法之后，"认为梁关于古书辨伪方法的论述，从观点到论据都存在着严重的错误，简单地利用梁氏的方法去判定古书的真伪及其年代，往往造成冤假错案"（1998：353）。这项观察或许也可用来和黄克武的结论相对照。

最后再举一例，说明梁并非"绝对算得上一个既博学又敏锐的思想家"，这是黄伯易《忆东南大学讲学时期的梁启超》的见证。[106] "人所共知，梁启超在南京东南大学做过教授（1922年下半年至1923年初），只少数人知道他同时在南京支那内学院当过学生。在暑期学校刚近结束时，我发觉梁先生不似初到南京时那样精神愉快，似乎随时处在沉思状态，桌上堆满了佛学书籍。某星期日，我从城南买了宣纸，走进支那内学院，拟请欧阳竟无给我新办的《冬青杂志》写封面。我怀着十分惊异的心情轻步走到书房的窗下，听见欧阳先生庄严地对梁谈话：'我绝非轻视你梁启超，而是你的文章对青年传染力强——把佛学导入宗教的鬼神迷信。试想想，我们一代应担负何等罪过？'说到此，不禁老泪潸然；梁启超听罢埋头无语。据王恩洋（华宗、北大学生）说，由于梁启超在上海《时事新报·学灯》发表了《唯识浅释》的文章，这时内学院开讲《唯识抉择谈》将要结束，为此，欧阳先生又重新开始讲第二遍，完全是为了不同意梁启超的说法。"类似的记载，在夏晓虹编的《追忆梁启超》中还有不少。

11.2　西洋经济思想史评介

11.2.1　背景

《生计学学说沿革小史》这篇长文原刊在《新民丛报》第7、9、

---

[106] 不知此文原作于何年，现收录在夏晓虹（1997：315—328），此段引言出自页325—326。

13、17、19、23 号（1902 年 5—12 月），以及 1904 年 8 月的 51 号上，后辑入文集 12：1—61。内分：例言七则（页 1—2），发端（页 2—5），第 1 章本论之界说及其叙目（页 5—7），第 2 章上古生计学（页 7—11），第 3 章中古生计学（页 11—13），第 4 章 16 世纪生计学（页 13—16），第 5 章重商主义（页 16—22），第 6 章 17 世纪生计学（页 22—24），第 7 章 18 世纪上半期生计学（此章只有一行："本章纯属过渡时代，无甚新创之学说，而家数颇繁赜，尽为揭出反使读者生厌倦心，故暂阙之"），第 8 章重农主义（页 24—28），第 9 章斯密亚丹学说（页 28—43），附论：进出正负差（即贸易顺逆差）之原理及其关于中国国计之影响（页 43—61）。

以篇幅而言，附论最长（20 页），但内容与学说史无关，主要是在介绍如何计算国际贸易的顺逆差项目，以及光绪十四年到二十八年间中国贸易逆差的状况，分析造成此现象的各种原因。这项附录不论在性质上或篇幅比例上，都不应收在此处，应可独立为一文，所以此处要探讨的只限于本论部分。本论内的诸章，除了第 9 章之外，都在 5 页以内或左右。第 9 章独长的原因是斯密的《国富论》，在 1902 年有严复的译本《原富》刚出版，但严译文笔深奥，"乡曲学子得读之者百无一焉，读之而能解其理者千无一焉，是岂不可为长太息也。吾今故略叙斯密之性行学术，且举其全书十余万言，撮其体要，以绍介诸好学诸君子（吾欲以此为读《原富》者之乡导云尔）"（12：29）。

为何只到斯密就停止了？从他的原初设计表（页 6—7）可看出，他还有好几章已计划好但未写出：（1）斯密派中之厌世主义；（2）斯密派中之乐天主义；（3）门治斯达派（？）；（4）约翰·穆勒及其前后之学说；（5）非斯密派；（6）新学派，内分历史派和国群主义派。用现代的眼光来看，到斯密为止的 9 章，在内容上和方向上很可以理解，基本上也都正确。但以现代经济思想史教科书的观点来看，上述的（1）、（2）、（3）不知何指，（5）的范围过广，亦不知何指，（6）的国群主义派亦不知何意。这个纲目大概是依当时（1900 年左右）日本所译或所著的西洋经济思想史著作拟订的，所用的名称有些与现代不同，但难解的是：为何不见马克思学派与社会主义学派？因为当时革命党人士对这两派的经济见解已有介绍与评论，日本在这方面的介绍也相当多，或许梁认为这些是当时新兴的主义，还称不上是思想史吧。

11.2.2　动机

梁在"例言七则"内说明了他的主旨和撰稿方式，摘录如下：（1）兹学为今世最盛之学，其流别最繁，其变迁最多，其学科之范围最广，其研究之方法最赜，非专门名家莫能测其涯涘。……尝请侯官严先生论次其大略以诏后学，先生方从事他业，未能及也。而方今新学将兴，兹科理想尤为我邦人所不可不讲，是用不揣梼昧，叙其梗概，聊当菅蒯为椎轮云尔。（2）兹学学史，东西作者数十家，其卷帙繁者动至千数百叶，……今欲以报章短文撷其纲要，谈何容易。……本论于上古、中古务求极简，自斯密亚丹以后，又不敢避烦，求适我国今日学界之用而已。……（3）兹学译出之书，今只有《原富》一种（其在前一二无可观）。理深文奥，读者不易，先读本论，可为拥篲之资。……（4）本论乃辑译英人英格廉（Ingram，今译"英格拉姆"）、意人科莎（Cossa，今译"科萨"）[107]、日人井上辰九郎三氏所著之生计学史，而删繁就简，时参考他书以补缀之。……（5）兹学之名今尚未定，本编向用平准二字，似未安。而严氏定为计学，又嫌其于复用名词，颇有不便。或有谓当用生计二字者，今姑用之以俟后人。……（6）论首为端一篇，本与学说沿革无关，但我国人今尚不知此学之重且要也，故发明其与国种存灭之关系，冀启诱学者研究之热心云尔。（7）篇中人名及学理之名词，依严书者十之八

---

[107] 英格拉姆（John Kells Ingram，1823—1907）与科萨（Luigi Cossa，1831—1896）两人的生平与著作，见 Trescott 和 Wang（1994：131—132）。英格拉姆和科萨的著作与日译本，以及井上辰九郎的《经济学史》（明治三十一年，1898，东京专门学校出版部），详见森时彦（2001：228—230）的叙述。英格拉姆的 *History of Political Economy*（1888）曾由胡泽、许炳汉译成中文，商务印书馆出版（年份不详）。科萨的著作是 *Guida allo studio dell' economia politica*，Milano，1876；英译本：*Guide to the Study of Political Economy*（translated from the second Italian edition with a preface by W. S. Jevons，London，1880）。

九，间有同异者，偶失检耳。

以上七项是体例与方向性的说明。梁撰写此稿的真正动机，是要唤醒国人理解经济问题与国家兴亡之间的密切关系："一读生计学之书，循其公例而对照于世界之大势，有使人瞿然失惊汗流浃背者。""今则全地球生计竞争之风潮，……处今之日谋人家国者，所以不可不知计学也。"（12：2—3）吴汝纶在《原富》的序言里，批评中国知识分子和士大夫以言利为讳，对经济事务的应变能力不足，列强在政治和经济上侵害到中国利益时，知识分子和官员空有满腹经纶而束手无策。他也提醒读者说《原富》并非言利之著，而是与经国济民密切相关的政策之学。

基本上，梁在重复这些论点："儒者动曰何必曰利，亦有仁义而已矣。……庸讵知义之与利、道之与功，本一物而二名。……抑吾中国人以嗜利闻天下，心计之工、自营之巧若此，初未尝以正谊明道之教而易其俗也。……毋亦由不明学理，不知利字之界说，……见顷刻锱铢之小利，乃不惜捐弃此后应享无穷之大利以易之。一人如是，人人如是，呜呼中国国力之销沉，皆坐是而已。……以如此国，以如此民，而浑浑焉当物竞天择、优胜劣败之冲，吾又安知其所终极也。西国之兴，不过近数百年，其所以兴者，种因虽多，而生计学理之发明，亦为其最要之一端也。自今以往，兹学左右世界之力将日益大，国之兴亡、种之存灭，胥视此焉。……而我中国人非惟不知研此学理，且并不知有此学科，则丁兹奇险而漠然安之也，又何怪焉。……慎勿以孳孳为利之言目之也。"（12：4—5）此段前半段说得很好，甚能掌握中国人对"利"的心态，但后半段未免夸张：经济学和"国之兴亡、种之存灭"之间，其实并没有那么直接的关联。

11.2.3　结构

第1章"本论"，主要是界定生计学史（即经济思想史）与生计史（即经济史）的差别："生计史者，叙述历代各国国民生计之实现及其制度也。生计学史者，专言学说之沿革，而非制度之沿革。学说与制度厘然二物也。"（12：5）此章的另一要点，是以分支图的方式（12：6—7），列举他打算译介的各学派："此表分类由著者参酌群书，益以臆见，其当否不敢自信也。"若以目前西洋经济思想史的通用纲目来看，到斯密为止的各派学说，大抵与梁在 1902 年时所见相似，但之后的分类方式，则因新说四起，现代的分类法已和梁当时的纲目迥异。

整体而言，梁这一系列介绍西洋经济思想史的文章，是属于争议较少而且大都已有定论的部分，斯密之后如李嘉图、历史学派，等等，都在梁的纲目上，但未完成。如果他写出这部分的话，不知道他对李嘉图、马克思等人的见解会有哪些案语和评论？或许我们也较能从那些评论里，体会出他的基本经济观，以及他会有哪些独特的见解。

此处不拟摘述评论这篇长文的内容，一方面是题材过于专业，另一方面是意义不大。整体而言，以今日的知识来判断梁所译介的内容，我的感觉是大体上正确，一因他是根据名著摘译而非论述自己的见解，所以在专业上的失误较少；二因他每章的篇幅极度浓缩，所以只触及基本事项而少深入析论，引人争议的空间也因而不大。

11.2.4 案语

梁的文体以译介为主，中间偶尔夹注夹论，例如在"希腊之生计学说"内，他评论塞诺芬（Xenophon）的经济见解，说他持论比柏拉图平实，"其识加柏式一等焉，至其论货币、论物价，误谬颇多"（12：9）。我想这应该是梁引述他人的见解，因为以梁在这方面的知识，当不足以下此断语。

有两个地方他还替学说倡议者辩护，第一个例子是论亚里士多德的反商论："亚氏又不喜商业，以为化居鬻财者，皆损他而自利者，故宜节制之，勿使过度发达。……皆亚氏之缺点也。虽然，彼皆应于时势，补偏救弊之言，论世知人，固未可厚非也。"（12：10）第二个例子是重商主义在《原富》内大受批评，梁的评论是："自斯密以后，此主义大受掊击，几至身无完肤。虽然，其论有过酷者。当时各国因行此主义，而群治赖以发达者不少焉，其功又乌可诬也，今请为之讼直。"（12：18）他依科萨之见，列举重商制度所含的六项"谬想"。（12：19）

全文以"案"（评论和批注）起头的共有五处（页 21—22、33—35、40），最后的两项只是一行的脚注性质："案：斯密治衰息重之论，严氏尝驳正之，见所译《原富》部甲下案语，今不具引。"

（12：35）"案：精琪氏草拟中国新货币案，以限制所铸货币总额为第一议者，原本此学理也。"（12：40）精琪是指 1904 年来华倡议虚金本位（gold-exchange standard）的康乃尔大学教授 Jeremiah Jenks（详见本书第 2.1 节）。

另三项案语其实只有两个主题。首先是辩护重商主义能在 15—17 世纪欧洲风行，自有其背景与效果，到了斯密时（18 世纪中叶），重商主义之弊已显过其利，但梁提醒读者说："读斯密书者，亦审其时、衡其势而深知其意可耳。"（页 34）他的另一个要点是："故斯密之言，治当时欧洲之良药，而非治今日中国之良药也。"（12：34）接着他又说："案：重商主义在十六世纪以后之欧洲，诚不免阻生计界之进步，若移植于今日之中国，则诚救时之不二法门也。"（12：21）他有一大段申论这个观点（12：21—22），乍看之下相当有力，

但我们可以退一步想：欧洲各国行重商政策"而群治赖以发达者"时，有强大的国力和军力为后盾，也有立法上的配合（例如英国的谷物法与航海法），但清末中国哪有这些条件能在世界市场上和列强争食？从这个角度来看梁对重商主义的理解，才能看出他所主张的重商主义，其实只是表层的："中国人口最庶、工价最廉，加以原料之充足，……中国商人颇富于进取冒险之力，……故今日如实行所谓重商主义者于中国，其劳费必逾少，而结果必逾良，有断然也。"（12：21—22）他只看到中国在生产面的比较利益（而且只是在成本面，而非技术面），全然忽略了国际市场竞争的背后要件：强大的远洋武力、国内行政体系的配合。

第二个案语的主题，用现代的观念来说，就是先进诸国对落后中国的剥削：中国人口多工资低，但因生产及各方面的不效率，厂商的利润也低；而西人因物价高、工资高而"患庸（工资）过厚而病赢（利润低）"，所以西人在华的投资"非欲以剂吾庸（提高中国劳工收入），实欲以吸吾赢耳。今者外财骤来，求佣者之数骤增，……然我所得者仅此小部分之庸，而大部分之赢已尽归他族之手。……言念前途，毛骨俱悚"（12：33）。这是有目共睹的现象，可争议之处不多，旨在提醒国人注意。一个世纪之后重看中国的经济，不也还是没跳出这个格局么？

11.2.5　摘述《原富》

第9章"斯密亚丹学说"的内容，除了依据日文资料介绍斯密的生平与贡献外，主要的目的在于"请言斯密著述之要领"（12：30）。前几章的内容或以时代为主题（中古生计学），或以学派为主题（重农主义），而独此章以一人之说为主题，且篇幅最长（15 页）、解说最细。原因是：（1）中文学界介绍经济学说的，"今只有《原富》一种（其在前一二无可观），理深文奥，读者不易，先读本论，可为拥篲之资"（12：1）。（2）从追求国家富强的观点来看，斯密的著作比其他生计学之书更有体系性，政策性的讨论较多。（3）严译手法古奥，多用中国式的古典语体译写，梁读严译《原富》的体会，要比读日译《国富论》的体会亲切深刻；若要摘述成简易版的中文，严译也比日译方便。（4）梁借此机会系统地研读此书，"撮其体要，以绍介诸好学诸君子"。

相对于三册近千页的《原富》，他所摘要的内容相当少，而且很不完整，几乎无体系可言。（1）页 30—35 摘述第 1 篇（部甲），只提到分功之效、自然价格与时价、租（地租）庸（工资）赢（利润）之间的消长关系，而《原富》首篇就有 11 章，这样的摘要未免草率，但他也说："今欲以报章短文撷其纲要，谈何容易，稍繁则二三十号不能尽。"（12：1）（2）第 2 篇论资本积贮之事（12：35—39），也是浮光掠影。（3）第 3 篇只有 1 段 3 行半（12：39），原因是此篇旨在回顾欧洲各国的经济发展史，中文读者的兴趣自然较少，可是梁给了一个难以证实的理由："（斯密）其说有不免互相矛盾者，后之学者往往驳正，今勿具引。"（4）第 4 篇专排斥重商主义，斯密的主要用意是反对重商制度下政府的干预主义，主张采取自由放任式的"看不见的手"（自由经济制度）。这是很关键的论点，但梁的摘述却把焦点集中在批评重商主义的"重金主义"：误认为金银才是国家之财富，追求贸易顺差是首要目标，然后就写了很长的附论（12：43—61），说明中国近年来国际收支的统计和问题的性质。这样的介绍，若斯密从棺中复起，必大叹梁买椟遗珠。梁之所以会把重点放在贸易顺逆差，而不放在斯密最看重的自由经济论上，原因是他从中国当时的立场来看，贸易顺逆差的急切性远比自由经济论强烈。（5）第 5 篇论国家的财政收入与国债问题，这是当时中国最重要的经济问题，也是严复最辞长而激、流涕太息者，但梁对此篇却一字未提。也就是说，若以篇为单位，梁只摘介了前四篇，而这四篇在有限的篇幅里，只作了点状的摘述，做第 4 篇的摘要时，甚至还"打错了靶"。

11.2.6　结论

将近一个世纪之后重读《生计学学说沿革小史》的感觉，是梁的译介内容大抵可靠，较困扰的是名词翻译的困难，例如谈法国的重农学派（Physiocratic School），梁译为"性法学派"（12：25），其实他的第 8 章标题"重农主义"已译出此派的精神，不知梁为何又有此译？名词上的困扰确实不少，若无适切的日译可借用，他就如例言第七则所说的："篇中人名及学理之名词，依严书者十之八九。"（12：2）他的评论也大抵合理，除了他主张中国要学欧洲的重商主义，因为这一点是他忽略了中国所应具备的客观条件。

整体而言，中国知识界当时深受《新民丛报》的影响，很多人是通过梁的译介才知晓有西洋经济思想史；更重要的是才因而知道有严译的《原富》，或甚至是通过梁的长篇摘述解说，才知晓斯密的基本论点。我认为《生计学学说沿革小史》的最大功能之一，是梁做到了"吾欲以为读《原富》者之乡导"（12：29），这也是他自号为"新民子"的用意：传播"新知"给国人。

11.2.7　余论

森时彦（2001）从另一个角度，来探讨梁的经济思想在赴日之前与之后的转变，以下说明他的见解并加上我自己的看法。他认为梁在赴日之前，大概知道三本西洋经济学的著作：一是 Henry Fawcett（1833—1884）的 *Manual of Political Economy*（1863，汪凤藻译为《富国策》）；二是 Stanley Jevons（1835—1882）的 *Political Economy*

[1878，由艾约瑟（Joseph Edkins）译为《富国养民策》]；[108] 三是钱伯斯兄弟（W. Chambers, R. Chambers）所著的 *Political Economy*（1852，《佐治刍言》），此书共 35 章，476 节，其中有部分沿袭古典经济学派的主张。[109]

这三本书都是古典学派与新古典学派交接时期的著作，现在尚难直言梁受了这几本著作的哪些影响。古典学派的著作着重在宏观（总体）经济问题上，例如经济成长、国家财富、公债、国债、财政、税收这类的主题，这正是清末中国所需要的，所以严复才会译斯密的《国富论》（原书 1776 年出版，中译本《原富》1902 年出版）。相对地，新古典学派的着重点是在消费、产业、厂商这类微观（个体）经济的问题上，这些不是清末救亡图存有志之士所急切需要的。所以我判断梁对西方经济学有兴趣的部分，和严复一样都是以古典学派的国富、贸易、公债、财税等问题为核心。

梁在赴日之前写过一篇论经济的文章：《史记货殖列传今义》（1897，2：35—46）。他在此文内表现出拥护自由贸易、反对保护主义的论点："西国旧制，每有重收进口税，欲以保本国商务者，近时各国尚多行之。惟明于富国学者皆知其非，以为此实病国之道也。"（2：40）他对自由贸易理念的支持，是和中国古籍《大学》内的理财平天下之道相呼应的："故言理财之学者，当开国之差别界限而无之，有差别、有界限，斯已下矣。"（2：36）"故《大学》理财之事，归于平天下也。仅治一国者，抑末矣。"（2：41）这种观点和斯密的经济自由主义，以及李嘉图的自由贸易论是相通的。

森时彦（2001：227—232）提出一项有说服力的论点：梁赴日之后所接触的西洋经济（史）学著作中，有不少是受德国历史学派的影响，例如英国学者英格拉姆和意大利科萨的著作。德国历史学派的经济主张是采取保护主义，反对英国古典学派的自由主义。为什么

307

---

[108] "中央研究院"近代史研究所有此书的线装本，但书况不佳。森时彦（2001：220，日文版 1999 年页 230）说艾约瑟根据的底本，是 Stanley Jevons 的 *Political Economy*（1878，属于 *Science Primers* 丛书系列）。

[109] 傅兰雅（John Fryer，1839—1928）口译，应祖锡笔述，2002 年上海书店出版，140 页。

梁会转向德国历史学派的见解？原因很明显：德国和日本在 19 世纪的处境，都是积极追求经济发展的开发中国家，所以要采取保护主义，防止英国这类工业先进国家的经济侵略。

清末中国经济若要救亡图存，所应师法的对象当然是德、日路线，而不是英国的自由放任路线。这一点梁比严复的体认切实，梁这项观点的改变，在《廿世纪之巨灵托辣斯》（1903，14：34）内表达得很清楚："自十八世纪中叶以后，个人自由主义日盛一日。吾昔以为由干涉而自由，进化之原则也。既自由矣，则断无退而复返于干涉之理。及观近二十年来世界大势之倾向，而不禁爽然以惊也。夫帝国主义也、社会主义也，一则为政府当道之所凭借，一则为劳动贫民之所执持，其性本绝相反也。故其实行之方法，一皆以干涉为究竟。故现代所谓最新之学说，骎骎乎几悉还十六七世纪之旧，而纯为十九世纪之反动。"

12

讨论与省思

在梁的全集里，经济论述所占的比例不高，只是他议论众多时事的一环而已。但他对某些经济问题曾经下过深入的功夫研究，币制改革和财政制度尤其是他关怀的重点。以下所要讨论和省思的主题有三项：（1）他的经济知识有哪些来源？除了中国传统的典籍之外，他在日本接触了哪些财政经济方面的著述？他比较倾向哪些观点的学说？（2）从综观性的角度来看，梁的经济论述具有哪些特色？他的写作手法可以归纳出哪些模式？（3）从研究近代经济思想史的角度来看，梁当然是关键性的人物，文笔犀利活泼，老少咸宜；此外，他所论述的主题，大都具有时事性与政策建议的意涵，所以很能抓住当时读者的关注。相对地，严复在译案《原富》时用词古奥难读，远比不上梁的精彩爽快。但严的优势在于《原富》是世界名著，此书的中译是属于经济思想在国际传布的环节之一，所以在一个世纪之后重读严复译案的《原富》，从经济学理的观点来看，反而比梁的论述更有探讨的空间与深度。

12.1　知　识　来　源

梁在 1898 年（戊戌）26 岁赴日之前，写过四篇评论经济问题的文章（见表 1.1）。他在这些文章中所表现的笔法已相当老练，见解也够清澈，所驳辩的事理也够强韧。赴日之后所写的经济论述仍有上述三项优点，进步之处是文章的整体层次拉高了许多，架构更完整平稳。最重要的改变，是他在说理上引进了近代经济学的概念与推论方式，可以说是从传统的中国策论式文体，提升到现代式的分析论述。这项大转变的原因很明白：在学习能力尚佳的阶段，他掌握住机会，广泛接触日文译著的经济与财政著作，学习到新的专业名词、推理方式、铺陈架构、各门各派的经济学说。梁得了这套新工具之后，在经济论述上可以说是如虎添翼。

通过日文财经著作这个宽广的窗口，梁接触到欧美日的相关著作，更重要的是他吸收了各种经济思潮的养分，也受到不同主义路线见解的冲击。这些事情一方面丰富了他个人的财经知识，另一方面也有效地帮助了他的思考：日后的新中国若要采取新的经济体制，或要采取新的货币和财政制度，哪一条路线较适当？为何它较适用于中国的情况，以及为何其他主义较不合适？最明显的例子，就是他和孙文派的《民报》，就社会主义经济路线与土地国有论这两项议题，所作出的精彩激烈辩驳。如果他没有机会赴日，也没有广泛地接触这些著作，恐怕就没这些论述了。

下个问题是：梁是有系统地阅读研究，或是碰到了问题要解决，才找相关的著作现买现卖？我没有明确的证据来论说此点，但从他的《年谱长编》可以看到，他赴日之后接着又去游历新大陆，还积极地从事政治活动，更写了大量不同领域的著述。在这种情况下，他大概很难系统性地研读财经学术著作，我们可以推测他的经济学知识，是属于"边做边学"的性质。他在日本期间真正稍有空闲的是 1909 年，"是年先生以意态萧索，生活困窘，专以读书著述为业"（《年谱长编》，页 296）。同年 8 月他给徐佛苏的信上也说："徒入春以来，刻意养晦，屏绝百务，惟读书著书以自娱乐，东籍之外，乃至兼及德文，遂至无一刻暇，而为饥所驱，不得不卖文以求自活，耗精力于其中。"（《年谱长编》，页 302）

也就是说，梁的财经知识和著述，大抵是在"应战"状态中学习和写作的。他不刻意师承某派或某人之说，有用即取，无用则舍。他所引用过的财经著作中，大约可分成日本人著作与欧美著作两大类。梁在引述这些著作时，并不提供完整的书目，多是在文章开头或段末尾，点出著者或译者的姓名，以及该著作的中文译名（而非原名）。这样的引述方式，有时会造成现代读者的困扰，尤其是日译的德文书籍甚多，梁又把片假名和平假名音译为中文，更让人难以追查原著。[110]

在日本人的著作方面，他曾引用过小林边次郎《财政原理》（18：5）、田中穗积《高等租税原论》（早稻田大学出版部，1903；18：22）、河上肇的几本名著（18：22）、田尻稻次郎的《公债论》（专集25：34）和《财政与金融》（同文馆，1901；16：78）、添田寿一《财政通论》（专集25：37）。这些都是零散的例子，可能还有在此未列举到的。[111]梁主要是在借用这些著作的名词、概念、学理、架构、推论。但也有不少地方，明显地是从日文资料译述过来，但却未说明出处。大概他认为这些是介绍性的文字，所以不必详细征引，暂举一例：他游历美洲之后写了一篇长文《廿世纪之巨灵托辣斯》（14：33—61）。此事牵涉的问题层面广泛，梁不谙英文，中文的相关数据阙如，他能写得这么完整，详述此制度的来龙去脉，析辩其利

---

[110] 据冯自由在《革命逸史》第四集（1946年商务印书馆，1965年台一版，页269—270）里说，日本知识界闻人德富苏峰"为文雄奇畅达，如长江巨川，一泻千里，读之足以廉顽立懦，彼国青年莫不手握一卷。其所选之小品文字，尤切中时要，富刺激性，亦在《国民新闻》批评中披露。其门人尝汇辑报上短评，分别印成小册数十卷，号《国民小丛书》，由民友社出版。……而任公之文字则大部得力于苏峰。试举两报所刊之梁着《饮冰室自由书》，与当日之《国民新闻》论文及民友社《国民小丛书》一一检校，不独其辞旨多取材于苏峰，即其笔法亦十九仿效苏峰。……而亦《新民丛报》初期大博社会欢迎之一原因也。然任公徒剿袭他国文学家之著作，并不声明出处，直以掠美为能事，卒不免为留学志士所严正指摘，是亦其自取之道。苏峰长于汉学，其文辞只须删去日语之片假名而易以虚字，便成一篇绝好之汉文。任公之日文程度仅粗知门径，尚能转译成文，据为己有，则苏峰汉学之湛深，可见一斑。……在读者方面或以为任公不独深通日文，亦且深通英文，大足炫耀其学问之渊博。讵料两月后在上海出版之《新大陆》杂志即起而反唇相稽，并列举《国民新闻》及《清议报》之原文两相对照。谓任公不当剿窃苏峰之文为己有，败德掠美，无耻孰甚等语。……任公经《新大陆》杂志之指摘，嗫若寒蝉，不置一辞，盖亦知难而退矣"〔转引自夏晓虹（1997：207—208）〕。

[111] 请参考两项相关的研究：森时彦《〈饮冰室文集〉引用和书目录初稿（辛亥革命以前）》（无日期），郑匡民《梁启超启蒙思想的东学背景》（2003）。

弊得失，很可能是借日文著作之助。但纵观全文，他只提了一句与资料来源相关的话："今据日本农商务省四年前之报告书，译录如下。"（14：43）此项报告当不足以提供这么丰富的内容，梁必另有所本而未明言，或许有美国友人或华侨曾代译一些资料供他引用。同样地，他对公债问题的原理与政策建议，几乎全是根据日本的著作与实例来写作。

在日译西洋名著方面，他最常引用也最为大众所知的，是埃利的 *Outlines of Economics*（1904），其次是德国财政学大家华克拿，他屡屡引述（18：9、10、20、22、34、36）。此外还有气贺勘重译菲立坡维治（Eugen Philippovic，1858—1917，奥地利经济学者）的《经济政策》（*Volkswirtschaftspolitik*，早稻田大学出版部，1906；18：41），也引述过松崎博士介绍德国历史学派须摩拉（Gustav von Schmoller，1838—1917，德国经济学者）等人的学说（18：51）。以上这几位大名家是较显著的，梁还引用过一些欧美财经学者的人名和书名，现在已难考察个别的原名。最后一例《生计学学说沿革小史》（1902，12：1—61），大抵是根据日译西洋经济思想史著作改写的〔详见例言（12：1）〕。

马克思主义方面的著作在日本非常丰富，有马恩全集，有日本学者的注释，也有欧美学者著作的日译，但这方面几乎未见到梁引用过。这应该不是他有所不知，而是有所不取。从他和《民报》对社会主义经济路线的争辩，可以看出基本上他反对社会主义以及集体计划性的经济体制；马派学说在路线上和他格格不入，虽知而不纳。我们可以从他的《先秦政治思想史》（页71—72），知道他对马克思主义的观感："彼中所谓资本阶级者，以不能絜矩，故恒以己所不欲者施诸劳工，其罪诚无可恕。然左袒劳工之人如马克斯主义者流，则亦日日以己所不欲还施诸彼而已。诗曰：'人之无良，相怨一方。'以此为教，而谓可以改革社会使之向上，吾未之闻。……是故所谓'国民意识'、'阶级意识'者，在吾脑中殊不明了，或竟可谓始终未尝存在。……"再引述一段他在《欧游心影录节录》（页33—34）的论点："又如马克斯一派倡的生产机关国有论，在欧美岂非救时良药，若要搬到中国，就要先问什么是生产机关，我们国内有了不曾？

就算有了罢，说要归到国家，我头一个就反对。……至于太过精辟新奇的学说，只好拿来做学问上解放思想的数据，讲到实行，且慢一步罢。"[112]

总而言之，若梁未在日本居留这么长的时间（1898—1912），他的经济论述或许还会停留在赴日前的层次（评议时政式的策论），而不能用西洋经济学说和欧美日的史实，来对照不同观点并提供实例，写出这么丰富的论点，提供中文读者较宽广的视野。这一点可以从他的《论学日本文之益》（1899，4：80—82）和《读日本书目志书后》（1897，2：51—55）来印证。[113]以上的例证是从梁的著述中，找出他引用过的经济学与财政学文献，森时彦（1995）从较宏观与思潮影响的角度，分析梁曾经接触过哪些西欧的经济学说，他提供了许多细节资料，也很可以参考。

有人认为，我应设法找出梁当年在日本参照过、阅读过、据以为文的财经著译作，才能充分掌握梁的论说根基，这样才算是较彻底的研究。我没有充分做好这一点，希望精通日本经济思想史的学者能弥补这个空当。然而我也有点疑惑，这么做会得出哪些系统性的大见解，是本书所未掌握到或指涉的？理由是：（1）梁很少提及他所根

---

[112] 梁对马克思主义等的负面观感，李喜所、元青（1993：461—469、486—489）有较详细的评述。

[113] 他在《清代学术概论》（34：65、71）内，对自己译介西方学说的态度解说如下："启超素平主张，谓须将全世界学说为无限制的尽量输入。……非用此种卤莽疏阔手段，不能烈山泽以辟新局。……然皆所谓'梁启超式'的输入，无组织、无选择、本末不具、派别不明，惟以多为贵，而社会亦欢迎之。"根据梁容若的说法："任公先生做学问，搞政治，一切求速成。他学外国文也用这种方法。光绪二十五年（1899）在日本作《和文汉读法》，说'学者得此，亦可粗读日本书，获益很大'。又在《东籍月旦》的叙论里说：'若用简便之法，以求能读其书，则慧者一旬，鲁者两月，无不可以手一卷而味津津焉。'用他的方法，理解明治中期以前的日文到某种程度，是可能的。日文一年比一年口语化、欧化，大正以后的文章，用这种方法，是绝难读通的。任公民元回国以后，绝口不谈日籍，研究佛教史也绝不征引日本学者的著作，看不起是一种原因，读不懂恐怕是更[最]重要的原因。据我观察，任公的日文程度，距他的前辈好友编《日本国志》的黄遵宪（公度），还有很大距离。……早期留东学生，受他这种速成日语论的害，实在并非浅鲜。他学英文，也用类似方法。"[转引自夏晓虹（1997：345—346）]

据的文献，所以必定难作系统性的追查。（2）他有时只举出人名，而这些重要人物的著作相当丰富，难以追查出梁的哪些论点或哪些段落是出自何人、何书、何篇段。（3）就算梁偶尔也具体指出书名，但他的文体是以己意为主，通常是受到他人的启发，就自己妙笔生花了。我希望日后会见到具体的研究成果，能有效地反驳上述这几点自我辩护。

明治时期日本的经济学界，基本上还是在学习、吸收欧洲经济学的阶段，此时期的日文著作大致是以"二手传播"的内容为主，谈不上有重大的学理创见。[114]梁在这个薄弱的基础上，间接吸收了欧美的经济学理，再向中国读者作"三手传播"。就算现在能逐一复原梁的"日本经济学泉源"，那最多也只是找到"二手转播站"而已。厘清了"二手传播"与"三手传播"之间的关系，真的对理解清末民初的经济问题那么重要吗？

12.2 经济见解

整体而言，梁对个别的财经问题都有不同的看法，不易把他归类成属于哪一派的路线，或是说他的主张于哪种主义或学说，这是和孙文很不相同的地方。所以最好还是从个别题材的角度，来理解梁的经济主张，不要随意把他归入哪一派或哪一种主义。或许梁自己会认为：以他当时对各种经济学理的知识程度，和他对各种经济问题的掌握深度，基本上是属于现买现卖的层次，还没有资格也不敢肆意谈论主义或路线的问题，或许这正是他对孙文和《民报》人士反感的原因之一。

如果不细评梁所主张的事项在逻辑上是否严密，在中国的环境上是否真的可行，则从他的论述大概可以归纳出几个方向：（1）主张中国应跟上世界潮流，改采金本位制；但迫于事实，只好暂采虚金本

---

[114] Tessa Morris-Suzuki（1989）：*A History of Japanese Economic Thought*，London：Routledge.（《日本经济思想史》，厉江译，厉以平译校，北京：商务印书馆，2000）

位：对内行银本位，对外行金本位。中国的币制必须迅速统一，币制改革所需的经费，可以借着发行内债或举外债来支应。（2）他对财政改革的效果过度乐观，在国家预算的编列上，也常有不切实际的评估。（3）对外资与外债问题，梁客观地理解到它们对中国的重要性，但强调要能主动地运用外资与外债，而非被它们所宰治。他对公债的功用有很高的期盼，希望能得到和日本一样的成效，但几次实际的经验都让他感到失望；他入阁后也想在公债上有所作为，惜皆不果。（4）在工商实业方面，他希望能扶助民族大资本家，把生产和营销两个环节结合起来，最好能达到美国式托拉斯的规模，这样才可以在国际上生存竞争。也就是说，希望中国能做到和西欧重商主义鼎盛时期一样，摆脱被列强商品宰制市场的困境。所以他要仿效德国式的保护政策，逐步发展民族工业；也希望国家能有较强的统一指挥权，全国一心在工商业上集中力量，走入国际舞台。（5）反对中国采社会主义、土地国有、集体主义的路线。他所说的国家主义、重商主义，是针对中国工商业在国际市场的政策发展方向，不宜因而扩大解释为：梁认为整体性的国家经济或政治方向也应采取这条路线。

整体而言，为何他在论述货币改革、财政预算制度、内外债问题、反对社会主义和土地国有论时，表现得较精彩生动？那是因为这些问题具有急迫性，有具体的议题可以提供意见，同时又有人和他的见解相异，或对当时的政策措施不满，所以就激发了他的强烈争辩性。相对地，他对工商实业、国家经济、经济思想史等问题，就没有展现出这种效果，原因正好相反。

陈独秀曾评梁的文章"浮光掠影"，梁也曾自嘲"吾学病爱博，是用浅且芜，尤病在无恒，有获旋失诸，凡百可效我，此二无我如"[115]。梁的文章在知识界甚具影响力，严复曾说梁的笔端"搅动社会"，这是公认的事；在将近一个世纪之后，用现代眼光重读梁的经济见解，真有那么肤浅的感觉吗？大体而言，不但不会，有时还很能感受到一些力量。主要的原因之一，是梁所说的大都是具体的弊

---

[115]《年谱长编》，页781—782；45下：51—52；类似的评论见夏晓虹（1997：
　　33、92—93）。

病与实情，而非抽象深刻的推理。既有弊端，那只能搅动社会的笔端，就能发挥很大的功能。尤其清末经济病弱，可批评之处太多，只要能抓住事情的要点，佐以东洋和西洋的实例来当作"照妖镜"，再加上锋利锐笔，文章通常就很能构成力量。所以不完全是因为梁的经济学理透彻，也不完全是他对经济政策的理解高超，而是对手太弱，有中等以上的事实理解，再加上一只上等的利笔，大概就可以达到类似的效果。

也有人批评梁的著述"浅学动人"，说他和胡适一样，都有热情感人的笔锋，但在学术建设上的深度不足。依公元前 7 世纪希腊诗人阿基罗库斯（Archilochus）的譬喻，梁是属于"知晓多事"的狐狸，而非"深知一事"的刺猬。[116]梁确是一只狐狸，而且还是超大型的。这种性格也充分展现在他的经济论述上：跟着时事走，能立刻掌握问题的要点与特质，迅速吸收日文相关著作内的学理、观念与推理，适切地应用在他所处理的题材上。若用现代的眼光来看他的经济论述，困难度并不高，因为他的论述内容基本上是解说性的、策论性的、化繁为简、对比诸说为主。从他赴日之后到逝前所写的最后一篇财经文章，基本的手法都没变。或者甚至可以说他有一套隐藏性的公式，这套公式性的手法是稳定的，所变动的是题材和因之而引发的见解与主张。所以我们可以说，就算具备现代的眼光和拥有较好的经济学理，也不容易从梁的经济论述中萃取出概念性的结晶。[117]

12.3 与严复对比

相对于梁的文笔清晰、论点犀利、问题明确、老少咸宜，严复在论述经济问题时，所用的文字既古奥，说理又过于简要，文体也太浓缩，似乎是只打算给程度和他相当的人阅读。而跟得上他文义的人，对西洋经济学说却又陌生，东减西扣之后，真正能理解严复经济译述

---

[116] Isaiah Berlin（1993）：*The Hedgehog and the Fox：An Essay on Tolstoy's View of History*，Chicago：Ivan R. Dee，p. 3.

[117] 周善培说梁的文章"能动人"但"不能留人"（无长远价值），"因此造就成一个无所不通的杂家"（夏晓虹，1997：162）。

的人恐怕有限，还要劳烦梁在《生计学学说沿革小史》的第9章内，综述《原富》的旨要，来替中国知识界当这本世界名著的向导。

在20世纪初期，严所译所著的经济论述，在中国知识界内被接受的程度，以及对社会的影响力，样样都远不及梁。但过了将近一个世纪之后，状况却颠倒了过来：严的译述还很值得重新分析、重新理解，而梁的论述却大多随着时代而飘逝了。论才，梁比严高；论情，梁比严敏感、热情、敢言、敢为，为何严的文字反而更经得起时代考验？原因很简单：梁所论所辩都是一时一地的题材，很少有深入的学理要传达，在手法上大抵是从日文的财经著作吸取架构性的观念，然后把中国当前的经济问题纳入这套解说体系，再佐以个人的见解与笔锋。

梁的经济论述和严的译作相较之下，缺少了一个重要的环节：在论题上梁几乎都是对经济时事问题的表白，他所处理的问题看起来相当抢眼，但时空一过就不易引起深度的兴趣，因为从他的论述里，很难提炼出一个或一组能概念化的命题。而严所译案的《原富》是一本世界级的经济名著，是一本在不同文化、不同时空环境下，都有大量读者的思想巨著。严译此书，以及他在译书时所插入的长篇"案语"（约310条6万余字），对全世界研究斯密的学者，对研究经济自由主义学说的人士，都是一本不能忽略的"作品"。换句话说，严所译述的《原富》，在文本上产生了世界性的对话效果，在问题意识上产生了新的可能性与析论的空间。而梁的经济论说，本质上是一时一地的个人见解，不容易引发不同时空、不同文化背景人士的共鸣。探索梁的经济论述，不易产生具有深刻意义的问题意识，也不易增加我们对那个时代经济史的洞识。

严译《原富》之所以在一个世纪之后仍会引起注意，那是因为从学理上大家有兴趣知道两件事：（1）在中文词汇和概念都明显不足的情况下，他是用哪些词语和"思想方式"，把斯密的论点和西洋经济学说介绍给中文读者的？（2）从追求中国富强的角度来看，这本以提倡"自由放任"、"反对重商主义"、"最小政府"为主旨的《国富论》（1776年初版），对清末民初中国的知识界和决策者，以及对积弱的中国经济，产生过哪些影响与作用？这两个问题具有普遍性的意义，因为也可以拿来问日本、俄国、西班牙、德国等当时还是属于发展中的国家，看他们当初是用何种方式翻译这本名著，以及各国各派人士对斯密的经济学说，有过哪些不同的回应。这些问题，我试着在《亚当·斯密与严复》（赖建诚，2009）内回答了。

从两个角度来看，严复命题都比梁启超命题更有挑战性：（1）梁的经济著述，只要从各篇文章的标题，就可以分辨出他的主旨和方向；只要能跟上他的议题，就可以找出他的思路主轴。反复几次之后，几乎就可以猜出他对不同题材所要提出的论点。严的状况不同，他是边译边论（我称之为"托译言志"：译到某些段落，他若有话要说，就插入一段案语，用来解说或辩驳或陈述己见）。这种文体对研究者构成困扰，需要有较好的想像力和组织力，才能把严复散布四处、东隐西藏的见解，整理出一套条理的解说。

（2）梁的说理清晰，阅读上很少有义理方面的困扰，而严正好相反：斯密书内有太多名词和学理，当时的中文难以精确地表达，严只好自创新词或用中国的观念来比附；更折磨人的是他的文字古奥，"骎骎与晚周诸子相上下"。后来的研究者要用相当的心力，才能勉强理解严的文理，才能对比出他在何处以何种形式误解或扭曲了斯密的原意。诸如此类的问题，以及没完没了的细节障碍，对研究者而言，所需的心力与所需具备的背景知识，都要比研究梁的经济论述困难许多。

简言之，从命题的趣味度、世界性的对话度、具体技术问题的挑战度来看，在分析梁的经济论述时，会感受到这是比较简易的题材，较无智识的兴味，或甚至是"咀嚼无复余味"。

参 考 书 目

曹均伟．近代中国与利用外资．上海：上海社会科学院出版社，
　　1991．

陈锋．清代军费研究．武汉：武汉大学出版社，1992．

陈良佐．井、井渠、桔槔、辘轳及其对我国古代农业之贡献．思与
　　言，1970，8(1)：5—13．

陈鹏鸣．梁启超学术思想评传．北京：北京图书馆出版社，1999．

陈其泰．梁启超先秦思想史研究的近代学术特色．北京师范大学学
　　报，1994，122：38—43．

陈瑞庚．井田问题重探．台北：台湾大学中国文学研究所博士论文，
　　1974．

陈诗启．中国近代海关史．北京：人民出版社，1993．

陈争平．1895—1930年中国国际收支发展趋势及主要特征．中国社
　　会经济史研究，1994，1：79—91．

邓海波．中国历代赋税思想及其制度．台北：正中书局，1984．

丁鹏．墨家的经济思想．巫宝三．先秦经济思想史．北京：中国社会
　　科学出版社，1996：374—393．

丁文江．梁任公先生年谱长编初稿．台北：世界书局，1958．

东一夫．王安石事典．东京：国书刊行会，1980．

董方奎．梁启超社会主义观再认识．华中师范大学学报，1996，35
　　(5)：85—91．

杜正胜．古代社会与国家．台北：允晨文化出版公司，1992．

杜正胜. 战国的轻重术与轻重商人. "中央研究院"历史语言研究所集刊, 1990, 61(2): 481—532.

方清河. 孟子的井地说. 台湾大学历史研究所硕士论文, 1978.

斐长洪. 论西原借款. 中国社会科学院经济研究集刊, 1988, 10: 95—161.

甘乃光. 先秦经济思想史. 上海: 商务印书馆, 1924.

高婉瑜. 原始布的起源. 大陆杂志, 2002, 104(5): 12—20.

广东省中山图书馆特藏部. 馆藏康有为、梁启超数据目录. 1983.

郭道扬. 中国会计史稿. 北京: 中国财政经济出版社, 1982—1988.

郭汉民. 梁启超利用外资思想述论. 湖南师范大学社会科学学报, 1989, 18(1).

何炳棣. 中国历代土地数字考实. 台北: 联经出版公司, 1995.

何汉威. 从银贱钱荒到铜元泛滥: 清末新货币的发行及其影响. "中央研究院"历史语言研究所集刊, 1993, 62(3): 389—494.

何汉威. 清季中央与各省财政关系的反思. "中央研究院"历史语言研究所集刊, 2001, 72(3): 597—698.

何汉威. 清末广东的赌博与赌税. "中央研究院"历史语言研究所集刊, 1995, 66(2): 489—557.

何汉威. 清末广东的赌商. "中央研究院"历史语言研究所集刊, 1996, 67(1): 61—108.

何烈. 清咸、同时期的财政. 台北: 编译馆, 1981.

侯厚吉, 吴其敬. 中国近代经济思想史稿. 哈尔滨: 黑龙江人民出版社, 1984: 277—356.

侯家驹. 先秦法家统制经济思想. 台北: 联经出版公司, 1985.

胡寄窗. 中国近代经济思想史大纲. 北京: 中国社会科学出版社, 1982: 286—313.

胡寄窗. 中国经济思想史. 上海: 上海人民出版社, 1962.

胡适, 等. 井田制度有无之研究. 台北: 文献出版社, 1965.

胡太昌. 梁启超外资外债思想评述. 九江师专学报(哲学社会科学版), 1986, (4).

胡宪立, 郭熙生. 中国早期公债: 晚清"息借商款"与"昭信股票".郑州大学学报（哲学社会科学版），1994，6：80—83.

黄克武.梁启超的学术思想：以墨子学为中心之分析."中央研究院"近代史研究所集刊，1996，26：41—90.

黄克武.如何评估梁启超的思想？响应赖建诚教授.近代中国史研究通讯，2002，34：87—94.

黄克武.一个被放弃的选择：梁启超调适思想之研究."中央研究院"近代史研究所集刊，1994，70.

贾士毅.民国财政经济问题今昔观.台北：正中书局，1968.

贾士毅.民国财政史.上海：上海书店，1990.

贾士毅.民国初年的几任财政总长.台北：传记文学出版社，1967.

姜春明.试论辛亥革命前梁启超的经济思想.学术研究，1963，2.

金景芳.论井田制度.济南：齐鲁书社，1982.

赖建诚.万历会计录初探.汉学研究，1994，12（2）：137—156.

赖建诚.亚当·斯密与严复：《国富论》与中国.杭州：浙江大学出版社，2009.

李达嘉.袁世凯政府与商人，1914—1916."中央研究院"近代史研究所集刊，1997，27：93—135.

李国俊.梁启超著述系年.上海：复旦大学出版社，1986.

李锡周.墨子的经济思想.燕京大学月刊，1927—1928，1（2—3）.

李喜所，元青.梁启超传.北京：人民出版社，1993.

李喜所.梁启超的国家学说和经济构想.中国近代史，1996，59—62.

李孝定.甲骨文字集释.台北："中央研究院"历史语言研究所，1965.

李渔叔.墨子今注今译.台北：商务印书馆，1976.

李宇平.近代中国的货币改革思潮，1902—1914.台北：师大历史所专刊，1987，（18）.

李宇平.试论梁启超的反通货膨胀言论."中央研究院"近代史研究所集刊，1991，20：183—199.

李允俊.晚清经济史事编年.上海：上海古籍出版社，2000.

梁庚尧.南宋的农村经济.台北：联经出版公司，1975.

梁庚尧．市易法述．台湾大学历史学系学报，1984，10—11：171—
　　242.

廖名春．梁启超古书辨伪法的再认识．汉学研究，1998，16（1）：
　　353—371.

林家有．论梁启超由拥袁到反袁思想的演变．文史哲，1994，223：
　　16—24.

林美莉．近代中国对西洋直接税制的引介与认识，1896—1937．二十
　　世纪的中国与世界论文选集．台北："中央研究院"近代史研究
　　所，2001：283—331.

刘秉麟．近代中国外债史稿．北京：生活·读书·新知三联书店，
　　1962.

刘仁坤．梁启超建立新式企业制度思想探析．求是学刊，1996，112：
　　110—114.

刘圣宜．论梁启超的社会主义观．华南师范大学学报，1996，100：
　　76—82.

隆武华．北洋政府外债的借新还旧及其经验教训．中国社会经济史研
　　究，1997，62：50—63.

罗检秋．梁启超与近代墨学．近代史研究，1992，2.

罗检秋．新会梁氏：梁启超家族的文化史．北京：中国人民大学出版
　　社，1999.

罗玉东．光绪朝补救财政之方策．中国近代经济史研究集刊，1932，
　　1（2）：189—270.

罗玉东．中国厘金史．上海：商务印书馆，1936.

马场将三．《梁启超著述系年》索引．新生新语，1997，1：1—34.

宓汝成．国际银团和善后借款．中国经济史研究，1996，44：45—
　　60.

民意（胡汉民，汪精卫）．告非难民生主义者（驳《新民丛报》第14
　　号社会主义论）．民报，1907，12：45—155.

潘日波．论梁启超与袁世凯．赣南师范学院学报，1996，1：25—30.

彭信威．中国货币史．上海：上海人民出版社，1965.

彭雨新．清末中央与各省财政关系．社会科学杂志，1947，

9（1）：83—110.

皮明庥．近代中国社会主义思潮觅踪．长春：吉林文史出版社，
　　1991.

漆侠．宋代经济史．上海：上海人民出版社，1987.

漆侠．王安石变法．上海：上海人民出版社，1979.

亓冰峰．清季革命与君宪的论争．"中央研究院"近代史研究所专
　　刊，1966，19.

齐思和．孟子井田说辨．燕京学报，1948，35：101—127.

千家驹．旧中国公债史资料，1894—1949.北京：中华书局，1984.

钱穆．《周官》著作时代考．燕京学报，1932，11.（收入《钱宾四
　　先生全集》第8册，台北：联经出版公司，1998：405—462，见
　　此长文的第3节"关于田制"）

全广镇．两周金文通假字研究．台北：学生书局，1989.

森时彦．《饮冰室文集》引用和书目录初稿（辛亥革命以前）．京都
　　大学人文科学研究所．

森时彦．梁启超的经济思想．梁启超·明治日本·西方．北京：社会
　　科学文献出版社，2001：218—243.

森时彦．生计学和经济学之间：梁启超的 political economy（初稿）.
　　京都大学人文科学研究所，1998.

沈桐生．光绪政要．台北：文海出版社，1908.

帅鸿勋．王安石新法研述．台北：正中书局，1973.

宋镇豪．夏商社会生活史．北京：中国社会科学出版社，1994.

孙翊刚，董庆铮．中国赋税史．北京：中国财政经济出版社，1987.

太邱．斥《新民丛报》驳土地国有之谬．民报，1907，17：61—85.

汤象龙．民国以前关税担保之外债．中国近代经济史研究集刊，
　　1935，3（1）：651—698.

唐庆增．中国上古经济思想史．上海：商务印书馆，1944.

陶大镛．亨利·乔治经济思想述评．北京：中国社会科学出版社，
　　1982.

汪圣铎．两宋代财政史．北京：中华书局，1995.

王安石年谱三种．北京：中华书局，1994.［内收（宋）詹大和《王

荆文公年谱》（页 3—9）、（清）顾栋高《王荆国文公年谱》（页 13—164）、（清）蔡上翔《王荆公年谱考略》（页 165—762）]

王尔敏. 晚清商约外交. 香港：香港中文大学出版社，1998.

王国斌. 转变的中国：历史变迁与欧洲经验的局限. 李伯重，连玲 玲. 南京：江苏人民出版社，1998.

王国平. 略谈晚清中外不平等条约中的最惠国待遇条款. 江海学刊，1997，1：126—132.

王国维. 释币. 海宁王静安先生遗书. 台北：商务印书馆，1940：3215—3323.

王树槐. 中国近代的外债. 思与言，1968，5(6)：33—38.

王同勋. 墨家的经济思想. 巫宝三. 先秦经济思想史. 北京：中国社 会科学出版社，1996：343—373.

王业键. 中国近代货币与银行的演进，1644—1937. 台北："中央研 究院"经济研究所，1981.

王毓铨. 中国古代货币的起源和发展. 北京：中国社会科学院出版 社，1990.

魏建猷. 中国近代货币史，1814—1919. 台北：文海出版社，1955.

巫宝三. 管子经济思想研究. 北京：中国社会科学出版社，1989.

巫宝三. 先秦经济思想史. 北京：中国社会科学出版社，1996.

吴慧. 井田制考索. 北京：农业出版社，1985.

吴景平. 关于近代中国外债史研究对象的若干思考. 历史研究，1997，4：53—73.

吴其昌. 金文世族谱. "中央研究院"历史语言研究所专刊，1991.

夏晓虹. 十年一剑：《〈饮冰室合集〉集外文》序. 2004.

夏晓虹. 追忆梁启超. 北京：中国广播电视出版社，1997.

县解（朱执信）. 土地国有与财政. 民报，1907，15：67—99，16：33—71.

萧公权. 近代中国思想人物论：社会主义. 台北：时报出版公司，1980.

萧清. 中国古代货币史. 北京：人民出版社，1984.

徐喜辰. 井田制研究. 长春：吉林人民出版社，1982.

徐义生. 中国近代外债史统计资料, 1853—1927. 北京：中华书局, 1962.

许进雄. 中国古代社会. 台北：商务印书馆, 1995.

许毅. 清代外债史论. 北京：中国财政经济出版社, 1996.

许毅. 清代外债史资料. 北京：中国金融出版社, 1988.

严中平. 中国近代经济史统计资料选辑. 北京：科学出版社, 1955.

阎平. 历史的悖论：评梁启超的开明专制思想. 徐州师范大学学报, 1997, 91：120—126.

杨伯峻. 春秋左传注. 台北：源流出版社, 1982.

杨宏雨. 论梁启超的政府干预思想. 华东师范大学学报, 1997, 131：61—68.

杨宽. 西周史. 台北：商务印书馆, 1999.

杨宽. 战国史. 台北：商务印书馆, 1997.

杨汝梅. 民国财政论. 上海：商务印书馆, 1927.

杨荫溥. 民国财政史. 北京：中国财政经济出版社, 1985.

尧秋根. 清末公债的经济分析. 中国经济史研究, 2002, 68：145—151.

叶世昌. 梁启超的经济思想. 贵阳师院学报, 1980, (3).

叶坦. 传统经济观大论争：司马光与王安石之比较. 北京：北京大学出版社, 1990.

叶坦. 大变法：宋神宗与十一世纪的改革运动. 北京：生活·读书·新知三联书店, 1996.

应学犁. 梁启超在二十年代初社会主义问题争论中的角色. 南京大学学报, 1995, 2：139—149.

俞建国. 清末财政性外债及其对中国自主权的影响. 中国社会科学院经济研究集刊, 1988, 10：43—93.

曾桂蝉. 梁启超金融学说简介. 广东金融研究, 1983, (11).

曾我部静雄. 宋代财政史. 东京：大安, 1973.

张家骧. 中华币制史. 台北：鼎文书局, 1925.

张侃. 20 世纪中国近代外债史研究. 中国经济史研究, 2002, 2：92—100.

张侃．论北洋时期地方政府外债．中国社会经济史研究，2000，72：69—79.

张朋园．梁启超与民国政治．台北：食货出版社，1978.

张朋园．梁启超与清季革命．"中央研究院"近代史研究所专刊，1964，11.

张文襄公全集．北京：中国书店，1990.

张以仁．国语斠证．台北：商务印书馆，1969.

赵靖．中国经济思想通史．第1卷．北京：北京大学出版社，1991.

赵守正．管子经济思想研究．上海：上海古籍出版社，1989.

郑匡民．梁启超启蒙思想的东学背景．上海：上海书店出版社，2003.

郑学檬．中国赋役制度史．厦门：厦门大学出版社，1994.

中国财政史编写组．中国财政史．北京：中国财政经济出版社，1987.

中国近代货币史资料·第一辑清政府统治时期（1840—1911）．北京：中华书局，1964.

中国清代外债史资料（1853—1911）．北京：中国金融出版社，1991.

中华民国货币史资料·第一辑（1912—1927）．上海：上海人民出版社，1986.

钟珍维，万发云．论梁启超的经济思想．华南师范大学学报（社会科学版），1984，4.

周法高．金文诂林．香港：中文大学出版社，1981.

周法高．金文诂林补．"中央研究院"历史语言研究所专刊，1982.

周藤吉之．宋代史研究．东京：东洋文库，1969.

周维亮．梁启超治学系年．台北：新文丰，1999.

周育民．晚清财政与社会变迁．上海：上海人民出版社，2000.

朱芳圃．甲骨学商史编．香港：香港书店，1972.

朱浤源．同盟会的革命理论：民报个案研究．"中央研究院"近代史研究所专刊，1985，50.

朱英．梁启超民元临时工商会议演说词平议．历史研究，1998，256：

163—167.

朱英. 晚清的"昭信股票". 近代史研究, 1993, 78: 195—204.

朱右曾. 逸周书集训校释. 台北: 世界书局, 1971.

卓遵宏. 中国近代币制改革史, 1887—1937. 台北: 国史馆, 1986.

佐竹靖彦. 从农道体系看井田制. 古今论衡, 1999, 3: 126—146.

佐竹靖彦. 日本学界井田制研究状况. 北大史学, 1999: 240—252.

高橋勇治. 三民主義に對する梁啟超の反駁. 東亞問題, 1943, 4
    (10): 1—45.

東一夫. 王安石新法の研究. 東京: 風間書房, 1970.

木村正雄. 孟子の井地說: その歷史的意義. 山崎先生退官記念東洋
    史學論集. 東京: 東京教育大學東洋史研究室, 1967: 163—
    173.

狹間直樹. (共同研究) 梁啟超: 西洋近代思想受容と明治日本. 東
    京: みすず書房, 1999.

Bernal, Martin (1976): *Chinese Socialism to 1907*. Cornell University
    Press.

Blaug, Mark (1997): *Economic Theory in Retrospect*. Cambridge Univer-
    sity Press, 5th edition.

Bordo, M. and F. Kydland (1995): The gold standard as a rule: an es-
    say in exploration. *Exploration in Economic History*, 32: 423—464.

Brandt, Lauren (1985): Chinese agriculture and the international econo-
    my, 1870—1930s: a reassessment. *Explorations in Economic Histo-
    ry*, 22: 168—193.

Brandt, Lauren (1989): *Commercialization and Agricultural Develop-
    ment: Central and Eastern China, 1870—1937*. Cambridge Universi-
    ty Press.

Chang, Hao (1971): *Liang Ch'i-ch'ao and Intellectual Transition in Chi-
    na, 1890—1907*. Harvard University Press.

Chong, Key-ray (1986): "Liang Ch'i-ch'ao and Sun Yat-sen", from

Chong's Ph. D. dissertation *The Sources and Development of Sun Yat-sen's Nationalistic Ideology as Expressed in the San Min Chu I*. Claremont Graduate School and University Center, 1967, chapter 5, pp. 219—259.

Eichengreen, Barry (1992): *Golden Fetters: The Gold Standard and the Great Depression, 1919—1939*. New York: Oxford University Press.

Fairbank, John (1969): *Trade and Diplomacy on the China Coast: the Opening of the Treaty Ports, 1842—1854*. Stanford University Press.

Feuerwerker, Albert (1980): Economic trends in the late Ch'ing empire, 1870—1911. in *The Cambridge History of China*, volume 11: *Late Ch'ing, 1800—1911*. Part II, pp. 1—69. Cambridge University Press.

Friedman, M. and A. Schwartz (1963): *A Monetary History of the United States, 1867—1960*. Princeton University Press.

Hanna, H. , C. Conant and J. Jenks (1903): *Stability of International Exchange*. Report on the introduction of the gold-exchange standard into China, the Philippine Islands, Panama, and other silver-using countries and on the stability of exchange. Washington, Government Printing Office. Document 144, 58th Congress.

Hanna, H. , C. Conant and J. Jenks (1904): *Gold Standard in International Trade*. Report on the introduction of the gold-exchange standard into China, the Philippine Islands, Panama, and other silver-using countries, and on the stability of exchange. Submitted to The Secretary of State, October 22, 1904, by The Commission on International Exchange. Washington: Government Printing Office.

Hou, Chi-ming (1965): *Foreign Investment and Economic Development in China, 1840—1937*. Harvard University Press.

Hsiao, Liang-lin (1974): *China's Foreign Trade Statistics, 1864—1949*. Harvard University Press.

Huang, Philip (1972): *Liang Ch'i-ch'ao and Modern Chinese Liberalism*. University of Washington Press.

Jenks, J. W. (1904): *Considerations on a New Monetary System for China, Ithaca*: *Andrus & Church*. Reprinted in Hanna, H. , C. Conant and J. Jenks (1904: 113—176).

Jenks, J. W. (1910): Monetary conditions in China. in George H. Blakeslee ed. *China and the Far East*, pp. 121—132, New York: Thomas Y. Crowell.

Kann, Edward (1927): *The Currencies of China*: *an Investigation of Silver and Gold Transactions Affecting China with a Section on . Copper.* Shanghai: Kelly & Walsh.

Kemmerer Commission (1929): *Project of law for the gradual introduction of a gold-standard currency system in China*, *together with a report in support thereof* (Also known as *The Kemmerer Report.* Submitted to the Minister of Finance by the Commission of Financial Experts on November 11, 1929, Shanghai, 182 pages).

Lai, C. and J. Gau (2005): Proposing Gold-Exchange Standards for China, 1903—1930 (manuscript).

Lavoie, Don (1985): *Rivalry and Central Planning*: *the Socialist Calculation Debate Reconsidered.* Cambridge University Press.

Levenson, Joseph (1959): *Liang Ch'i-ch'ao and the Mind of Modern China.* Harvard University Press, second revised edition.

Lin, Sein (1974): Sun Yat-sen and Henry George: the essential role of land policy in their doctrines. *American Journal of Economics and Sociology*, 33 (2): 201—220.

Lindholm, Richard and Sein Lin (1977): *Henry George and Sun Yat-sen*: *Application and Evolution of Their Land Use Doctrine.* Cambridge (Mass.): Lincoln Institute.

Morris-Suzuki, Tessa (1989): *A History of Japanese Economic Thought.* London: Routledge.

Remer, C. F. (1933): *Foreign Investments in China.* New York: Macmillan (reprinted in 1968 by Howard Fertig, New York).

Scalapino, Robert and Harold Schiffrin (1959): Early socialist currents in the Chinese revolutionary movement: Sun Yat-sen versus Liang Ch'i-ch'ao. *Journal of Asian Studies*, 18 (3): 321—342.

Schiffrin, Harold (1957): Sun Yat-sen's early land policy: the origin and meaning of "equalization of land rights". *Journal of Asian Studies*, 16 (4): 549—565.

Schiffrin, Harold and Pow-Key Sohn (1959): Henry George on two continents: a comparative study in the diffusion of ideas. *Comparative Studies in Society and History*, 2 (1): 85—109.

Sun, Zen E-tu (1962—1963): The board of revenue in nineteenth century China. *Harvard Journal of Asiatic Studies*, 24: 175—228.

Tang, Xiaobing (1996): *Global Space and the Nationalist Discourse of Modernity: the Historical Thinking of Liang Qichao*. Stanford University Press.

Trescott, Paul (1994): Henry George, Sun Yat-sen and China: more than land policy was involved. *American Journal of Economics and Sociology*, 53 (3): 363—375.

Trescott, Paul (1995): The money doctor in China: Edwin Kemmerer's commission of financial experts, 1929. *Research in the History of Economic Thought and Methodology*, 13: 125—158.

Trescott, Paul (2006): *Ching-Chi-Hsueh: the Introduction of Western Economic Ideas into China, 1840—1959*. 香港: 香港中文大学出版社.

Trescott, Paul and Zhaoping Wang (1994): Liang Ch'i-ch'ao and the introduction of Western economic ideas into China. *Journal of the History of Economic Thought*. 16: 126—145.

Vissering, Gerard (1912, 1914): *On Chinese Currency: Preliminary Remarks about the Monetary Reforms in China*. Amsterdam: J. H. Bussy, 2 volumes.

Wong, Bin (1982): Food riots in the Qing Dynasty. *Journal of Asian Studies*, 41 (4): 767—788.

后　记

　　梁是中国近代史上既重要又特殊的人物，他多彩多姿的活动，已有好几本专书研究过了。在学术方面，尤其在思潮与历史学方面，学者也作过相当的分析。这些众多的文献，在本书所附的参考书目中只提到其中的几项，还有许多单篇的论文不拟备载，但也都容易查阅。虽然研究梁的文献已多，他的经济论述也多少被解说过，但多半是收在通史著作内的一章，或属于单篇短文，一直还没有一本专书对这个面向作有系统的探讨（详见第1.2节）。

　　我在1987年左右就看到了这个空当，但手边一直都有未处理完的题材。时间拖得愈久，对这个题材的愧疚感就愈强，对它的期望也就持续地升高。十年之后，在1997年8月初，终于铁下心来开始翻阅过去累积的数据和文献，系统地阅读梁的经济论述，以及与梁相关的书刊。经过半年多的摸索，逐渐理出可以分析的主题，兴致高了起来。我先试写最不复杂的"经济学说史"（现在的第2.5节、第3.7节、第11.2节），看来还算简洁，也提出一些论点来和梁辩驳。

　　但写了此章之后，就开始感觉到：梁的思路敏捷，见闻广博，很能抓住要点，尤其擅长以简洁有力的方式，把基本信息有效地传达给读者；这是他的手法也是他的目的，做得很成功。在将近一个世纪之后重读，还是能感受到他的文笔力量，但与经济学理相关的部分，我并没有同样的感受。梁不是专业的经济学者，当然不能用这个角度来期盼他。他写这些文章的目的，是为现实问题而作，根本没想到后来会有经济学界的人，拿他的这些旧文章来当作一回事，甚至还为此作了有系统的析述。

之后，又隔了一阵子，写出梁和《民报》之间对社会主义和土地国有论问题的争辩（本书第6章）。这是较思想性的题材，双方争辩得很激烈，但文字冗长反复。我把这个复杂的争辩简化，对比双方的立场与论点，然后加上我的评论，写得还算清晰条理，自己也还满意，也因而稍微恢复了继续写这本书的信心。

再过一阵子，进入币制改革这个大题材（第2章）。我对清末民初中国应采银本位或虚金本位的问题，正好作过一些研究，对当时饱受争议的虚金本位制稍有心得。我对虚金制的理解，相当有助于剖析梁的动机与论点，也有助于看出他在认知上的不足与逻辑上的缺陷。这个题材可能是本书中我最能和他对话的部分，写得最有把握，也很能理解他担任币制局总裁和财政总长时的急切心情，更能欣赏他在任内的一些积极作为。这种畅快的感觉可惜不再出现。我每隔一阵子就再写一章，虽然还能感受到他的热意与沉痛，但总觉得他真正的激切与关怀，或甚至愿意和魔鬼对决的题材，还是上述三项：主张币制改革（采虚金本位）、反对社会主义、反对土地国有论。至于其他的题材，例如外债和公债问题或财政改革问题，我认为都没有让他激到青筋赤眼的程度。如果主角的心境确实如此，如果我还算是合格的诠释者，那么我就会说：第2章和第6章是较精彩的部分，因为它们有话要说，有强烈的动机要驳倒对手，激切之情跃然纸上。

原初的构想是写到第7章再加上总结，把范围限在清末民初的时空背景内。但有人提醒我说，梁在《先秦政治思想史》（1922）内，也牵涉到一些古代经济的事情，不应该回避掉。虽然我早已意识到这个问题，但因为对先秦史所知有限，而且梁对古代经济的文字，在他的论述中比例不高，所以我对此事就有点鸵鸟心态。拖到2000年10月，那时前7章的稿子已经修订两次，其中的第2章、第5.2节、第11.2节已在刊物上发表了。再思之后，我只好重新拟定如何撰写古代经济的部分，也就是第8、9、10章，以及第11.1节。李怡严教授（台湾清华大学物理系退休）对中国古代史相当熟习，承他相助解决了第9、10两章，我才忐忑地把古代经济这几章完成（2001年7月）。

　　从 1997 年 8 月起算，历经堪称艰辛的四年（以及健康上的忧扰），才完成全书的初步形体，到了 2002 年 1 月才整理出完整的书稿，与联经出版公司签约。之后又有漫长的再修正、在联经排队等待、进入编辑校对，现在终于要面世了。我写这本书时的年龄，已比梁写作这些经济论述时的年纪还高；在时代上，我几乎晚了他一个世纪；我是专业的经济史和经济思想史研究者，而梁却未受任何正式的经济学教育。在这三项差距下，我应该有条件把他的想法解说得清楚、析述得明白、评论得中肯，这三点我大概做得还算合格。

　　可是我的内心满足感并不深，因为梁的经济论述有几项特色：（1）现实的问题性很强，是符合时代的急迫性问题。（2）但从另一个角度来看，这项特性是负面的：环境一变、时间一过，这些问题的意义就随风而逝。（3）几乎只要以目前的知识，加上一些文献的查阅对照，稍用精神写出条理清晰的解说与评论，大概就可以完成解说者、析述者、评论者这三项自我设定的任务。这不是心智密集度很高的工作。相对地，《亚当·斯密与严复》这个题材，不论在知性上、深度上、广度上、想像空间上，都比梁的经济面向困难许多，此中原因已在本书的第 12.3 节析述了。

　　从不同的学科切入来研究梁的不同面向，是学界历久不衰的兴趣，前贤的研究成果相当有助于我跑完自己的这一棒。这当然并不表示梁的经济论述已经探究完毕，因为每位探索者都可以在高度上和深度上不断地翻新，而我就在此交棒了。

赖建诚
台湾清华大学经济系

图书在版编目（CIP）数据

　　梁启超的经济面向／赖建诚著．—杭州：
浙江大学出版社，2010.6
　　ISBN 978 - 7 - 308 - 07658 - 6

　　Ⅰ.①梁…　Ⅱ.①赖…　Ⅲ.①梁启超（1873～1929）-
经济思想 - 思想评论　Ⅳ.①B259.15②F092.6

　　中国版本图书馆 CIP 数据核字（2010）第 102816 号

梁启超的经济面向

赖建诚　著

责任编辑	赵　琼
装帧设计	王小阳
出版发行	浙江大学出版社
	（杭州天目山路148号　邮政编码310007）
	（网址：http://www.zjupress.com）
排　　版	北京京鲁创业科贸有限公司
印　　刷	杭州杭新印务有限公司
开　　本	640mm×960mm　1/16
印　　张	21.5
字　　数	286 千
版 印 次	2010 年 7 月第 1 版　2010 年 7 月第 1 次印刷
书　　号	ISBN 978 - 7 - 308 - 07658 - 6
定　　价	42.00 元